R. J. Hopper
Handel und Industrie
im klassischen Griechenland

R. J. HOPPER

Handel und Industrie
im klassischen Griechenland

VERLAG C. H. BECK MÜNCHEN

Aus dem Englischen übertragen von Karl-Eberhardt und
Grete Felten
Titel der Originalausgabe: Trade and Industry in Classical Greece
© 1979 Thames and Hudson Ltd, London

Mit 13 Abbildungen

CIP-Kurztitelaufnahme der Deutschen Bibliothek

Hopper, Robert J.:
Handel und Industrie im klassischen
Griechenland / Robert J. Hopper. [Aus d. Engl.
übertr. von Karl-Eberhardt u. Grete Felten.] –
München: Beck, 1982.
    Einheitssacht.: Trade and industry in
    classical Greece ‹dt.›
    ISBN 3 406 08840 6

ISBN 3 406 08840 6
© C. H. Beck'sche Verlagsbuchhandlung (Oscar Beck), München 1982
Satz und Druck: C. H. Beck'sche Buchdruckerei, Nördlingen
Printed in Germany

Für Professor Sir Frank Adcock und Professor Max Cary
in dankbarer Erinnerung

Inhalt

Vorwort

Dieses Buch will ein Bild vom wirtschaftlichen Leben im klassischen Griechenland vermitteln. Ein Überblick über die historischen, wirtschaftlichen und archäologischen Entwicklungen, die im archaischen Griechenland die Zeit der Klassik herbeiführten, soll unsere Darstellung einleiten.

Bei der Betrachtung von Handel und Industrie in Griechenland zeigt sich ganz deutlich, daß während der klassischen Phase, also im fünften und vierten Jahrhundert v. Chr. bis zur Zeit Alexanders des Großen, die ausführlichsten und klarsten einschlägigen Aussagen in literarischen Texten und Inschriften der Wirtschaft Athens gelten. Infolgedessen ist für den größeren Teil dieses Buchs Athen der Ausgangspunkt der Untersuchungen, doch werden, wo es möglich ist, auch andere griechische Staaten und deren Verhältnisse berücksichtigt.

Der Begriff ‚Industrie‘ fügt sich nicht ohne weiteres in den Rahmen der Wirtschaft des klassischen Griechenlands ein; er umfaßt in dieser Darstellung deshalb auch all das, was man heute als Heimarbeit oder Kleingewerbe bezeichnen würde. Ja, er bezieht – noch etwas gewagter – sogar die Bebauung des Bodens mit ein, die unter den Produktionszweigen der Griechen die erste Stelle einnimmt.

Als ein wichtiges Moment wird das starke Interesse des Staats an den gesetzlichen Regelungen zur Kontrolle und Erleichterung des Handels im allgemeinen, ganz besonders aber bei lebenswichtigen Gütern herausgestellt. Auch vom Finanz- und Bankwesen wird die Rede sein, und Materialien, Handwerksorganisationen, Löhne und Kosten bleiben nicht außer Betracht. Der Bergbau wird als einzige Industrie ihrer Art in Attika, über deren Organisation wir gut unterrichtet sind, mit besonderer Sorgfalt untersucht.

Obwohl das Thema dieses Buches in erster Linie an Hand der wirtschaftlichen Verhältnisse Athens abgehandelt wird, ist doch eine Vielfalt von Einzelheiten bekannt, die mit anderen griechischen Staaten in Zusammenhang stehen und zu zeigen scheinen, daß sich deren Hauptanliegen mit denen des athenischen Staates deckten. Sie werden in einem Schlußkapitel behandelt, das auch einen kurzen Überblick über die auf

Alexander folgende (hellenistische) Zeit enthält; es zeigt sich, daß Ziele und Probleme ähnlich lagen wie in früheren Zeiten. Ein noch weiteres Ausgreifen müßte Gegenstand eines eigenen Werkes sein.

Zwei andere Bände der Reihe, in der die englische Ausgabe dieses Buches erschienen ist, befassen sich mit spezielleren Wirtschaftsproblemen, gehen jedoch von anderen Gesichtspunkten aus. So behandelt Alison Burfords Arbeit ,Craftsmen in Greek and Roman Society' (1972) die soziale Seite des Themas und J. F. Healys ,Mining and Metallurgy in the Greek and Roman World' (1977) hauptsächlich die einschlägigen technischen Fragen. Technologie und Sklaverei werden in der vorliegenden Arbeit nur gelegentlich berührt. Diese Themen eignen sich besser für eine getrennte Behandlung; das gleiche gilt für Transport, Arbeit in Steinbrüchen und Nutzholzhandel.

Die Anmerkungen bringen Hinweise auf antike Literatur und Epigraphik, wobei heutige wissenschaftliche Diskussionen nur sehr beschränkt berücksichtigt wurden. Die Bibliographie ist nicht erschöpfend; sie enthält die Werke, die der Verfasser gelesen und nützlich gefunden hat.

Mein Dank gilt all denen, die mir Jahre hindurch geholfen haben, meine Studien zu fördern, insbesondere aber Professor H. H. Scullard, dessen Interesse, Hilfsbereitschaft und Geduld niemals ermüdeten.

Sheffield 1978   R. J. Hopper

Einführung

Der Titel dieses Buches führt dessen Themen – Handel und Industrie – in der traditionellen Reihenfolge an. Wenn in der Antike im Zusammenhang mit der politischen Geschichte und den zwischenstaatlichen Beziehungen von Handel und Industrie die Rede war, dann hatte – ganz sicher in der klassischen Zeit, aber wohl auch schon früher – der Handel den Vorrang. Handel aber bedeutete praktisch Importhandel, und zwar vor allem die Getreideeinfuhr. Industrie und Handwerk hatten rein interne Bedeutung und spielten in den Beziehungen zu anderen Staaten keine Rolle.

Wenn es sich um den Export von Gütern handelt, die wir heute als Industrieerzeugnisse bezeichnen würden – im Gegensatz zu ,natürlichen' Produkten wie Olivenöl, Blei, Silber oder attischem Marmor und vergleichbaren Waren anderer Herkunft –, hören wir kaum etwas von Schwierigkeiten, die sich dabei ergeben hätten. Nichts davon ließe sich mit den zwischenstaatlichen Problemen, den Industrieverästelungen und industriellen Investitionen vergleichen, die heute in so großem Umfang üblich sind. Für die klassische Zeit gilt das ganz sicher, und die Veränderungen, die in hellenistischer Zeit eintraten, waren unbedeutend.

Der Handel innerhalb und außerhalb des Landes läßt sich ohne weiteres als eine Form des weiterentwickelten Tauschgeschäfts oder von Transaktionen definieren, die mit Hilfe eines allgemein anerkannten Tauschmittels durchgeführt wurden, nämlich eines kostbaren Metalls, das in Barrenform oder als geschlagene Münze Verwendung fand. Der Begriff ,Industrie' ist weit schwerer zu definieren. Im klassischen Altertum fällt es uns, soweit es sich um die Griechen handelt, sogar recht schwer, irgendwelche ernstzunehmenden Beweise für ,Industrie' im heutigen Sinne zu finden, sofern wir nicht den Ackerbau und sonstige Nahrungsmittelerzeugung so bezeichnen wollen. Das ist eine seltsame Sachlage, die der klassischen griechischen Wirtschaft einen recht niedrigen Rang in der Skala der industriellen Entwicklung zuweist. Das Fehlen von Maschinen, welche die unmittelbare menschliche Arbeitsleistung durch kompliziertere Geräte ergänzen und so die Effektivität dieser Arbeit erhöhen, wie auch der Mangel an Energiequellen außer der unmittelbar verfügbaren menschlichen Arbeitskraft und dem begrenzten Einsatz tierischer Kraft bewirkten, daß die Produktionstätigkeit in kleinem Maßstab vor sich ging; sie ließe sich etwa mit der ‚cottage industry‘ vergleichen, wie sie heute noch in entlegeneren Gegenden Großbritanniens betrieben wird – der gebräuchliche deutsche Ausdruck dafür ist ‚Hausindustrie‘ im Gegensatz zur ‚Großindustrie‘. Offenbar gab es dort, wo Sklaven als Arbeiter beschäftigt wurden, Aufsichtsprobleme. Eine Eigentümlichkeit bei der Ausübung eines Handwerks – und jede griechische Industrie nahm, auch noch in hellenistischer Zeit, die Form eines Handwerks an – bestand darin, daß Investition zum Zwecke von Expansion, wie wir sie heute kennen, ganz und gar unbekannt war. Indessen ist klar, daß zwar der Begriff ‚Kapital‘ schwach entwickelt, die Vorstellung von ‚Arbeitskraft‘ als Vermögen aber insofern vorhanden war, als es Sklaven gab. Die Folge davon war, daß die Einstellung der freien Griechen der Oberklasse zu Arbeiten, für die man Sklaven einsetzte, die industrielle technologische Entwicklung hemmte. Ein Grundprinzip auf dem Sektor des Handels, das sich unmittelbar auch auf die Industrie auswirkte, besagte – laut Aristoteles – daß zwar Importe und Exporte in die Zuständigkeit des Staatsmanns fallen, daß aber der Export als Mittel der Finanzierung von Importen nur von indirekter Bedeutung, der Import dagegen von erstrangigem Interesse ist. Das wahrhaft erstrebenswerte Ziel war in Wirklichkeit ‚autarkeia‘, die Autarkie.

Wenn wir uns an die Überlieferung halten, bei der sich freilich nur schwer feststellen läßt, ob sie den tatsächlichen Verhältnissen entspricht, spielte in der ‚Industrie‘ die Einschätzung der Gewerbe und Handwerke eine wichtige Rolle. Das kommt deutlich zum Ausdruck, wenn es von Korinth heißt, dort seien die Handwerker am wenigsten verachtet worden.[1] Diese ursprünglich aristokratische Einstellung lebte in Athen bei den Philosophen fort. Was das übrige Griechenland betrifft, so ist uns – außer im Falle der Spartaner – völlig unbekannt, wie man über diese Dinge dachte. Selbst in Athen mag die Haltung der Philosophen nicht der Wirklichkeit entsprochen haben. Man scheint der Auffassung gewesen zu sein, daß zumindest einige Handwerke den menschlichen Körper verunstalteten (ein Beispiel sind die ‚bleichen Schuster‘,[2] die vielleicht auch an einer geistigen Entstellung litten, das heißt, radikal gesinnt waren). Man konnte behaupten, daß manche Tätigkeiten den Menschen daran hinderten, am vollen Leben eines Bürgers innerhalb der athenischen Demokratie teilzuhaben (was durch die Maßnahme, für öffentliche Dienste ein Entgelt zu gewähren, bestätigt wird). Allerdings scheint gegen die Land-

wirtschaft in diesem Zusammenhang kein Einwand erhoben worden zu
sein. Tatsächlich war für jene Athener, die ihr Tagewerk bei Morgengrau-
en oder noch früher begannen und in verhältnismäßig kurzer Zeit die
Agora (den Marktplatz) und die Pnyx (die Volksversammlung) erreichen
konnten, die Betätigung in Handwerk und Gewerbe dadurch erleichtert,
daß sie für Stücklohn arbeiteten. Ein Grieche stand im allgemeinen nicht
unter dem Joch täglicher oder wöchentlicher Arbeitszeiten und der strengen Verpflichtung gegenüber einem Arbeitgeber. Das galt nicht für Sklaven, die Arbeitskraft im Sinne von Vermögen darstellten. Andererseits
mußte ein solches Sklavenkapital auch dann verpflegt werden, wenn die
Arbeitskräfte unbeschäftigt waren, während freie Arbeiter entlassen werden konnten, wenn sie nicht gebraucht wurden. Aus dieser Vorstellung
vom freien Mann ergab sich die Vorstellung vom wünschenswerten Zustand – die unabhängige wirtschaftliche Tätigkeit ohne Dienstherrn (wie
sie in Griechenland auch heute noch zu finden ist), aber auch die Versäumnis, Kapitalinvestition und Kooperation zu entwickeln. Das Folgende bezieht sich, wenn nicht ausschließlich, so doch hauptsächlich auf die
klassische Zeit.

Literarische Quellen

Die Schwierigkeit bei der Erörterung von Produktion (‚Handwerk‘, ‚Industrie‘) und Tausch (‚Handel‘) im klassischen Griechenland liegt darin,
daß wir über nicht-athenische Staaten nur wenig wissen, weil Athen die
historische Überlieferung übernommen hatte. Die Bedingungen für ‚Industrie‘ und ‚Handel‘ in anderen Stadtstaaten werden in der fast ausschließlich athenischen Literatur nur am Rande erwähnt; es bedarf also
keiner besonderen Erklärung, wenn sich herausstellt, daß ‚griechisch‘ in
den meisten Fällen gleichbedeutend mit ‚athenisch‘ ist. In hellenistischer
Zeit allerdings wird das Material, das von wesentlich mehr Staaten, vor
allem von Ägypten, berichtet, um vieles reichlicher. Die archaische Periode dagegen gehört in eine ganz andere Kategorie. Hier liegt vieles im
Dunkeln, und die zeitgenössischen Quellen sind größtenteils keine literarischen.
Sogar im Falle Athens gibt es für die klassische Zeit nur wenige Schriften über industrielle, handwerkliche oder kaufmännische Themen, wenn
man von der seltsamen Abhandlung ‚Peri Porōn‘ absieht, die sich unter
den Werken Xenophons findet.[3] Die pseudoaristotelische ‚Oikonomika‘

ist allenfalls insoweit der Erwähnung wert, als sie deutlich macht, daß die Griechen vor allem im vierten Jahrhundert überzeugt waren, sich in wirtschaftlichen Schwierigkeiten zu befinden und auf kindische und wirkungslose Tricks angewiesen zu sein. Es gibt die gelegentlichen Hinweise bei den Geschichtsschreibern, die seltener sind, als man vielleicht erwartet hätte, und dann scheint sich mit der Entwicklung der Gerichtsrhetorik um die Wende des fünften zum vierten Jahrhundert eine vielversprechende Informationsquelle zu eröffnen, der jedoch bei näherem Zusehen gewisse Nachteile anhaften. Wie weit ist diese willkürliche Auswahl aus Reden und Fragmenten zuverlässiges Beweismaterial für wirtschaftliche Aktivität? Wie weit stellen sie Ausnahme oder Regel dar, und wie weit sind sie von rhetorischen Übertreibungen und Parteinahme gefärbt? Sieht man vom Getreidehandel ab, so betreffen diese Reden Erbschaftsangelegenheiten, Verpfändung, Treuhänderschaft und ähnliches, dazu im Falle des Außenhandels Kredite auf Schiff oder Fracht.[4] Dann gibt es noch die Komödiendichter, vor allem Aristophanes. Wie nicht anders möglich, ist der Humor hier derb. Man hat bei dieser Quelle zunächst den Eindruck, daß sie reichlich Banalitäten liefert, deren Bezug zur Wirklichkeit unsicher ist. Bei gründlicherem Nachdenken jedoch muß man zu dem Schluß kommen, daß sie – nach Abzug der Übertreibungen – in gewissen Details einen Hintergrund bietet, den die Zeitgenossen, aus deren täglichem Erleben die Komödie schöpfte, bejahen konnten, während die leichte Entstellung sie unterhielt. Für uns stellt sich die Frage, ob Aristophanes immer nur auf zeitgenössische Ereignisse Bezug nimmt, oder manchmal auch auf solche einer nicht allzu fernen Vergangenheit.

Inschriften

Eine zuverlässige zeitgenössische Informationsquelle bilden die – häufig sehr fragmentarischen – Inschriften. Sie werden im Laufe der Zeit immer zahlreicher: im sechsten Jahrhundert gibt es nur sehr wenige, im fünften schon mehr, im vierten eine beträchtliche Anzahl und in der hellenistischen Zeit eine große Menge. Die Griechen waren darauf bedacht, eine bestimmte Art von Berichten, denen sie eine gewisse Dauer sichern wollten, auf Stein oder in Bronze zu verzeichnen. Der Akzent liegt auf der Wendung ,eine gewisse Dauer' – denn nach einiger Zeit wurden solche Aufzeichnungen eingeschmolzen, wanderten in den Kalkofen, wurden als Baumaterial benutzt oder dienten auch profanen Zwecken als Schleusendeckel und ähnliches. Alles, was mit den Göttern zusammenhing, hielt man für würdig, in dauerhaftem Material verzeichnet zu werden; dadurch bekundete man seine Frömmigkeit. Auf diese Weise blieben religiöse Vorschriften, Inventarverzeichnisse und Bauinschriften von Tempeln, Darlehen aus Tempelschätzen an den Staat und Pachtverträge für Tempelland zahlreich erhalten. Es ist bezeichnend, daß die Beitragsliste des Attischen Seebunds mit Ausnahme der Neuveranlagung von 425 v. Chr. die fälligen Summen in Form eines Zehnten an Athena angeben. Ehrende Inschriften wurden, da sie Dauer haben sollten, in Stein gemeißelt; dasselbe galt für die sozialpolitische Organisation des Staats (falls man sich später darauf berufen wollte), für Verpfändungen, Verzeichnisse beschlagnahmten Eigentums und Geldstrafen wie auch für Grenzsteine und Bergwerkspachtverträge, weil diese sich manchmal auf lange Zeiträume erstreckten. Viele von diesen Inschriften sind im Hinblick auf Wirtschaftsfragen zweifellos aufschlußreich, aber jene Aufzeichnungen, die für den Wirtschaftshistoriker am interessantesten wären, etwa Steuerlisten und ähnliches, waren in den Augen der Griechen von nur vorübergehender Bedeutung und scheinen auf vergänglichem Material, etwa auf Holzbrettern, verzeichnet worden zu sein. Man konnte sie dann verwahren, aber sie brauchten nicht öffentlich verfügbar zu sein. Von alledem abgesehen sind einzelne Inschriften auf dauerhaftem Material oft schadhaft, und selbst dort, wo – wie in den Bergbauverzeichnissen der ‚pōlētai‘ – eine Abfolge oder doch etwas ähnliches vorliegt, läßt sich vieles nicht deuten.

Materielle Objekte

a) Münzen

Unter den materiellen Objekten mußten Münzen und vor allem Münzhorte als eine höchst eindeutige Informationsquelle erscheinen. Sie können auf Handel oder Handelsbeziehungen hinweisen oder auch nur auf eine überseeische Verbindung, die für einen Einzelnen einmal bestanden haben mochte, ohne daß sie von Dauer gewesen zu sein brauchte oder über die gleiche Route wieder aufgenommen worden sein mußte. Bei keiner Gruppe von Beweismaterial unterliegt die Entdeckung derart dem Zufall wie bei Münzhorten, und ein paar neue Funde können unter Umständen zum Überdenken von Theorien führen und in manchen Fällen das Vorhandensein der betreffenden Münzen noch rätselhafter erscheinen lassen. Schwierigkeiten treten dadurch auf, daß Horte ganz oder teilweise zerstreut wurden und man später versuchte, sie wiederherzustellen. Ganz allgemein ist deshalb gegenüber der Beweiskraft von Horten für Zwecke der Wirtschaft[5] Vorsicht geboten. Dennoch sind Ursprünge und frühe Entwicklung des Münzwesens bei den Griechen einer der wichtigsten Aspekte der frühen Wirtschaft.

Die Tatsache, daß Münzen eines Staats von einem anderen überprägt werden konnten, muß eine wirtschaftliche Bedeutung haben, sie verrät auch Schwierigkeiten in der Silberversorgung und läßt darauf schließen, daß zwischen dem Staat oder den Staaten, die die Münzen zur Überprägung lieferten, und dem Staat, der sie diesem Zwecke zuführte, Verbindungen bestanden.[6]

b) Keramik, Bronzearbeiten und anderes
Den ersten Rang unter den verschiedenen Arten von Beweismaterial nimmt, vor allem in der archaischen Zeit, der Kapitel I gewidmet ist, die Keramik ein. Dafür gibt es zwei Gründe: sie ermöglicht die Bestimmung des Herstellungsortes der Ware, wobei sich originale Gruppen, etwa die korinthische oder die attische Töpferware, von anderswo entstandenen lokalen Nachahmungen unterscheiden lassen, und sie ist unzerstörbar. Diese letztere Eigenschaft gilt ganz allgemein, aber die Menge der erhaltenen Keramik wie auch der Grad der Unversehrtheit der einzelnen Stücke ist weitgehend abhängig von örtlichen Verhältnissen, beispielsweise von Bestattungsbräuchen. Unter dem Gesichtspunkt der künstlerischen Leistung ist das Beweismaterial durchaus befriedigend, unter anderen Gesichtspunkten nicht. Was das handwerkliche Verfahren betrifft – ‚Handwerk' im griechischen Sinne verstanden, heute würden wir von ‚künstlerischer Betätigung' sprechen –, so sehen wir auf Vasenbildern, wie die Griechen die Herstellung von Töpferwaren, das Dekorieren der Vasen, die Bronzearbeit und das Weben darstellten (Abb. 10, 12, 13).

Diese letztere Tätigkeit scheint wohl allgemein in den eigenen vier Wänden ausgeübt worden zu sein, darf aber trotzdem auch als Hausindustrie bezeichnet werden. Indessen geben diese Darstellungen keinen Hinweis auf die Anzahl der Arbeitskräfte in der Werkstatt. Derartige Informationen stammen, soweit überhaupt verfügbar, aus den Reden der Rhetoren und beziehen sich nur auf die klassische Zeit.

Transportable Metallarbeiten werfen mehr Probleme auf als Keramik. Kunstgegenstände aus Bronze sind reichlich vorhanden (Objekte aus Gold oder Silber kommen auch in Betracht), doch waren sie ganz beson-

ders der Gefahr ausgesetzt, in der Erde zu verderben oder auch eingeschmolzen zu werden, und es läßt sich unmöglich sagen, wie zahlreich
beispielsweise Bronzegefäße und Spiegel ursprünglich gewesen sein mögen. Man kann ihre Herstellung kaum als eine ,Industrie' oder ihren
Export als ein wichtiges Element des ,Handels' im weiteren Sinne ansehen. Könnte man es, so stünde man vor der Schwierigkeit, ihren Ur-
sprungsort zu bestimmen; die Unterscheidung von ,Schulen' ist bekanntlich bei dreidimensionaler figurativer Kunst in Metall schwierig, und das
ganz besonders in der klassischen Zeit, als der Künstler-Handwerker
freizügig aus einem Stadtstaat in einen anderen reiste. Das gilt aber auch
schon für die archaische Zeit (s. S. 42). Bei den gewöhnlicheren Gegenständen für den täglichen Gebrauch läßt sich die Frage nach den Fabrika-
tionszentren und damit nach dem Handel noch schwerer beantworten,
und meist muß der Fundort angenommen werden, was allerdings in der
hellenistischen Zeit nicht der Fall ist und vielleicht auch für die klassische
nicht zutrifft.

Bei der Keramik liegen die Dinge etwas günstiger, da sie als Produkt
verschiedener Zentren identifiziert werden kann. Die Wirtschaftswissen-
schaftler möchten begreiflicherweise dieses Material benutzen, um Handelsverbindungen zu datieren und das Handelsvolumen abzuschätzen.
Von letzterem sei zuerst die Rede. Alle Griechenlandreisenden haben –
vor allem auf den Kais der Inselhäfen – Mengen von Tongefäßen zumindest für den regionalen Export gesehen. Sie werden auch den Kaik kennen, jenes Boot, das mit der Fracht beladen werden soll, und wissen, daß
diese Keramik gewöhnliche Ware für den täglichen Gebrauch ist. Ein
Handel mit solchen für die Küstenfahrt geeigneten Schiffen war auch für
das griechische klassische Altertum typisch. Diese Art von Töpferware
muß in beachtlichem Umfang hergestellt worden sein; sie umfaßte Ton-
behälter für feste Nahrung, etwa Salzfisch, und Flüssigkeiten wie Olivenöl und Wein. Bis vor kurzem haben es die Archäologen unterlassen,
dieses Material aufzubewahren und zu untersuchen, denn die Tradition,
nur ,museumswürdige Objekte' zu bewahren, war schwer auszurotten,
obwohl sie ein entstelltes Bild vom Handel mit Töpferware und vor allem
mit Tonbehältern zur Folge hatte.[7]

Zu bedenken ist auch, daß wir hinsichtlich der Tonwarenindustrie
durch die literarischen Quellen weniger gut informiert sind, als es wünschenswert wäre. In klassischen Zeiten lag der Schatten des ,Banausi-
schen'[8] über der Herstellung selbst qualitätvoller bemalter Keramik, so
daß eine heute sehr bewunderte Leistung griechischer und vor allem

attischer Kunst im Altertum selbst fast nicht erwähnt wird. Das sollte uns eigentlich nicht überraschen, da ja dasselbe etwa von der Bauplastik des Parthenons und von den Handwerkern gesagt werden kann, die die Entwürfe von Phidias und anderen Künstlern in Marmorskulptur umsetzten. Es ist richtig, daß die Rivalität attischer Töpfer gelegentlich auf einem hervorragenden bemalten Gefäß zum Ausdruck kam, aber in einem Sprichwort klingt das nicht sehr schmeichelhaft: ,,Ein Töpfer zürnt dem anderen''. Sie galten als niedere und streitsüchtige Leute, die sich gar nicht so sehr von den blassen und radikalen Schuhmachern unterschieden.[9] Und manche von ihnen waren Ausländer aus barbarischen Gebieten, sogar Sklaven oder doch gewesene Sklaven, wie manche Namen verraten: Amasis, Lydos, Kolchos, Skythes.

Die ,graffiti' (Preisangaben) im Gegensatz zu den ,dipinti', die in der Töpferwerkstatt entstanden sein müssen, stiften eher Verwirrung, als daß sie Information bieten. Sie könnten am Ende des Herstellungsprozesses in der Werkstatt angebracht worden sein, doch liegt es näher anzunehmen, daß sie Markierungen von Zwischenhändlern sind. Auffällig ist, daß sie manchmal Preise angeben, die der Qualität des Gefäßes, auf dem sie verzeichnet sind, durchaus nicht entsprechen.[10] Sie unterstreichen, was aus anderen Quellen einschließlich der Baurechnungsinschriften hervorgeht, nämlich daß der Arbeiter in der Stadt einen niedrigen, ja sogar einen ausnehmend niedrigen Lohn bekam, ein Zustand, den Aristophanes und die Richter in seinen ,Wespen' bestätigen. Der kleine Landwirt stand wahrscheinlich besser da.

Was das Handelsvolumen auf dem Keramiksektor betrifft, so ist beispielsweise die Menge der uns erhaltenen korinthischen oder attischen schwarz- und rotfigurigen Keramik auf den ersten Blick zweifellos sehr eindrucksvoll, doch zeigt sich bei gründlicher Überlegung, daß sich die korinthische Ware auf zwei Jahrhunderte verteilt, die auch die archaische Zeit einschließen, und die attische auf mindestens anderthalb Jahrhunderte. Das ergibt verhältnismäßig wenige Schiffsladungen[11] und läßt vermuten, daß der Exportwert gering war (man vergleiche die Preise auf den Vasen) und nicht ins Gewicht fiel; ganz sicher gilt das für das vierte Jahrhundert, in dem sich die Frage am drängendsten stellte, wie man mit den Exporten die Importe finanzierte.

Der Wirtschaftshistoriker ist auch versucht, Veränderungen in Handelsbeziehungen dadurch ermitteln zu wollen, daß er bei Keramikfunden deren Lage untersucht und sie datiert. In der archaischen Zeit ist diese Verlockung besonders groß, doch ist bei diesem Vorgehen Vorsicht geboten. Das zeigt sich besonders deutlich bei der korinthischen Ware, die scheinbar in dem zunächst viel gründlicher erforschten Westen sehr viel häufiger vorkam, heute aber in dem Maße, in dem die archäologische Erkundung sich ausweitet, zunehmend auch im Osten gefunden wird. Soweit es sich um attische schwarz- und rotfigurige Keramik handelt, lieferte das bedeutende Werk von John Beazley allgemein anerkannte Identifizierungen von Vasenmalern und Schulen der Vasenmalerei innerhalb des attischen Bereichs. Die Schwierigkeit liegt in der Frage, wie genau sich in dem oft langen Leben eines Malers Einzelgefäße oder Gruppen innerhalb eines Zeitabschnitts datieren lassen, der dafür allenfalls einen Spielraum von zehn bis zwanzig Jahren offen läßt, wenn eine Koordinierung mit der politischen Geschichte möglich sein soll.

Noch eine weitere Schwierigkeit kommt hinzu. Die Verbreitung der Töpferware verrät uns nicht, wie das Produkt in die Gebiete befördert wurde, in denen man es fand. Die Lage der ostgriechischen Staaten Phokaia, Samos, Milet und Rhodos und auch die von Athen und Korinth im eigentlichen Griechenland verweist auf die Handelswege, über welche die Töpfereierzeugnisse dieser und anderer Staaten abgeholt und in verschiedenen Richtungen befördert wurden, aber damit ist noch kein Hinweis auf die Spediteure verbunden, die zu allen Zeiten – ganz wie im vierten Jahrhundert – eine gemischte Gesellschaft gewesen sein müssen.

Im übrigen befaßten sich Industrie und Handel entweder mit Naturprodukten oder mit industriell hergestellten Artikeln aus vergänglichem Material, und all das ist nicht erhalten geblieben. Vor allem müssen Textilien ein wichtiger Bestandteil der Industrie, und zwar nicht immer der ,Hausindustrie' gewesen sein. Es gab nicht nur Massenartikel wie die Sklavenkleidung, die in Megara hergestellt wurde (ein interessantes Beispiel für Spezialisierung), sondern auch schwere Textilien und jene höchst qualitätvollen, von denen nur wenige Stücke erhalten sind. Es gab zum Beispiel die Erzeugnisse von Amorgos, Kos und Milet, von denen später die Rede sein wird. Was diese Kategorien betrifft, so müssen wir uns an die literarischen Texte und die Inschriften halten.[12]

Philosophische und soziologische Standpunkte

Diese Standpunkte gegenüber Gewerben, Handwerken und Handel im fünften und vierten Jahrhundert v. Chr. haben den Charakter der Informationen beeinflußt, die sich aus antiken literarischen Quellen gewinnen lassen. Zunächst geht es da um die Frage, welche Beschäftigungen einem ‚Gentleman‘ am besten anstehen. Hierüber gab es kaum einen Zweifel. Er mußte sich mit seinem Grundbesitz und dessen Bebauung befassen und sich bei günstigen – konservativen, nicht radikalen – politischen Verhältnissen aktiv an den Angelegenheiten des Staats – einschließlich der militärischen – beteiligen, ganz nach der Art des großen Kimon von Athen. Da galt es, keine Anstrengung zu scheuen, um jenen Zustand physischer und moralischer Überlegenheit zu erhalten, der mit dem Ausdruck ‚kalos kai agathos‘ umschrieben wurde, und durch den Dichter Sophokles seine Ausprägung fand. Die angemessene Betätigung in der freien Zeit bestand im Jagen und Fischen, und in den ‚Rittern‘ von Aristophanes[13] erklärt deshalb der bekehrte Demos, er wolle fortan die Demagogen dazu bringen, daß sie sich der Jagd zuwenden und aufhören, Verordnungen für die Volksversammlung auszuhecken. Waren die politischen Voraussetzungen für die Teilnahme eines ‚Gentleman‘ nicht gegeben, so blieben noch die Freuden der ‚apragmosyne‘ – etwas Ähnliches wie das ‚otium cum dignitate‘ der Römer, das gelegentlich als schmollendes Abseitsstehen des verstimmten Oppositionellen ausgelegt werden mochte. Die gleiche Vorstellung findet sind, verbunden mit einer passenden Tätigkeit für die Armen und die unteren Schichten, bei Isokrates[14] in der nostalgischen Schilderung der ‚guten alten Zeit‘ von Athen und der Zuweisung von den jeweiligen Lebensumständen angemessenen Beschäftigungen und Arbeiten, die verhindern sollen, daß aus Untätigkeit Unfug entsteht. Isokrates sagt: ‚‚Sie verwiesen die Bedürftigeren auf Landwirtschaft und Großhandel, da sie wußten, daß Müßiggang Armut im Gefolge hat und Armut Übeltaten . . .‘‘; andererseits ‚‚zwangen sie jene, die genügend Mittel besaßen, sich der Reitkunst, dem Sport, der Jagd und der Philosophie zu widmen . . .‘‘ Diese Aussage ist nicht nur wegen der Mischung ‚aristokratischer‘ Betätigungen wichtig, die man in puncto Philosophie wohl nicht allzu ernst zu nehmen braucht, sondern auch deswegen, weil ‚Landwirtschaft und Gewerbe‘ als Beschäftigungen für die ärmeren Schichten vorgesehen waren. Landwirtschaft stand, da sie kräftigere Männer und Soldaten hervorbrachte, an erster Stelle, und ‚Gewerbe‘ bedeutet hier Handwerk.

Die Wirklichkeit unterschied sich zweifellos von dem bei Isokrates geschilderten Ideal. Es leuchtet auch ein, daß die Ideen radikaler Philosophen nicht recht verwendbar waren. So schlägt Platon vor,[15] daß Bürgern erlaubt sein solle, ein Gewerbe zu betreiben, wobei man allerdings nicht vergessen darf, daß es sich in den ‚Gesetzen‘ um eine besondere Art von Bürgern handelt. Bei Platon finden sich dort auch Prinzipien, die in dieselbe Richtung weisen: in seinem Idealstaat ist nicht nur Bürgern, sondern auch deren Sklaven die Ausübung eines Handwerks verboten, und niemand darf sich in mehreren Fertigkeiten und Handwerken betätigen. Die Vorschrift lautet: ein Mann – ein Handwerk. Wahrscheinlich bezieht sich das an dieser Stelle auf Ausländer und Sklaven; sehr aufschlußreich ist auch, daß es ein kapitalistisches System nicht geben darf. In dieser Tradition, die man sokratisch nennen könnte, vertritt Xenophon den gleichen Standpunkt, wenn er die ‚banausischen' Tätigkeiten[16] ablehnt, da sie Körper und Geist behindern, entstellen und dadurch schädigen; nur im Notfall[17] sollten sie zugelassen sein – gerade eben als Verdienstquelle, von der ein Mann seinen Lebensunterhalt bestreiten konnte. Ein weiteres Argument brachte Aristoteles vor:[18] „Außerdem ist es vornehm, kein banausisches Handwerk auszuüben, denn es ist das Kennzeichen eines freien Mannes, daß er nicht mit Rücksicht auf einen anderen lebt." (Hierzu sei bemerkt, daß sich dieser Widerwille gegen Partnerschaften und untergeordnete Tätigkeiten auch bei den Griechen von heute noch findet.) Ein verwandtes Phänomen ist die platonische Verachtung der technischen Details und der Terminologie der Alltagsberufe und Dienstleistungen, die einen großen Teil der Handwerke und Gewerbe ausmachten.

Das alles war Theorie und von der Praxis weit entfernt, beeinflußte aber doch die Grundhaltung im Gespräch wie auch in jenen Schilderungen, aus denen moderne Untersuchungen ihre Informationen beziehen. In ihren Zielen war diese Haltung durchaus zu verstehen: der Bürger sollte von seinen eigentlichen Pflichten und Aktivitäten im Dienste des Staats und von der Sicherung des eigenen sittlichen und geistigen Wohlergehens nicht abgelenkt werden. Sie galt aber auch für die Praxis des Handels und zielte wegen des verderblichen Einflusses des Wettbewerbs und des Markttreibens eher auf den Einzelhandel als auf den Großhandel. Allerdings führte sie auch zur Verurteilung jeder Verbindung mit dem Seehandel und dem Kaufmannsgewerbe, da Handelsgemeinden – teils wegen ihrer Geschäfte, teils wegen ihrer Verbindung mit Ausländern – notorisch unordentlich und korrupt waren. Hier schlich sich natürlich ein Widerspruch ein, denn während Platon seine Gemeinde vom Meer und von der Berührung mit Handel fernhalten wollte, gestattete Aristoteles es dem Staatsmann, sich mit Import und Export zu befassen, wenn es auch wünschenswert war, diese Beschäftigung so weit wie möglich einzuschränken und Autarkie zu erstreben. Philosophische Ideen gingen hier

Hand in Hand mit Aktivitäten, die wohl dem Besten Athens dienten. Ganz anders verhielt sich Perikles in seiner Rede über die Größe Athens, die er laut Thukydides am Anfang des Peloponnesischen Kriegs gehalten haben soll.[19] Athen wird darin als der Mittelpunkt eines bedeutenden Netzes von Handelsstraßen bezeichnet, und die Freiheit Athens sowie seine Verbindungen mit der übrigen Welt um das Mittelmeer werden der Isolierung gegenübergestellt, die Sparta sich selbst auferlegt hat. Doch selbst hier findet sich eine leise, aber nicht unwichtige Andeutung eines Unterschieds zwischen denen, die verwalten, und denen, die nur urteilen und gutheißen.

Diese aristokratische Haltung übernahmen alle die Schriftsteller, die in der philosophischen Tradition aufgewachsen waren, selbst wenn sie viele Jahre später lebten, und sie muß sowohl ihr Urteil wie auch ihre Auswahl von Informationen beeinträchtigt haben. Da wir so sehr auf diese Autoren angewiesen sind, ist das verhängnisvoll. So nennt Plutarch[20] in seiner Schilderung der Handwerkerklasse, die zur Zeit der Perikleischen Bauprojekte von den Staatsaufwendungen profitierte, diese einen „unordentlichen und banausischen Haufen". Da man zwischen künstlerischer und handwerklicher Tätigkeit kaum einen Unterschied machte – was aus den Bauinschriften hervorgeht, die auch die Zahlungen an Akkordarbeiter einbezogen, von denen die Ideen großer Künstler in Stein umgesetzt wurden –, war es schwierig, die aristokratische Auffassung mit dem Ruhm und dem Ansehen, ja der Größe jener Künstler in Übereinstimmung zu bringen, die ihr Teil dazu beitrugen, daß Athen seinen hohen kulturellen Rang erreichte. Es war verhältnismäßig leicht, einen Phidias einzuordnen, der in seiner Zeusstatue von Olympia die überlieferte Idee des Gottes erweiterte und auch ein Freund des Staatsmanns Perikles war. Auch Baumeister wie Iktinos, der den Parthenon entwarf, waren nicht ‚banausisch‘, denn sie konnten – was auch Musikern möglich war – in ihren Werken tiefgründige philosophische und mathematische Prinzipien ausdrücken, die ihren hohen geistigen und seelischen Rang zweifellos beweisen. Im allgemeinen fügte sich jedoch der Künstler-Handwerker nicht ohne weiteres in diese Schablone. Leute mit einer solchen geistigen Haltung waren also gezwungen, höchst durchsichtige Tricks und Kniffe anzuwenden. Bei Plutarch heißt es deshalb in der Beschreibung[21] des großen Malers Polygnot: „Er gehörte nicht zu den Banausen, und er schmückte auch die Säulenhalle mit Bildern nicht im bezahlten Auftrag aus, sondern unbezahlt, da er sich die Achtung der Stadt zu erwerben wünschte." Also ist die Bezahlung das erniedrigende Element.

An anderer Stelle wird die Meinung vertreten, daß die Bewunderung eines Kunstwerks nicht unbedingt mit einer Bewunderung auch des Künstlers oder Handwerkers, der es geschaffen hat, verbunden zu sein braucht. Auf eine solche Einstellung ist es vielleicht zurückzuführen, daß wir zwar durch das bereits erwähnte Sprichwort über die unter den Töpfern herrschende Rivalität unterrichtet sind, daß aber unsere Kenntnis jener Leute, die Vasen formten und verzierten, ausschließlich auf die Vasen selbst zurückgeht, wenn wir von einer verächtlichen Erwähnung der Hersteller von Grablekythen absehen. Trotz des großen künstlerischen Könnens, das die attische schwarz- und rotfigurige Töpferware verrät, sah man in den Töpfern und Malern lediglich unbedeutende Handwerker, die der Erwähnung in der Literatur nicht würdig waren. Andererseits darf man wohl vermuten, daß diese aristokratische Einstellung erstens bekannt war und als ärgerlich empfunden wurde, und daß zweitens die Freude der von der Wichtigkeit ‚banausischer‘ Tätigkeit überzeugten Zeitgenossen am künstlerischen Handwerk ein Gegengewicht gegen das primitive aristokratische Vorurteil bildete, das sogar im demokratischen Athen so stark war. ‚Sogar im demokratischen Athen‘ – das muß betont werden, denn selbst in der attischen Komödie, so wie sie uns überliefert ist, findet sich wenig oder nichts, was die durch die sonstige Literatur vermittelten Eindrücke ausgleichen könnte. Dennoch durften sich, wie wir sahen, Töpfer und Vasenmaler ihres Wertes durchaus bewußt sein und ihren Stolz wie auch den Wetteifer mit Zeitgenossen zum Ausdruck bringen; die Inschrift ,,So etwas hat Euphronios nie gemacht" auf einer Vase des Euthymides beweist das wohl. Eine stark restaurierte Inschrift von der Akropolis,[22] die die Darbringung einer Weihgabe – vielleicht in Form einer Plastik – verzeichnete und begleitete, scheint darauf hinzuweisen, daß es vorteilhaft ist, ein Handwerk auszuüben (wobei der Spender in seiner Orthographie nicht ganz sicher war), und viele Jahre später finden wir bei Menander, dem großen Dichter der Neuen Komödie, einen interessanten Kommentar: ,,Der Zufall raubt uns manchmal unser väterliches Erbteil, läßt uns aber das Leben; dann verbürgt ein Handwerk Sicherheit."[23] Wie im Falle der Künste und Handwerke, so mögen auch die Kaufleute, sofern sie überhaupt jemals darüber nachdachten, im Bewußtsein des Nutzens ihrer Tätigkeit für Athen die aristokratische Tradition als etwas Überlebtes und Verächtliches oder als ein Überbleibsel aus einer anderen Welt angesehen haben, doch sind sie in der Literatur nicht zu Wort gekommen.

I. Handel in der vorklassischen Zeit

Man kann den Beginn dieses Zeitabschnitts mit dem Auslaufen der bronzezeitlichen mykenischen Kultur – also der sogenannten ‚Linear B-Periode‘ – und sein Ende mit dem ersten Einbruch der Perser in die Ägäis bezeichnen.

Die submykenische und die protogeometrische Zeit

Gegen Ende des dreizehnten und während des zwölften Jahrhunderts v. Chr. – ein Zeitabschnitt, der gewöhnlich als Späthelladisch III C bezeichnet wird – kam anstelle von Bronze das Eisen in Gebrauch, ein Kulturwandel, der im Zusammenhang mit einer Reihe von Katastrophen zu sehen ist, zu denen auch das Ende der hochstehenden Organisationsform der mykenischen Zeit und die Zerstörung ihrer Paläste gehörte.[1] Wie auch immer die Katastrophen, die über Griechenland hereinbrachen, beschaffen waren, ob es sich um Invasion, Angriffe durch wandernde Stämme, Seuchen oder Dürrezeiten handelte – sie hatten jedenfalls weitreichende Auswirkungen, die das Bild der östlichen Mittelmeerwelt und des Nahen Ostens veränderten. Das Hethiterreich in Anatolien wurde zerstört, in östliche Mittelmeergebiete drangen Einwanderer vor, Ägypten wurde bedroht und konnte sich nur mit Mühe seiner Angreifer erwehren. Es kam zu einer Zerschlagung der Bronzekultur in Griechenland und dem östlichen Mittelmeer, zu erhöhter Gefährdung bei Reisen zu Wasser und zu Lande und zu einer Unterbrechung von Handelsstraßen und organisiertem Leben (ohne daß man weiß, wie lange dieser Zustand anhielt). Vor allem aus späterem Beweismaterial lassen sich Flüchtlingsbewegungen aus mykenischen Zentren in Randgebiete des griechischen Festlands oder ins östliche Mittelmeergebiet erkennen, so etwa aus der Peloponnes nach Zypern. In der Folge bedeutete das verbesserte Verkehrs- und Handelsbedingungen. Man hat auch behauptet,[2] daß der Verkehr über die Ägäis nicht völlig unterbrochen worden sei, ja sogar, daß sich eine Erinnerung an mykenische Verbindungen nach Westen hin erhalten habe. Andererseits sieht es so aus, als seien Bevölkerungszahl und

Bautätigkeit zurückgegangen, und in den Bestattungsbräuchen ging man offenbar vom Kammergrab zum Kistengrab über.[3] Auch in einzelnen Ausrüstungsgegenständen gab es Änderungen, die das Auftreten neuer Leute, Verwandter der bronzezeitlichen Menschen, anzeigen könnten. Es gab in Griechenland eine Überlieferung, daß zu dieser Zeit eine neue ‚Invasion‘, ein Einsickern von Griechen stattgefunden habe: die sogenannte ‚dorische Wanderung‘ oder die ‚Rückkehr der Kinder des Herakles‘.[4] Die Archäologen verbanden diese Überlieferung früher meist mit dem Auftreten einer bestimmten Form von Gefäßverzierung, von schmalen Bändern, Feldern, stilisierten Blättern, konzentrischen Kreisen und schließlich Figurensilhouetten sowie von kleinen stilisierten menschlichen und tierischen Bronzefiguren und von Fibeln zur Befestigung wollener Gewänder. Man nahm an, es sei auch zu gewissen religiösen Neuerungen gekommen, bei denen Zeus und Apollon an die Stelle der Muttergottheit getreten seien.

In neuerer Zeit hat sich erwiesen, daß diese Verbindung einer Überlieferung mit materiellen Objekten den Tatsachen nicht entspricht. Man weiß heute, daß zwischen der mangelhaft geformten und verzierten spät-(sub-)mykenischen und der darauf folgenden Keramik ein ununterbrochener Zusammenhang besteht. Es gibt eine fortschreitende Entwicklung der Keramikformen und -verzierungen vom submykenischen zum protogeometrischen Stil, dem Vorläuferstadium des ‚geometrischen‘ Stils, und weiter zum geometrischen, der am besten in der großartigen attischen Töpferware des achten Jahrhunderts vertreten ist. Tatsächlich ist die Keramik so wichtig (‚faute de mieux‘, könnte man freilich zynisch sagen!), daß die aufeinander folgenden kulturellen und historischen Zeitabschnitte als submykenisch, protogeometrisch und geometrisch bezeichnet werden.[5]

Begreiflicherweise gibt es in dieser Phase für Handel und Industrie keine zeitgenössischen literarischen Quellen. Wegen dieses Mangels sind wir auf Schlüsse angewiesen, die sich auf materielle Überreste stützen, und für das achte und frühe siebente Jahrhundert auf all das, was sich aus den Dichtungen Homers – vor allem aus der ‚Odyssee‘ – und aus Hesiods ‚Werke und Tage‘ gewinnen läßt.

Die sogenannte protogeometrische Keramik, die im Vergleich mit der submykenischen straffere Umrisse und präziser gestaltete Verzierungen aufweist, zu denen auch mit Pinsel und Zirkel gezogene konzentrische Halbkreise gehören, bietet gewisse Schwierigkeiten. Früher ließ das Material aus Attika vermuten, daß dieser Teil Griechenlands, der überliefe-

rungsgemäß als von den ‚Doriern‘ getrennt angesehen wurde, Ursprungs-
land und Hauptproduzent der protogeometrischen Keramik gewesen
sei.[6] Infolgedessen konnte man, wenn andernorts Keramik gleicher Form
und gleichen Dekors auftauchte, ohne weiteres Attika als das Zentrum
ansehen, von dem aus die uns erhaltene attische protogeometrische Keramik verbreitet wurde. Damit ließ sich ein gleichzeitiges, im späteren
historischen Schrifttum ausgiebig behandeltes Phänomen in Verbindung
bringen, daß nämlich zunehmend Griechen aus verschiedenen Gründen
vom griechischen Festland auf die ägäischen Inseln und hinüber nach
Kleinasien, vor allem nach Ionien, auswanderten.[7] Man sah infolgedessen
in der protogeometrischen Keramik ein Anzeichen für Wanderungen und
Handel und nahm an, daß sie durch Auswanderer in die Küstengebiete
des westlichen Kleinasiens mitgebracht worden oder von dortigen Gemeinden eingeführt worden sei. Sie drang beispielsweise sogar bis nach
Sardeis vor.[8] So kam es, daß diese protogeometrische Keramik und Athen
als ihr vermeintliches Zentrum das erste Beweismaterial für eine Reihe
verwandter Erscheinungen lieferte: eine gewisse Überlegenheit Athens in
der Wiederbelebung handwerklicher Fertigkeiten, in der Güterbeförde-
rung und anderen Aktivitäten zur See und in einer Neubelebung übersee-
ischer Verbindungen. Daß Athen sich später als führende Kraft bei der
ionischen Wanderung behauptete, trug zur Verfestigung dieser Vorstellungen bei.[9]
    Dieses keramische Beweismaterial ist der Hauptnachweis für Bewe-
gung in diesem frühen, etwa mit dem Jahre 1000 beginnenden Zeitabschnitt. Sonstige Beweise für Industrie sind spärlich. Der Handel mit
Metallen und die Betätigung in metallverarbeitenden Techniken bieten
ein verworrenes Bild. Zu einer Zeit, in der die Bronze-Metallurgie in
Mitteleuropa gut entwickelt war und in Blüte stand (und das sogar noch
im späten achten Jahrhundert), sind für die Griechen über eine verhältnismäßig lange Zeit hinweg eiserne Werkzeuge und Waffen in beschränk-
ter Anzahl typisch.[10] Damit stellt sich die Frage: woher kamen das Eisen
und die Kenntnis der Eisenmetallurgie? Aus dem Norden, aus Makedonien und von noch weiter nördlich, wie man früher überwiegend annahm, oder aus dem Nordosten Kleinasiens und dem östlichen Mittelmeergebiet?[11] Nimmt man letzteres an, so darf man auch an Handelsverbindungen denken, die nach der Katastrophe am Ende der mykenischen
Periode wiederauflebten und dadurch gefördert wurden, daß sich Griechen längs der kleinasiatischen Südküste und auf Zypern niederließen.
    Neuere Ausgrabungen und Forschungsergebnisse modifizieren das

hier vermittelte Bild bis zu einem gewissen Grade. Offenbar gab es andere selbständige Entwicklungszentren des protogeometrischen Stils,[12] und
so muß der Anspruch Attikas auf Vorrang bei der Förderung der ionischen Wanderung im Hinblick auf die literarischen Aussagen über eine
breite Vielfalt sonstiger Wanderungsbewegungen in der Ägäis eingeschränkt werden.[13] Anscheinend erzeugte eine ganze Reihe griechischer
Staaten diese protogeometrische Töpferware, und viele Griechen stießen
ins Ausland vor. Eine detaillierte Untersuchung der Keramik läßt zeitweilige gegenseitige Beeinflussung, aber auch zeitweilige Isolation und
getrennte Entwicklung erkennen.[14] Trotz aller Zweifel in Einzelheiten
steht fest, daß es sehr beachtliche Fortschritte und bemerkenswerte Einrichtungen auf allen Gebieten gab, und dabei mag Athen eine bedeutende
Rolle gespielt haben.

Die geometrische Zeit

Der Fortschritt, der die protogeometrische Phase kennzeichnete, prägte
in noch stärkerem Maße die geometrische,[15] einen Zeitabschnitt, der
mehrere wichtige Charakteristika erkennen läßt. Grundlegend und in
unserem Zusammenhang von großer Bedeutung war die Steigerung technischer und künstlerischer Fertigkeiten, die in Zentren wie Athen und
Korinth bei der Produktion von Töpferwaren festzustellen ist und die
mit einer erstaunlichen Vielfalt in Form und Dekor einherging. Gegen
Ende der Phase kam es auch zu einer eindrucksvollen Neuentwicklung
auf dem Gebiet der Bronzearbeiten,[16] unter denen vor allem die großen
Dreifußkessel (Abb. 1) mit gehämmerten Becken und gegossenen Beinen
zu erwähnen sind.[17] Eine Gußform wurde im euböischen Lefkandi gefunden. Was die Keramik angeht, so kann man fluktuierende wechselseitige Einflüsse oder auch Isolierung beobachten. Ein weiteres wichtiges
Kennzeichen bestand darin, daß immer häufiger Erzeugnisse eines Zentrums in einem anderen Produktionszentrum auftraten, und zwar nicht
nur innerhalb Griechenlands, wo sich das Hin und Her zwischen unmittelbaren Nachbarn oder auch zwischen weiter voneinander entfernten
Gemeinden abspielte, sondern auch außerhalb im weiteren Bereich des
Mittelmeerraumes. Schon in dieser frühen Zeit stellt sich also die Frage,
mit der wir es im siebenten Jahrhundert und später zu tun haben werden:
Was bedeutet es, wenn beispielsweise zu bestimmten Zeiten attische geometrische Keramik im Ausland,[18] etwa im Küstengebiet des östlichen

Mittelmeers und landeinwärts oder auf Zypern[19] gefunden wird? Ziehen wir in Betracht, daß es weitgehend vom Zufall abhängt, ob Objekte erhalten bleiben (das gilt auch später im Falle der Münzenhorte), wie weit sind wir dann berechtigt, die Erzeugnisse – vorwiegend Töpferware – eines Zentrums gegen die eines anderen, also etwa die Ware Euböas gegen jene Attikas abzuwägen, wenn wir wirtschaftliche Entwicklungen feststellen wollen? Bedeuten Keramikimporte, daß Angehörige des Erzeugerstaats in der Fremde lebten und die ihnen vertrauten Produkte ihres Heimatstaats benutzen wollten, oder liegt Handel im üblichen Sinne des Wortes vor? Abgesehen von allen diesen Überlegungen müssen wir nach dem Umfang des Materials fragen, der uns das Recht gibt, den Begriff ‚Handel‘ einzuführen, anstatt den weniger genau umrissenen Ausdruck ‚Beziehungen‘ zu verwenden.

Unter diesen – insbesondere den letztgenannten – Vorbehalten läßt es sich verantworten, eine gewisse wirtschaftliche Interpretation zu versuchen. Was die technische Fertigkeit betrifft, so besitzen wir das Beweismaterial der erhaltengebliebenen Objekte, in erster Linie die zerbrechliche, aber im Grunde unzerstörbare Keramik. In bezug auf andere Artefakte sind wir in einer weniger glücklichen Lage: bei Metallgegenständen haben Schmelztiegel und Korrosion, bei Holz und Textilien der natürliche Verfall die Menge des Erhaltenen vermindert. Im Hinblick auf technische Organisation, Praxis und Politik der Wirtschaft gibt es keinen gleichwertigen Ersatz für einen schriftlichen Bericht, der freilich nicht denkbar ist, bevor sich ein Schriftsystem und ein historischer Sinn entwickelt haben. Dennoch ist es möglich, mit der gebührenden Vorsicht einige sinnvolle Vermutungen anzustellen.

Im Laufe der Zeit treten in der geometrischen Phase bestimmte andere bedeutsame Phänomene auf. Die Griechen waren nicht die einzigen, die sich als Handwerker betätigten. Es gab noch andere Völker. In ihrer Heimat lebten die Griechen unter einem gewissen Druck. Griechenland war arm, und die große Menge hatte ein schweres Leben (daher das Sprichwort „Armut ist stets unser vertrauter Gefährte“). Politisch wurde das Volk von einigen wenigen unterdrückt (das bezeugen Hesiods Worte von den „verbrecherischen Ratschlüssen der Fürsten“).[20] Wirtschaftliche und politische Anliegen waren also miteinander verflochten. Dann gab es auch Entwicklungen, die teilweise mit dem Wachstum der Bevölkerung zusammenhingen, wenn sich beispielsweise ein mächtiges Zentrum ausweitete und seine schwächeren Nachbarn schluckte, oder wenn zwei mächtige Staaten ihre Grenzen ausdehnten und als Feinde aufeinandertrafen.[21] In der voraufgegangenen Epoche, als die Bevölkerungszahl noch niedriger war, konnten sich Staaten von einem Poliszentrum aus in das umliegende, dünner besiedelte Land ausbreiten, aber schließlich stießen die Gemeinden an ihren Grenzen doch zusammen. Das war der Fall bei Böotien und Attika, Attika und Megara (und Eleusis), Megara und Korinth, Korinth und Argos und auch Argos und Sparta. Es gab also nicht nur innere Streitigkeiten, sondern auch zwischenstaatliche Rivalitäten, und beides war gleich schädlich für die Bevölkerung. Andererseits haben wir kein eindeutiges Beweismaterial dafür, daß man einen Unterschied machte zwischen der Konkurrenz im Handel und rivalisierenden Bemühungen um fruchtbare oder an Bodenschätzen reiche Gebiete, die ja die Hauptvoraussetzungen für wirtschaftliche Überlegenheit boten.

Diese Schwierigkeiten ließen sich bewältigen, wenn die Erzeugung von lebenswichtigen Produkten gesteigert wurde, was indirekt auch politische Probleme berührte. Man konnte das auf zwei Wegen erreichen. Zunächst einmal ließen sich die technischen Methoden bei der Bodenbestellung und in den Produktionsgewerben verbessern. Es gibt für die klassische Zeit und danach vielleicht einige Hinweise auf Verbesserungen in der Landwirtschaft; Xenophons ‚Oikonomikos‘ (s. Kap. VIII) scheint das zu beweisen. Für andere Aspekte einer Wirtschaftsaktivität finden sich nur wenige oder gar keine Anzeichen. Während der gesamten hier behandelten Zeit gibt es keine erkennbare Veränderung oder Entwicklung in den technologischen Fertigkeiten, wenn man von einer durch die Bedürfnisse und Wünsche der wohlhabenden Klasse hervorgerufenen Verbesserung der Arbeitsteilung absieht, welche die Ausübung von Luxusgewerben förderte. Doch diese wohlhabende Schicht war, was ihre Zahl und auch ihre Ressourcen betraf, beschränkt. Es gab keine Veränderungen hinsichtlich neuer Energiequellen, neuer Werkzeuge oder neuer Materialien; hätte es sie gegeben, so hätte doch vor der Entwicklung des Münzwesens jede Möglichkeit gefehlt, Kapital anzuhäufen, um sie zu nutzen. Selbst später, in der klassischen Zeit, bestand keine Neigung, Kapital für die Entwicklung verfügbarer Ressourcen bereitzustellen.[22]

Gab es auf diesem Wege keine Aussicht auf Verbesserung, so mochte es den politisch und wirtschaftlich Benachteiligten freistehen, aus ihrem Heimatland auszuwandern in andere Gebiete (der Welt des Mittelmeers, zu dieser Zeit), die günstigere Bedingungen boten: wo natürliche Ressourcen und fruchtbares Land reichlicher vorhanden waren, und wo die in der eigenen Heimat Unterdrückten vielleicht ihrerseits zu Bedrückern der Eingeborenen werden konnten. Das hatte es früher, während der

Ionischen Wanderung, schon gegeben, und auf diese Weise waren vermutlich schon allerlei Erfahrungen gesammelt worden, wie der Handel gefördert und wie die Begleiterscheinungen einer Zusammenarbeit mit den Eingeborenen oder ihrer Ausbeutung gemeistert werden konnten. Dazu bestand noch die Möglichkeit, in diesen fruchtbaren Gebieten Überschüsse zu erzeugen und nach Griechenland zurückzuexportieren.

So kam es vom achten Jahrhundert (der genauere Beginn ist strittig) bis ins sechste oder sogar ins fünfte Jahrhundert zu einer allmählichen Kolonisierung der Mittelmeerküsten.[23] Ihr Hauptziel ist unbestritten – die Auswanderer wollten Griechenland den Rücken kehren. Dafür kam zunächst der Westen in Frage, der mittlere Mittelmeerraum. Die Beweggründe waren andere als an der Südostküste Kleinasiens, auf Zypern und an der Ostküste des Mittelmeergebiets mit ihren Zugängen zum Nahen Osten und seinen Völkern. In dieser Richtung suchte man Handelsstationen zu gründen und wollte sich, wenn man höhere Ziele verfolgte, den Weg zu einem Fürstentum bahnen.[24]

Im mittleren Bereich des Mittelmeerraums handelte es sich also um Kolonisation in einem Gebiet, das die Heimat ersetzen sollte, wobei die Ansiedlungen auch Handelsstationen mit einem Hinterland oder Zwischenstationen auf einer Handelsroute sein konnten. Alles, was wir von den Griechen in Süditalien und Sizilien[25] wissen, bestätigt die Bedeutung von Naturprodukten in überaus fruchtbaren Gebieten; die später auf Münzen abgebildeten Getreideähren bezeugen das. Außerdem gab es Holz, Wolle und Felle. Zunächst befriedigten diese Ressourcen zweifellos die Bedürfnisse der Ansiedler; sie traten an die Stelle jener Erträge, die in Griechenland selbst so sehr spärlich gewesen waren. Man kann darüber streiten, in welchem Ausmaß und wie bald ein Überschuß exportiert wurde. Dann ist zu fragen: wie wurden diese Lieferungen bezahlt in einer Zeit, in der Münzen noch nicht bekannt waren, obwohl es möglicherweise schon Silberbarren gab? Die Olive jedenfalls trat in Italien erst spät auf und wurde im siebenten Jahrhundert aus Attika eingeführt. Im späten achten und im siebenten Jahrhundert gab es noch andere Dinge, die über griechische Zentren importiert und befördert wurden; sie kamen vor allem aus dem Osten. Erwähnt sei das Irisparfüm aus Illyrien.[26] Ferner gab es Handwerkserzeugnisse, sicherlich Keramikbehälter. Unter archäologischen Gesichtspunkten ist eine begrenzte Menge bemalter Keramik interessant, doch handelt es sich dabei, wenn der Export über große Entfernungen erfolgte, um Luxusware.[27] Was andere Produkte betrifft, so war es infolge der Beförderungsschwierigkeiten wohl einfacher, anstelle der Güter die Handwerker zu exportieren. Im Falle von Transitgütern konnte Griechenland aus solchem Handel wohl kaum Gewinn ziehen, sofern sie nicht, wie die Gewürze aus dem Osten und andere Waren in späterer Zeit, zu stark überhöhten Preisen befördert wurden.

Trotzdem wäre es schwierig zu leugnen, daß es einen Handel gab, wenn er auch weitgehend von Zufällen abhängig war. Da die frühesten Kolonien im Westen, Pithekussai (Ischia) und Kyme (auf dem Festland nördlich von Neapel) auch die am weitesten entfernten waren, muß bei ihrer Gründung außer dem Wunsch, in einem neuen und vorteilhafteren Land zu siedeln, noch ein anderer Beweggrund mitgewirkt haben. Man hat deswegen angenommen,[28] daß die Bodenschätze Etruriens die Siedler angezogen hätten – Eisen (Erz) aus Elba und Kupfer aus dem bronzeerzeugenden Gebiet von Vetulonia. Es gibt Anzeichen dafür, daß in Pithekussai,[29] vielleicht auch in Kyme, Erz geschmolzen wurde. Dieser Handel befriedigte möglicherweise nur die Bedürfnisse Siziliens und Süditaliens, könnte aber auch bis nach Griechenland ausgedehnt worden sein, obwohl Metallfrachten schwer sind und Griechenland in dieser Hinsicht keinen Mangel litt.

Offensichtlich gibt es Seewege, die aus geographischen Gründen – weil sie besonders bequem oder besonders kurz sind und geschützte Ankerplätze und Trinkwasser bieten – zu ‚Handelsrouten‘ werden konnten. Im Altertum waren Seewege, um moderne Ausdrücke zu verwenden, Routen nicht für Linienverkehr, sondern stets für ‚Trampschiffahrt‘, auf denen Fracht ausgeladen oder aufgenommen wurde, wo immer sich eine Gelegenheit bot. Außerdem gab es noch Landwege, die bei Überquerung von Landengen benutzt wurden, um Feinden aus dem Wege zu gehen, die sich an Meerengen festgesetzt hatten, oder um schwierige Passagen durch solche Meerengen oder um gefährliche Kaps zu vermeiden. In Süditalien verliefen von der Südküste zur Westküste eine oder mehrere solche Überlandrouten, die aus politischen Gründen und sicher auch der Wetterverhältnisse wegen die Durchfahrt durch die Straße von Messina umgingen.[30]

Welchem Umstand die Griechen ihre Kenntnis dieser zentralen Gebiete des Mittelmeers verdankten, ist eine oft erörterte Frage. Man braucht in diesem besonderen Falle nicht unbedingt an Irrfahrten wie die des Odysseus zu denken. Zweifellos gab es kühne Abenteurer, die geradewegs über das Ionische Meer segelten, doch sollte man deswegen nicht ohne weiteres einen Vergleich mit Kolumbus ziehen. Bei dieser Westpassage waren geographische Kenntnisse eine große Hilfe – aus dem korin-

thischen Golf ging es nordwärts nach Ithaka und Korkyra (Korfu),[31]
nordwestlich zur Ferse Italiens, dann südwestlich zur Straße von Messina
und nach Ostsizilien, oder durch die Meerenge und dann nordwärts oder
auch, mittels Landtransport durch Bruttium, zur Westküste Italiens.
Größerer Wagemut mochte erforderlich sein, wenn man über Korkyra
hinaus die Adria hinaufsegeln wollte, in ein Gebiet, wo es im Westen
wenige Häfen gab, wo die Bora blies und wo Seeräuber ihr Unwesen
trieben. In diesem Bereich gab es vielleicht nicht allzuviele kaufmännische Aktivitäten (der Handel mit der Poebene entwickelte sich erst später). Andererseits zeigt sich im späteren achten Jahrhundert ein Wiederaufleben der Fertigkeit in der Bronzebearbeitung,[32] die über die Adria aus
Mitteleuropa gekommen sein mochte (Abb. 4), was einen Reiseverkehr,
wenn nicht sogar Handelsverbindungen voraussetzt. Im siebenten und
sechsten Jahrhundert standen das Küstengebiet und das Binnenland des
westlichen Balkans über Apollonia und Dyrrhachion mit Korinth in Verbindung. Später war diese Küste wegen ihres Seeräuberwesens sehr ver-
schrien, doch braucht sich Seeräuberei nicht gegen einen weitgespannten
Fernhandel zu richten und setzt also dessen Vorhandensein nicht unbedingt voraus. Piraterie konnte zunächst einmal dem Küstenhandel gelten,
einem Handel Hesiodischen Typs, der in Gebieten notwendig war, wo
Berge und ein buchtenreiches Gelände Reisen zu Lande erschwerten.[33]
Diese Verbindung zur nördlichen Adria gehört größtenteils einer späteren Zeit an.[34]

Die Kenntnis des Seeweges nach Süditalien und Sizilien hatten sich die
Griechen hauptsächlich durch Erkundung der Küsten von Ithaka und
Korkyra aus erworben, die sie allmählich weiter nach Westen ausdehnten. Einige mutige Geister mag ihre Abenteuerlust oder auch der Wind
geradewegs über das Ionische Meer getrieben haben, aber Abenteuer wie
jene eines Kolaios aus Phokaia spielten sich eher im offenen Mittelmeer
und in dessen westlichem Teil jenseits von Sizilien, Italien und Sardinien
(einem für die Griechen stets interessanten Gebiet) bis zur Südküste
Frankreichs und der Ostküste Spaniens ab. Diese Gebiete jedoch, die,
wie Emporion in Nordspanien, den reizvolleren Teilen Griechenlands
ähnelten, wurden vor der Gründung Massilias (Marseille) durch die Phokäer um 600 v. Chr. nicht erschlossen. Vielleicht galt das Hauptinteresse
weniger der Gründung kolonialer Niederlassungen als einer echten Handelstätigkeit – beispielsweise auf der durch Gallien verlaufenden Zinn-
straße – vor allem rhôneaufwärts, bis die Karthager und Etrusker eine Art
mare clausum-Politik (Politik des geschlossenen Meers) betrieben. Mög-

licherweise gelangte auf diesem Wege der Krater von Vix nach Burgund.[35]

Ein viel umstrittener Punkt, dessen Bedeutung vielleicht überschätzt wird, ist im Zusammenhang mit dieser Bewegung nach Westen die Frage, ob ‚die Flagge dem Handel folgt' oder ‚der Handel der Flagge'. Mit anderen Worten, spricht die begrenzte Menge früher Keramik, die entweder aus Griechenland herbeigebracht oder im Westen nachgeahmt wurde, für eine vorkoloniale Erkundung?[36] Es wird sich herausstellen, daß die Beantwortung dieser Frage von dem Datum abhängt, das man für die früheste Kolonisierung ansetzt.[37] Andererseits muß man einräumen, daß es sich ausschließlich um Erkundung handelte, eine Schlußfolgerung, die sich logisch begründen läßt. Die hier verwendete Terminologie erläutert recht gut die These Finleys,[38] daß es falsch ist, moderne wirtschaftspolitische Termini auf die frühe und klassische griechische Wirtschaft anzuwenden. Es gab keine ‚Flagge', und die primitive Beförderung von Gütern, deren Art und Umfang wir faktisch nicht kennen, kann die Bezeichnung ‚Handel' nicht rechtfertigen.

Ein interessanteres Thema ist die Begegnung ‚vorkolonialer' und ‚kolonialer' Griechen mit der ansässigen Bevölkerung Italiens und Siziliens.[39] ‚Vorkoloniale' Kundschafter oder, wie man besser sagen sollte, Pioniere, müssen den Einheimischen begegnet sein, und diese Kontakte könnten sich an dem Einfluß der von den Pionier-‚Kundschaftern' mitgebrachten Erzeugnisse auf das einheimische Handwerk ablesen lassen. Als im Kielwasser der Kundschafter Kolonisten eintrafen, war es natürlich, daß sich die eingeborene Bevölkerung in ihre Gemeinden und teilweise ins Binnenland zurückzog und mit den Neuankömmlingen zu beiderseitigem Vorteil Handel trieb. In einem Falle allerdings dürfte es in nur unbeträchtlichem Maße dazu gekommen sein – die spartanische Kolonie in Tarent scheint mit den Einheimischen ihres Gebiets in Süditalien kaum Verbindungen angeknüpft zu haben.[40] Damit fanden spartanische Exklusivität und Geringschätzung der Eingeborenen Eingang in den Westen.

Diese Fragen sind vielleicht weniger wichtig als das Auftreten eines fremden Volkes, nämlich der Phönizier, die ihre Aktivitäten und ihren Einfluß im Mittelmeer Seite an Seite mit den Griechen entwickelten, und zwar spätestens vom neunten Jahrhundert an bis ins siebente hinein.

Die Phönizier[41] waren ein kanaanitisches Volk in strategisch günstiger Lage nördlich vom Königreich Israel am Mittelmeer, über Ezeon-Geber jedoch auch mit dem Roten Meer verbunden, woher „Elfenbein, Affen und Pfauen" kamen.[42] Vom Roten Meer und aus Ostafrika kamen die

Muschelschalen (Tridacna) und Straußeneier, die, weit verbreitet wie sie
sind, eine Verbindung mit Phönizien anzuzeigen scheinen. In der Überlieferung des Alten Testaments wurden die Phönizier zu geschickten
Handwerkern, Kaufleuten und Seefahrern, die Salomo beim Tempelbau
halfen. Die ‚Odyssee‘, die jünger ist (achtes/siebentes Jahrhundert),
nennt sie Händler, Piraten und Menschenräuber, die mit Luxuswaren
Geschäfte machten. Sie verstanden sich auf Metallarbeit, Elfenbeinschnitzerei, die Herstellung von Textilien und Stickereien. Bedeutende Zeugnisse ihrer Kunstfertigkeit waren silbervergoldete Schalen mit konzentrischen Figurenbändern und Landschaftsdekor, die an den Achillesschild
bei Homer erinnern;[43] sie zeigen von Assyrien und Ägypten beeinflußte
Motive, die auf die Lage Phöniziens zwischen diesen beiden Ländern
hinweisen. Eine spätere Überlieferung,[44] die mit Vorsicht aufgenommen
werden sollte (s. u. Anm. 62, 64), sieht in ihnen frühe Seefahrer auf dem
Mittelmeer, die, schon lange vor der überlieferten Gründung Karthagos
im Jahre 814 v. Chr., um 1100 v. Chr. bei Utica, irgendwann in früher
Zeit bei Hadrumetum und jenseits der Straße von Gibraltar bei Gades
ansässig wurden.

Die besten phönizischen Erzeugnisse stehen im Zusammenhang mit
den Palästen in Assyrien[45] und andernorts,[46] aber Elfenbeinschnitzerei
und Metallarbeit gelangten auch westwärts in die großen religiösen Zentren wie Olympia, nach Samos und nordwärts nach Thasos (bezeugt
durch die elfenbeinernen Löwenköpfe von einem Thron (?), die dort
gefunden wurden).[47] Diese Schnitzereien wurden im gleichen kostbaren
Material von griechischen Handwerkern nachgeahmt oder von Einwan-
derern aus dem Osten hergestellt. Beispiele dafür in einer wahrscheinlich
dem griechischen Stil angepaßten Form sind die nackten Frauengestalten,
die man im spätgeometrischen Attika fand.[48] Die Handwerker, die sie
verfertigten, reisten weiter westwärts nach Etrurien. Hier finden sich
außer Elfenbeinschnitzereien hervorragende Metallarbeiten, die im späten achten und frühen siebenten Jahrhundert anzusetzen sind und eine
Verbindung mit Phönizien, Ostanatolien und Nordsyrien-Assyrien na-
helegen. Diese Bronzearbeiten, die es in Griechenland ebenfalls gibt und
die zum Teil aus Zypern stammen, treten vor allem in Form von Kesseln
auf, die auf separate konische Ständer gesetzt wurden und sich dadurch
von den früher erwähnten griechischen geometrischen Dreifüßen unterschieden (Abb. 1). Diese Kessel hatten manchmal Ringhenkel, die in Hal-
tern aufgehängt waren, von denen manche Stierkopfform zeigten, andere
wie Vögel mit Menschenköpfen (Sirenen) gebildet waren. Weitere Kessel

besaßen Attaschen mit langhalsigen Köpfen von Löwen oder Greifen (Abb. 3), die für den Archäologen besonders in bezug auf östliche Originale und griechische Nachahmungen eine ganze Reihe von Fragen aufwerfen.[49] Was unser Thema betrifft, so stellen die Originale und die Nachahmungen in Kunst und Handel ein wichtiges Verbindungsglied zwischen dem Orient und dem Mittelmeerbereich dar. Welcher Art diese Verbindung ist, bedarf sorgfältiger Erwägungen.

Phrygien in der westlichen Mitte Kleinasiens war ein bedeutendes Zentrum für Bronzearbeiten, das mit den eben genannten in Verbindung stand.[50] Manche Bronzen aus dem Osten mögen über Phrygien zu den Griechen gekommen sein, bevor es um 700 v. Chr. unter die Herrschaft der Kimmerier und danach der Lyder geriet, die an deren Stelle traten. Dies könnte eine Station auf dem Wege gewesen sein, der später als Königsstraße der Perser bezeichnet wurde: westwärts über Sardeis nach Ephesos. Exporte aus Ostanatolien (Urartu) jedenfalls konnten auch über die Pontischen Gebirge nach Trapezus am Pontos Euxinos (dem heutigen Schwarzen Meer) und auf diese Weise in die Ägäis oder möglicherweise auch donauaufwärts nach Europa gelangen. Schließlich gab es die höchst bedeutsame Route von Urartu südwestwärts über Bitlis, Diyarbakir und durch Nordsyrien in die Gegend einiger der späthethitischen Fürstentümer, über den Amanospaß in den nordwestlichen Teil Syriens und so ans Mittelmeer. Dort ergaben sich Kontakte mit den Griechen, die aus dem Westen kamen[51] und diese östlichen Produkte ähnlich wie die Phönizier über Zypern nach Rhodos, Kreta und ins eigentliche Griechenland befördern konnten. Diese Route und ihre Fortsetzung weiter westlich nach Italien und Sizilien war nicht wie zur Römerzeit der Weg durchs offene Meer (den man als die ‚Route des Apostels Paulus‘ bezeichnen könnte), sondern verlief durch die Ägäis und über den Isthmus von Korinth. Die Bedeutung der korinthischen Anlage des *diolkos*, deren man sich seit dem Anfang des sechsten Jahrhunderts v. Chr. bediente, um kleine Schiffe über den Isthmus zu transportieren, kann leicht übertrieben werden. Es war ganz natürlich, daß man für phönizische und andere östliche Güter in Korinth ein Depot anlegte, das sich zwischen dem östlichen Hafen Korinths, Kenchreai, und dem westlichen Hafen Lechaion befand, und daß Korinth einen Knotenpunkt bildete. Ganz gewiß übernahm Korinth dabei gewisse orientalische Eigenheiten, vom Parfümhandel bis zur Tempelprostitution.

Zypern mit der wahrscheinlich im späteren neunten Jahrhundert an der Südküste errichteten semitischen Niederlassung Kition[52] hatte für die

Route aus dem östlichen Mittelmeer nach Westen eine Bedeutung, die nicht unterschätzt werden darf. Diese Siedlung war ein Zentrum phönizischen Einflusses, der sich auch andernorts auf der Insel bemerkbar macht. An der Ostküste lag das zyprische Salamis, laut Überlieferung eine sehr frühe griechische Gründung, mit Kammergräbern aus dem achten und siebenten Jahrhundert, die griechische Töpferware einschließlich attischer geometrischer Keramik enthielten.[53] Das unweit gelegene Enkomi-Alasia mit seinem gehörnten Gott gilt als weitere frühe Gründung aus dem dreizehnten Jahrhundert. Zypern war vom zehnten Jahrhundert an oder auch schon früher bis in die klassische Zeit hinein zwischen Semiten und Griechen aufgeteilt, ganz wie heute zwischen Griechen und Türken. Wenn irgendwo, so mußte hier Handelskonkurrenz entstehen. Auf dem Festland in Kilikien lag Tarsos, das ebenfalls Beweismaterial für die Handelsroute liefert,[54] in einem Gebiet, was wie Nordsyrien und die südlich davon gelegene Region den Angriffen und der Herrschaft Assyriens offenstand. Weiter im Westen lagen die überaus wichtigen Zentren Rhodos und Kreta.[55] Rhodos zeigt deutlich Verbindungen zum Orient; wahrscheinlich waren die Phönizier schon früh so weit vorgedrungen. In Kreta beweisen die Funde aus der Idagrotte einen speziellen Zusammenhang mit dem Orient; sie bestehen aus Elfenbeinarbeiten und verzierten Bronzeschilden.[56] Manche Schilde sind eindeutig orientalisch – Importe oder Arbeiten orientalischer Handwerker, die aus ihrem Vaterland vertrieben waren (das Gleiche gilt für manche kretische Schmuckstücke); andere sind griechisch in östlichem Stil oder ganz und gar griechisch.[57] Hier gibt es Datierungsschwierigkeiten, und wir stoßen vielleicht bis ins siebente Jahrhundert vor. Für die künstlerische Bedeutung Kretas sind die kretische protogeometrische, geometrische und ‚orientalisierende‘ Periode gleichermaßen bezeichnend. Man kann sich schwer vorstellen, daß sie nicht ein Gewerbe und Handelstätigkeit bezeugen sollten.

Wie weit und wann die Phönizier in den Westen vordrangen, ist strittig; am Anfang des siebenten Jahrhunderts gelangten sie wahrscheinlich nach Kreta und Rhodos.[58] Zu dieser Zeit wirkten sie und zweifellos auch andere Seefahrer des östlichen Mittelmeers auf die griechische Tradition ein. Sehr eindrucksvoll schlägt sich das in der Geschichte von Eumaios, dem getreuen Schweinehirten des Odysseus[59] nieder. Er war der Sohn des Königs der Insel Syria, irgendwo im Westen. Unter Mithilfe seiner phönizischen Amme wurde er von Phöniziern geraubt. In dieser Geschichte erinnern viele Einzelheiten an das, was über die Unternehmungen und den Charakter der Phönizier erzählt wurde. Sie bringen ,,zahllose Juwelen in einem schwarzen Schiff". Diese seltenen Kunstwerke tauchen auch anderswo in der ‚Odyssee' auf, so etwa die Silberschale mit Goldrand, die Menelaos dem Telemach in Sparta versprach.[60] Sie war eine Arbeit des göttlichen Schmiedes Hephaistos – eine Herkunft, die den Wert des Geschenks unterstreichen sollte, das Menelaos von einem König der Sidonier erhalten hatte. Wir dürfen auch annehmen, daß dem Dichter phönizische oder verwandte Arbeiten vorschwebten, als er die Geschenke der Freier an Penelope beschrieb: ein herrliches besticktes Gewand mit goldenen Spangen, eine goldene Halskette mit Bernsteinperlen, Ohrgehänge ,,mit drei Kugeln in Maulbeerform" und einen weiteren Halsschmuck.[61] Der Ton liegt auf der Kunstfertigkeit im Umgang mit kostbaren Metallen, eine Vorliebe, die im achten und siebenten Jahrhundert auch die Etrusker erkennen ließen.[62]

Die Phönizier müssen bei ihrem Vorstoß ins westliche Mittelmeer außer Nordafrika auch noch andere Gebiete berührt haben. Vielleicht wird dieses Vordringen in den Westen – selbst in die Ägäis und nach Griechenland – zu früh angesetzt. Im Westen hat man für die Gründung Karthagos das Jahr 814 v. Chr. angenommen; die frühesten Funde sind allerdings fast hundert Jahre jünger, doch könnten ältere durch nachfolgende Besetzung zerstört worden sein.[63] Die Elfenbeinobjekte mit Ritzungen, die im spanischen Carmona bei Sevilla gefunden wurden,[64] sind nicht so früh, wie sie bisweilen datiert werden; man hat ein Stück gleichen Stils (von derselben Hand?) auf Samos in einer Umgebung aus dem siebenten Jahrhundert gefunden.[65] Die Phönizier waren auch sehr interessiert an Sardinien, wo man außer Darstellungen von Kriegern, die den Sardana spätbronzezeitlicher ägyptischer Reliefs sehr ähnlich sind, viel ‚orientalisches' Material gefunden hat. In Pithekussai[66] kamen auch Skarabäen zutage, die möglicherweise von ihnen getragen worden waren. Wahrscheinlich lieferten sich Phönizier und Griechen ein totes Rennen in ihrem Streben nach Westen, doch in manchen Fällen waren die Griechen die ersten, so etwa in Sizilien, wo die Phönizier sich erst später im Westen der Insel niederließen, als sie in der Heimat unter Druck gerieten.

Die Griechen interessierten sich ganz besonders für die Phönizier, in deren ferner Vergangenheit sie jenen legendären Kadmos angesiedelt hatten, der auf der Suche nach seiner Schwester Europa nach Griechenland kam, Theben gründete und das Alphabet einführte. Die mythologischen Angaben stimmten nicht, aber ihr Alphabet verdankten die Griechen tatsächlich den Phöniziern. Für sie waren die historischen Phönizier Leute, die in Griechenland Stätten besucht hatten, an denen der tyrische

Herakles verehrt wurde, und sie brachten sie auch mit Bergwerksaktivitä-
ten etwa auf der Insel Thasos in der nördlichen Ägäis in Verbindung. Die
Odyssee verrät, wie sie zu ihnen standen. Bewundern mochten sie die
Phönizier nicht, die ihnen wohl oft den Rang abgelaufen haben müssen.
Andererseits konnten sie, da sie selbst Seeräuber waren, die Unternehmungen der Leute aus dem Osten kaum mißbilligen. Ganz sicher bewun-
derten sie deren handwerkliche Fertigkeiten. Von Handelsrivalität zu
sprechen wäre falsch – sie bestand allenfalls auf Zypern. Im Grunde lag
sie den Griechen auch gar nicht, denn sie waren der Meinung, daß es
jedermann freistehe, zur See zu fahren und Handel zu treiben, ohne daß
ihm Schiffsraum versperrt blieb.

Infolge ihrer geographischen Lage drangen die Phönizier zur See nach
Westen vor, die zentral gelegenen Griechen nach Osten und Westen,
später auch in die nördliche Ägäis, in das Schwarze Meer, nach Ägypten
und Nordafrika. Die Bewegung nach Westen wurde bereits behandelt,
und von den Griechen in der nördlichen Adria und im fernen Westen
wird später die Rede sein.

Die von den Phöniziern im östlichen Mittelmeer benutzten Routen
konnten in entgegengesetzter Richtung auch von den Griechen ostwärts
verfolgt werden. Das galt besonders für die Route, die quer durch die
Ägäis und über Kreta, Rhodos, Zypern und Kilikien (Tarsos) zur syrischen Küste führte. Funde frühgriechischer Töpferware sind nicht unbedingt ein Beweis für die Anwesenheit von Griechen; Phönizier und andere, die in die Heimat zurückkehrten, konnten sie dorthin mitgenommen
haben. Es liegt jedoch ausreichend Material von Plätzen an der Küste des
östlichen Mittelmeeres und im Binnenland vor, das tatsächlich griechische Siedlungen beweist (für die es auch assyrische Hinweise gibt).[67] Man
hat aus der Stätte Tell Sukas eine obere Datierungsgrenze für die Anwesenheit griechischer Händler an der nordsyrischen Küste erschlossen.[68]
Das Schicksal dieses Platzes unterstreicht auch die besondere Gefahr,
welche die Assyrer im östlichen Mittelmeer darstellten, die ja nicht nur
Syrien, sondern auch Kilikien und schließlich Zypern bedrohten. Tell
Sukas wurde um 850 v. Chr. während der Feldzüge Salmanassars III. von
853–844 v. Chr. zerstört.[69] Dann herrschte Friede bis zur Rückeroberung
durch Tiglatpileser III. in den Jahren 746–727 v. Chr. Darauf folgte wieder eine Pause bis zum Aufstand der levantinischen Städte und dessen
Unterdrückung durch Sargon II. im Jahre 720 v. Chr. und dem Aufstand
in Kilikien von 696 v. Chr., den die Griechen von Tarsos unterstützten,
das daraufhin von Sanherib zerstört wurde. Bedenkt man, daß um 700

v. Chr. und noch später Ostanatolien unter den nomadisierenden Kimmeriern und den Assyrern zu leiden hatte, so wird deutlich, daß Leben und Handelsverkehr im östlichen Mittelmeer immer wieder einmal empfindlich gestört war, und es ist erstaunlich, daß die Unternehmungen der Griechen in diesem Bereich überhaupt einen gewissen Erfolg verbuchen konnten.

Der Platz Al Mina an der Orontesmündung in Syrien ist von besonderer Bedeutung.[70] Er ist bemerkenswert durch seine Speicher – die Wohnbauten sind nicht erhalten geblieben – und wichtige Keramikfunde, von denen die ältesten aus Euböa und von den Kykladen stammen und attischen Einfluß verraten; es gibt auch einige attische Ware.[71] Die Siedlung stimmt also mit der Aktivität Euböas im Westen überein, könnte aber etwas älter sein. Offensichtlich betätigten sich die Euböer in beiden Himmelsrichtungen als Pioniere. In Schicht VIII von Al Mina läßt sich Zerstörung feststellen, die mit dem oben erwähnten Aufstand und dessen Unterdrückung durch Sargon II. in Verbindung gebracht werden muß, einem Vorgang, den noch zwei weitere Phänomene zu kennzeichnen scheinen: der Abbruch des Imports griechischer Töpferware ins Binnenland und die Gründung des phönizischen Motya in Westsizilien um 720–710 v. Chr. als einer Flüchtlingssiedlung infolge dieser Ereignisse im östlichen Mittelmeer.[72] Bald nach 700 v. Chr. wurden in Al Mina wieder Speicher neu errichtet, was man vielleicht mit der Strafaktion Sanheribs in Zusammenhang bringen kann.

Gegen Ende des achten Jahrhunderts scheint das Keramik-Beweismaterial, das auf die Anwesenheit von Euböern schließen läßt, zu verschwinden, vielleicht infolge des Lelantinischen Kriegs, den Chalkis und Eretria um die zwischen beiden gelegene Ebene führten, und an dem möglicherweise andere griechische Staaten in einer Reihe von ‚kolonialen‘ oder sonstigen Streitigkeiten beteiligt waren.[73] An die Stelle der euböischen Keramik trat korinthische und ostgriechische Ware, und mit Sicherheit beginnt jetzt im Osten und Westen eine Zeit, in der korinthische Töpferware den ersten Platz einnimmt. Ganz deutlich wird das in Zentren wie Syrakus, vor allem an den Parfümgefäßen oder *aryballoi*. Diese aus – hauptsächlich syrakusanischen – Grabstätten stammenden Gefäße ergeben zusammen mit den Daten, die uns Thukydides für die sizilischen Kolonien seit der frühesten Gründung (Naxos auf Sizilien) liefert,[74] ein archäologisches Gerüst, das sich auch auf andere, koloniale und nicht koloniale, Gebiete übertragen ließ. Man hat manche dieser sizilischen Daten angezweifelt und beispielsweise Megara Hyblaia zeitlich vor Syra-

kus angesetzt,[75] aber das hat auf den hier behandelten Gegenstand keinen
wesentlichen Einfluß. Diese Parfümgefäße enthielten Duftstoffe, die über
Rhodos aus dem Osten kamen, oder auch das bekannte Iriswurzelparfüm
(orris), das möglicherweise der Adriabereich lieferte.[76]

Die Stichworte Euböer, Al Mina und Lelantinischer Krieg erhellen eine
wichtige Tatsache: es sollte nicht ohne Vorbehalte als erwiesen gelten,
daß der Krieg sich auf Handelsbeziehungen auswirkte. Es könnte ja auch
eine Verlagerung der Handelsrouten oder eine weitere Entwicklung Korinths zu einem Mittelpunkt des Handelsverkehrs zur See gegeben haben.
Ein Wechsel der Keramikstile kann auf die Mode oder andere, nicht
leicht zu bestimmende Umstände zurückzuführen sein; der Rückgang
der attischen Töpferware im Ausland bezeugt das, der – außer im Falle
Äginas – für das siebente Jahrhundert charakteristisch ist, während im
sechsten Jahrhundert die korinthische Keramik im Ausland stark zurückgeht und die attische zunimmt. Mit einem Rückgang der Bedeutung Korinths als eines Handelsmittelpunkts ist das wohl kaum zu erklären. Ferner besteht die Tendenz anzunehmen, daß der Seehandel sich von Griechenland aus und nach Griechenland hin abgespielt habe, obwohl es
keinen Grund gibt zu bezweifeln, daß die Griechen darauf bedacht waren, den Handel in bestimmte Gebiete, vor allem im östlichen Mittelmeerraum, vorzutreiben, die vom eigentlichen griechischen Siedlungsbe-
reich völlig abgetrennt waren. Dies ist die beste Erklärung für die Speicher von Al Mina.[77]

Ehe wir zum siebenten Jahrhundert übergehen, ist noch eine wichtige
Frage im Zusammenhang mit Athen und Attika zu bedenken. Es war
bereits die Rede von orientalischen Erzeugnissen und Handwerkern in
griechischen Siedlungsgebieten,[78] nicht nur von Bronze- und Elfenbeinarbeiten, sondern auch von Schmucksachen wie jenen aus dem Grab von
Khaniale Tekke bei Knossos.[79] Nicht nur in Kreta gab es schöne Stücke:
man denke an die Weihgaben, die im Heraheiligtum auf Samos gefunden
wurden, und an die herrlichen Löwenköpfe aus Thasos, um nur zwei
Fundstätten zu erwähnen. Sie gehören meist, aber nicht ausschließlich ins
siebente Jahrhundert. Die vorhandenen orientalischen Gegenstände und
die anwesenden Handwerker inspirierten einheimische griechische
Handwerker bei Bronzearbeiten, Elfenbein- und möglicherweise auch
Holzschnitzereien, aber auch bei der Herstellung schöner Schmucksachen, vor allem kopfbindenartiger Goldbleche, von denen die älteren im
spätgeometrischen, die jüngeren im orientalisierenden Stil des siebenten
Jahrhunderts gefertigt wurden.[80] Das Vorkommen eindrucksvollen

Goldschmucks in Gräbern des späteren achten Jahrhunderts in Athen und Attika[81] ist höchst bedeutsam. Der Inhalt dieser Gräber mit Goldschmuck verrät Wohlstand. Aus welcher Quelle kam er? Attika war, wie wir sahen, lange Zeit als Mittelpunkt der Herstellung von geometrischer Töpferware führend gewesen, die im letzten Drittel des achten Jahrhunderts vor allem dort (und in geringerem Grade auch in Korinth) nicht nur linearen Dekor, sondern auch Bilder mit Silhouettenfiguren[82] zeigte. Hier finden sich Aufbahrungsszenen, Wagenprozessionen, Reihen von Kriegern, Tänzern und ähnliches. Außerdem gibt es Bilder, die offenbar Seeschlachten darstellen, Männer, die in einem von Fischen wimmelnden Meer schwimmen, und in einem Fall einen Mann, der rittlings auf einem gekenterten Schiff sitzt. Eine spätere Parallele ist der Aristonothos-Krater mit Kriegern, die auf See kämpfen. Manche von diesen Bildern geben Szenen aus dem Alltagsleben wieder, andere behandeln vielleicht epische Themen. Die größten dieser attischen geometrischen Gefäße dienten als Grabdenkmäler. Offenbar wurden sie auf Bestellung angefertigt, und man hat vermutet, daß die Darstellungen irgendwie mit der Tätigkeit zusammenhingen, der die vornehmen Toten im Leben nachgingen.[83] In bestimmten Fällen hängen die Meeresbilder mittelbar mit dem Handel zusammen. Manche Schiffe sehen wie Kriegsschiffe aus und lassen auf irgendeine Betätigung in der Flotte schließen. Man hat auch angenommen, daß die vornehmen Athener gelegentlich Seeräuberei betrieben hätten und dadurch reich geworden wären. Wenn es Piratentum gab, so gab es auch Seehandel, bei dem man Beute machen konnte, wenn es auch nichts weiter als Küstenhandel gewesen zu sein braucht, von dem wir aus Hesiod wissen. Wie sich das auch verhalten haben mag – in der Folge verschwanden diese attischen Darstellungen; die attische Töpferei des siebenten Jahrhunderts kennt sie nicht mehr. Die athenische Seemacht erlitt einen Rückschlag, vielleicht in einem Krieg mit Ägina.[84] Seit dem späten achten Jahrhundert stand Korinth – falls im Ausland gefundene Keramik auf Handel schließen läßt – an erster Stelle als Handels- oder Transitzentrum und sogar als Seemacht; das bezeugt ein korinthisches Mischgefäß mit dem Bild eines Ruderschiffs. (An anderer Stelle gibt es auch das Bild eines Zweimasters.) Athen andererseits war weder im westlichen noch im östlichen Mittelmeer an kolonisatorischen oder anderen überseeischen Unternehmungen beteiligt.

Das siebente Jahrhundert

Im Laufe des achten Jahrhunderts hatten sich die griechischen Stadtstaaten herausgebildet, und diese Entwicklung setzte sich im siebenten Jahrhundert fort. Für diesen Zeitabschnitt nimmt die Anzahl der Quellen zu, von denen einige zeitgenössisch, die meisten aber späteren Datums sind. In den Anfang des siebenten Jahrhunderts gehören die *Odyssee*, die allerdings eine retrospektive Quelle ist, während die *Werke und Tage* Hesiods, die – leider fragmentarischen – Gedichte des großen Archilochos, die elegischen und lyrischen Dichter des späten siebenten Jahrhunderts einschließlich des Spartaners Alkman zeitgenössische Zeugnisse bieten.

Zu den historischen Themen, die für das siebente Jahrhundert typisch sind,[85] gehören die Entwicklung der Hopliten-Schlachtordnung samt ihrer Auswirkung auf Mittelschicht, Eigentum und andere sozio-ökonomische Verhältnisse, ferner das Auftreten der Tyrannis in den führenden griechischen Staaten, vorläufig noch mit Ausnahme Athens. Während die Entwicklung der militärischen Organisation der Hopliten nur mittelbar mit Handel und Industrie zusammenhängt, gilt die Tyrannis allgemein als eine Erscheinung, die auf beides einen stärkeren Einfluß ausübte. Ebenfalls typisch für das siebente Jahrhundert ist die bis ins sechste weiterwirkende bedeutsame Entwicklung der Keramik; ihr folgten die dreidimensionalen Kunstwerke in Bronze, welche die Nüchternheit der geometrischen Phase bereicherten, ferner Arbeiten in Holz, Elfenbein und Terrakotta, und es gab auch geritzten Dekor auf Metall, etwa auf dem berühmten Crowe-Panzer mit seinen Floralmustern und menschlichen Figuren. Quellenforschung kann in der Kunstgeschichte oft ebenso unzuverlässige Resultate zeitigen wie in der Literatur oder in der Geschichte. Dennoch läßt sich unmöglich das Stilgemisch abstreiten, das im siebenten Jahrhundert und noch bis in die klassische Zeit hinein festzustellen ist. Es beweist die Mobilität der Handwerker. Der Crowe-Panzer, die Arbeit eines kretischen Künstlers, der auf der Peloponnes wirkte,[86] ist ein gutes Beispiel dafür. Er veranschaulicht außerdem die zunehmenden Schwierigkeiten der zwischenstaatlichen Beziehungen im siebenten Jahrhundert.

Ein weiteres Anzeichen ist die Vielfalt von Keramikstilen in führenden Zentren Griechenlands, Italiens und Siziliens, auf den Inseln der Ägäis und auch an der Küste Kleinasiens. Dazu gehören der Wildziegenstil in Kleinasien, der melische, naxische und parische mit dem kretischen Stil in der Ägäis, zusammen mit dem protokorinthischen und korinthischen, argivischen, lakonischen, protoattischen und dem frühesten attischschwarzfigurigen Stil auf dem Festland. Diese Keramikgruppen mit ihren wechselseitigen Beziehungen offenbaren den Einfluß orientalischer Kunst – man vergleiche den strengen attisch-geometrischen Stil mit dem darauf folgenden protoattischen. Diese Keramikstile finden sich zumindest in ihrer Mehrzahl[87] vor allem in Gräbern überall in der Mittelmeerwelt, hauptsächlich in Etrurien, und unter Tempelweihgaben. Korinthisches herrscht vor, während Attisches außerhalb Athens vorerst noch selten auftritt.

Es wäre töricht, allzuviel Gewicht auf den Handelsaspekt dieser Töpfereierzeugnisse zu legen, aber es lassen sich doch einige wichtige Tatsachen feststellen. Korinth, eine Stadt, in der eine Aristokratie an die Stelle eines geschwächten Königtums getreten war, wurde zu einem Zentrum für Industrie und Handel. Damit ist nicht unbedingt gesagt, daß die Korinther selbst Reisen ins Ausland machten, aber es zeigt an, daß sie in ihrer Heimat Unternehmer waren. Es gibt eindeutige Beweise für eine Massenproduktion von – teilweise recht abscheulicher – Keramik und zweifellos auch von anderen Dingen.[87a] Dann wurde um die Mitte des siebenten Jahrhunderts die Adelsherrschaft der Bakchiaden von der Dynastie der Kypseliden (657–584 v. Chr.) gestürzt, und einige von ihnen gingen – wie Demaratos – in die Verbannung.[88] Sie zeigten sich am Westen und folgerichtig auch am Handel interessiert, traten mit Korkyra und anderen Zentren in der Adria in Verbindung, und spätere korinthische Beziehungen zu der Ostküste dieses Meeres und dem Binnenland werden durch die Bronzegefäße aus Trebenište[89] und von anderen Plätzen im heutigen Jugoslawien bezeugt. Auf Perachora, einer Halbinsel nördlich von Korinth jenseits des Golfs, lagen Heiligtümer der Hera Akraia (des Vorgebirges) und der Hera Limenia (des Hafens), wo Seeleute vor Antritt ihrer Fahrt in den Westen ein Orakel[90] befragt haben mögen und sicherlich korinthische Keramik als Weihgabe darbrachten, in weit geringerem Ausmaß aber auch Töpferware in anderen Stilen, und zwar manchmal recht billige und häßliche Stücke. Das brauchen keine korinthischen Kaufleute gewesen zu sein – es waren Seefahrer, die auf dem Wege von Kenchreai nach Lechaion – das sind die beiden Häfen von Korinth – den Isthmos überquerten. Waren ihre Schiffe klein genug, so konnte man sie auf einer Art Schienenweg (dem *diolkos*, s.o. S. 31) über den Isthmos ziehen und so das Kap Malea im Süden vermeiden, dessen Umrundung so mancher mit dem Leben bezahlte. Man sollte jedoch dieser Vorrichtung nicht allzuviel Bedeutung beimessen, da sie vielleicht eher den Zweck hatte, Kriegsschiffe aus dem Saronischen in den Korin-

thischen Golf zu befördern, um auf diese Weise mit einer beschränkten
Flotte auszukommen.

In diesem von Korinth beherrschten Zeitabschnitt gibt es reichliche
Zeugnisse für eine Massenproduktion in korinthischer Töpferware, bei
der schließlich jener gute Geschmack verlorenging, der für die Jahre bis
625 v. Chr. in großem Umfang kennzeichnend gewesen war. Das ganze
siebente Jahrhundert hindurch und bis ins sechste hinein wurde eine
Fülle von Parfümbehältern hergestellt, aber auch eine große Menge Keramik für Trinkzwecke: Mischgefäße, Amphoren, Becher, vor allem solche
in dem nachlässigen Stil des frühen sechsten Jahrhunderts, und *skyphoi*.
Was einfache Keramikbehälter angeht, so gibt es für Korinth wenige oder
gar keine Informationen. Wie oben erwähnt tauchen in diesem Zeitabschnitt andere, ostgriechische und ägäische Fabrikate in großer Vielfalt
auf. Im Laufe der Zeit ist an ihnen der gleiche Qualitätsverfall festzustellen wie an der korinthischen Ware; in die Länge gezogene Tiere lassen
ganz wie bei der korinthischen Keramik das Bestreben erkennen, mit der
geringstmöglichen Anstrengung den Raum zu füllen.

Für die zweite Hälfte des siebenten Jahrhunderts war kennzeichnend,
daß die Unternehmungen zur See entferntere Ziele anpeilten: die Erschließung der nördlichen Ägäis wurde fortgesetzt, das Schwarze Meer
und seine Zugänge wurden stärker frequentiert, in Ägypten sicherte man
sich einen griechischen Stützpunkt, und an der nordafrikanischen Küste
entstanden Kyrene und Nebensiedlungen. Um die Jahrhundertwende
tritt auch Athen wieder stärker hervor.

Im Bereich der nördlichen Ägäis wurden in Makedonien und Thrakien
eine Anzahl von Siedlungen errichtet, deren Gründungsdaten vielfach
ungewiß sind. Das Interesse der Insel Paros an der Insel Thasos im Norden und am gegenüberliegenden Festland, das in den Archilochosfrag-
menten zum Ausdruck kommt, bekundet sich bereits am Anfang dieses
Jahrhunderts. Wenn es auch noch so unglaubhaft erscheinen mag, daß
man sich schon so früh, lange vor der Einführung von Silbermünzen, mit
Bergbau beschäftigte, so könnte es doch der Wirklichkeit entsprechen,
nachdem in Attika der Bergbau schon viel eher angesetzt werden darf, als
man früher annahm. Später spielte der Bergbau auf Thasos und auf dem
Festland bei den einheimischen Stämmen in Makedonien und Thrakien
eine wichtige Rolle.[91] Wahrscheinlich bestand ein Verlangen nach frucht-
barem Boden, der auf dem Festland im Überfluß vorhanden war; Archilochos freilich scheint nicht allzu begeistert von Thasos gewesen zu sein.
Später wurden Getreide und Bauholz vom Festland ausgeführt, und in

Thasos und andernorts gab es Wein. Eine besondere Rolle spielte in dieser nördlichen Kolonisation Chalkis, so daß die dreizinkige Halbinsel in Ostmakedonien den Namen Chalkidike erhielt; auch die Griechen aus Kleinasien wirkten dabei mit. Korinth gründete, wahrscheinlich am Ende des Jahrhunderts, Poteidaia auf der Chalkidike als östlichen Endpunkt eines Landwegs durch den Balkan, der von korinthischen Zentren an der Adria ausging. Dieser nordägäische Bereich wurde später in die Feindseligkeiten zwischen Thasos und Athen sowie zwischen Griechen und eingeborenen Stämmen hineingezogen. In den Gedichten des Archilochos tauchen diese Spannungen und auch andere Feindseligkeiten, etwa zwischen Paros und Naxos, in die gewisse nördliche Niederlassungen verwickelt waren,[92] schon vorher auf. Es wäre irrig, sie sämtlich als Handelskriege zu bezeichnen. Sie waren vielmehr Kämpfe um Lebensraum, den die Griechen bitter nötig hatten.

Das Schwarzmeergebiet wurde, falls man die ursprünglichen Gründungsdaten der Kolonien am südlichen Schwarzen Meer akzeptiert,[93] wohl zuerst auf dem Landweg (faktisch auf einer Isthmusroute) betreten. In diesem Fall müssen die Kolonien von den nomadisierenden Kimmeriern überrannt und neu gegründet worden sein. Milet war bei diesen Unternehmungen der maßgebliche Pionier aus Gründen, über die sich streiten läßt. Die ionischen Griechen besaßen selbst fruchtbares Land, und es ist nicht sicher, daß sie Getreide von draußen brauchten. Wahrscheinlich hatte sich in Ionien die griechische und einheimische Bevölkerung so vermehrt, daß zusätzlicher Lebensraum notwendig wurde. Dazu kam Druck aus dem Inneren seitens der Lyder. Bei diesem speziellen Beispiel kolonialer Betätigung dürfen schon von Anfang an Erfordernisse des Handels nicht außer Betracht bleiben. Manche Städte Kleinasiens waren die natürlichen Außenhäfen des Landesinneren. Die Milesier stellten schon in dieser frühen Zeit Wollwaren her und benötigten außerdem die natürlichen Produkte des Schwarzmeergebiets, zum Beispiel Eisen; und wenn sie selbst die Erzeugnisse der fruchtbaren Getreidegebiete im Westen und Norden des Schwarzen Meeres nicht brauchten, konnten sie einen Getreidehandel mit anderen bedürftigeren Gegenden Griechenlands betreiben. Aus welchen Gründen auch immer nahm diese Kolonisation einen bemerkenswerten Umfang an.

Zweifellos war der Handel die treibende Kraft im östlichen Mittelmeerraum. Al Mina war weiterhin aktiv. Bis 600 v. Chr. ist eine bedeutende ostgriechische Präsenz feststellbar, aber danach sind die Zeugnisse einer Besiedelung spärlich.[94] Der Grund dafür könnten eine Entwicklung in Tell Sukas oder die Ereignisse im Nahen Osten gegen Ende des siebenten Jahrhunderts gewesen sein. Doch der Untergang Assyriens und der Aufstieg der Babylonier können sich wohl kaum anders als vorteilhaft ausgewirkt haben. In Tarsos und andernorts findet sich korinthische und ostgriechische Keramik.

Der Schauplatz des bedeutsamen neuen Unternehmens war Ägypten. In den sechziger Jahren des siebenten Jahrhunderts waren Karer und Griechen, ,die Bronzemänner vom Meer', in das Land gekommen, um Psammetichos I. bei der Errichtung der sechsundzwanzigsten Dynastie Beistand zu leisten.[95] Etwa um die gleiche Zeit gründeten die Milesier einen Handelsposten, ,,die milesische Festung". Etwas später, vielleicht in den dreißiger Jahren, bauten eine Anzahl griechischer Staaten aus Kleinasien zusammen mit Ägina Naukratis im Nildelta zum Handelszentrum aus.[96] Im Jahre 631 v. Chr. gründete Battos mit Kolonisten aus Sparta und Thera von der Insel Platea vor der Küste des libyschen Nordafrikas aus die Stadt Kyrene.[97] Es war eine regelrechte Kolonie in einer fruchtbaren Gegend Nordafrikas, kein Handelsposten. Danach kam es zur Gründung weiterer Niederlassungen, die die libysche Pentapolis bildeten. Dieses Gebiet erlebte unter der Dynastie der Battiaden eine Blütezeit, und es ist bezeichnend, daß eine Schale im lakonischen Stil einen König von Kyrene zeigt, der beim Beladen eines Schiffes – wahrscheinlich mit Silphion – die Aufsicht führt (Abb. 5).

Nicht nur der Kolonisierung Nordafrikas wandten die Griechen ihre Aufmerksamkeit zu, sondern auch dem fernen Westen, in den Kolaios von Samos gegen seinen Willen verschlagen worden war, als er in der zweiten Hälfte des siebenten Jahrhunderts das südliche Mittelmeer befuhr. Er gelangte schließlich nach Tartessos jenseits der Straße von Gibraltar, wo er, wie uns berichtet wird,[98] einen ,unberührten Markt' und, wie wir vermuten dürfen, arglose Eingeborene entdeckte. Hierzu sei bemerkt, daß er, wenn der Bericht auf Wahrheit beruht, vor den Karthagern und Phöniziern (s. o. S. 36ff.) dorthin kam. Er brachte eine ansehnliche Schiffsladung Silber heim nach Samos, und das Zeichen seines Erfolgs war ein großer Kessel als Weihgeschenk im Heratempel – eines jener Zeugnisse, die durch ihre Registrierung die Kenntnisnahme dieser frühen Abenteuer ermöglichten.

Herodot[99] sagt von den Phokäern in seinem Bericht über die Angriffe des persischen Generals Harpagos auf die griechischen Städte in Kleinasien nach dem Sieg des Perserkönigs Kyros über den Lyder Kroisos, sie seien die ersten Griechen gewesen, die lange Seereisen unternommen

hätten; „sie machten die Griechen mit dem adriatischen und dem tyrrhenischen Meer, mit Spanien und der Stadt Tartessos bekannt." Ein aus-
führlicherer Bericht über die Aktivitäten der Phokäer gehört jedoch in
den Abschnitt über das sechste Jahrhundert.

Bevor wir die Probleme des sechsten Jahrhunderts erörtern, sind drei
Überlegungen anzustellen. Erstens: Man hat die Vorstellung von einer
Kaufmannsklasse oft mit dem Aufkommen der Tyrannis in Verbindung
gebracht, als handle es sich um eine Gruppe, die sich unter der Führung
eines Mannes ohne königliche Vorfahren gegen eine Adelsherrschaft habe
sichern wollen. Eine solche Vorstellung jedoch ermangelt jeglicher Lo-
gik: woher konnten in einer Übergangzeit Kaufleute, ihre Waren und
ihr Kapital kommen, wenn nicht aus den aristokratischen Familien der
vortyrannischen Phase, um wen sonst konnte es sich dabei handeln als
um ‚die jüngeren Söhne‘? Und man muß annehmen, daß Handel, sofern
er nicht mit bestimmten Handwerken zusammenhing, sehr weitgehend
gleichbedeutend war mit der Verwertung von Überschüssen aus aristo-
kratischem Besitz.

Zweitens nahm eine bemerkenswerte Entwicklung, die schließlich von
großer wirtschaftlicher Bedeutung war, ihren Anfang im siebenten Jahrhundert. Gemeint ist die Einführung des Münzwesens;[100] Stücken eines
kostbaren Metalls, die an Gewicht und Feingehalt gleich waren, wurde
das Zeichen einer anerkannten Obrigkeit aufgeprägt. In Übereinstimmung mit der griechischen Überlieferung nimmt man allgemein an, daß
die ersten Münzen in Kleinasien von den Lydern oder einigen griechischen Städten in der zweiten Hälfte des siebenten Jahrhunderts geprägt
wurden. Etwas später wurde die Erfindung im griechischen Mutterland
von den Ägineten und den Korinthern aufgegriffen, aber doch nicht so
früh, wie man zunächst glaubte (Abb. 2).[101] In Kleinasien bestanden die
frühesten Münzen aus Elektron (einer Legierung aus Gold und Silber), in
Griechenland jedoch aus Silber, und es ist eine interessante Frage, wie
weit Attika oder Nordgriechenland das Metall lieferten. Die Münzen von
Ägina und Korinth entstanden wahrscheinlich irgendwann in der ersten
Hälfte des sechsten Jahrhunderts, früher als die athenischen, die in der
zweiten Hälfte dieses Jahrhunderts unter Peisistratos geprägt worden
sein mögen. In welchem Umfang die Verwendung von Münzen zu inneren wirtschaftlichen Schwierigkeiten führte, ist strittig. Man weiß nicht
einmal, warum sie eingeführt wurden:[102] zur Entlöhnung der Söldner, für
die Entrichtung von Gebühren durch die Kaufleute bei Importen oder
Exporten oder ganz allgemein zur Erleichterung des Handels. Was auch

immer der Anlaß gewesen sein mag, die Entwicklung des Münzwesens ermöglichte die Anhäufung und Übertragung von Reichtum in einer vorher nicht möglichen Weise.

Drittens: Wie stand es um Athen und Attika?[103] Athen, das im späten achten Jahrhundert eine nicht genau zu bestimmende Rolle zur See gespielt hatte, versank im siebenten Jahrhundert in Bedeutungslosigkeit, wenn man von einem großartigen Keramikstil absieht, der hauptsächlich dem Totenkult diente und mit Ausnahme Äginas kaum jemals nach außen drang.[104] Es sieht nicht so aus, als hänge der Niedergang mit der Entwicklung des Hoplitenheers oder mit der Tyrannis zusammen. Athen scheint in der Kolonisation keine Rolle gespielt zu haben und zu einem nach innen gerichteten Agrarstaat geworden zu sein, der besonders den Anbau von Oliven pflegte und reiche Schätze in Form von silberhaltigem Blei besaß.[105] Die Töpfer und Vasenmaler Athens waren überaus kunstfertig.

Dann tauchten im dritten Viertel des siebenten Jahrhunderts und später Schwierigkeiten auf: Ansätze zu einer Tyrannis, eine harte Kodifizierung des Gewohnheitsrechts und Krieg mit dem benachbarten Megara. Aus den Gedichten Solons[106] geht hervor, daß es wirtschaftliche Schwierigkeiten gab. Er war ein Staatsmann des frühesten sechsten Jahrhunderts, ein Mann des Mittelwegs; als solcher befaßte er sich mit den Sorgen, die sich aus Problemen der Land-Pachtbindung und der persönlichen Schuldknechtschaft ergaben und die Beziehungen zwischen dem Adel und der übrigen Bevölkerung belasteten. Wieso eine verhältnismäßig plötzlich auftretende Krise dieser Art Athen heimsuchen konnte, ist Gegenstand zahlreicher Debatten gewesen. Sieht man von den Auswirkungen des Kriegs mit Megara ab, so waren die vornehmen Grundbesitzer in Attika vielleicht allzu sehr darauf aus, ihren Besitz auf Kosten ihrer ärmeren Mitbürger zu vermehren; sie wollten möglichst viel Getreide in bedürftige Staaten wie Ägina und Korinth exportieren und so die Lieferungen ergänzen, die vor allem von den Ägineten wohl aus Ägypten eingeführt wurden. Eine Exportangelegenheit also. Zudem gilt es als sicher, daß Athen Olivenöl in den einfachen ‚SOS‘-Tonamphoren exportierte, und es wird immer deutlicher, daß das aus den Bergwerken im Laureion gewonnene attische Silber früher Bedeutung erlangte, als man einst annahm.

Das sechste und das frühe fünfte Jahrhundert
(bis zu den Perserkriegen)

Da uns glücklicherweise beträchtliche Bruchstücke der Dichtungen Solons erhalten geblieben sind, in denen er sich mit den Schwierigkeiten,
denen er sich gegenübersah, und seinen Versuchen zu deren Überwin-
dung auseinandersetzt, wissen wir, daß um diese Zeit (etwa 600 v. Chr.)
Athen weitgehend die erste Rolle spielt, die es dann während der ganzen
klassischen Periode beibehält. Man hat sich vielfach bemüht, Solons
Wirtschaftspolitik zu erklären; man braucht aber nicht anzunehmen, daß
er selbst den Ablauf wirtschaftlicher Vorgänge genau verstand. Die Tatsache, daß er den Export aller Naturprodukte mit Ausnahme der aus
Oliven gewonnenen verbot, könnte wohl mit dem oben erwähnten über-
mäßigen Getreideexport vor seiner Zeit zusammenhängen. Offenbar hielt
er die Oliven für ein wichtiges, dem Boden Attikas angemessenes und
leicht verkäufliches Agrarprodukt. Bei dieser Gelegenheit sei erwähnt,
daß der attische Wein keine große Rolle spielte. Das Pflanzen und Pfle-
gen des Ölbaums war gewissermaßen eine Geldanlage des reichen oder
doch wohlhabenden Mannes. Für die kleinen Leute tat er, was er für
richtig hielt, befreite sie durch das ‚Abschütteln von Lasten‘ von Schul-
dendruck, Leibeigenschaft und Sklaverei, kümmerte sich aber nicht um
ihr Verlangen nach Neuverteilung des Landes *(gēs anadasmos).* Es wäre
möglich, daß er durch Kleinbauern betriebene Landwirtschaft für un-
wirtschaftlich hielt und auch Getreideerzeugung in kleinem Maßstab
nicht anders einschätzte; beides bildete dennoch weiterhin die Grundlage
der athenischen Wirtschaft. Infolgedessen mußten alle verarmten Athener, wenn sie nicht Tagelöhnerdienste leisten wollten, einen anderen Lebensunterhalt finden, indem sie ein Handwerk betrieben. Solon hat offenbar Handwerker ins Land geholt. Ganz sicher importierte er Nicht-
Athener, deren Status als Bürger später als zweifelhaft galt. Diese Handwerker stellten eine Vielfalt gewerblicher Güter her und wurden so zu
Lehrmeistern auch von Athenern. Wie immer hat sich nur die Töpferware erhalten. In deren Entwicklung vom protoattischen Stil des frühen
siebenten Jahrhunderts zum beginnenden monumentalen schwarzfigurigen lassen sich zunehmend Spuren eines korinthischen Einflusses erkennen, der sich dermaßen verstärkte, daß die attische Keramik aus dem
späten siebenten und dem frühen sechsten Jahrhundert auffallende korinthische Merkmale aufweist. Im nächsten Stadium, seit der Zeit des Künstlers Sophilos,[107] tauchte attische Keramik auch außerhalb Attikas auf, in

Griechenland und selbst in so entfernten Gegenden wie etwa im etruskischen Caere. Seit den siebziger Jahren des sechsten Jahrhunderts verdrängte sie auf fremden Märkten immer häufiger die mehr oder weniger nachlässig und offensichtlich in Massenproduktion hergestellten korinthischen Produkte. Es gibt einige große korinthische Gefäße von guter Qualität, die figürlich verzierte mythologische Bilder zeigen, doch manche von ihnen übernehmen bezeichnenderweise den roten Grund, der für die um die Mitte des sechsten Jahrhunderts oder noch früher entstandene athenische Keramik typisch war, wie ja auch später korinthische Vasenmaler das attische Rotfigurige nachahmten. Die linear verzierte Töpferware jedoch vermochte noch immer ihre hohe Qualität beizubehalten.

Diese zunehmende überseeische Präsenz attischer Töpferware – ein schönes Beispiel zeigt Abb. 7 – vom zweiten Viertel des sechsten Jahrhunderts bis ins frühe vierte Jahrhundert hinein wird bei der Behandlung der klassischen Zeit noch ausführlicher zu erörtern sein.[108] Ihre Bedeutung muß klar erkannt werden. Diese teilweise von Fremden, vielleicht sogar von Sklaven hergestellten Produkte zeigen ein hohes Maß an handwerklicher Fertigkeit, das man auch anderen Handwerken wird zubilligen müssen, deren Erzeugnisse nicht erhalten geblieben sind. Damit ist noch nicht gesagt, daß athenische Kaufleute die Waren aus Athen in alle Teile der Mittelmeerwelt, ans Schwarze Meer, nach Kleinasien und ins östliche Mittelmeer, nach Italien, Sizilien, Gallien und Spanien beförderten. Es bedeutet vielmehr, daß Kaufleute den Piräus anliefen, dort Waren aufnahmen und ihre Fahrt nach Osten oder Westen fortsetzten.[109] In der klassischen Zeit gab es große Unterschiede unter diesen Kaufleuten, die nicht alle achtbare Leute waren (man denke an die schurkischen Händler aus Phaselis im vierten Jahrhundert), und auch ihre Anlaufhäfen waren sehr verschieden. Die Situation war sicher nicht viel anders als in der Zeit vorher.

Im späten siebenten und im sechsten Jahrhundert ist das Interesse am fernen Westen und der nördlichen Adria von großer Bedeutung. Es ist zwar richtig, daß die Erwähnung ‚enetischer Rennpferde‘ im ‚Partheneion‘ des Spartaners Alkman[110] sich nicht auf die Pferde der Veneter am oberen Ende der Adria bezieht, aber es sollte uns wundern, wenn wagemutige Griechen nicht bis dorthin vorgedrungen wären. In der nächsten Generation schuf der Chorlyriker Stesichoros aus Himera[111] seine ‚Gēryonēïs‘, die von einer Heraklestat im fernen Westen (den Rindern des Geryon) handelt. Stesichoros soll auch Kenntnis von den Silberminen in Tartessos (jenseits der Säulen des Herakles) gehabt haben. Vom dortigen

Abenteuer des Kolaios aus Samos war bereits die Rede, desgleichen von dem bei Herodot[112] erwähnten Interesse der ionischen Phokäer am fernen Westen: „Sie machten die Griechen mit dem adriatischen und dem tyrrhenischen Meer, mit Spanien und der Stadt Tartessos bekannt." Um 600 v. Chr. gründeten sie Massilia in Südgallien und noch andere Niederlassungen, so etwa Nikaia (Nizza). Bis zu einem gewissen Grade handelte es sich hier wie auch beim spanischen Ampurias (Emporion) um Landnahme, die vielleicht auf das Verlangen der Griechen im Osten zurückzuführen war, von ihren orientalischen Nachbarn wegzukommen. Sie müssen jedoch die Möglichkeiten für einen Handel rhôneaufwärts und über verschiedene Portagen zu den anderen gallischen Flußwegen und von Ampurias aus ins Innere Spaniens wahrgenommen haben.[113] Aus Kleinasien führte also eine phokäische Handelsroute über das ägäische Meer und den Isthmus von Korinth in den Westen. Später, wahrscheinlich im Jahre 564 v. Chr., gründeten die Phokäer Alalia auf Korsika (Kyrnos), und noch später gingen nach dem Sieg des Kyros über Kroisos und dem Feldzug des Harpagos noch mehr Phokäer nach Alalia, wo „fünf Jahre der Brandschatzung und Plünderung" einen Angriff der Karthager und Etrusker heraufbeschworen, der praktisch mit einer Niederlage der Phokäer (539 v. Chr.) und ihrem Rückzug zuerst nach Rhegion und dann nach Elea (Velia) in Süditalien endete. Diese Feindseligkeit mag durch den Hang der Phokäer zum Plündern provoziert worden sein; später, nach der Niederlage von Lade, welche die Ionier im Ionischen Aufstand durch die Perser erlitten hatten, floh Dionysios von Phokaia nach Sizilien und richtete seine Piratentätigkeit gegen die alten Feinde.[114] Die Raubüberfälle hatten die Karthager und Etrusker vielleicht dadurch verschuldet, daß sie eine *mare clausum*-Politik gegen die Griechen anzuwenden versuchten, die dann in der Schlacht von Himera (Sizilien) 480 v. Chr. ihr Ende fand.

Eine solche Handelsroute zwischen Ost und West mit zahlreichen potentiellen Handelszentren erklärt die Keramik, die aus Tempelweihgaben und Gräbergruppen stammt und Hinweise auf andere beförderte Güter liefert. In der zweiten Hälfte des siebenten und im sechsten Jahrhundert ist sie von erstaunlicher Verschiedenartigkeit. Die Hauptmenge ist zuerst korinthisch und dann attisch, doch finden sich in geringerer Zahl auch viele andere Stile: der ostgriechische ‚Wildziegenstil‘, Kretisches, Chiotisches, Samisches (Fikellura), Lakonisches (Abb. 5), einschließlich der merkwürdigen schwarzglasierten kugelförmigen Parfümgefäße, die häufig, aber stets nur in kleinen Mengen auftreten, und eine Vielfalt model-

lierter Vasen. Zwei auffallende Beispiele solcher Ansammlungen hat man
in Tokra (Taucheira)[115] in der Kyrenaika und in Catania auf Sizilien
gefunden;[116] sie passen zu der in Syrakus und Tarent vorgefundenen
Vielfalt. Wir fragen uns verwundert, wie undurchsichtig das Kommen
und Gehen von Kaufleuten und anderen Reisenden gewesen sein muß
und welchen Zufällen der Handel wohl unterworfen war, der all diese
Dinge von dort wegschaffte, wo sie hergestellt worden waren. Andererseits tauchen zwei andere Gruppen, nämlich Ägäisches (Melisches, Naxi-
sches, Parisches und ähnliches) und Italisches (beispielsweise Caeretani-
sches und Chalkidisches) selten oder gar nicht auf; das Gleiche gilt für
etruskisches Material mit Ausnahme einer beschränkten Anzahl von *Buc-
chero-kantharoi*. Ein Grund dafür läßt sich nur schwer erkennen. An
dieser Stelle sei erwähnt, daß eine Anzahl von Scherben, die in Korinth
im Geschäft eines Wein- und Fischkaufmanns gefunden wurden, als pu-
nisch identifiziert werden konnten (AR 1978–79 (1979) 10). Obwohl
dieser unter dem Gesichtspunkt des Handels außerordentlich interessante Fund frühestens ins zweite Viertel des fünften Jahrhunderts gehört,
unterstreicht er doch, welche Rolle der Zufall stets bei der Erhaltung
derartiger Funde spielt.

Ursprünglich war die Töpferware von einer Vielfalt anderer Ge-
brauchs- und Luxusgüter aus verschiedenartigstem Material begleitet;
auch Bronzegefäße gehörten dazu, die deutlicher als jede andere Kategorie die künstlerische und metallurgische Fertigkeit der Griechen erkennen
lassen. Ein Beispiel ist der herrliche Krater von Vix aus einer lakonischen,
korinthischen oder tarentinischen Werkstatt, gleichermaßen bemerkenswert wegen des Weges, den er genommen hat, wie wegen seiner künstlerischen Qualität; er ist wohl über die Adria und die Schweiz nach Ost-
frankreich gekommen, oder auch rhôneaufwärts wie das mit ihm gefundene Diadem, das auf der oben erwähnten Route aus irgendeinem orientalischen Gebiet – etwa Persien – über Kleinasien in den Westen gelangt
sein muß.[117]

Aus dieser Verschiedenartigkeit der Frachten ergibt sich eine höchst
bedeutsame Feststellung: die Produzenten bestanden nicht auf Beförde-
rungsrechten, nicht einmal für Importe. Sie saßen zu Hause, so etwa die
Korinther und die Athener, und zu ihren sowie zu anderen weniger
bedeutenden Häfen fanden viele Kaufleute den Weg. Andererseits wußten manche griechische Staaten durchaus, daß es Straßen über Landengen
oder – wie in Gallien – Transporte von einem Fluß zum anderen gab, und
daß sich aus der Benutzung solcher geographischer Gegebenheiten – kurz

gesagt, aus der Ausnutzung von anderer Leute Handelsaktivitäten – Gewinn ziehen ließ. Das große Beispiel war der Isthmus von Korinth; ein anderes die Route durch Attika von Nordwest nach Südost, auf der sich bei widrigen Winden das Kap Sunion umgehen ließ;[118] es gab auch noch weitere Beispiele, etwa den Kanal zwischen Rhodos und dem kleinasiatischen Festland oder die Umrundung der Spitze der knidischen Halbinsel. Der Hellespont mit Gegenströmung und Wind war ein Sonderfall; man denke an die Bedeutung, die in neuerer Zeit Çanakkale als Zufluchtsort hatte. Die Hauptsache waren deshalb die Beherrschung der Passagen und sichere Häfen. Die Politik befaßte sich nur wenig mit dem Handel im heutigen Sinn, sieht man vom späteren Import lebenswichtiger Güter ab, dessen Kontrolle allerdings vom Land aus erfolgte. Es ging also in der Außenpolitik im wesentlichen um Fragen, die Land betrafen. Das galt auch im Falle von benachbarten Staaten; hier läßt man Handelsprobleme besser außer Betracht: die Feindschaft zwischen Megara und Attika, zwischen Argos und Sparta oder Athen und Theben mag wirtschaftlich nicht ohne Bedeutung gewesen sein, aber ihre Ursache war die Suche nach Land und nicht der Handel. Die Gegnerschaft zwischen Athen und Megara entzündete sich am Besitz von Salamis, jene zwischen Athen und Ägina (das dem Piräus ein Dorn im Auge war) beruhte darauf, daß beide imstande waren, die führende Rolle zu spielen. Im Falle dieser beiden Staaten bestand allerdings eine Rivalität zur See (und der Flotten); Ägina war seit langem etabliertes Handelszentrum mit Beziehungen zu Ägypten und zum Hellespont, während Athen als Handelszentrum erst im Entstehen war, das sich zur Zeit des Peisistratos und bereits vorher in Sigeion wie auch später auf der thrakischen Chersones (der Halbinsel Gallipoli) festgesetzt hatte. Es war eine Frage der Bewertung, nicht eigentlich eine ‚kommerzielle‘ Rivalität: besuchten die Kaufleute den Hafen von Ägina, wo sie zweifellos von der Sachkenntnis und den Überseebeziehungen der Ägineten profitieren konnten, oder liefen sie den Piräus um der dort für den Export verfügbaren Waren willen an, zu denen auch Silber gehörte, und weil Athen den Hellespont beherrschte? Das gleiche galt für Megara und Korinth, die Alternativrouten über den Isthmus boten, wobei allerdings die megarische nicht so bequem war wie die korinthische. Andererseits konnte in dieser Beziehung zwischen Athen und Megara oder Athen und Korinth eigentlich keine Rivalität bestehen, zumal der Isthmus überquert werden mußte. Wir müssen wiederholen, daß häufig dort, wo auf den ersten Blick kommerzielle Rivalität vorzuliegen scheint, Feindschaft aus Furcht vor politischer Beherrschung entstand; so etwa später zwischen Athen und Korinth wegen des Zugangs zum Golf. Es ist höchst unwahrscheinlich, daß Korinth als Staat, der den Isthmus beherrschte, etwas dagegen einzuwenden hatte, wenn Kaufleute lieber attische als korinthische Gefäße einkauften; Voraussetzung dafür wäre gewesen, daß es staatliche Richtlinien für Exporte gegeben hätte.

Ein ähnlich heikles Problem stellt sich im späten sechsten und frühen fünften Jahrhundert in bezug auf den östlichen Mittelmeerraum. Man hat manchmal angenommen, der Ionische Aufstand im ersten Jahrzehnt des fünften Jahrhunderts sei zum Teil durch eine griechenfeindliche und phönizierfreundliche Politik Persiens hervorgerufen worden, unter deren Folgen die griechischen Interessen in Naukratis gelitten hätten. Es wäre schwierig, eine griechenfeindliche persische Handelspolitik auszumachen – die Perser hätten sich über die Unterstellung, irgendeine Handelspolitik zu betreiben, nur lustig gemacht. Die Ägineten fürchteten den Druck der Perser auf ihre Handelsrouten, als sie sich ihnen 491–490 v. Chr. unterwarfen, aber da ging es nicht um Wettbewerb, sondern eher um militärische Bedrohung. Man weiß nicht einmal genau, ob die Phönizier in den Griechen Handelskonkurrenten sahen, denn Dionysios von Phokaia erhielt Schiffe von den Phöniziern. In Al Mina[119] findet sich kein Beweismaterial für eine Benachteiligung. Sowohl für die Perser wie auch für die Griechen gab es keine allgemeine ‚Handelspolitik‘ im heutigen Sinn; eine Ausnahme machten nur die Griechen bei der Förderung des Imports lebensnotwendiger Güter.[120] Das wird später deutlicher hervortreten, wenn Athen infolge seiner politischen Macht, solange diese bestand, seiner für den Handel zentralen Lage und seiner überragenden Stellung in der geschichtlichen Tradition den ersten Platz einnimmt. Das änderte aber nichts daran, daß alle die oben geschilderten Staaten auch weiterhin ihre Interessen verfolgten und nach wie vor ihre Rolle spielten.

II. Griechische Kaufleute, griechischer Handel – die klassische Zeit

Unter dem Oberbegriff ‚Handel' ist eine Reihe recht verschiedener Aspekte wirtschaftlicher Betätigung zu verstehen, die sich nicht immer sauber voneinander trennen lassen.

Großhandel

An erster Stelle steht Handel, der in seinem Umfang über einen Inlandshandel, wie ihn jede Wirtschaft mit Ausnahme der primitivsten haben muß, hinausgreift: das ist das Tätigkeitsgebiet des Großhändlers. Manchmal nannte man diesen Großkaufmann, wenn seine Geschäfte ihn ins Ausland führten, einen *emporos* im Unterschied zum Schiffseigentümer, dem *naukleros*. Falls er sich spezialisierte, was oft der Fall war, gab man ihm einen Gattungsnamen, der die Art der Ware anzeigte, mit der er handelte. So waren besonders die Getreidehändler oder *sitopolai* in Athen und im Piräus wegen ihrer zweifelhaften Methoden wohlbekannt. Zu weiteren Vertretern dieses Typs gehören Eukrates, der mit Seilen oder Tauen handelte,[1] Lysikles, der Viehhändler[2] und Kleon, der Lederhändler.[3] Das waren Männer, die, wie auch Hyperbolos, der Lampenverkäufer,[4] in die Politik gingen. Die Tatsache, daß sie sich als Politiker einen Namen machten, scheint dafür zu sprechen, daß sie nicht zur untersten Schicht der Geschäftsleute oder der Gesellschaft gehörten (es gab keine Gewerkschaften, die durch hauptamtliche politische Tätigkeit den Übergang vom Handwerker zum Politiker erleichterten). Sie können durchaus Männer von einem gewissen Wohlstand gewesen sein; was sie von Perikles unterschied, war ihre Herkunft und ihre politische Richtung, von Nikias dagegen mit seinen Bergwerkssklaven hätte man sie wirtschaftlich wohl nur schwer unterscheiden können. In der Antike fand man es ganz angemessen, sie dem niederen Volk zuzuzählen. (Plutarch[5] nennt Lysikles einfach einen *probatokapelos;* er benutzt diese etwas abschätzige Bezeichnung etwa so, wie wenn wir einen Kaufmann ‚Krämer' nennen.) Aristophanes und die Philosophen folgen diesem Brauch, während Demosthenes gegen Kleon nichts einzuwenden hat. In der Neuzeit hat man das manchmal mißverstanden und wörtlich genommen. Man sollte aber bedenken, daß Eukrates nach dem Tode des Perikles dessen Geliebte Aspasia heiratete und ein Geschwader Schlachtschiffe befehligte.[6] Ebenso scheint auch Kleophon, der ‚Leiermacher‘ und spätere Demagoge gesellschaftlich keineswegs auf so niedriger Stufe gestanden zu haben, wie oft unterstellt wird (sein Vater war vermutlich General). Wenn er wirklich ein Leiermacher war, so wäre Demosthenes’ Vater, hätte er zur Zeit der Alten Komödie gelebt, vielleicht ‚Messerschmied‘ oder ‚Bettenmacher‘ genannt worden, was den Eindruck erweckt hätte, als wäre er selbst in diesen Gewerben tätig gewesen. Natürlich gab es wohlhabende Kaufleute und auch Fabrikanten, dazu Agenten, Aufkäufer und Zwischenhändler der Erzeugnisse anderer und Makler, die mit den Kaufleuten verhandelten, von denen die Waren ins Ausland befördert wurden. Zweifellos waren manche von ihnen vermögende und sogar recht reiche Leute. Wie wenig wir auch im einzelnen über die Ausmaße des athenischen Import- und Exporthandels wissen, so steht doch fest, daß sein Volumen sehr eindrucksvoll war.

Vom Umfang des Getreidehandels können wir uns eine Vorstellung machen. Auch andere Güter müssen importiert worden sein, so etwa Bauholz und Häute, einige Textilien oder das Rohmaterial für ihre Herstellung. Das alles mußte bezahlt werden, teilweise vielleicht durch Export von Silber. Aber Athen erzeugte auch Naturprodukte, etwa Oliven,[7] und zweifellos auch Fertigungsware, darunter Vasen (wie allgemein bekannt), deren Bedeutung für den Exporthandel wir allerdings nicht überschätzen sollten. Abgesehen von dem speziellen Bereich des Getreidehandels gewinnen wir aus unseren spärlichen Informationen den Eindruck, daß die Schiffsladungen gemischt waren. Ein Schiff beförderte kleine Posten von dieser oder jener Ware, die verschiedenen Eigentümern gehörten und für eine Reihe von Anlaufhäfen bestimmt waren. Ihrer Natur nach mußte ja die Ägäis samt den Inseln einen Mischtyp der Handelsfracht hervorbringen, und vermutlich brauchte man dafür nur kleinere Schiffe. Weniger galt das wahrscheinlich für den Handel mit den großen Häfen der kleinasiatischen Küste, mit dem Schwarzen Meer und dem Westen, aber da der Seeverkehr in beachtlichem Umfang, wenn auch nicht ganz und gar, längs der Küste verlief, waren wohl auch hier – von Holz und Getreide abgesehen – gemischte Frachten die Regel. Es waren also eine Menge Einzelpersonen beteiligt, die sich selbst vielleicht als *emporoi* bezeichneten, oder mehr oder weniger am Rande der Welt des

Handels mitwirkten. Viele Leute waren als Vermittler tätig, um die Waren – Naturprodukte oder gewerbsmäßig hergestellte – von Kleinerzeugern oder Handwerkern zusammenzuholen, die als Freie oder Sklaven nach dem sogenannten *apophorā*-System arbeiteten.[8] Wir werden später sehen, daß es weder in der Landwirtschaft noch in den Gewerben Betriebe von beachtlicher Größe gab. Sie hatten alle nur bescheidenen Umfang, und deshalb blieb mehr Raum für den Zwischenhändler. Nirgendwo finden wir Anzeichen dafür, daß er eine lästige oder mißliebige Erscheinung im Geschäftsleben gewesen wäre. Wahrscheinlich übten so viele diese Tätigkeit aus, daß ihre Gewinnspanne auf ein Minimum beschränkt blieb. Allerdings stand hinter dem Kleinunternehmer der Mann mit Kapital, der Geld auslieh und die Vorhaben seiner weniger bemittelten Mitmenschen erleichterte, ein Verfahren, das ganz ähnlich auch heute noch in den Häfen des östlichen Mittelmeers praktiziert wird.

Örtlichkeiten des Handels und der Fabrikation

Der Exporthandel und der ganze Vorgang des Zusammenstellens von Frachten wurde auch durch die Märkte erleichtert, die im Athen der klassischen Zeit offenbar schon hochgradig spezialisiert waren. Es gab den Weinmarkt,[9] wo der Wein vielleicht amphorenweise gekauft wurde. Anscheinend konnte man auch Träger zur Beförderung mieten (Abb. 6). Zweifellos galt das für alle Hafen- und Marktarbeiten, für die Arbeitskräfte nach Art der türkischen Träger in Istanbul vorhanden gewesen sein müssen. Der Wein wurde vorher gekostet (im *geustērion*, dem Probierstand, den Aristophanes (fragm. 229) erwähnt). Ganz wie beim Wein verfuhr man auch beim Olivenöl. Wir hören vom Käsemarkt, bei dem es sogar noch eine Unterabteilung gab, den ‚Weichkäsemarkt‘, der im vierten Jahrhundert v. Chr. den verbannten Platäern als Treffpunkt diente. Es ist natürlich nicht einfach, zwischen Markt und Viertel zu unterscheiden, da letzteres eine Kombination aus Wohnung und Geschäft – der Gerber, der Honighändler, der Käsehändler – darstellte.[10] Hier war der Ort für die Geschäfte jener, die als Zwischenhändler für Naturprodukte tätig waren, und hier fanden sich auch alle Landbewohner ein, die mit ihren Erzeugnissen in die Stadt kamen. Doch es gab auch noch die Landstädte Attikas, in denen sich in kleinerem Maßstab Gleiches abspielte, und wo der Aufkäufer der Güter für die große Stadt und für den Exporthandel sich mit dem Erzeuger traf. Da gab es den ‚Bettenmarkt‘,[11] auf dem die

Gestelle *(klinai)* der Liegen und Betten verkauft wurden; Bettdecken, Wolldecken, Kissen – alles, was zum *himatismos* (Bettzeug) gehörte – konnte man wahrscheinlich auch kaufen, dazu die kostbaren Gewebe und Geräte, die aus Städten wie Milet importiert wurden.[12] Das alles konzentrierte sich nicht unbedingt auf den eigentlichen Marktplatz *(agora)* von Athen oder dessen unmittelbare Nachbarschaft und befand sich bestimmt nicht unter einem einzigen Dach wie der große Basar von Istanbul. Aber die dortige Aufteilung nach Kategorien gab es auch in Athen. Schließlich wurde in der hellenistischen Zeit mit dem Bau der großen *stoai* oder Säulenhallen eine gewisse Konzentration erreicht. Es ist jedoch keineswegs sicher, daß das schon in der klassischen Zeit der Fall war.

Andererseits galt schon im Altertum die große Diversifikation und Spezialisierung sowohl im Handel wie auch in der Fabrikation als charakteristisch für die Stadt Athen und die Vielfalt ihrer wirtschaftlichen Bedürfnisse. Es scheint eine recht beachtliche Spezialisierung innerhalb der einzelnen Kategorien, so etwa bei der Verfertigung von Schuhen, gegeben zu haben, der eine differenzierte Terminologie im Handel entsprach. Wie die amerikanischen Ausgrabungen der Agora und ihrer Umgebung erkennen lassen, fand in der klassischen Zeit eine bedeutende Entwicklung des Handwerks und kleiner Industriebetriebe statt. Das spielte sich – durchaus passend – in der Nähe des Tempels ab, der gewöhnlich als Theseion bezeichnet wird, obwohl er in Wirklichkeit ein Tempel des Hephaistos, des Schutzgottes der Handwerker, und der Athena Ergane war, ebenfalls einer Schutzpatronin des Handwerks, soweit es von Frauen betrieben wurde. (Dahinter stand in irgendeiner Form Prometheus.) Das alles erstreckte sich bis zum Areopag und zur Südseite der Akropolis. Bis zur Wiederherstellung der öffentlichen Gebäude an der Westseite der Agora, die nach der Plünderung durch die Perser noch lange in Trümmern lagen, bezogen diese gewerblichen Betriebe noch die Randstreifen des Marktplatzes mit ein.

Sie waren jedoch nicht auf diese Gegend beschränkt. Man findet sie auch andernorts, und einer der berühmtesten Bezirke Athens hat seinen Namen von einer industriellen oder vielmehr handwerklichen Betätigung erhalten: der innerhalb und außerhalb der Mauern gelegene Kerameikos, das Töpferviertel (s. S. 154). Die Handwerker wohnten, wo sie arbeiteten. Es gab keine Fabriken im eigentlichen Sinne des Wortes. Die materiellen Überreste sind größtenteils schlecht erhalten, da ein großer Teil des Geländes mit größeren und schöneren Häusern aus der Römerzeit überbaut war, aber was noch da ist, genügt für die Feststellung, daß die recht schlecht gebauten Häuser aus der klassischen Zeit neben Zimmern und Hof auch Werkstätten enthielten. Manche sind an ihrer Einrichtung leicht zu erkennen, so etwa die Läden der Bronzegießer. So hat vielleicht ein Haus, das zum Teil mit Rohren und Fässern ausgestattet war, einem Walker gehört. Die Häuser von Töpfern und *koroplastai* sind an Brennöfen und Abfall zu erkennen. Dann gibt es noch andere, etwa Webereien, die an nichts anderem als Unmengen von Webgewichten zu identifizieren sind.

Zweifellos gab es also auf diesem Gelände die gleiche Konzentration von Handwerksbetrieben wie hier und anderswo von Händlern in Naturprodukten und Fertigungswaren. Diese Annahme wird wohl auch durch ausgedehntere Ausgrabungen an anderen Stellen Athens innerhalb der Mauern nicht widerlegt werden. Andererseits mag es wie beim Kerameikos, der über die Mauern hinausreichte, in den Außenbezirken Athens und auch in den Landstädten noch andere Handwerkerviertel gegeben haben. Und wie in Athen sah es auch in solchen Vierteln anderer griechischer Städte aus. Sie waren dort wohl bescheidener, aber bestimmt vorhanden, genau so wie in den kleinen Städten des Ostens heute. Was Attika betrifft, so weist Thukydides[13] darauf hin, daß in den späteren Jahren des Peloponnesischen Kriegs, von 413 v. Chr. an, als die Gegner Athens im Besitz einer ständigen Operationsbasis in Dekeleia waren, über zwanzigtausend ‚Handwerker‘ dort zum Feind flüchteten (s. S. 182). Das können kaum Leute aus der Landwirtschaft gewesen sein, und es ist auch nicht wahrscheinlich, daß so viele ‚Handwerker‘ (in des Wortes üblicher Bedeutung) Beschäftigung in den Bergwerken von Laureion fanden (s. S. 211). Bei vielen muß es sich also um Sklaven gehandelt haben, die in Handwerksbetrieben beschäftigt waren; nicht solche allerdings, wie sie dem Vater des Redners Demosthenes gehörten, die im Hause ihres Eigentümers unter strenger Aufsicht arbeiteten,[14] sondern eher wie die spezialisierten Sklaven, die dem Timarchos, einem Bekannten und politischen Beistand des Redners, und dessen Vater gehörten. In Verbindung mit ihnen hören wir von Sklaven, die nach dem *apophorā*-System beschäftigt wurden.[15]

Es ist auch sehr wahrscheinlich, daß eine Anzahl der kleinen Häuser in der Nachbarschaft des Theseions und der Agora sowie auf den Hängen des Areopags, die angebaute Werkstätten aufwiesen (die stets wiederkehrenden *ergastēria* der *horos*-Inschriften),[16] freien Handwerkern gehörten. Dabei handelte es sich nicht immer um Kleinbetriebe, denn in Pfandurkunden ist in Verbindung mit *ergastēria* manchmal von Sklavengruppen die Rede; in anderen allerdings wohnten Sklaven, die in eigener Regie arbeiteten. Bei Händlern mag es nicht anders gewesen sein. Beide Kategorien konnten in den großen *stoai*, die später errichtet wurden, auch ihren Geschäften nachgehen und sogar wohnen, wobei allerdings zu sagen ist, daß diese Bauten für eine Benutzung durch Kleinhändler oder Handwerker auf den ersten Blick zu großartig erscheinen.[17] Wie dem auch sei, auf Konzentration war man jedenfalls in früher wie in später Zeit bedacht. Im heutigen Athen hat sich in der Odos Pandrosou (Schuhgasse) der dürftige Rest eines Basars erhalten, der wohl bald verschwinden wird, und in der Gasse mit dem passenden Namen Odos Hephaistou ein Handwerksbezirk mit Läden, in denen Metallarbeiten und -reparaturen ausgeführt werden. Beide liegen noch immer am Rande des antiken Marktplatzes und nicht weit vom Industrieviertel der antiken Stadt. Die wichtigen und bis ins Detail organisierten Materiallieferanten der Antike lebten in derselben Gegend, wie Inschriften athenischer Gebäude beweisen. Ein Lieferant von Olivenholz[18] hat seinen Geschäftssitz in der Nähe des Theseions. Diese Inschriften wiederum beeindrucken den Leser durch die Differenzierung des Handels mit Baumaterialien und ähnlichen Waren: Rötel, Nägel, Eisen, Holz, Ziegel, Seile und viele andere derartige Waren. In Betrieben dieser Art konnte man Materialien kaufen, die vielfach tatsächlich bereits aus dem Ausland importiert worden waren.

Völlig anders als diese Märkte und Viertel in der Stadt präsentierte sich eine Einrichtung im Piräus, die unter der Bezeichnung Deigma (Ausstellungsplatz) vom Staat angelegt war; sie sollte fremden Kaufleuten Gelegenheit geben, Proben ihrer Waren auszustellen, etwa Getreide und Wein, möglicherweise in Probeflaschen.[19] Die Weinhändler aus Chios, Thasos und anderen Weinbaugebieten sandten, wenn sie ihre Weine auf den athenischen Markt brachten, Proben zweifellos in Flaschen einer besonderen Form und Größe zum Deigma im Piräus, wo sie von den athenischen Weinhändlern geprüft und, falls sie Anklang fanden, eingekauft werden konnten. Das Wort *deigma* bedeutet Muster, und dieses Wort gab dem Gebäude den Namen, zu dem die Kaufleute von auswärts Proben ihrer Frachten brachten und wohin, wie man wohl annehmen darf, auch athenische Kaufleute Muster der Waren bringen konnten, die sie ausführen wollten. Erwähnungen des Deigmas[20] lassen darauf schließen, daß es in einem Teil des Piräus lag, der vom Meer aus besonders gut zugänglich war. Für die Kaufleute war es ein Treffpunkt und ein Verhandlungsort, und auch Bankiers wickelten dort ihre Geschäfte ab. Man konnte hier auch jene Darlehen auf Schiffe und deren Ladungen aufneh-

men, die den Hafen von Athen im vierten Jahrhundert zu einem so
wichtigen Zentrum kaufmännischer Aktivität machten. Das Deigma war
das Herzstück des Hafens von Athen, wo, wie Perikles mit Stolz sagen
konnte,[21] die Produkte der ganzen Welt zusammenkamen, was sowohl
der Kultur wie auch dem Wohlstand und dem Wohlbefinden der Stadt
zugute kam.[22] So läßt sich auf einen beachtlichen geregelten Betrieb
schließen, wenn Isokrates[23] im vierten Jahrhundert einen Mann erwähnt,
der „*gewohnt* ist, in den Pontus zu segeln". In der gleichen Rede[24] wird
auch die Kolonie (athenischer?) Schiffseigentümer am Pontischen Bosporus erwähnt, ferner Bankverbindungen,[25] juristische Abmachungen, die
wahrscheinlich zwischen den südrussischen Herrschern und Athen[26] bestanden, und ein Zentrum für Informationen über internationale Angelegenheiten und Vorgänge sowie über zweifelhafte Praktiken und Personen.[27] Das Warenangebot im Hafen von Athen war überaus vielfältig, es
reichte von heimischen Sardellen und Töpferwaren, die Aristophanes[28]
halb scherzhaft als für den Export geeignet anführt, bis zu den gestickten
und ungemusterten Webwaren Thrakiens, die Thukydides[29] beiläufig erwähnt, und den langen Verzeichnissen ausländischer Spezialitäten, die
Athens Komödiendichter gelegentlich gern in ihren Stücken anführten.[30]

Handelsrouten

Nicht der gesamte Handel ging über den Piräus und das Deigma. Wir
sollten Aristophanes nicht zu ernst nehmen, wenn er in den *Acharnern*
humorvoll schildert, wie der Böotier und der Megarer auf der Suche nach
Handelsmöglichkeiten sind. Man nimmt allgemein an, daß die Beförderung über See problemloser war als zu Lande, und so scheint es, daß der
Handel mit Megara über den Piräus und Eleusis und mit Böotien über
das Meer von einem der Häfen an der Ostküste Attikas aus erfolgte. Aber
nicht immer war die Warenbeförderung über See eindeutig die bequeme-
re, vor allem dann nicht, wenn die Route erforderte, daß ein Kap bei
widrigem Wind mit allen sich daraus ergebenden Verzögerungen um-
schifft werden mußte. Hier ist Kap Sunion zu nennen, und auf Grund
einer Bemerkung des Thukydides scheint es, als seien vor der Einnahme
Dekeleias durch die Peloponnesier im Jahre 413 v. Chr. Waren aus dem
Nordosten auf dem Landweg über Oropos gekommen und nicht über
Kap Sunion, auf dem „teureren" Weg, wie der Geschichtsschreiber
sagt.[31] Wir dürfen also annehmen, daß es einen Handelsverkehr quer

durch Attika über die Landesgrenzen gab, der zu einem großen Teil lokal und verhältnismäßig unbedeutend war; außerdem einen Handelsverkehr zur See besonders von Salamis und Eleusis aus mit Megara, und von der Ostküste Attikas aus mit den Häfen Böotiens, Euböas und der nähergelegenen ägäischen Inseln. Doch dieser Verkehr ließ sich nach Umfang oder Bedeutung nicht mit dem vergleichen, der über den Piräus ging und der, wie wir wissen, sehr beträchtlich war. Sein Wert allerdings läßt sich nur schwer genau bestimmen, da wir nur eine einzige Angabe über die Höhe der Summe besitzen, welche sich aus der einprozentigen Steuer ergeben haben mag, mit der am Ende des fünften oder am Anfang des vierten Jahrhunderts Importe und Exporte belegt worden waren. Es ist schade, daß die Athener und die Griechen ganz allgemein sich so wenig für Wirtschaftsstatistik interessierten.[32] Auch die Getreideimporte waren zweifellos recht umfangreich, und über sie wissen wir ein wenig besser Bescheid, denn sie waren ebenso von öffentlichem Interesse wie die diplomatischen Beziehungen Athens zu den Herrschern der betreffenden Gebiete – vor allem Südrußlands, das die größten Mengen lieferte. Es wird sich zeigen daß auch Athen und Attika eine gewisse Menge Getreide erzeugte. Doch da der attische Boden zu leicht und von geringer Tiefe war, deckte die heimische Produktion nur einen kleinen Teil des Gesamtbedarfs und bestand zudem in der Hauptmasse aus Gerste, die zwar für den menschlichen Verzehr geeignet, aber nur halb so nahrhaft ist wie Weizen.

Hier stoßen wir auf ein gewisses Problem. Wann begann Athen zur Verbesserung der Lebensbedingungen und zur Ernährung einer stark angewachsenen Bevölkerung Getreide einzuführen? Die Ansicht, daß man sich schon im siebenten Jahrhundert dieses Auswegs bediente, findet nicht allgemeine Zustimmung, wenn auch tatsächlich gegen Ende dieses Jahrhunderts Athens Landwirtschaft in Schwierigkeiten geriet (s. o. Kap. I). Allgemein nimmt man an, daß Athen sich im sechsten Jahrhundert für Handelsrouten zu interessieren begann (ebd.), und vielfach wird als Grund dafür sein Getreidebedarf angegeben. Sowohl dieser Bedarf wie auch seine Begründung (eine wachsende Bevölkerung?) lassen sich vor den Perserkriegen von 490–479 v. Chr. nur schwer beweisen, und was man an Argumenten beibringen kann, ist bis weit ins fünfte Jahrhundert hinein nicht sehr überzeugend. Wie es auch immer um den Bedarf bestellt gewesen sein mag – jedenfalls sah sich Athen durch seine Vorrangstellung im Delischen Bund, der später zum athenischen Imperium wurde, in die Lage versetzt, die Getreidelieferungen im östlichen Mittelmeer zu überwachen. Und Athen lernte, sich dieser Verfügungsgewalt über Getreide und Schiffsbauholz als eines Mittels zur Beherrschung anderer Staaten zu bedienen. Die Vorfälle am Ende des Peloponnesischen Kriegs zeigten, wie verletzlich es in dieser Hinsicht war, und im vierten Jahrhundert spielten die Schwierigkeiten der Getreideversorgung und der Sicherung der Routen, auf denen die Lieferungen nach Athen gelangten, zusammen mit der Pflege guter Beziehungen zu den Produzenten und Spediteuren eine bedeutende Rolle in der Außen- und Innenpolitik Athens.

Der Getreidehandel samt seiner Organisation und Sicherung war ein Fall für sich. Von Zeit zu Zeit versuchten die Athener, auch andere Güter unter ihre Kontrolle zu bringen, so etwa den Rötel aus Keos oder auch das Bauholz, Produkte, die beide für den Bau von Kriegsschiffen notwendig waren; doch das geschah nie mit dem gleichen Nachdruck oder unter dem gleichen Bedarfszwang wie im Falle des Getreides. Im fünften Jahrhundert betrachtete Athen das Getreideproblem sowohl unter dem Gesichtspunkt der Ernährung seiner Bürger wie auch der Beherrschung der von ihm abhängigen Bundesgenossen. Als 431 v. Chr. der Peloponnesische Krieg ausbrach, kam als weitere Schwierigkeit hinzu, daß Getreidelieferungen abgefangen werden mußten, die aus dem östlichen Mittelmeergebiet zu den peloponnesischen Verbündeten Spartas transportiert wurden und es diesen zweifellos ermöglichten, ihre Truppen länger unter Waffen zu halten. So erklärt sich das Interesse Athens an der Insel Kythera, die eine Station auf der Route von Ägypten, Zypern und Kreta zur Peloponnes war. Bis zu einem gewissen Grade erklären sich so auch das Interesse Athens an Sizilien und sein Eingreifen dort. Sicherlich handelte es sich dabei um eine Ausweitung des politischen Einflusses, aber – wie Thukydides hervorhebt –[33] zugleich auch um einen Versuch, Getreidelieferungen aus diesem überaus fruchtbaren Land an die Feinde Athens zu verhindern.

Der zweite Grund, aus dem Athen am Getreide interessiert war, dürfte nicht weniger wichtig sein. In der frühen Phase des Peloponnesischen Krieges, zum Beispiel zur Zeit des Aufstands von Lesbos (428/27 v. Chr.), scheint es keine lückenlose Kontrolle der Getreideimporte gegeben zu haben, welche die Bundesgenossen Athens oder zumindest Mytilene, das eine bevorzugte Stellung unter ihnen einnahm, aus dem großen kornproduzierenden Raum des Pontos Euxeinos (wie die Griechen das Schwarze Meer nannten) bezogen. Praktisch handelte es sich dabei um Südrußland, wo es seit der Mitte des Jahrhunderts eine stabile Macht gegeben hatte, mit der die Athener unter Perikles feste Beziehungen aufnahmen und so Zugang zur Getreideerzeugung des Bereichs der Schwarzen Erde erhielten. Solange Athen das Meer – oder doch wenigstens die Ägäis – beherrschte, überwachte es auch die Zugänge zum Schwarzen Meer und zur thrakischen Küste, einem sehr fruchtbaren Gebiet zwischen der Maritsa (der heutigen Grenze zwischen Griechenland und der Türkei) und der Struma im Westen. Dieses Gebiet war nicht nur wegen seines Getreides wichtig, sondern auch wegen seines Holzes und seiner Edelmetalle. Für Athen schienen Thrakien und das Schwarze Meer weit leichter erreichbar und beherrschbar zu sein als das ferne Sizilien, weil auf dem Weg nach Sizilien Korinth und der Isthmus oder das gefahrvolle Kap Malea passiert werden mußten; ebenso verhielt es sich mit dem entlegenen Ägypten, das zwar nicht immer unter der Herrschaft der Perser stand, aber doch von ihnen bedroht wurde. Als es um die Mitte des Jahrhunderts zu Unruhen in Südrußland und in Thrakien kam, blickte Athen mit verstärktem Interesse nach dem Westen und nach Ägypten. Obwohl es dafür vorwiegend politische und imperiale Beweggründe gab, brauchen wir nicht auszuschließen, daß es dabei auch um den Getreidehandel ging. Dieses Interesse scheint jedoch, wie wir meinen, nur von kurzer Dauer gewesen zu sein. Als der Nordosten wieder zur Ruhe gekommen war, wandte sich Athen noch entschiedener diesen Gebieten zu; freilich mochten die Ägypter, die sich gegen die persische Herrschaft erhoben, es möglicherweise schon vorher mit dem Köder kostenloser Getreidelieferungen gelockt haben. Die Athener beherrschten also die Handelsrouten zu diesen Gebieten, und das war für sie ebenso lebensnotwendig wie die ,,miteinander verbundenen Festungen Athen und Piräus". Doch wie die geheimgehaltenen Vorbereitungen für den Aufstand der Mytilener zeigen, übten die Athener keine strenge Kontrolle über die von anderen durchgeführten Importe aus.[34] Zweifellos verließen sie sich, wie in ihrem eigenen öffentlichen Leben, auf die unbegrenzte Fähigkeit der Griechen, ihre Nachbarn zu beobachten, und sicherlich erzählten die Bewohner von Tenedos, nahe Nachbarn der Lesbier und noch näher am Hellespont gelegen, allerlei Geschichten von dem, was da vor sich ging.

Später jedoch, im Peloponnesischen Krieg, übte Athen eine weit strengere Kontrolle über Transporte von Getreide und Schiffsbauholz aus. Nach der Katastrophe in Sizilien, die von erneuten Feindseligkeiten seitens Spartas und – infolge des Eingreifens Persiens – vom Abfall fast sämtlicher tributpflichtiger Bundesgenossen begleitet war, hatte Athen einen Seekrieg vor allem zur Verteidigung der lebenswichtigen Handelsroute in die nördliche Ägäis und ins Schwarze Meer auszufechten. Die endgültige Niederlage am Hellespont im Jahre 405 v. Chr. hatte zur Folge, daß die Spartaner den Athenern eine Blockade auferlegten und sie aushungern konnten, bis sie sich unterwarfen.

Die große Bedeutung der nordöstlichen Getreidehandelsroute offenbart sich in allen Unternehmungen Athens im vierten Jahrhundert, das aus seinen Erfahrungen im fünften Jahrhundert gelernt hatte. Das Interesse der Athener an einem neuen Seebündnis erklärt sich zum Teil aus dieser Situation, die auch die Sicherung und Erhaltung ihrer Seemacht zu rechtfertigen schien. Es war auch in erster Linie maßgebend für die Haltung, die Athen gegenüber den Ereignissen in der griechischen Welt einnahm. Augenscheinlich wußte „der Mann auf der Straße" in Athen, daß jeder Feind, der Athens Seeherrschaft zu Fall zu bringen oder einzuschränken suchte, sich auf die Meerengen zwischen der Ägäis und dem Schwarzen Meer konzentrieren oder danach streben würde, jenen Bereich der mittleren Ägäis (den Dorokanal) zu beherrschen, den alle Kauffahrteischiffe von oder nach Athen unbedingt passieren mußten. Wenn es Krieg gab oder der Frieden unsicher war, ließ sich am Getreidepreis ablesen, wie es um Erfolg und Einfluß Athens im Ausland stand. So wirkten sich gespannte Beziehungen zu Sparta, Böotien und vor allem zu Philipp II. von Makedonien auf den Getreidehandel aus, und die Reden der Rhetoren des vierten Jahrhunderts lassen uns darüber nicht im Zweifel.

In diesem Jahrhundert gab es noch andere Schwierigkeiten, die Athen aus dem fünften Jahrhundert, als es das für die Überwachung dieser Routen erforderliche militärische Übergewicht besaß, nicht kannte. Jetzt nahm Athen keine Vorrangstellung mehr ein. Es gab mehr kaufwillige Getreidekunden an der Quelle, denn Umstände, die sich nicht ohne weiteres durchschauen lassen, scheinen die Abhängigkeit der Stadtstaaten von importiertem Getreide verstärkt zu haben. Es gab mehr offene Märkte für Getreidespediteure, die, wenn sie nicht unter Zwang standen, den höchstmöglichen Gewinn herauszuschlagen suchten (ganz wie heute manche ölproduzierenden Länder). Ab und zu gab es örtliche Notfälle, in denen Küstenstädte in der Ägäis angesichts einer Hungersnot, sofern sie es vermochten, Getreideschiffe zwangen, in ihre Häfen einzulaufen oder, wenn sie sich bereits dort befanden, ihre Frachten zur Linderung der Not gegen zweifelhafte Versprechungen einer Bezahlung zu löschen. Mit Hilfe einer ausreichenden Seemacht und zwischenstaatlicher Abmachungen zum Schutz des Seehandels ließen sich solche Schwierigkeiten bis zu einem gewissen Grade überwinden, und soweit es sich um die Kornkammern in Thrakien und Rußland handelte, ließ sich auch etwas tun. Es war ein Hauptprinzip der athenischen Politik, ihren Einfluß in der nördlichen Ägäis zu sichern, was freilich zu Auseinandersetzungen vor allem mit Philipp II. führte. Südrußland mit seiner eigenartig hellenisch-skythischen Mischkultur lag in weiter Ferne und war örtlichen Gefahren ausgesetzt, die Athen nicht hoffen konnte unter Kontrolle zu halten, selbst wenn es bestrebt war, den Zugang dorthin zu überwachen. Das Beweismaterial scheint jedoch anzuzeigen, daß es eine enge Verbindung zwischen Athen und dem als Bosporanisches Reich bezeichneten Gebiet gab. Besonders deutlich wird das im *Trapezitikos*, einer Rede des Isokrates, in der es um die Geldnöte eines jungen Mannes aus der südrussischen Aristokratie geht, und in der Demosthenesrede gegen Leptines, in der er sich dafür einsetzt, den südrussischen Herrschern jene Ehren und Vorrechte zu erhalten, die ein dankbares Athen ihnen zuerkannt hatte. Die Anfänge dieser Verbindung gingen bis ins sechste Jahrhundert zurück, aber während der Vorherrschaft Athens im fünften Jahrhundert war das Bosporanische Reich mit dem Piräus als bedeutendstem Handelszentrum noch enger verbunden gewesen. So hatte sich eine Tradition kaufmännischer Beziehungen herausgebildet und war zu einem freundschaftlichen Verhältnis geworden, das gefestigt genug war, um die Wechselfälle des Peloponnesischen Kriegs überstehen zu können.

Die südrussischen Herrscher scheinen sich eine gefühlsbetonte Freundschaft Athen gegenüber bewahrt zu haben, die nicht unbeeinflußt war von der Überlegung, daß die Athener zu den wichtigsten Getreideimporteuren gehörten und von Zeit zu Zeit die Zugänge zum Schwarzen Meer, wenn auch nicht so streng und anhaltend wie im fünften Jahrhundert, überwachten. Man erkannte also griechischen Kaufleuten, die mit einer Rückfracht nach Athen gingen, Priorität vor anderen und bevorzugte Behandlung an den einheimischen Gerichtshöfen zu. In Notzeiten erhielt Athen Getreide zu einem billigen Preis oder geradezu als Geschenk von diesen Herrschern eines entlegenen Vorpostens einer halbhellenischen Kultur. Die Athener ihrerseits ließen sich einen freundschaftlichen Verkehr mit den südrussischen Herrschern besonders angelegen sein. Wie wichtig die Verbindung war, verrät der besorgte und überschwengliche Ton der oben erwähnten Demosthenesrede. Die Athener verliehen Ehrungen – die billig waren – und tauschten kaufmännische und juristische Privilegien aus, ein Vorgehen, das sich schon im fünften Jahrhundert im Falle der Barbaren in Thrakien bewährt hatte. So sagt ein athenischer Gesandter zum König von Thrakien:

Wir tranken mit Sitalkes,
und in der Tat, er ist ein Freund Athens,
wie keiner mehr, er ist geradezu
verliebt in euch und schreibt an alle Wände:
„Die göttlichen Athener!" – Und sein Sohn,
dem wir das Bürgerrecht geschenkt, er brennt,
mit euch am Schelmenfest 'ne Wurst zu essen,
und liegt dem Vater stündlich in den Ohren,
ein Heer zu senden.[35]

Zu den oben angedeuteten Schwierigkeiten gesellten sich weitere. Im späteren vierten Jahrhundert wurden infolge der Feldzüge Alexanders des Großen gegen Persien und der Maßnahmen seines Statthalters Kleomenes in Ägypten Handel und Schiffahrt lahmgelegt. Ein weiterer möglicher Grund für Komplikationen war in Zeiten erhöhter Nachfrage die Suche nach weiteren Getreidequellen in Zypern, Ägypten und dem Adriabereich. Das alles vermehrte die strategischen und politischen Sorgen Athens in einer Phase, die ohnehin schon schwierig war. Im Adriabereich führte es dazu, daß Athen einen Stützpunkt gegen die Seeräuber errichtete. Die vielfachen Schwierigkeiten bei der Getreideversorgung hatten zur Folge, daß die Kaufleute, die das Korn beförderten, und die Händler, die es in Athen (und zweifellos auch anderswo) verkauften, in eine besondere und wichtige Beziehung zum Staat traten. Die Seefahrer selbst, die das Getreide von Südrußland und anderswoher beförderten, brauchten keine Athener zu sein, ja sie waren es sogar nur in seltenen Fällen. Diesen Eindruck vermitteln uns jedenfalls die Rhetoren des vierten Jahrhunderts, die sich in ihren Reden gelegentlich mit dem Getreidehandel befassen. Der überwiegende Teil dieser Seefahrer waren Ausländer, denen man schon aus diesem Grunde mißtraute, oder in Athen wohnhafte Fremde *(metoikoi)*, die sich einer solchen Tätigkeit deshalb gern zuwandten, weil ihr Status sie von Grund- und jeglichem Immobilienbesitz ausschloß. Manche waren deshalb überaus schwer zu fassen, stand ihnen doch das ganze östliche Mittelmeer offen. Andererseits kamen ihnen das Ansehen, das die athenische Obrigkeit genoß, und alle Privilegien, die ihnen etwa von dort gewährt wurden, sehr zustatten. Zu Zeiten reichte der Arm Athens wohl auch so weit, daß ein Kaufmann, der sich seinen Verpflichtungen entzog, außerhalb des athenischen Territoriums belangt werden konnte, doch nie mehr war Athen so mächtig wie zur Zeit seines Imperiums im fünften Jahrhundert, wo sein Bannspruch dem einzelnen alle wichtigen Häfen im östlichen Mittelmeer faktisch verschloß. So ließ es sich der athenische Staat angelegen sein, eine Kontrolle auszuüben, gleichzeitig aber die internationale Kaufmannsklasse zu fördern und für sich zu gewinnen; solange nämlich der Hafen Athens als Handelszentrum erhalten blieb, ja darüber hinaus als Stapelplatz gelten konnte – obwohl die Athener noch nicht die Idee eines Freihafens entwickelten –, mußte dieser lebenswichtige Getreidehandel Athen Nutzen bringen und unter den vielen anderen konkurrierenden Getreidemärkten eine Vorrangstellung einräumen.

Was Athen besonders anziehend machte, war auch die Möglichkeit privater Kapitalbeschaffung, die dadurch gefördert wurde, daß der Staat andere Geldanlagen in Grundbesitz und Industrie mit Abgaben belastete. So mancher Athener, der seinen Reichtum geheimzuhalten bestrebt war, gleichzeitig aber Gewinn aus ihm ziehen wollte, gewährte Schiffseigentümern oder Kaufleuten Kredite nach dem Bodmereiprinzip. Wenn Schiff und Fracht heil zurückkehrten, wurde der Kredit mit sehr hohen Zinsen zurückgezahlt; oft waren es über dreißig Prozent, und im Falle der gefahrvollen und von Seeräubern heimgesuchten Adria konnten es sogar hundert Prozent sein. In der Auswirkung war das eine Art Versicherung. Bodmerei führte, wie zu erwarten, zur Barraterie, dem verbrecherischen Versenken von Schiffen, um eine Rückzahlung zu vermeiden. Bei den Rhetoren hören wir nur von den Schattenseiten dieses Systems. Es stellte jedoch einen wichtigen Aspekt des athenischen Lebens dar und schloß alle Finessen der Schiffspapiere und ‚Umschreibungen‘ ein, unterstützt auch durch das gute athenische Silbergeld aus den Bergwerken im Laureion. Der Staat tat ebenfalls, was er konnte, indem er Kaufleuten einen Anreiz durch Einräumung gesetzlicher Vorteile gab. Über die von zwei souveränen Staaten ausgehandelten Verträge (symbola) für die Beilegung von Streitigkeiten zwischen Angehörigen dieser Staaten hinaus sorgte Athen für besondere Gerichtshöfe, die sich mit wirtschaftlichen Streitfällen befaßten; sie tagten in den Wintermonaten, wenn die Schiffahrt ruhte, und waren bekannt dafür, daß sie ungewöhnlich schnell – innerhalb eines Monats – eine Regelung erzielten. Es gab gute Gründe, dafür zu sorgen, daß Ausländer nicht durch athenische Gerichte bestraft wurden, selbst wenn die Athener vermuteten, daß sie alle Gauner waren (vor allem die Phaseliten!). Falls sie Athen begünstigten und Getreide dorthin brachten, obwohl sie es auch anderswohin hätten liefern können, falls sie es zu einem Preis lieferten, der niedriger war, als sie ihn anderswo hätten erzielen können, oder, noch besser, es als Geschenk betrachteten, dann zeigte sich die einst so stolze und mächtige Stadt rührend bereitwillig, einzelnen

Kaufleuten die Ehrung der *proxenia* (vergleichbar etwa mit dem Titel eines Honorarkonsuls) oder – als Anreiz für andere – sogar das Bürgerrecht zu verleihen. Es gab auch noch andere, weniger auffallende Privilegien, so etwa Befreiung von Einfuhrzöllen und das Recht, ein Haus oder sonstigen Grundbesitz in Athen zu erwerben. Das alles waren Breschen in der Mauer der Exklusivität, die den Stadtstaat umgab. Auch Schutz vor gerichtlicher oder militärischer Festnahme *(asylia)* konnte zugesagt werden, kein geringer Vorteil in den unruhigen Zeiten des vierten Jahrhunderts, falls er tatsächlich gewährt werden konnte. In dieser Zeit garantierten so viele Staaten Immunität, daß man sich fragen muß, ob es sich dabei nicht nur um eine bloße Geste handelte. Der athenische Staat tat, was er konnte, in dem schmerzlichen Bewußtsein, daß seine Macht nicht mehr die alte und daß seine Überwachung der seefahrenden Kaufleute unvollkommen war.

Es gab jedoch unter den Beteiligten zwei Gruppen, die der Staat im Interesse seiner Bürger und ihres täglichen Brotes genauer überwachen konnte. Da waren zuerst jene Leute, die Geld für kaufmännische Unternehmungen ausliehen. Bestand die Fracht auf der Rückreise aus Getreide, so mußte Athen der Bestimmungshafen sein, und eine festgesetzte Teilmenge der Fracht mußte dort auch bleiben, wenn sich der Geldgeber nicht wegen Zuwiderhandelns eine Anzeige und Bestrafung zuziehen wollte. Hierbei spielte eine gewisse Hafenüberwachung eine Rolle. Es war unwahrscheinlich, daß die Rückreise an einen anderen Ort führte, sofern sich nicht der Geldgeber auf dem Schiff befand; immerhin kam es gelegentlich zu Anklagen wegen illegaler Umleitungen. Unter bestimmten Umständen jedoch mochten Frachten anderswohin gelangen. Das Kommen und Gehen spielte sich nicht ausnahmslos innerhalb der gesetzlichen Grenzen des eigentlichen Hafens im Piräus ab. Wir hören von einem ,Diebeshafen', wo – abseits der Kontrolle der Hafenaufseher – dunkle Transaktionen vorgenommen werden mochten.

Zur zweiten Gruppe gehörten die Makler im Getreidehandel, von denen wir viel Ungünstiges hören, da sie im frühen vierten Jahrhundert Zielscheibe oder Opfer einer Rede des Rhetors Lysias waren. Wie der seefahrende Kaufmann, der sich eines offenbar außerordentlich leistungsfähigen Nachrichtennetzes bediente, um seine Fracht in einen Hafen zu bringen, in dem ein besserer Preis zu erzielen war, so strebte begreiflicherweise auch der Getreidehändler danach, ein gutes Geschäft zu machen: er wollte billig kaufen und teuer verkaufen, je teurer, desto besser. Nur wirkten sich leider die erprobten Spekulationstricks schädlich auf die Wohlfahrt der Bürger, vor allem der armen Bürger, aus. So entstand das Bild von den Getreidekaufleuten als den skrupellosen Feinden des *dēmos*. Doch die Schwankungen der von ihnen manipulierten Versorgung ergaben sich aus den politischen und militärischen Ereignissen in der Ägäis. Es ist merkwürdig, daß sich nirgends der Vorschlag findet, der Staat möge eingreifen und – wie Gaius Gracchus in Rom – Getreide aufkaufen und speichern, um es dann in kritischen Zeiten freizugeben und so mit den Schwierigkeiten fertig zu werden. Daß der Staat nicht so vorging, lag nicht so sehr daran, daß man Eingriffe in diesen Sektor des Bürgerlebens nicht schätzte, als vielmehr an der Tatsache, daß in der primitiven Organisation Athens die notwendigen finanziellen und verwaltungsmäßigen Voraussetzungen dafür fehlten. Die schwankenden Preise müssen für den Einzelnen wirtschaftlich sehr störend gewesen sein. Andererseits scheinen Teuerungen nicht lange angehalten zu haben, und im übrigen waren, wie man glaubte, wirtschaftliche Krisen ebenso wie die militärischen etwas Naturgegebenes.

Von anderen bedeutenden Handelszweigen hören wir nichts oder so gut wie nichts. Sie berührten den einzelnen nicht in dem Maße wie der Getreidehandel; auch standen sie nicht so sehr unter dem Einfluß politischer Wechselfälle und waren ihnen nicht in so hohem Grade ausgesetzt, wenn auch der Holzhandel wegen seiner Beziehung zum Bau von Kriegsschiffen lebenswichtig war. Die Bemühungen des athenischen Staats, den Handel mit Rötel oder rotem Ocker *(miltos)* aus Keos zu regeln und einzuschränken, da er für das Dichtmachen und die Erhaltung der Schiffsrümpfe noch wichtiger war als für die Erzeugung von Vasen, lassen darauf schließen, daß außer dem Getreidehandel auch noch der Handel mit anderen Waren organisiert war und überwacht werden konnte. Auch für bestimmte Exporte trifft das zu, aber wir wissen nur wenig über die Einschaltung von Maklern zwischen den Bergleuten im Laureion und der Münzstätte oder dem Silberexporteur, oder zwischen den einzelnen Olivenproduzenten und den Herstellern von Olivenöl, oder zwischen den einzelnen Keramikwerkstätten und dem eigentlichen Exporteur, das heißt, dem Eigentümer der Fracht, der so oft mit dem Schiff reiste, wenn er nicht durch einen Supercargo (Frachtaufseher) oder den Schiffskapitän vertreten wurde. Wir können nur ahnen, wie andere Güter, ob es sich nun um Luxusgegenstände oder Massenware handelte, von ihren Herstellern abgeholt und für den Großeinkauf von Exporteuren gesammelt wurden; oder inwieweit die Frachten – vom Getreide abgesehen – einheitlich waren. Sicher konnten Schiffsführer nicht immer damit rechnen, in jedem Hafen die Art Fracht zu finden, die sie sich wünschten. Einer der schon erwähnten Vorzüge des Hafens von Athen war die große Vielfalt von Gütern für die Rückladung. Fehlten sie, so blieb immer noch das ausgezeichnete attische Silber, das ungemünzt exportiert werden konnte.[36]

Es ist schwer für uns, die wir an die großen modernen Häfen und deren Betrieb gewöhnt sind, uns ein zutreffendes Bild vom antiken athenischen oder sonstigen Exporthandel zu machen. Wahrscheinlich müssen wir den Piräus oder das Thessaloniki von heute vergessen und uns eher so etwas wie einen kleineren modernen griechischen Hafen, etwa auf einer Insel, vorstellen: mit den Kaiki am Kai, dem bescheidenen Transport durch Pferd oder Maultier, den Haufen verschiedener Waren und mancherorts den auf dem Kai ausgestellten Reihen von Haushaltsgeschirr. Im Altertum gab es da die zugespitzten Amphoren für Öl und Wein (Abb. 6), die Woll- und Stoffballen. Im Tondo (Rundbild) der berühmten Arkesilasschale aus dem frühen sechsten Jahrhundert ist in einer lebendigen Darstellung etwas von alledem eingefangen (Abb. 5).

Örtlicher Handel und Einzelhandel

Im Gegensatz zum Außenhandel im großem Maßstab (also zu der Sphäre des *emporos*) ist uns der Einzelhandel in Athen recht gut bekannt. Bei ihm geht es um das einzelne Kaufgeschäft, das heißt, um die Funktion der Verteilung von Nahrungsmitteln und anderen Naturprodukten sowie von gefertigten Waren in kleinen Mengen an einzelne Käufer, die diese Dinge für das tägliche Leben brauchen. Der Einzelhändler war entweder selbst Produzent, wie etwa die Leute vom Land, die zum Markt in die Stadt kamen und oft beachtliche Entfernungen zurücklegten, um dort ihr Obst und Gemüse und ähnliche Erzeugnisse zu verkaufen,[37] oder der regelrechte Zwischenhändler, dessen Funktion offenbar darin bestand, nicht nur mit Naturprodukten zu handeln, die er vom Ersterzeuger kaufte (so fand es etwa Perikles praktisch, die Produkte seines Landguts zu verkaufen, was voraussetzt, daß es Händler gab), sondern auch mit Produkten, die man als Fertigware bezeichnen könnte, etwa mit Brot und, wie wir hinzufügen dürfen, mit den Waren des Wursthändlers bei Aristophanes, denn zu dieser Art von Kleinhandel gehört nicht nur die Garküche, sondern auch der Straßenverkauf. Über Lebensmittel besitzen wir keine ganz klare Vorstellung: Gemüse, Obst und Fische und vielleicht ein

wenig Fleisch dienten als die übliche Marktware für das, was man als
Stand- oder Budenhandel (Abb. 8) bezeichnen könnte. Getreide gehörte
– wie beim Import – in eine andere Kategorie, und wahrscheinlich gilt das
auch für das Öl. Getreide aß man keineswegs nur als Brot; es wurde auch
zu Brei verarbeitet. Alles Getreide war ziemlich grob gemahlen. Daß
jedoch Brot in Form von gebackenen Teigfladen hergestellt wurde, läßt
sich aus den Rationen schließen, die den Spartanern zugeteilt wurden, als
sie im Peloponnesischen Krieg auf Sphakteria eingeschlossen waren. Das
für die Brotbereitung benötigte Mehl brauchte nicht unbedingt im Hause
gemahlen zu sein. Es gab Mahlbetriebe, wie aus Thukydides' Erwähnung[38] der Zwangsaushebung von *sitopoioi (emmisthoi)* für die sizilische
Expedition hervorgeht. Wir können nicht sagen, wie weit das auch auf
das Brotbacken zutraf, das ja in den engen Vierteln einer großen Stadt,
wo es wenige Möglichkeiten für Außenöfen und nur begrenzte Mengen
von Brennmaterial gab, ebenso schwierig gewesen sein muß. Das Brot
hatte wohl etwa die gleiche Form wie im heutigen Griechenland das
koulouri, das ringförmige, mit Sesamkörnern bestreute Fladenbrot und
der große Laib, der, in Stücke gebrochen, den Hauptbestandteil einer
Mahlzeit bildete. Wieder wissen wir nicht genau, wie weit diese Brote in
Bäckereien hergestellt und im Einzelhandel verkauft wurden; wahrscheinlich außerhalb Athens seltener als heutzutage, wo infolge verbes-
serter Transportmöglichkeiten das örtliche oder häusliche Brotbacken
seltener geworden ist. Die gleiche Frage stellt sich hinsichtlich der Erzeugung und des Verkaufs von Wein – allerdings nur des heimischen, da bei
importiertem keine Schwierigkeit besteht – und Olivenöl. Stellte der Be-
sitzer eines jeden kleinen Weingartens oder Olivenhains seinen Wein
oder sein Öl selbst her (Abb. 9)? Die heutige Praxis zeigt, daß das bei
Wein verhältnismäßig einfach ist – attischer Wein galt ohnehin nicht als
sehr hochwertig. Das Auspressen der Oliven dagegen war ein komplizierter technischer Vorgang, bei dem die Produzenten in Attika sicherlich
ihren guten Ruf zu wahren hatten. Wie das bei so vielen kleinen Oliven-
erzeugern möglich war, wissen wir nicht recht (wir kennen kein Anzeichen dafür, daß es Einrichtungen gegeben hätte, die sich mit unseren
heutigen Genossenschaften vergleichen ließen), aber eine gewisse Organisation muß vorhanden gewesen sein, und zwar auf einer Ebene, die
über der des Kleinerzeugers lag. Andererseits darf man wohl für das
antike Attika – in Athen mag es, wie wir sehen werden, anders gewesen
sein – und seine kleinen Städte und Dörfer eine Art Warenmarkt annehmen, wie es ihn in Ortschaften dieser Größe bei uns noch vor einer

Generation gegeben hat, auf dem örtlich geerntetes Obst und Gemüse verkauft wurde. Beweismaterial für höher entwickelte Wirtschaftsvorgänge könnte man in den Säcken für Getreide und Mehl und den Behältern für Öl (im Altertum aus Ton, heute aus Metall hergestellt) erkennnen. Die übrigen Waren spielten, soweit es sich um Lebensmittel handelte, nur eine geringe Rolle; vielleicht gab es ein wenig Käse von hoher Qualität zur Ergänzung des heimischen Produkts, sowie getrockneten und marinierten Fisch.

Wer heute Griechenland besucht, wird eine starke Ähnlichkeit zwischen dem Markt und dem ebenso unentbehrlichen griechischen Äquivalent des Dorfladens erkennen. Größere Gemeinden schwingen sich zwar zu einer gewissen Spezialisierung auf und besitzen eine Bäckerei, das *artopōleion*, ein *zacharopōleion* (Konditorei), ein *kreopōleion* (Fleischerei) oder sogar ein *ichthyopōleion* (Fischgeschäft), aber die kleineren Gemeinden haben für alle Waren nur ein einziges Geschäft, das *pantopōleion*, das allerdings seinem Namen nicht immer Ehre macht. Manche Waren, vor allem Kleider (allerdings nicht unbedingt feinere Textilien und auf keinen Fall besseres Leder, dessen Zubereitung immer eine Sache für sich war) und Schuhwerk wurden bis vor kurzem ohne die Vermittlung von Zwischenhändlern hergestellt und vertrieben, und zwar durch den Schneider (sofern die Kleider nicht zu Hause gefertigt wurden) und den Schuhmacher. Im Altertum muß der unmittelbare Kontakt zwischen dem Erzeuger und dem Käufer auch bei anderen Gegenständen bestanden haben, so zum Beispiel bei Werkzeugen und einfacher Töpferware für den täglichen Gebrauch, nicht aber bei solcher von höherer Qualität (Abb. 13), die eine Spezialität verschiedener griechischer Zentren zu verschiedenen Zeiten war. Wie heute war auch das Salz ein Hauptprodukt, das an geeigneten Stellen durch Verdunstung von Meerwasser gewonnen wurde. Diese Salzpfannen gaben oft Örtlichkeiten, die einen Spezialhandel trieben, ihren Namen.

So lagen die Dinge in den kleinen Gemeinden Attikas und andernorts. In Kleidung und Ernährung war weitgehend Selbstversorgung möglich, ja sogar im Wohnungsbau, falls der richtige Ton für Dachziegel und Lehm für ungebrannte Ziegel vorhanden waren. Das notwendige Bauholz dagegen war nicht immer ohne weiteres verfügbar, es war deshalb kostbarer und wurde auch öfter von einfallenden Nachbarn geraubt. Die einzelnen Familienmitglieder waren für verschiedene Aufgaben zuständig, und wie in allen einfachen Gemeinschaften ersetzte wechselseitige Hilfe, was der Familie an Kraft und Fertigkeit fehlte. Doch wie für manche Waren – wenn auch nicht unbedingt für alle, die wir uns vorstellen können – der erforderliche Handel betrieben wurde, so gab es auch Spezialisierungen in bestimmten Gewerben. Beim Schneidern und Schuhmachen war das im allgemeinen nicht der Fall, da sich diese Handwerkszweige auf dem älteren und primitiveren Niveau der häuslichen oder halbhäuslichen Tätigkeiten abspielten, auch nicht beim Weben (Abb. 10), eher schon traf es zu auf die Arbeiten vom Schmied, Zimmermann (Abb. 11), Stellmacher, vom Bootsbauer und in geringerem Grade vom Töpfer (Abb. 13). Sie können durchaus die *dēmiourgoi* (die ‚Arbeiter im öffentlichen Dienst‘) der frühen griechischen Gesellschaft gewesen sein, und zusammen mit jenen Leuten, die aus Erz Metall herstellten und es formten (Abb. 12), stellten sie eine Gruppe von ‚Gewerben‘ dar, in die der Amateur und die Vorstellung von der sich selbstversorgenden Familie nicht eingedrungen waren. Auch hier jedoch bestand, zumindest in den kleineren Gemeinden, ein unmittelbarer Kontakt zwischen dem Handwerker und dem Kunden.

Zweifellos gab es in Athen selbst und in anderen großen Städten für Luxuserzeugnisse Zwischenhändler, so zum Beispiel zwischen dem Waffenschmied, dem Töpfer, vielleicht auch dem Mann, der Werkzeuge und Messer herstellte, und dem Kunden. Doch aufs Ganze gesehen waren das Ausnahmefälle, denen man bisweilen zu Unrecht den Namen ‚Industrie‘ zubilligte, während es sich eigentlich nur um Handwerk handelte – es war keine Industrie der Massenproduktion, sondern eine ‚Industrie‘ besonderer Art. Man kannte im griechischen Altertum die in der Manufaktur hergestellte Spezialität. Die Namen dieser Dinge leiteten sich oft von der Hauptproduktionsstätte her: wollene Decken oder Teppiche hießen *milesiourgos*, zarte, wahrscheinlich seidene oder baumwollene, halb durchsichtige Gewebe *amorginos*. Die fleißigen Lexikographen und ähnliche Leute konnten ganze Listen solcher Spezialprodukte zusammenstellen, die manchmal gar nicht in der Stadt erzeugt worden waren, deren Namen sie trugen. Die außerordentliche Geschicklichkeit, die zu ihrer Fertigung erforderlich war, besaßen oft die Sklaven, die einzeln oder in Gruppen für einen Meister arbeiteten. Sklaven dieser Art verwendeten manchmal kostbare Materialien, um Luxusgegenstände, Möbel, prunkvolle, reich verzierte Metallarbeiten, gestickte oder gewebte Gobelins und prächtige Waffen herzustellen. Hiervon ist nur wenig erhalten, aber Verzeichnisse von Tempelschätzen enthalten reichliche Hinweise auf solche Objekte. Im Grunde ist dies die ‚Industrie‘, um derentwillen das spärliche Beweismaterial so ausgiebig erörtert worden ist, und von der später wieder die Rede sein wird. Größtenteils handelte es sich um eine Tätigkeit, die für eine große Stadt typisch war, wenn sie auch teilweise in ländlichen Gegenden Attikas ausgeübt worden sein muß.[39]

Die allgemeine Vorstellung vom einfachen Leben in der kleinen Gemeinde wurde bereits erörtert, aber in Athen lagen die Verhältnisse anders, anders wahrscheinlich auch in Städten wie Korinth. Doch die Differenziertheit des Lebens in Athen und anderen großen Städten mußte sich auch auf das Land auswirken. Nicht nur in Athen ging der Fischhändler mit seiner Ware hausieren, sondern auch auf dem Lande. Umgekehrt erfahren wir bei Theophrast, daß der Rüpel[40] „sich das Haar schneiden lassen will, wenn er in die Stadt geht, und bei dieser Gelegenheit im Vorbeigehen von Archias Pökelfisch mitzubringen gedenkt". Sieht man von den Getreidemaklern ab, so gibt es verhältnismäßig wenige Hinweise auf die größeren Zwischenhändler. Andererseits hört man sehr viel vom Kleinhändler, was begreiflich ist, da ein enger Kontakt zwischen ihm und seinen Kunden bestand, die infolgedessen über seinen Charakter recht gut im Bilde waren. Richtig ist, daß ein ‚aristokratisches‘ Vorurteil gegenüber dem Handwerk bestand. Aristoteles[41] erklärt das folgendermaßen: „Es ist vornehm, kein banausisches Handwerk auszuüben, da es das Merkmal des freien Mannes ist, daß er nicht mit Rücksicht auf einen anderen lebt." Zu diesem Einwand gegen Dienste für andere – sofern es sich nicht um zeitbedingte vorübergehende landwirtschaftliche Arbeit handelte, die meist für einen Nachbarn geleistet wurde – kam beim Kleinhandel – und in den Augen der Philosophen bei jedem Gewerbe – noch die korrumpierende Wirkung des Profitmotivs hinzu.

In einem Idealstaat überließ man solche Tätigkeiten besser Fremden! Das Wort *kapēleuein*, ‚Kleinhandel betreiben‘, stand weder bei Platon noch bei Aristoteles in hohem Ansehen. In den ‚Gesetzen‘ bringt Platon seine Einstellung gegenüber dem Kleinhandel deutlich zum Ausdruck.[42] In seinem Idealstaat sucht er diese Tätigkeit auf Metöken und Ausländer[43] zu beschränken, den Handel zu überwachen und für Ehrlichkeit einzutreten,[44] doch geht aus seinen Ausführungen über die Fehler und die Herkunft der Kleinhändler hervor, daß er mit einem Erfolg dieser Bemühungen nicht rechnete.[45] Danach wendet er sich allerdings wieder[46] Fragen der Beschränkung, der Regelung und der ‚Niedrigkeit‘ des Kleinhandels zu. Übrigens wollte Platon auch das Kreditprinzip aus dem Markt ausschalten. So soll nur Geld gegen Ware und Ware gegen Geld ausgetauscht werden, und für den Händler, der so töricht ist, Kredit zu gewähren, soll es keine Entschädigung geben.[47] Einer der korrumpieren-

den Faktoren war seiner Meinung nach das Profitmotiv. Daher der Vorschlag, im Kleinhandel Gewinnspannen festzulegen.[48] Diese Vorstellungen wirken unpraktisch und unrealistisch, aber es wäre ein Irrtum zu
bezweifeln, daß sie – wenn auch vielleicht in leichter Übertreibung – die
allgemeine Meinung und die herrschenden Vorurteile gegenüber dem
Kleinhandel wiedergaben. In der Komödie wird diesen Händlern immer
wieder Unehrlichkeit vorgeworfen. (Ähnlich verhalten wir uns heute
zwar nicht gegenüber dem regulären und respektablen Einzelhändler,
wohl aber gegenüber dem Straßenhändler und Hausierer; das ,Hausieren'
entspricht genau dem *kapēleuein* in seiner verächtlichen Verwendung.
Vgl. das lateinische *caupōnari*.) Gedacht ist dabei an gewisse Kniffe, etwa
daß die Wolle naß gemacht wird und dadurch schwerer wiegt,[49] daß der
Feigenhändler in seinem Korb reife Feigen obenauf legt und schlechte
oder harte darunter, und daß er wilde Feigen als veredelte verkauft;[50]
oder daß im ,Laden an der Ecke' der Wein mit Wasser und Essig ge-
panscht wird.[51] Die Komödie ist voll von humoristischen Angriffen auf
Fischhändler (Abb. 8) und ihre Methoden,[52] sie bilden ein Hauptthema
uns überlieferter recht unfreundlicher Witze; allerdings könnte der Aus-
wahlprozeß, durch den Fragmente der Komödiendichter erhalten geblieben sind, ein falsches Bild vermitteln. Zur Unredlichkeit ganz allgemein
tritt der Verkauf schlechter oder minderwertiger Ware, ferner hören wir
von Tricks mit Wechselgeld und anderen unerfreulichen Gewohnheiten.
Unseren heutigen ,Fischweibern' entsprechen in der Komödie die Brot-
verkäuferinnen *(artopōlides)* im antiken Athen, Händlerinnen,[53] die ihrer
Schimpfreden[54] wegen berüchtigt waren. Übrigens ergeben sich in diesem
Zusammenhang einige Hinweise auf den Brothandel[55] und den Brotver-
kauf.[56] Ähnlich wird bei Aristophanes[57] die Erbsbreiverkäuferin als überaus heftig und betrügerisch[58] geschildert und als unerwünschte Angehörige der Unterschicht mit der Komödienfigur der *pandokeutria*, der
Schenkwirtin, in Verbindung gebracht,[59] in der wir ein weiteres Beispiel
der Kleinhandelspraxis erkennen. Uns wird klar, warum das *pandokeion*
(die Schenke) und die *pandokeutria* einen so üblen Ruf hatten. Heute
bezeichnet das Wort *pandocheion* eine Gaststätte, die eindeutig niedriger
einzuordnen ist als das *xenodokeion*. Bei uns mag ihr eine billige Pension
– im Gegensatz zum Hotel – entsprechen. So läßt sich auch der Unterschied zwischen *mageireion* und *hestiatorion* etwa mit unseren Bezeich-
nungen Speisehaus und Restaurant wiedergeben. In der klassischen Zeit
kamen bessergestellte Reisende sicherlich privat bei Gastfreunden unter.
Daß man auf die Leute, die als Einzelhändler tätig waren, ein wenig

verächtlich herabsah und sie für nicht allzu redlich hielt, hing damit
zusammen, daß viele von ihnen dem Sklavenstand angehörten oder ange-
hört hatten. Diese allgemeine Verachtung solcher Berufe wird unwider-
leglich durch eine Stelle im Corpus der Privatprozeßreden des Demosthenes[60] bezeugt, wo es um das Gewerbe einer Bänderhändlerin geht. Es
heißt dort von ihr, sie verdiene sich ihren Lebensunterhalt „auf eine nicht
wünschenswerte Weise".[61] In diesem Zusammenhang wird der allgemeine Leitsatz aufgestellt, daß Handel auf dem Marktplatz, falls er der Anlaß
zu einer Beschimpfung (oneidos) der betreffenden Person war, zu einer
Verleumdungsklage führen mußte.[62] Offenbar waren in der öffentlichen
Meinung kaufmännische Unredlichkeit und tadelnswerte Moral mit solchen Berufen eng verbunden. Bemerkenswert ist in der gleichen Rede der
Appell,[63] Bedürftige und Leute, die im Handel tätig sind, nicht zu ver-
achten. Not mochte vieles entschuldigen und bei Leuten, die sich norma-
lerweise nicht mit derlei Beschäftigungen abgegeben haben würden,
Heimarbeit oder sogar landwirtschaftliche Betätigung rechtfertigen, aber
wer irgend etwas verkaufte, übte offenkundig eine zweifelhafte Tätigkeit
aus, und in manchen Fällen schloß man, wie bei den Kranzbinderinnen,
wegen der Assoziation mit Festlichkeiten und hetairai (Prostituierten)
auf eine zweifelhafte Moral. Andererseits hingen Kränze auch mit dem
religiösen Zeremoniell zusammen; das Binden von Myrtenkränzen war
sogar für eine achtbare Witwe eine passende Beschäftigung, und es lohnt
sich, deren einigermaßen humorvolle Geschichte, wie Aristophanes sie
sich vorstellt, hier wiederzugeben,[64] zumal sie an das Ephesus der Apo-
stelgeschichte erinnert;[65] sie setzt ebenfalls Gärtnerei als Gewerbe
voraus:

„Nur wenig ist's, was ich euch sagen will,
Denn gut hat sie die Klage motiviert.
Nur, wie mir selbst es ging, will ich erzählen –
In Kypros starb mein Mann und hinterließ
Fünf Kinder mir: die bracht' ich mühsam durch
Mit Kränzeflechten für den Myrtenmarkt.
So, wenn auch kümmerlich, ernährt' ich mich!
Nun macht der Mensch [Euripides] mit seinen Trauerspielen
Den Männern weis, es gäbe keine Götter,
Und bringt uns um die Hälfte unsrer Kunden.
Euch alle bitt' ich und beschwör' ich drum:
Bestraft den Mann, der's tausendfach verdient!
Grob, wie Saubohnenstroh, traktiert er uns,
Er selber bei Saubohnen aufgewachsen!

Ich muß jetzt auf den Markt! Für zwanzig Herrn
Hab' ich bestellte Kränze noch zu liefern.'"

Kränze hatten natürlich auch etwas mit heimlicher Liebe und Gelagen zu tun.[66] Der Hinweis in obigem Zitat auf die Mutter des Dichters Euripides – eine Gemüsefrau, wie das Gerücht ging – und die für unser Gefühl recht geschmacklosen Anspielungen des Demosthenes auf die vielen Berufe der Mutter des Aischines bestätigen, daß es eine solche Verachtung wirklich gab, die manchmal humorvoll zum Ausdruck gebracht wurde, manchmal auch pathetisch hochnäsig, in jedem Fall aber Verachtung blieb. Diese Verachtung, die Unterstellung von Unredlichkeit, die festeingewurzelte Überzeugung von der Minderwertigkeit solcher Betätigungen stellen den Kleinhändler neben Leute vom Schlage der Eigentümer jener oft unmoralischen Zwecken dienenden Appartementhäuser *(synoikiai)* oder der minderwertigen Tavernen *(mageira)*, deren Ruf so schlecht war,[67] daß sich angeblich selbst anständige Sklaven dort nicht sehen ließen.[68] Offenbar hatten sie später einen besseren Ruf, doch aus der Erwähnung dieser *kapeleia* (der Name zeigt an, daß auch dieser Beruf ein Zweig des Kleinhandels war) bei Isokrates[69] geht das nicht deutlich hervor, wenn auch behauptet wird, daß selbst die freigeborene Jugend seiner Zeit in diesen Lokalen aß und trank.

Soviel über die Einstellung vornehmlich der Athener zum Kleinhandel und den Leuten, die darin tätig waren. Daß er in Athen hoch entwickelt war, ist sicher. Es gab feste Läden etwa in den großen Säulenhallen *(stoai)* – in der rekonstruierten Stoa des Attalos auf der Agora, die heute das Museum der amerikanischen Ausgrabungen beherbergt, ist ihre Anlage zu sehen –, und es gab auch provisorische Buden, die oft in einfachster Form in der Nähe der Agora[70] oder auch anderswo in belebten Stadtteilen aufgestellt wurden. Im heutigen Athen finden sich massenhaft Beispiele solcher Verkaufsstände. Schließlich gab es noch die ambulanten Händler: den Brotverkäufer, vergleichbar mit dem heutigen Verkäufer von *koulouria*, die Verkäufer fertiger Speisen wie den Wurst- oder Blutwursthändler in den ‚Rittern' des Aristophanes, der seinen kleinen Stand oder Tisch mit sich umherträgt und das Rohmaterial seiner Waren am öffentlichen Brunnen wäscht, ein künftiger Konkurrent des Lederhändlers Kleon.

Nikias: Ein Blutwursthändler? Gott, welch ein Gewerb'!
    Nun aber sprich, wo finden wir den Mann?
Demosthenes: Komm, laß uns suchen!
Nikias: Gottes Wunder! Sieh, da geht er auf den Markt!

Demosthenes: Gebenedeiter Wursthändler, Teurer, komm, o komm herauf,
Erscheine du der Stadt und unser Retter!
. . .
Nikias: Komm, nimm den Tisch ihm ab . . .
Demosthenes: So, leg zuvörderst deine Sachen ab . . .
Wursthändler: He, guter Freund, was soll der Spaß? Laß du mich waschen meine
Därm' und Wurst verkaufen![71]

Dann gab es noch den Holzkohlenhändler, der wie andere feste oder
ambulante Händler mit dem Ruf „Kommt und kauft" seine Ware feilbot.
So läßt Aristophanes in den ‚Acharnern' Dikaiopolis sich beklagen:

> „Dann seufz' ich . . . fluche
> Der Stadt und denke: wär' ich nur daheim
> Auf meinem Dorf: dort hör' ich niemals: ‚Kauft,
> Kauft Kohlen, Essig, Öl!' Da wächst in Fülle
> Das alles! – Hol der Henker das Geplärr!"[72]

Hier liegt der Ton auf dem Unterschied zwischen der Stadt, in der man
jede Ware kaufen muß, und dem Land, wo das Gut oder Gütchen seinem
Bebauer die wichtigsten Waren und wo die karge Wildnis des steinigen
Hochlands *(phelleus)* die nötige Feuerung liefert. Auch konnte man sich
vom Landeigentümer eine Erlaubnis zum Holzsammeln besorgen *(hyla-
sia)*.[73] Oder man schickte einen Sklaven aus, um Holz vom Nachbarn zu
stehlen,[74] wobei es passieren konnte, daß die erwischte Dienerin mit
ihrem letzten bißchen Tugend zahlen mußte. Dikaiopolis erwähnt nicht
von ungefähr den Verkaufsruf des Holzkohlenhändlers. Die Acharner,
nach denen Aristophanes seine Komödie benannte, stellten nicht nur das
größte Kontingent im athenischen Heer, sondern sie waren auch die
Kohlenbrenner par excellence in Attika,[75] da sie an den bewaldeten Hängen des Parnaß zu Hause waren. Daneben waren sie auch Landwirte. Der
larkos, der Holzkohlenkorb des ambulanten Händlers, wird an verschiedenen Stellen erwähnt.[76] Doch dies war nur eine der vielen Kategorien
von Händlern; eine sehr wichtige allerdings, da es außer der Holzkohle
kein anderes Material zum Heizen oder Kochen oder auch für industrielle Arbeitsgänge gab, auf welche die Stadtbevölkerung angewiesen war.
Umgekehrt gingen auch manche – wenngleich nicht sehr viele – Händler
aufs Land, bisweilen mit Luxuswaren und Delikatessen, wie der Fischhändler im ‚Butalion' des Antiphanes:[77] „Einmal kam der Fischhändler
aufs Land, er brachte Sprotten und Meeräschen, und, beim Zeus, wie uns
alle das freute!"
Schriftsteller wie der Alte Oligarch[78] und Thukydides[79] äußern sich

(durch den Mund des Perikles) zu der Differenziertheit und Bedeutung des Fischmarkts von Athen, andere zur Vielgestaltigkeit des Kleinhandels. Pollux,[80] zugegebenermaßen ein später Autor, nennt die verschiedenen Branchen des Markts. Bei Aristophanes[81] finden wir die vielgestaltige Handelsterminologie: *autopōlēs, palinkapēlos, kapēlos, emporos*. Ein Verzeichnis von Händlern nennt uns eine Inschrift.[82] Die Literatur bringt reiches Beweismaterial für unbedeutendere Berufe: den Knoblauchhändler,[83] den Arzneihändler,[84] den Nadelhändler[85] und den Kranzhändler,[86] in einem Falle eine Sklavin oder Freigelassene thrakischer Herkunft. Man könnte auch den Auktionator oder *keryx*[87] als Verkäufer von anderer Leute Sachen hinzuzählen. Diese Kleinhändler versammelten sich, sofern sie nicht ambulant waren, gern an der gleichen Stelle und bildeten einen Spezialitätenmarkt. Eine amüsante Schilderung der Märkte in Kriegszeiten mit einkaufenden oder plündernden Soldaten ist bei Aristophanes überliefert.[88] Diese Märkte hatten ihren Namen von der Ware, die auf ihnen verkauft wurde,[89] etwa: ‚Bei den Fischen‘, ‚Der Knoblauch‘ und ‚Die Zwiebeln‘,[90] eine Benennung, die Pollux erwähnt.[91] Es gab auch den Kranzmarkt,[92] den Myrtenmarkt,[93] die Parfumstände,[94] die süßer dufteten als manch anderer und deshalb häufig aufgesucht wurden, und den Vogelmarkt,[95] wo die Vögel in der Komödie des Aristophanes einen Preis auf den Kopf des Händlers aussetzen, weil er einen so üblen Handel treibt und außerdem noch ein Betrüger ist.

> „Weil er Finken faßt an Schnüre und für einen Obolos
> Sieben gibt, und Drosseln scheußlich aufbläst und zu Markte bringt,
> Und den Amseln ihre Flügel in die Nasenlöcher steckt;
> Item, weil er freie Tauben fängt und in Verschläge sperrt
> Und sie, selbst gebunden, andre in das Garn zu locken zwingt!"

Philokrates, der ‚Finkler‘, ist also Vogelfänger und Vogelhändler. Solche Spezialmärkte befanden sich an stadtbekannten Orten. Aristophanes[96] erwähnt „das Tor, wo der Dörrfischmarkt ist". Stellen, an denen sich bestimmte Gruppen trafen, waren ebenfalls allgemein bekannt, so erwähnt der Redner Lysias,[97] daß sich Platäer an jedem Monatsersten in Athen auf dem Weichkäsemarkt trafen, ganz so, wie sich die Bewohner oder Angehörigen des Demos Dekeleia am Barbierladen ‚bei den Hermen‘ versammelten.[98] Jeder Haussklave wußte, wohin er zu gehen hatte, um das Notwendige einzukaufen.[99] Das Marktgeschäft setzte schon bei Tagesanbruch ein.[100] Die Athener vom Land und aus der Stadt waren gewöhnt aufzustehen, wenn es noch dunkel war. Offenbar waren auch die Kleinhandelsläden verhältnismäßig spät noch offen; so findet sich bei

Lysias[101] ein Hinweis, daß „Fackeln aus dem nächsten Laden" besorgt
werden. All das war wohl nicht viel anders als bei uns noch im vorigen
Jahrhundert.

Mit diesem Handel befaßten sich in Unternehmen verschiedener Größe
freie Männer und Frauen, obwohl, wie wir sahen, Vorurteile gegenüber
einer solchen Betätigung bestanden. Wie bei der Ausübung von Handwerken erhielten die Sklaven von ihren Eigentümern die Erlaubnis, unab-
hängig vom Haushalt zu leben und Handel zu treiben; man erlaubte
ihnen zum Beispiel auf eigenes Risiko Darlehen aufzunehmen und erhielt
von ihnen eine vereinbarte Summe aus dem Gewinn (*apophorā*-System).
Auf diese Weise vermied man bis zu einem gewissen Grade den unmittelbaren Makel des Handels. So ging es in einer Rede des Hypereides gegen
Athenogenes um eine von Sklaven betriebene Parfümerie mit ihren
Schulden und – wie es scheint – Einlagen, mit ihrem Bestand an Parfümen
und deren Behältern, den *alabastra;* die Gesamtsumme, um die es sich
dabei handelte, betrug etwa fünf Talente.[102] Interessant ist,[103] daß der
Eigentümer, von dem es heißt: „er sitzt tagein, tagaus auf dem Marktplatz, besitzt drei Parfümerien und erhält allmonatlich seine Gewinne",
diese Beschäftigung schon in der dritten Generation ausübte.[104] Der Unterschied zwischen dem Handelsunternehmen und dem Herstellungsun-
ternehmen war nur gering.

Die bunt zusammengewürfelte Schar, die sich mit diesen Handelsaktivitäten befaßte, mußte natürlich im Interesse der öffentlichen Ordnung
und der Kunden streng überwacht werden. Von den Kniffen der Händler
war bereits die Rede. Es gibt wenig oder gar kein Beweismaterial, daß
sich die öffentlichen Behörden mit der Qualität oder der Verfälschung
der Nahrungsmittel befaßten; hierin verließ man sich auf den Verstand
der Kunden. Andererseits beweisen die auf der Agora ausgegrabenen
Gewichte und Maße mit der Bezeichnung *demosion* sowie Dachziegel-
muster, daß man um das Wohl der Kunden besorgt war. Davon wird
später noch die Rede sein. Ein Erlaß über Gewichte und Maße[105] verlangt
die Festsetzung von Standards. In der Komödie kommen natürlich un-
redliche Handelsmethoden vor, so schließt der Fluch der Priesterin in
den ,Thesmophoriazusai'[106] über alle Missetäter auch denjenigen ein, der
als

> „. . . Wirtin oder Wirt
> Beim Nößel oder Krug das Maß nicht gibt. . ."

Der Wein spielt natürlich bei solchen humoristischen Anspielungen die
Hauptrolle, da in der Komödie Frauen immer wegen heimlichen Trin-

kens aufgezogen werden und Sklavinnen damit, daß sie schnell in den Laden an der Ecke laufen, um ein Schnäpschen zu trinken. Zweifellos wurde die Unkenntnis der Maße und Gewichte ebenso ausgenützt wie der Unterschied zwischen den Währungen (z. B. den athenischen und äginetischen Oboloi), die in Athen im Umlauf waren. So fragt etwa Sokrates in den ‚Wolken‘ den Strepsiades:

> ,,So! – Willst du jetzt was lernen, das für dich
> Ganz nagelneu? Und was zuerst? – Die Lehre
> Vom Wort, vom Rhythmus, den verschiednen Maßen?“[107]

Strepsiades mißversteht absichtlich die Bedeutung des Wortes ‚Maße‘ und erwidert:

> ,,Die Maße, bitt’ ich! Um zwei Mäßchen hat
> Mich kürzlich erst geprellt ein Mehlverkäufer.“

Die Beamten, die sich um diese Dinge kümmerten und die natürliche Schlauheit der Athener ergänzten, waren die *agorānomoi* oder Marktaufseher, deren Pflichten aus einem Erlaß[108] von 320–319 v. Chr. hervorgehen. Sie hatten sich ganz allgemein mit der Marktordnung, mit dem Zustand des Marktplatzes und den Hauptwegen dorthin zu befassen. Bemerkenswert sind in diesem Erlaß die Regelungen hinsichtlich der Beschmutzung der Straßen und die Ermächtigung, über Metöken und Sklaven Prügelstrafen zu verhängen.

III. Der Importhandel – vorwiegend mit Getreide

Die Frage nach dem Umfang des athenischen Handels rührt naturgemäß an den Kern des Wirtschaftslebens in der Hauptstadt Attikas. Menge und Art der Importe in den Piräus waren zwangsläufig von der Bevölkerungsdichte Attikas[1] und der Wirtschaftslage abhängig, und die gleichen Faktoren beeinflußten auch die Exporte. Es ist eine Tatsache von grundlegender Bedeutung, daß die Exporte in Athen zumindest annähernd die Importe finanziert haben müssen, wie das auch in der Wirtschaft eines jeden modernen Staates meist der Fall ist. An anderer Stelle sahen wir, daß man dazu neigte, auf die Importe mehr Gewicht zu legen als auf die Exporte, da ja Einfuhren für das Leben des Staates offensichtlich von so entscheidender Wichtigkeit waren. Die Importe nach Athen waren zahlreich und vielfältig und stammten, wie unsere Zeugnisse zeigen,[2] aus vielerlei Quellen, das Hauptproblem jedoch war für Athen wie für viele andere griechische Staaten die Versorgung mit Getreide.

Es gab viele Bezugsquellen für Getreide. In Griechenland selbst waren die Gebiete von Sparta und Messene sehr fruchtbar, produzierten aber nicht für den Export; Thessalien erzeugte große Mengen Getreide.[3] Xenophon stellt das getreideexportierende Thessalien dem importierenden Athen gegenüber. Demosthenes[4] erwähnt Lemnos, Thasos und Skiathos als Getreidelieferanten, doch scheint die Produktion nicht bedeutend gewesen zu sein. Euböa war als beachtlicher Getreideproduzent für Athen[5] von großer Bedeutung, und die Athener nahmen es ausschließlich für sich selbst in Anspruch.[6] Laut Gernet[7] wuchs der Stellenwert Euböas, als die Zufuhr aus dem Westen ausfiel. Allerdings ist strittig, ob es diese Lieferungen wirklich gab. Die Athener sahen im Westen bestenfalls eine mögliche Versorgungsquelle, wenn andere versagten. Die Besetzung Dekeleias muß den Wert Euböas (durch die Sperrung des Landwegs) im Peloponnesischen Krieg vermindert haben, während der Weg für Lieferungen aus Südrußland bis in die letzten Kriegsjahre offen war. Welche Rolle Euböa in diesem Zusammenhang im vierten Jahrhundert spielte, ist ungewiß.[8] Kleinasien war in der Zeitspanne von 321–319 v. Chr. von einer gewissen Bedeutung.[9] Etwas früher versorgten offenbar Phrygien, Lydien und Paphlagonien den Perserfürsten Artabazos[10] mit beachtlichen Ge-

treidemengen. Weitere Quellen waren Assos,[11] Lampsakos,[12] und die
Mäanderebene.[13] Wir hören zu verschiedenen Zeiten von Getreide aus
Zypern,[14] aber Gernet[15] scheint mit Recht anzunehmen, daß es sich dabei
weniger um in Zypern erzeugtes Getreide gehandelt habe (da Strabon[16]
anzudeuten scheint, daß die Insel nur den eigenen Getreidebedarf befriedigte) als vielmehr um Getreide, das dort an einem Stapelplatz oder auch
in Getreideschiffen gesammelt wurde, die ihre Reise von Ägypten und
Phönizien nach Griechenland auf der Insel unterbrachen. Eine Inschrift[17]
erwähnt ,,den Versand von Getreide aus Zypern", wobei unter ‚Versand‘
wahrscheinlich ein Geleitschutz für Kauffahrer durch Kriegsschiffe zu
verstehen ist.

Süditalien und Sizilien waren sehr fruchtbar[18] und stellten während des
Peloponnesischen Kriegs eine Versorgungsquelle für die Peloponnes,[19]
insbesondere für Korinth dar. Es scheint keinen Anhaltspunkt dafür zu
geben,[20] daß Athen im sechsten Jahrhundert enge Beziehungen zum Westen und insbesondere zu Sizilien oder auch zu den Bereichen der nördlichen Ägäis und des Schwarzen Meeres unterhalten habe. Die Einnahme
von Sigeion und die Tatsache, daß sich die athenische Familie der Philaidai auf der thrakischen Chersones niederließen, könnte allerdings anderes
andeuten, wenn sich beweisen ließe, daß Athen im sechsten Jahrhundert
Bedarf an Getreide hatte und aus diesem Grunde an jenen Gebieten
interessiert war. Erst gegen Ende des fünften Jahrhunderts kam es zur
wirtschaftlichen Konkurrenz zwischen Athen und Korinth, und dann
war der Westen der Ort, an dem ihre Interessen aufeinanderprallten. Zur
Stützung dieser Ansicht sei darauf hingewiesen, daß Korinth im Jahre
506 v. Chr. sich weigerte, Athen anzugreifen. Beim Abschluß des Drei-
ßigjährigen Friedens erklärte es sich damit einverstanden, daß Athen
Naupaktos behielt, was es nicht zugegeben haben würde, wenn es Athen
Absichten im Westen zugetraut hätte. Korinth widersetzte sich auch dem
Vorschlag, den Aufstand von Samos zu unterstützen.[21] Es gibt allerdings
eine Zeitspanne (um die Mitte des fünften Jahrhunderts), in der Athen
seine Aufmerksamkeit dem Westen zuwandte, nämlich als die Lieferungen aus Thrakien und Südrußland vorübergehend gefährdet waren. Thrakien war ein fruchtbares Gebiet, das seit Peisistratos mit Athen in Verbindung stand, und ganz gewiß verhielt es sich so, daß zum einen das
thrakische Getreide eine sicherere Versorgung garantierte als das aus
Pontos, da es keine Meerengen zu passieren brauchte; zum anderen ging
das Bündnis, das Athen im fünften Jahrhundert mit Sitalkes einging, und
der Wunsch der Athener im vierten Jahrhundert, mit den thrakischen

Königen auf freundschaftlichem Fuße zu stehen, zumindest teilweise auf den Getreidehandel zurück.[22] Athen war auch an Südrußland interessiert, besonders an jenem außerordentlich fruchtbaren Schwarzerdegebiet am Schwarzen Meer. Wahrscheinlich gab es Zeiten, da beide Versorgungsquellen gefährdet waren: die Lieferungen aus Thrakien, als sich das thrakische Königreich unter Theres und Sitalkes erhob (um 450 v. Chr.), und das Getreide aus dem Krimbereich in jener unruhigen Zeit, die dem Auftreten des Tyrannen Spartokos vorangegangen sein muß. Diese Phase der Ungewißheit kann sich länger – vielleicht bis zu zwanzig Jahren – hingezogen haben. Athen scheint damals mögliche Alternativen für seine Getreideversorgung in zwei Richtungen gesucht zu haben, in Ägypten (s. u.) und im Westen. 453 v. Chr. kam ein Vertrag zwischen Athen, Segesta und Halikyai[23] zustande, dessen Bedingungen wir nicht kennen; wahrscheinlich wurde militärische Unterstützung gegen Selinus erbeten. Zur Interpretation dieses Bündnisses möge der Vergleich mit dem von Thukydides[24] angegebenen eigentlichen Zweck des Beistands dienen, den Athen 427/26 v. Chr. Rhegion und Leontinoi gewährte: es galt, die peloponnesischen Feinde von der Getreideversorgung abzuschneiden. Wahrscheinlich dachte Athen bei dem älteren Bündnis daran, seine eigene Versorgung zu sichern. Denkt man an die Expeditionen von 455 und 453 in den korinthischen Golf und an Athens Besitz von Naupaktos, so wird deutlich, daß Korinth wohl kaum in der Lage gewesen wäre, einer nach Westen ausgerichteten Politik Athens Widerstand entgegenzusetzen. Wahrscheinlich war die Neugründung von Sybaris (455/44 v. Chr.) ein imperialistischer Schritt des Perikles;[25] es wurde später, in dem Jahre, in dem Perikles nicht im Amt war, von Thukydides, dem Sohn des Melesias, in eine panhellenische Kolonie umgewandelt. Die Annahme, Perikles' Euxinospolitik sei als Reaktion auf eine ,westliche' Partei und als Widerstand gegen diese Richtung anzusehen, läßt sich schwerlich rechtfertigen.[26]

Als Spartokos am Kimmerischen Bosporus die Macht ergriff,[27] räumte er zweifellos Athen sehr gern im Austausch für Unterstützung gegen seine einheimischen Widersacher Privilegien im Getreideexport ein. Gefestigt wurden die Beziehungen durch Perikles' Besuch am Schwarzen Meer im Jahre 437 v. Chr.[28] (es ist nicht sicher, daß er weit nach Norden gelangte), und in Nymphaion wurde eine athenische Garnison errichtet. Man sicherte die Route durch die Vertreibung des Tyrannen von Sinope und die Ansiedlung athenischer Kolonisten an diesem Platz. Amisos wurde kolonisiert und in Peiraieus umbenannt. Im Jahre 435/34 v. Chr.

sicherte eine athenische Garnison Astakos an der Propontis (vgl. die
Kolonisation von Imbros 445–442 v. Chr. an der Route zum Hellespont).
Als die südrussischen Lieferungen gesichert waren, verlor Athen das Interesse am Westen bis zum Peloponnesischen Krieg.[29] Der Getreidehandel aus dem nordöstlichen Gebiet (falls es ihn gab) hatte sich im siebenten
und sechsten Jahrhundert in den Händen von Milet und Megara befun-
den, und diese Staaten gründeten in der großen Zeit der Kolonisation an
den Küsten des Schwarzen Meeres und dessen Zugängen Kolonien. Nach
der Einnahme von Salamis durch Athen verfiel die Macht Megaras, während Athen schon infolge seines Besitzes von Sigeion in dieser Richtung
interessiert war. Von 494/93 v. Chr. an, nach dem Fall Milets, lag der
Frachthandel aus dem Pontos hauptsächlich in den Händen Äginas.[30]
Vorher hatte Ägina vermutlich sein Getreide aus Ägypten eingeführt;
ganz abgesehen von seiner bevorzugten Stellung in Naukratis geht sein
Einfluß in den südlichen Kykladen und auf Rhodos auch daraus hervor,
daß dort die äginetische Währung galt. Da Äginas Interessen eine Unter-
werfung unter Persien nahelegten, geriet es in den ersten Jahrzehnten des
fünften Jahrhunderts mit Athen in Streit. Die Feindschaft zwischen Megara und Athen mag teilweise denselben Anlaß haben, wie er im Falle von
Salamis vorlag, das ein bedeutender Produzent von Gerste gewesen zu
sein scheint. Athens Politik im Nordosten und seine Feindschaft mit
Megara wurde offenbar, als das Getreideproblem anscheinend ebenfalls
ernst wurde, nämlich zur Zeit Solons und in den folgenden fünfzig
Jahren.

Nach der Schlacht von Salamis (480 v. Chr.) setzte Athen mit der Hilfe
seiner Verbündeten seinen Siegeszug fort, indem es den Hellespont und
Thrakien befreite.[31] Es wollte seinen Verbündeten und in höherem Grade
sich selbst im Laufe der Zeit eine ununterbrochene Getreideversorgung
sowie das nötige Bauholz für die Ziele sichern, die es mit seiner Flotte
verfolgte. Damit stand es im Gegensatz zu Sparta, das in bezug auf Getreide autark war und deshalb eine weniger aktive Politik betrieb. Auf die
Anstrengungen, die Athen in der Folgezeit in dieser Richtung unternahm, ist häufig hingewiesen worden; sie führten schließlich dazu, daß es
sich dank seiner Seemacht den größten Teil des südrussischen Getreides
selbst sichern konnte – eine wichtige Stütze seiner Vorherrschaft. Man
nimmt an, daß das Gesetz, das die Wiederausfuhr von mehr als einem
Drittel des eingeführten Getreides verbot[32], aus der Zeit des Peloponnesischen Krieges stammt. Es beweist sicherlich, daß Athen das Handelszentrum für Getreide-Wiederausfuhr war, und man könnte die Herrscher

Südrußlands im fünften Jahrhundert als die Handelsagenten Athens ansehen.[33] Alles importierte Getreide mußte zuerst nach Athen kommen, ehe es in andere Staaten exportiert werden konnte. Wahrscheinlich ist es ein wenig übertrieben, wenn man die Bosporanischen Tyrannen als ‚Handelsagenten‘ ansieht, doch steht fest, daß Getreideexporte aus dieser Gegend in den Händen Athens lagen. In Kriegszeiten wurde der Handelsverkehr von den *hellēspontophylakes* (Wächtern des Hellespont) überwacht, einer Gruppe von Beamten, die ihren Sitz in Byzanz hatte.

Neben der oben geäußerten Ansicht vom nordöstlichen Getreidehandel gibt es noch eine abweichende andere,[34] nämlich die Meinung, daß das urkundliche Beweismaterial im fünften Jahrhundert keinen hochentwikkelten Handel bezeuge und daß die Städte im Norden, die Glieder des athenischen Reichs waren, für Athen einzig und allein als Tributquellen interessant gewesen seien, da die Städte am Hellespont sehr hohe Tribute hätten entrichten müssen. Sie hatten jedoch in dieser Hinsicht nicht mehr Bedeutung als die ionischen Städte. Im Jahre 433/32 v. Chr. waren die Beiträge Thrakiens (121 Talente, 2120 Drachmen) und Ioniens (101 Talente, 3355 Drachmen) höher als die des Hellesponts (74 Talente, 1115 Drachmen), wie aus den Tributlisten hervorgeht.

Man hat auch behauptet,[35] daß zu Beginn des vierten Jahrhunderts Athens wirtschaftliche Interessen im Nordosten nur eine geringe Rolle gespielt hätten – und das trotz der Tatsache, daß der Niedergang Athens durch den Verlust dieser Route herbeigeführt wurde, und trotz der Bedeutung dessen, was der Athener Thrasybulos (Errichtung einer Zollstation am Bosporus) und der Spartaner Antalkidas in dieser Richtung unternahmen. Eine Feststellung des Isokrates,[36] in der er von Dingen spricht, ,,welche die Athener durch Krieg und große Ausgaben zu erlangen jetzt nicht imstande seien", beweist nicht mangelndes Interesse an der Thrakischen Chersones, sondern die militärische Schwäche Athens im vierten Jahrhundert. Andererseits spricht Aischines[37] mit Verachtung von Plätzen in Thrakien. Es wäre übrigens unrichtig zu behaupten, daß neu eingetretene Umstände die Aufmerksamkeit Athens im vierten Jahrhundert auf Thrakien lenkten oder daß das Interesse am nordöstlichen Handel sich infolge der Vergrößerung der spartanischen Flotte und der Zunahme der peloponnesischen Seeräuber herausbildete. Man könnte auch den Verlust Euböas und die Unberbrechung einer Versorgung aus Sizilien als neu eingetretene Umstände anführen, aber der Verlust Euböas jedenfalls war nur vorübergehend, während die verfügbare sizilische Zufuhr gegen Ende des fünften Jahrhunderts durch den Karthagereinfall in

Sizilien und dessen Nachwirkungen verkürzt wurde und Dionysios von Syrakus beim Aufbau seines Reiches vermutlich all sein Holz und Getreide selbst brauchte. Darauf folgte dann eine Zeit der Anarchie, die schließlich von Timoleon beendet wurde. Um die Mitte des vierten Jahrhunderts oder schon vorher erzeugte Sizilien wieder Getreide für den Export, aber nur in den letzten dreißig Jahren des Jahrhunderts scheint sizilisches Getreide nach Athen gelangt zu sein. Da sich Athen, soviel wir wissen, im fünften Jahrhundert dieser Versorgungsquelle nie – oder nur für kurze Zeit – bediente, wurde sie auch nicht vermißt. Die spartanische Flotte und die peloponnesischen Piraten mögen eine Getreidezufuhr aus Ägypten gefährdet haben, aber abgesehen davon, daß wir über den Umfang dieser Lieferungen bis in die letzten Jahrzehnte des vierten Jahrhunderts nicht Bescheid wissen, bedrohten diese beiden potentiellen Gefahrenquellen laut den uns vorliegenden Zeugnissen in erster Linie den nordöstlichen Handel (s. u.). Gernet nimmt an, daß im späten vierten Jahrhundert, als die Problematik der athenischen Beziehungen in diesem Bereich offenkundig wurde, Demosthenes die Bedeutung des Getreidehandels vom Schwarzen Meer her übertrieben habe, allein gegen diese Annahme spricht die gesamte Tendenz der Politik im vierten Jahrhundert und auch schon vorher.

Eine wichtige Rolle in der Politik Athens, den Schwarzmeerhandel für eigene Zwecke auszunützen, spielten die *hellēspontophylakes,* die irgendwann zwischen dem Sommer 428 und dem Jahre 426 v. Chr. eingesetzt worden zu sein scheinen. Der *terminus post quem* wird durch die Tatsache bestimmt, daß die Mytilener, als sie 428 v. Chr. einen Aufstand planten, Getreide und Bogenschützen vom Pontos holten, ohne daß sie von Athen kontrolliert wurden.[38] Die Inschrift, die sich mit den Angelegenheiten der Methonäer befaßt[39] und die *hellēspontophylakes* als Aufseher über den Getreidehandel im Bosporus im Jahre 426 v. Chr. erwähnt, liefert uns den *terminus ante quem.*

Wahrscheinlich traten sie zum gleichen Zeitpunkt auf, an dem ein Sundzoll in Höhe von zehn Prozent für den gesamten Handel durch den Bosporus eingeführt wurde. Es ist schlüssig bewiesen, daß die älteste Erwähnung eines Zehnten in einer Schatzinschrift[40] von 419/18 oder spätestens 418/17 v. Chr. sich auf eine von den dienstbaren Staaten erhobene Steuer bezieht, deren Erträge in die Bundeskasse flossen. Sie wird als ‚der Zehnte‘ bezeichnet und galt deshalb als die Zehnprozentsteuer *par excellence.* Ein Zehnter wird von Antiphon[41] erwähnt und kann deshalb vor 411 v. Chr. angesetzt werden. Aristoteles[42] scheint an eine

solche Abgabe zu denken, wenn er – im Zusammenhang mit den Einkünften aus dem athenischen Reich – die Wendung ‚aus den Tributen und
den Steuern' gebraucht. Man muß daraus schließen, daß es schon vor 413
v. Chr., als nach allgemeiner Annahme eine Steuer an die Stelle der Tribute trat, eine solche direkte Steuer im Reich gab. Einige Quellen setzen
diese Steuer mit jener Abgabe gleich, die Alkibiades laut Xenophon und
Diodoros[43] im Jahre 410/09 v. Chr. in Chrysopolis am Bosporus eingeführt hat. Von einer früheren Steuer ist in diesen Quellen nicht die Rede.
Andererseits verwendet Polybios,[44] wo er von diesem Vorgehen des Alkibiades spricht, das Wort ‚zuerst'. Das braucht jedoch eine frühere
Abgabe nicht auszuschließen, da Polybios vermutlich Xenophon als
Quelle benutzte und dort keine Erwähnung einer früheren Steuer fand.
Eine derart beträchtliche Abgabe konnte nur am Bosporus[45] vom gesamten Transithandel erhoben worden sein. Die Ernennung der *hellēspontophylakes* und die Festsetzung der Abgabe fielen also wohl zusammen. Die Einführung der Kriegssteuer in Athen im Jahre 427 v. Chr. läßt
auf eine finanzielle Krise schließen, die durch Einkünfte aus einer solchen
Steuer gemildert werden sollte. Sie wurde im Jahre 390/89 v. Chr. von
Thrasybulos[46] und im hellenistischen Zeitalter von Byzanz unter Druck
finanzieller Nöte erneut erhoben.[47] Polybios nennt die Steuer ein *parago-
gion* (eine Transitsteuer).

Die Art, in der Athen seine Macht nutzte, geht sehr deutlich aus dem
für Methone erlassenen Dekret hervor. Die betreffende Inschrift [48] besteht aus zwei Teilen, die auf 429/28 beziehungsweise 426/25 v. Chr.
datiert sind. Der erste Teil handelt von der Nachlassung des von Methone
zu zahlenden Tributs und von der Entsendung einer Gesandtschaft an
Perdikkas von Makedonien, die diesen bitten sollte, Methone die freie
Nutzung des Meeres zu gestatten; er ist vergleichbar mit dem Dekret
über Aphytis[49] (s. u.), ferner mit einem Dekret über die Wiederaufnahme
eines abgefallenen Verbündeten[50] und einem weiteren,[51] das die Gründung einer Kolonie betrifft. Das Methone-Dekret verlangte zudem unbe-
schränkte Beziehungen zu Makedonien. Der zweite Teil (426/25 v. Chr.)
gestattete Methone, eine bestimmte Menge Getreide vom Bosporus ohne
Behinderung durch die *hellēspontophylakes* einzuführen, vorausgesetzt,
daß eine ordnungsgemäße Deklaration abgegeben wurde. Das Dekret
stellte eine Regelung für Kriegszeiten dar und war als Hilfsmaßnahme für
einen Staat gedacht, der unter der Störung der wirtschaftlichen Verhältnisse schwer zu leiden hatte.

Aus dem Jahre 428 v. Chr. ist ein ähnliches Dekret[52] erhalten, das die kaufmännischen Aktivitäten von Aphytis, einer Stadt auf Pallene, einem der Chalkidikefinger, betrifft.[53] Es wurde auf Verlangen der Stadt Aphytis oder spontan von Athen erlassen und sollte die Handelsrechte der Stadt festlegen, um ihren Handel gegen Ungerechtigkeiten abzusichern. Die Inschrift führt die zahlreichen Einschränkungen, denen der Handel in der Ägäis unterlag, deutlich vor Augen (so wird zum Beispiel *asyléi* ‚ohne Beschlagnahme‘ erwähnt, eine Maßnahme, die Athen gegen jene anwandte, deren Handel es kontrollieren wollte); sie dienten hauptsächlich dem Nutzen des athenischen Importhandels, in erster Linie des Getreidehandels. Aus dem Dekret möchte man schließen, daß Getreidehandel innerhalb des athenischen Reiches nur unter besonderen Bedingungen erlaubt, im übrigen aber verboten war. Aphytis besaß ein uneingeschränktes, speziell auf Athen bezogenes Importrecht sowie das Recht der Getreidebeförderung nach Maßgabe der von Athen und den Verbündeten festgesetzten Bestimmungen, deren Einzelheiten nicht bekannt sind. Der Erlaß zeigt zusammen mit dem Methone betreffenden Dekret, in welchem Umfang Athen Anspruch darauf erhob, sich in den Handel seiner von ihm abhängigen Verbündeten einzumischen.

Schließlich muß noch von Ägypten als Getreidequelle die Rede sein. Die Verbindung zwischen Ägypten und Ägina wurde bereits erwähnt. Im fünften Jahrhundert bezeugen die reichlich vorhandenen Fragmente rotfiguriger Vasen, die in Naukratis gefunden wurden, daß es Handelsbeziehungen zwischen dieser Stadt und Athen gab. Anders jedoch verhält es sich mit der Möglichkeit eines Getreideexports aus Ägypten. Im Jahre 455 v. Chr. machte Psammetichos, ein ägyptischer Prätendent,[54] Athen ein Getreidegeschenk. Es belief sich auf dreißigtausend Medimnen, und bei der Verteilung wurden die Bürgerlisten revidiert, was zur Streichung von fast fünftausend Namen führte. Philochoros bedient sich in einem seiner zwei Berichte über diesen Vorgang der Redewendung „da in Attika damals das Getreide knapp war". Zweifellos wollte Psammetichos seine politischen und wirtschaftlichen Beziehungen zu Athen festigen, eine potentielle Verbindung, die nicht weiterverfolgt wurde – vermutlich aus Gründen, die bei der Erwägung der Möglichkeiten eines Getreidehandels mit Sizilien im fünften Jahrhundert angeführt wurden. Ägypten war eine weitere Alternative für Athen, wenn die Versorgung vom Schwarzen Meer her gefährdet war, und Philochoros könnte mit den oben angeführten Worten möglicherweise nicht nur schlechte Ernten meinen, sondern auch eine allgemeine Knappheit andeuten.

In diesem Zusammenhang muß Ägypten in enger Verbindung mit Zypern gesehen werden. Die Geschichte der Beziehungen Athens zu Zypern läßt erkennen, daß es Athen immer wieder mißlang, seine Herrschaft über die Insel endgültig zu etablieren. Athen unterstützte ihren Abfall von Persien unter Onesilas;[55] doch Zypern wurde wieder unterworfen und versah Xerxes mit Schiffen.[56] Nach Plataiai und Mykale griff Pausanias mit achtzig Schiffen (davon dreißig athenischen) die persische Streitmacht in Zypern an, aber der vorübergehende Erfolg wurde nicht ausgenützt.[57] Dann wandte sich Kimon nach der Doppelschlacht am Eurymedon nach Zypern (469 v. Chr.?) und besiegte eine persische Flotte.[58] Auch auf einer zweiten Expedition (451 v. Chr.) kam es zu erfolgreichen Schlachten zu Wasser und zu Lande, doch wieder wurden die Siege nicht ausgenützt[59] und Kimon starb während der Belagerung von Kition. Bis zum Jahr 449 v. Chr. standen Athen und Persien einander feindlich gegenüber. Während dieser Zeitspanne bemühte sich Athen, als es (460–455 v. Chr.) in Zypern und Ägypten intervenierte, die Ägypter bei ihrer – letzlich erfolglosen – Erhebung gegen die Perser zu unterstützen. Man kann das mit Recht teilweise als Nachwirkung der antipersischen Politik Kimons und – während dessen Verbannung (461–451) – auch des Perikles deuten, und es erklärt zum Teil auch die abschließenden Operationen vor Zypern, mit denen man die phönizische Flotte aufzuhalten gedachte. Man kann in diesen Bemühungen aber auch mehr sehen als den Wunsch, „es Persien zu zeigen",[60] was doch immer eine merkwürdige Politik blieb, da Athen in der Heimat näher gelegenen Gebieten vollauf beschäftigt war. Man hat gesagt:[61] „Es überrascht, daß Athen sich in Westsizilien zu einer Zeit engagierte, als die ägyptische Katastrophe gerade erst seine Mittel fast erschöpft hatte und der Krieg gegen den Peloponnesischen Bund alle seine Kräfte beanspruchte." Eine bedenkliche Bilanz der Verpflichtungen Athens. Zypern war wie im späten vierten Jahrhundert eine bequeme Relaisstation auf dem Wege nach Ägypten.[62] Aber Athen hatte in Ägypten keinen Erfolg, und die Verbindung mit Psammetichos wurde nicht weiter gepflegt, als das Schwarzmeergebiet wieder gesichert war. Der Handelsverkehr blieb, nachdem der Frieden mit Persien zustandegekommen und die Möglichkeit eines Handels zwischen Athen und Zypern gegeben war, ebenfalls sehr gering, bis Euagoras den Thron bestieg – die wenigen Vasenfunde aus der zweiten Hälfte des fünften Jahrhunderts bezeugen das.

Dieses Material hilft beweisen, daß Athen im fünften Jahrhundert, solange sein Reich bestand, nicht darauf angewiesen war, Abkommen mit getreideausführenden Ländern, etwa dem Schwarzmeergebiet, zu treffen;

es verließ sich statt dessen auf seine gewaltige Seemacht, die es nicht nur zur Sicherung der eigenen Versorgung, sondern im Endstadium des Peloponnesischen Krieges, solange ihm das Kriegsglück hold war, auch noch zur Störung der feindlichen Handelsrouten einsetzte.

Solche Angriffe auf feindliche Handelsrouten und Handelsschiffe bildeten einen wichtigen Teil der athenischen Seekriegsführung im Peloponnesischen Krieg. Im Winter des Jahres 430 v. Chr. lief eine Expedition nach Karien und Lykien aus, um die aus Phaselis und Phönizien kommenden Handelsschiffe vor den seeräuberischen Aktivitäten der Peloponnesier in diesem Gebiet zu schützen. Im gleichen Jahr wurde Phormion mit zwanzig Schiffen nach Naupaktos beordert, um den Korinthischen Golf für jeglichen Verkehr zu sperren (,,so daß niemand von und nach Korinth oder dem Krisäischen Golf segeln konnte''). Da Korinth weitgehend von eingeführtem Getreide und Holz sowie, der Einkünfte[63] wegen, vom Transithandel abhängig war, galten diese Maßnahmen offensichtlich ihm. Dem gleichen Zweck dienten auch der Beistand, der 427 v. Chr. Leontinoi und dessen Verbündeten[64] zuteil wurde, sowie der Angriff auf Kythera im Sommer 424 v. Chr. Die Bedeutung Kytheras für die Spartaner darf nicht übersehen werden: ,,für sie war es ein Anlaufhafen der aus Ägypten und Libyen kommenden Handelsschiffe; auch fügten die Seeräuber vom Meer aus dem lakonischen Gebiet weniger Schaden zu.''[65] Beide Unternehmungen zielten darauf ab, Getreidelieferungen für die Peloponnes zu verhindern. Seine Überlegenheit zur See ermöglichte es Athen im Peloponnesischen Krieg auch, einen gewissen Einfluß auf Makedonien auszuüben, indem es dessen Holzexporte zum eigenen Vorteil einschränkte[66] und 417 v. Chr.[67] die Küste blockierte, was sich auf die Einkünfte des Perdikkas verheerend auswirken mußte.[68] Daß Athen ganz allgemein die Oberherrschaft zur See in Anspruch nahm, beweist eine der Waffenstillstandsbedingungen von 422 v. Chr.,[69] die den Peloponnesiern die Einschränkung auferlegte, Schiffahrt nur längs der eigenen Küsten und nur mit ‚Ruderschiffen‘ zu betreiben, die nicht über fünfhundert Talente (zwölf Tonnen) Tragfähigkeit besaßen. Einzelnen Händlern mag gestattet worden sein, Gewässer zu befahren, die von Athen beherrscht wurden; das geschah im Falle Lykons von Achaia,[70] der die Erlaubnis erhielt, außer im Korinthischen Golf überall Handel zu treiben.

Eine schwerwiegende Veränderung trat ein, als Athen nach der sizilischen Expedition vom Glück verlassen wurde. Nicht nur, daß sich die Besetzung Dekeleias durch die Spartaner im Jahre 413 v. Chr. auf Athens Industrie und Bergbau verheerend auswirkte, da die Sklaven wegliefen,[71]

auch das Getreide, das bisher über Oropos und Dekeleia befördert worden war, mußte jetzt auf dem Seeweg um das Kap Sunion[72] herbeigebracht werden, was natürlich eine Verteuerung bedeutete. Sunion wurde
befestigt,[73] um den Handelsschiffen auf ihrer Fahrt Schutz zu gewähren.
Laut Thukydides mußte Athen, das jetzt ein befestigtes Feldlager und
von Attika abgeschnitten war, ausnahmslos alles importieren. Doch solange es einen Teil seiner früheren Macht zur See bewahren konnte, stand
es noch nicht so schlecht um Athen, und das mußte Agis in Dekeleia
erfahren.[74] Alkibiades richtete die Zollstation in Chrysopolis am Bosporus wieder ein, und am Hellespont wurde die Durchfahrt der Getreideschiffe von einem Geschwader gesichert,[75] das ein von Agis ausgesand-
tes Geschwader von fünfzehn Schiffen unter Klearchos 410 v. Chr. ver-
senkte oder in die Flucht schlug. In der Heimat erwies sich das Getreide
in den Händen der Vierhundert (411 v. Chr.) als brauchbare Waffe: sie
befestigten eine Stoa im Piräus, in der alles Getreide gespeichert wurde
und von der aus der Verkauf erfolgte.[76]

   Im Schwarzmeergebiet mußte Athens Niederlage bei Syrakus unwei-
gerlich zu einem Prestigeverlust führen. Satyros[77] eroberte Nymphaion
auf der Krim, ein Unternehmen, bei dem – laut Aischines – Demosthenes' Großvater Gylon eine unrühmliche Rolle spielte. In Wirklichkeit
jedoch konnte Athen seine Macht in einem so weit entfernten Gebiet
nicht länger aufrechterhalten. Und es sollte noch schlimmer kommen.
Alle Quellen betonen übereinstimmend die Bedeutung Euböas, nicht nur
als einer Getreidequelle Athens,[78] sondern auch als eines Bollwerks seiner
Macht.[79] Die Insel und das auf dem Festland gegenüberliegende Oropos
waren als Stationen der nordöstlichen Getreideroute eng miteinander
verbunden. Im Winter 412 v. Chr. nahmen die Böotier Oropos durch
Verrat,[80] und 411, nachdem eine kleine athenische Flotte durch eine peloponnesische Streitmacht eine verheerende Niederlage erlitten hatte, erhob sich Euböa,[81] was in Athen große Bestürzung hervorrief. Nun blieb
allein noch der Seeweg, und der konnte nur benützt werden, solange
Athen wenigstens Reste seiner Macht zur See behielt. Getreide muß in
Athen während der letzten Jahre des Peloponnesischen Kriegs teuer gewesen sein, denn in den Kriegszeiten war auch der Anbau in der Heimat
zum Erliegen gekommen.[82] Bürger, die auf das Allgemeinwohl bedacht
waren, sprangen im Getreidehandel mit ein,[83] und sogar Metöken beteiligten sich.[84] Die endgültige Niederlage Athens bei Aigospotamoi und die
Belagerung der Stadt, deren Bevölkerung durch jene Athener vermehrt
worden war, die Lysander nach Hause geschickt hatte, sprechen dafür,

daß der Getreidehandel vollkommen unterbunden war und daß die Athener große Not litten.

Das frühe vierte Jahrhundert war eine Zeit der allmählichen Erholung. Die Landwirtschaft Attikas kam nach den Verwüstungen der Kriegsjahre erst langsam wieder in Gang.[85] Wir besitzen ein Dekret zu Ehren eines athenischen Bürgers, der sich dadurch um den Staat verdient gemacht hatte, daß er Kapital für die Wiedernutzbarmachung von Land zur Verfügung gestellt hatte, das nach dem Krieg brachgelegen hatte. Indes war das Getreide mit drei Drachmen per Medimnos (wie aus Aristophanes zu erschließen ist[86]) im Jahre 390 v. Chr. recht billig.

Im vierten Jahrhundert blieb die Verbindung zwischen Athen und Südrußland bestehen, wenn sich auch in den Beziehungen der beiden Mächte einiges geändert hatte. Der Piräus war nach wie vor das große Handelszentrum Griechenlands, aber Athen konnte sich bei der Sicherung seiner Versorgung nicht mehr so stark auf Waffengewalt stützen, sondern mußte den Verhandlungsweg beschreiten. Rostovzeff,[87] eine Autorität auf diesem Gebiet, setzte den Abschluß des ersten Übereinkommens zwischen Athen und Satyros auf die Zeit nach der Schlacht von Knidos (394 v. Chr.) an, die dazu führte, daß Athen seine Seemacht bis zu einem gewissen Grad wiedergewann; das würde den verhältnismäßig niedrigen Getreidepreis im Jahre 390 v. Chr. erklären. Dieses Datum und der Schluß, daß es nicht früher angesetzt werden kann, leitet sich von einer Bemerkung des Isokrates über die Bevorzugung Athens bei Getreidefrachten[88] her, die kein durch Übereinkunft gesichertes Recht, sondern ein gelegentliches Entgegenkommen gewesen sei. Es gab jedoch eine große Veränderung, die für den athenischen Getreidehandel im vierten Jahrhundert bezeichnend war und die im weiteren Verlauf des Jahrhunderts immer stärker hervortrat. Athen unterhielt zwar tatsächlich gute Beziehungen zum getreideerzeugenden Gebiet Südrußlands, aber die Meerengen, durch welche der Seeweg verlief, erwiesen sich jetzt im gleichen Grad als Schwachstellen, in dem sie zur Zeit des athenischen Reichs von Vorteil gewesen waren. Ferner wurde der Verkehr zur See infolge des unruhigen Verlaufs des vierten Jahrhunderts, in dem niemals eine einzige Macht längere Zeit an der Spitze stand, riskanter als zu der Zeit, in der Athen die führende Seemacht im östlichen Mittelmeer gewesen war. Diese beiden Faktoren und die Tatsachen, die sie veranschaulichen, müssen vor allem bedacht werden, wenn Aussagen über den Handel im vierten Jahrhundert gemacht werden sollen.

In den ersten Jahren des vierten Jahrhunderts funktionierte der Getreidehandel durchaus befriedigend. Gleichzeitig mit der Wiederaufstellung der athenischen Flotte im Jahre 390/89 v. Chr. konnte Thrasybulos einige Erfolge verzeichnen. Der Zoll am Bosporus wurde wieder eingeführt, und die Steuern, die einigen Staaten Kleinasiens auferlegt wurden, dienten zur Finanzierung des Unterhalts der Flotte.[89] Eine Inschrift von 387/ 86 v. Chr.[90] – ein Erlaß der Athener, der Klazomenai betraf – zeigt auch, daß man die kaufmännischen Aktivitäten abhängiger Verbündeter zu regeln versuchte.[91] Doch der Versuch, Athens Imperium und Seemacht wieder ins Leben zu rufen, schlug wegen des Geldmangels fehl, der Athens Anstrengungen zur See im vierten Jahrhundert immer wieder vergeblich machte. Die Folge war, daß der Spartaner Antalkides im Jahre 387/86 v. Chr. Athen von der Getreideversorgung abschneiden und es zwingen konnte, den ‚Königsfrieden' anzunehmen.[92]

Die große Bedrohung des vierten Jahrhunderts war die Seeräuberei, die sich sehr weit verbreitet hatte und als Kriegswaffe verwendet wurde. Im Jahre 387 v. Chr. setzten der Athener Iphikrates und der Spartaner Anaxibios bei ihren Operationen vor Abydos Piraten beim Angriff ein. Sparta stationierte 388 v. Chr.[93] auch auf Ägina Seeräuber, die den Piräushandel stören sollten und die trotz der Anstrengungen Athens, sie von dort zu vertreiben, und der vorübergehenden Hilfe durch eine Expedition des Chabrias[94] geraume Zeit[95] eine Bedrohung blieben. Damals war Athen zur See so schwach, daß der Spartaner Teleutias es im Jahre 387 v. Chr.[96] wagen konnte, den Piräus zu überfallen, Kaufleute von dort zu entführen (ein Unternehmen, das Alexander von Pherai,[97] den Xenophon[98] als einen „schurkischen Piraten" bezeichnete, im Jahre 361 v. Chr. wiederholte) und längs der Küste Attikas nach Sunion zu segeln und dort Fischerboote und getreidebeladene Kauffahrer aufzubringen. Zu jener Zeit waren Seeräuber auch auf eigene Faust allenthalben im Mittelmeer tätig: ein Athener, der entlaufene Sklaven verfolgte, wurde von Seeräubern ergriffen und in Ägina verkauft;[99] ein anderer wurde im argolischen Golf angegriffen und starb an den Verletzungen, die er im Kampf erlitten hatte;[100] beide Vorfälle ereigneten sich um 370 v. Chr. Es erscheint also durchaus gerechtfertigt, wenn Isokrates[101] schon zehn Jahre früher von einer Lage spricht, „in der Seeräuber das Meer beherrschen . . .". Es geschah nichts, um diesen Zustand abzustellen. Als Seeräuber betätigte sich zumindest kurze Zeit im Jahre 361 v. Chr. auch Alexander von Pherai,[102] der außer dem oben erwähnten Angriff auf Athen seine Operationen bis zu den Kykladen ausdehnte und Tenos[103] einnahm. Man kann diesen Vorfall als militärische Operation ansehen, und gleiches gilt für den Versuch spartanischer Streitkräfte im Jahre 367 v. Chr., athenische Getreideschiffe zu erbeuten. Mit der Absicht, Athen den – stets gefährdeten – Getreidenachschub abzuschneiden, sandten die Spartaner unter Pollis eine Streitmacht aus, die im Bereich von Ägina, Kea und Andros operierte; sie fingen in der Meeresstraße zwischen Euböa und Andros (Doro-Kanal) die Getreideschiffe ab, die Kap Geraistos (Südeuböa) erreicht hatten. Die Athener erkannten die drohende Gefahr, bemannten ihre Flotte und siegten in der Schlacht bei Naxos unter der Führung des Chabrias.[104]

Die Gestaltung der Ägäis brachte es mit sich, daß die Route der vom Schwarzen Meer her kommenden Schiffe von Insel zu Insel verlief; nach dem Austritt aus den schmalen Meeresstraßen des Bosporus, der Propontis und des Hellesponts erstreckten sich vor ihr die Inseln Lemnos, Imbros und Skyros nach Südwesten. Wegen der offenkundigen Bedeutung dieser drei Inseln für den athenischen Handel wurde ihr Besitz Athen nie streitig gemacht. Imbros wurde 445–442 v. Chr. von Athen kolonisiert, und Sparta gab es ihm am Ende des Peloponnesischen Kriegs zurück;[105] im Königsfrieden und auch im Frieden mit Philipp von 338 v. Chr. wurden alle drei als athenisch anerkannt. Es lag im Interesse Athens, diese drei Inseln von Seeräubern freizuhalten. Nicht weit von Skyros im Nordwesten lag Halonnesos in den nördlichen Sporaden, das Athen als Besitz beanspruchte. Aber die Athener vernachlässigten ihre Pflichten, so daß Philipp von Makedonien 343 v. Chr. die Insel von Piraten säubern mußte,[106] was einen Streit mit Athen zur Folge hatte. Die Thrakische Chersones wurde wie schon im fünften Jahrhundert[107] von Seeräubern unsicher gemacht, die dort eine ideale Basis für ihre Raubzüge fanden.[108]

Zur Zeit des Zweiten Attischen Seebundes versuchte Athen, der Piraterie dadurch ein Ende zu machen, daß es den Staaten, die Seeräubern Unterschlupf gewährten, Geldstrafen auferlegte. Die Grundlage dafür bildete das ‚Psephisma des Moirokles‘, und im Jahre 344/43 v. Chr. mußte Melos wegen eines Verstoßes zehn Talente zahlen.[109] Auch im Frieden des Philokrates waren Maßnahmen gegen die Seeräuber vorgesehen.[110] Aber im großen und ganzen war Athen zu schwach, um solche Maßnahmen durchzusetzen, und um 340 v. Chr. ließ Athen Thasos gewähren, als es Piraten aufnahm.[111] Im Bundesgenossenkrieg hatte sich übrigens Athen selbst der Piraten bedient, um die Schiffahrt der aufbegehrenden Staaten zu stören: ,,Im Bundesgenossenkrieg waren die Athener dafür, Kaperei gegen Feinde anzuwenden, die zur See fuhren, auch wenn es sich um Kaufleute handelte‘‘.[112] Vergleichbar sind die Unternehmungen des

Meidias[113] und die Gefangennahme des Phrynon von Rhamnus durch Piraten.[114]

Anstelle einer direkten Route durch das Mittelmeer zum Hellespont konnten Schiffe auch eine Küstenroute vom Saronischen Golf an Sunion vorbei über Oropos[115] durch den Euripos, über Chalkis[116] und Histiaia,[117] von dort nach Pagasai in Thessalien[118] und weiter nach Makedonien und Thrakien bis zum Hellespont wählen. Obwohl die Gefahren, die auf dieser Route drohten, nicht geringer waren, da in der zweiten Hälfte des vierten Jahrhunderts sogar auf Euböa Seeräuber saßen,[119] erwies sich eine solche Reise doch als rentabler, da nicht nur Fracht für das entfernte Endziel aufgenommen werden konnte, sondern außerdem die Möglichkeit bestand, sich am Küstenhandel von Hafen zu Hafen zu beteiligen.

Allein schon die Tatsache, daß es Seeräuber gab, hätte ausgereicht, um Athens Getreidehandel zum Wagnis zu machen; doch trat eine weitere, für das vierte Jahrhundert bezeichnende Schwierigkeit hinzu. Athen nahm es in der Phase seiner Vorherrschaft auf sich, die Getreideversorgung seiner von ihm abhängigen Verbündeten zumindest in Kriegszeiten zu regeln. Im vierten Jahrhundert gewährten die Herrscher von Pantikapaion Athen zwar eine bevorzugte Behandlung und trafen mit ihm ein Sonderabkommen, aber es gab auch noch andere Kunden für das Getreide Südrußlands, die unmittelbar mit dem Erzeuger verhandelten. Um 350 v. Chr. erhielt Mytilene ein Sonderprivileg vom Tyrannen von Pantikapaion.[120] Herakleia Pontike[121] und Klazomenai[122] bezogen ihr Getreide aus derselben Quelle, wenn eine örtliche Knappheit herrschte. Hierzu sei bemerkt, daß in diesen beiden Fällen der Autor, dem wir diese Information verdanken (Pseudo-Aristoteles, Oikonomika), eine Geldknappheit hervorhebt, infolge deren das Getreide nur mit Hilfe außergewöhnlicher finanzieller Maßnahmen gekauft werden konnte. In Zeiten der Knappheit stieg der Getreidepreis beträchtlich und brachte die stets gefährdeten Finanzen kleiner griechischer Staaten in Unordnung. Es scheint sicher, daß diese Beispiele in die gleiche Zeit fallen (um 362 v. Chr.), in der Byzanz, Chalkedon und Kyzikos athenische Getreideschiffe aufbrachten,[123] die zum Teil dem athenischen Bankier Pasion[124] gehörten. Ähnliches unternahm auch Herakleia Pontike im Jahre 330/29 v. Chr.[125] In beiden Fällen war die einheimische Ernte mißraten, und da die Staaten nicht in der Lage waren, die hohen Preise für importiertes Getreide zu bezahlen, halfen sie sich, indem sie sich der für Athen bestimmten Lieferungen bemächtigten.

Athen ging deshalb dazu über, die Kauffahrer von Kriegsschiffen begleiten zu lassen und gewährte diesen Schutz gleichzeitig den Schiffen anderer Staaten, die ihn erbaten – das Geleit eines Schiffes von Maroneia ist ein solcher Fall.[126] Das war nicht schwierig, da die Kornfrachter offenbar in Geschwadern fuhren und sich unterwegs an verschiedenen Punkten – etwa Sestos und Kap Geraistos – sammelten. So wird die Abfahrt der Schiffe aus dem Pontos „nach Arkturos" erwähnt.[127] Vergleichbar ist auch das ‚Sizilische Geleit'.[128] Solche Konvois brachten einen großen Teil der Jahresversorgung auf einmal ein. Abgesehen von diesem offiziellen Geleitschutz solcher Schiffe sahen es verschiedene athenische Generäle als einträgliches Geschäft an, athenische Kriegsschiffe gegen Bezahlung für privaten Geleitschutz einzusetzen, was als *eunoia*, ‚Wohltaten', bezeichnet wurde. Wo sie – wie etwa in Erythrai und Chios – hierfür kein Geld erhielten, erpreßten sie es dafür, daß sie sich der Schiffe dieser Staaten nicht bemächtigten. Bei Demosthenes[129] heißt es: „Sie lassen sich dafür bezahlen, daß sie den Kaufleuten, die aus ihren Häfen auslaufen, nicht unrecht tun, sie nicht aufbringen und ihre Schiffe geleiten, und nennen das ‚Wohltaten' erweisen; das ist die Bezeichnung für diese Erpressungen." Aischines erwähnt[130] ebenfalls die Unternehmungen des Deiares, Deipyros, Polyphontes und anderer. Mit der vorerwähnten Reihe von Ereignissen läßt sich die allgemeine Getreideknappheit von 356/55 v. Chr.[131] verbinden. Demosthenes spricht von einer „Getreideknappheit, die alle Menschen traf". Sie wurde in Athen durch ein Getreidegeschenk Leukons von Pontos gemildert.

In der Phase der Rivalität zwischen Athen und Philipp von Makedonien und in der Folgezeit setzten sich die Tendenzen der früheren Jahre des Jahrhunderts fort. Demosthenes betont immer wieder die Lebenswichtigkeit des Getreidehandels für die Sicherheit Athens[132] und die Gewißheit, daß ein Sieg Philipps ihren Verlust zur Folge hätte.[133] Philipp machte sich sehr bald klar, wie wirkungsvoll sich eine Taktik erweisen würde, die darauf abzielte, die Athener von ihrer Getreideversorgung abzuschneiden. Vor 351 v. Chr. brachte er athenische Schiffe beim Kap Geraistos auf,[134] andere nach 346 v. Chr. vor der Küste von Makedonien[135] und 340/39 v. Chr. eine beträchtliche Anzahl von Schiffen (Philochoros erwähnt 230, Theopompos 180) bei Hieron Teichos, wobei er reiche Beute machte. Die Athener revanchierten sich mit einer Blockade der Küste von Makedonien (wodurch sie Philipp seiner Einnahmen beraubten)[136] und damit, daß sie makedonische Kaufleute ergriffen und verkauften.[137] Die Schlacht von Chaironeia führte zu einer schweren

Krise in der Getreideversorgung. Bemerkenswert ist, daß Demosthenes zum Kornaufkäufer ernannt wurde;[138] von seiner Beziehung zum Getreidehandel ist an anderer Stelle die Rede.[139] Eine Falschmeldung von der Schwere der Niederlage Athens, die Leokrates in Rhodos verbreitete, bewirkte, daß Getreideschiffe, die von Ägypten nach Athen unterwegs waren, aufgebracht und in Rhodos festgehalten wurden.[140] Einer der Zeugen gegen Leokrates, ein gewisser Phyrkinos, Pächter der fünfprozentigen Import- und Exportsteuer, erlitt beachtliche Verluste durch den Rückgang des Handels.

Der Getreidehandel im vierten Jahrhundert war also in Anbetracht der langwährenden Kriege und der von Seeräubern heimgesuchten Meere zweifellos im höchsten Grade gefährdet. Die Unsicherheit der Verkehrswege spiegelte sich im fluktuierenden Getreidepreis,[141] und der Zustand des Getreidemarkts war das sicherste Barometer einer Krise.[142] Die hohen Zinsen für kommerzielle Kredite waren die Reaktion auf Gefahren, denen sich überseeische kaufmännische Unternehmungen ausgesetzt sahen. Man versuchte mit allen Mitteln, Leute, die Geld zu verleihen hatten, zur Finanzierung von Handelsfahrten anzuregen. In der Hauptsache geschah das durch verstärkten gesetzlichen Schutz.[143] Andererseits waren die Händler selbst eine internationale Gruppe, die nur schwer überwacht werden konnte. Den Interessen Athens war am besten dadurch gedient, daß es zum internationalen Handelszentrum Griechenlands und zum maßgebenden Geldmarkt wurde. Auch unter diesen Umständen führten sich Kaufleute oft höchst unredlich auf, kamen ihren Verpflichtungen nicht nach[144] und leiteten ihre Frachten anderswohin, so etwa nach Akanthos[145] und Rhodos.[146] Es läßt sich deutlich erkennen[147] – und wir haben auch Einzelbeispiele dafür[148] – daß man grundsätzlich die Märkte beobachtete, um das Getreide dort zu verkaufen, wo es am teuersten war. Gerüchte über Kriege oder Störung der Getreidezufuhr wurden benutzt, um höhere Preise zu erzielen.[149]

In den letzten Jahrzehnten des vierten Jahrhunderts traten noch mehr Veränderungen ein. Die Gefahren der nordöstlichen Getreideroute zwangen Athen, sich nach weiteren Quellen für seine Lebensmittelversorgung umzusehen. Nach der Schlacht von Chaironeia (338 v. Chr.) schwand die Bedeutung Athens immer mehr; es war nicht mehr ohne weiteres in der Lage, seinen Handel zu schützen und konnte deshalb den Tyrannen am Schwarzen Meer nicht mehr so viele Vorteile als Gegenleistung bieten (man bedenke die stärkere Abhängigkeit vom einzelnen Händler). Es ist darauf hingewiesen worden, daß die Tyrannen sich immer dann großzügig zeigten, wenn Athen mächtig war. In den zeitgenössischen Quellen hört man nun mehr von Sizilien[150] und von Ägypten.[151] Eine Inschrift[152] meldet die Verleihung einer *proxenia* (Konsulwürde) an Theogenes für Dienste, die er Athenern bei ihrem Aufenthalt in Naukratis erwiesen hatte (349/48 v. Chr.). Eine andere [153] ehrt Einwohner von Kyrene als *proxenoi*, weil sie athenischen Besuchern Schutz gewährt hatten (353/52 v. Chr.). Die Siege Alexanders erschlossen Ägypten einem Handel.größeren Ausmaßes. Er ernannte im Jahre 332 v. Chr. Kleomenes zum Statthalter Ägyptens, und dieser kaufte das Getreide auf und brachte das Ausfuhrmonopol in seine Hand;[154] dabei lenkte er den Getreideexport mit Hilfe eines gut organisierten Verkehrssystems auf jene Märkte, wo die höchsten Preise zu erzielen waren.[155] Für Athen wirkte sich dieses Verfahren nicht vorteilhaft aus. Zwar war die Route Athen-Ägypten weniger gefährlich als die nordöstliche, doch mußte man mit Rhodos als potentiellem Gegner rechnen, der sich in Zeiten eigener Not der vorüberfahrenden Getreideschiffe bemächtigte.[156] Später wurde auch Zypern zur Getreidequelle oder doch zu einem wichtigen Zentrum des Getreidehandels.[157] Thrakien befand sich zu dieser Zeit im Zustand der Anarchie. Die interessanteste Abweichung von der traditionellen Politik war die Gründung einer an der italienischen Küste der nördlichen Adria gelegenen Basis (Atria) im Jahre 325/24 v. Chr.[158] In der dieses Handelszentrum betreffenden Inschrift heißt es:

„Damit das (athenische) Volk für alle Zeit ein eigenes Handelszentrum und Geleitschutz für Getreide(schiffe) hat, und damit nach Errichtung einer eigenen Basis für die Schiffahrt Schutz vor den Tyrrhenern gewährleistet ist und der Gründer Miltiades mit den Ansiedlern die eigenen Seestreitkräfte einzusetzen vermag, und alle, die das Meer befahren, die Griechen und auch die Barbaren, ungefährdet nach der Stadt Atria hineinfahren konnnen, wenn sie die athenische Flottenbasis als Ankerplatz haben."

Wie aktiv diese Seeräuber waren, verraten uns die Titel der aus jener Zeit erhaltenen Reden: ‚Über die Verteidigung gegen die Tyrrhener' von Hypereides und ‚Tyrrhenikos' von Deinarchos. Die Adria war immer gefährlich, von Natur aus und auch wegen der Seeräuber.[159] Lysias[160] spricht von einem hundertprozentigen Gewinn bei einem Handelsunternehmen im Adriatischen Meer, der das damit verbundene große Risiko bezeugt. Das Getreide dieses Gebiets stammte wahrscheinlich aus der fruchtbaren Poebene und aus Epiros, der Kornquelle der Korinther. Bei Lykurgos[161] findet sich ein interessanter Hinweis auf einen Mann, der „wohnhaft in Megara ... Getreide aus Epeiros, das die dortige Königin

Kleopatra hatte verladen lassen, nach Leukas und von dort nach Korinth exportierte."

Die große Schwäche der Stellung Athens in dieser Zeit wurde während der Getreideknappheit ganz deutlich, die von etwa 330 bis etwa 325 v. Chr.[162] gedauert zu haben scheint. Ihre Ursachen waren 1. schlechte Ernten, 2. Alexanders Entnahmen aus den Vorräten der damaligen Welt, 3. die Machenschaften des Kleomenes in Ägypten, 4. ein Rückgang des südrussischen Handels (vgl. die Gefangennahme des Herakleides von Salamis durch Herakleia Pontike). Die Knappheit scheint sich über die ganze östliche Ägäis erstreckt zu haben. Kyrene stiftete 805 000 Medimnen, von denen 100000 nach Athen gingen (325–317 v. Chr.).[163] Athen war jetzt in seiner Getreideversorgung noch mehr als vorher vom guten Willen ausländischer Kaufleute abhängig. Heimische Nahrungsmittel erzielten, soweit vorhanden, hohe Preise und machten die Grundbesitzer reich.[164] Der labile Zustand des Getreidehandels kann nicht deutlicher bewiesen werden als durch die Dekrete zu Ehren verschiedener Ausländer, die Athen mit Getreidegeschenken oder Lieferungen zu billigen Preisen unterstützten. Demosthenes[165] zählt drei verschiedene Zeitabschnitte solcher Hilfeleistungen auf: 1. ein Geldgeschenk im Jahre 336 v. Chr., als Alexander nach Theben kam; 2. ,vorher‘, als das Getreide per Medimnos sechzehn Drachmen kostete, 10000 Medimnen zu fünf Drachmen (dem üblichen Preis); 3. im Jahre 327/26 ein Geschenk von einem Talent für einen Getreidekauf. Die Empfänger der in dieser Zeitspanne verliehenen und uns in Inschriften erhaltenen Ehrungen waren unter anderem zwei Tyrer (wahrscheinlich im Piräus wohnhaft, da Tyros 332/31 v. Chr. von Alexander eingenommen worden war, wobei viele Einwohner umkamen), die Getreide importiert hatten;[166] weiter ein Einwohner von Milet (?), der sich um den Getreidehandel von Zypern nach Athen verdient gemacht hatte; [167] lobend erwähnt wurden ferner zwei Einheimische wegen Lieferung von Weizen und Gerste zu niedrigem Preis (4000 Medimnen Weizen zu neun Drachmen je Medimnos und eine bestimmte Menge Gerste zu fünf Drachmen);[168] und dieses Lob wurde auch einem gewissen Potamon und einem Gefährten (Name unbekannt), vermutlich aus Sinope, für Verdienste um den Getreidehandel zuerkannt.[169] Es gibt außerdem ein Proxenia-Dekret für Praxiades von Kos, der nach dem Zeugnis athenischer Kaufleute und der Bewohner von Samos den Kornhandel gefördert hatte,[170] sowie eine Ehrung für Philomelos, weil er Geld verlieh, das er während einer Getreideknappheit verdient hatte.[171] Das wichtigste Beispiel ist Herakleides von Salamis auf

Zypern,[172] der Getreide (wahrscheinlich aus Südrußland) importierte und billig verkaufte (330–328 v. Chr.) und später (328/27 v. Chr.) eine Geldsumme für den Ankauf von Getreide stiftete. Schließlich bemühte sich Lykurgos, ausländische Kaufmannsgruppen dadurch herbeizuziehen, daß er ihnen gestattete, in Athen Kultstätten ihrer Götter zu errichten. So wurden Bauplätze vergeben, für einen Aphroditetempel an Kaufleute aus Kition[173] und für einen Isistempel an ägyptische Kaufleute.[174]

Die Seewege waren in diesen Jahren zumindest theoretisch durch den Vertrag zwischen den Griechen und Alexander von Makedonien (336 v. Chr.) gesichert.[175] Dennoch wurde Alexander beschuldigt, selbst wortbrüchig geworden zu sein, als er die athenischen Schiffe bei Tenedos zurückhielt und erst freiließ, nachdem Athen hundert Triremen bemannt hatte. Man hat dieses Vorgehen dem „Übereifer eines Untergebenen" zugeschrieben, da Alexander mit Athen stets auf freundschaftlichem Fuße zu stehen suchte. Die Rede ‚Über den Vertrag mit Alexander' wurde 331/30 v. Chr. von der extrem radikalen Partei des Hypereides verfaßt und enthielt also wahrscheinlich Übertreibungen.

Unter der Führung des Lykurgos (339–326 v. Chr.) trat Athen in eine Phase der Erholung und Förderung des Handels ein, in der auch wieder eine umfangreiche Flotte entstand. Um 325 v. Chr. umfaßte sie 360 Triremen, 50 Quadriremen und sieben Quinqueremen mit einer effektiven Stärke von 200 Schiffen, von denen manche zum Geleitschutz für Getreideschiffe eingesetzt wurden.[176] Zu jener Zeit waren die Seeräuber noch immer eine Bedrohung, wie aus Dekreten[177] hervorgeht, mit denen Männer geehrt wurden, die Athener aus der Gefangenschaft von Piraten befreiten.

Der Lamische Krieg mit der zweifachen Niederlage und Vernichtung athenischer Flotten bei Abydos und Amorgos im Jahre 322 v. Chr. beendete Athens Herrschaft zur See und seine staatliche Selbständigkeit. Hierauf folgte eine neue Getreideknappheit; eine Inschrift[178] von 320/19 v. Chr. verzeichnet eine Belohnung für einen Getreidetransport vom Hellespont bald nach der Schlacht von Abydos. In die gleiche Zeit gehört eine andere Inschrift[179] von 321–19 v. Chr., die von Ehrungen für Dienstleistungen im Getreidehandel aus Asien berichtet.

Athen hörte auf, ein selbständiger Staat zu sein, und damit endet im Grunde der in diesem Buch behandelte Zeitabschnitt. Die darauf folgende Zeit wird in großen Zügen in Kapitel X behandelt, das sich vor allem mit den Zuständen in der hellenistischen Zeit befaßt. Während der Diadochenkriege blieb die Getreideversorgung für Athen immer schwierig, da es auf den guten Willen anderer angewiesen war. Ein Dekret[180] ehrt Spartokos IV. vom Bosporanischen Königreich (285 v. Chr.):

„Er gab kostenlos Getreide ab im Umfang von 15 000 Medimnen, und er kündigt an, daß er die Bedürfnisse des athenischen Volkes auch in Zukunft befriedigen wolle, soweit er dazu in der Lage sei."

In einem anderen Dekret[181] zu Ehren Audoleons, eines Fürsten der Paioner, heißt es:

„Er lieferte dem Volk 7500 Medimnen Getreide aus Makedonien auf seine eigenen Kosten, indem er es in die Häfen der Stadt brachte. Er kündigt an, auch in Zukunft für die Bedürfnisse (der Athener) sorgen zu wollen."

In diesen Dekreten verraten überschwengliche Dankesbezeugungen, in welch großer Not Athen sich befand.

Wir müssen nunmehr zur Betrachtung der Privilegien zurückkehren, die Athen vom Bosporanischen Staat zugestanden wurden. Sie bildeten einen Bestandteil der zwischen Athen und den jeweiligen Tyrannen von Pantikapaion getroffenen Abkommen, von denen wir literarische und epigraphische Zeugnisse besitzen. Das älteste – bei Isokrates[182] – zeigt, daß Satyros I. und Spartokos I., der Vater und der Großvater Leukons, Athen offenbar irgendwie bevorzugt behandelten. Demosthenes berichtet das in seiner Rede gegen Leptines, die sich mit dem Vorschlag beschäftigte, die mit Steuerbefreiung verbundene Ehrung abzuschaffen. Dieses Vorrecht war Leukon I. und seinen Nachfolgern (393–353 v. Chr.) dafür gewährt worden, daß sie Exporteuren, die Getreide vom Kimmerischen Bosporus nach Athen beförderten, Privilegien zuerkannt hatten. Bei der in Frage stehenden Steuerbefreiung handelte es sich wahrscheinlich nicht um eine Befreiung von Importzöllen (die Leukon nicht zugute gekommen wären), sondern um eine Befreiung von öffentlichen Abgaben *(leitourgiai)*. Der Redner macht das ganz deutlich, indem er betont, daß im Falle Leukons der Entzug der Steuerbefreiung nur Entzug einer ehrenvollen Auszeichnung, nicht aber eines materiellen Vorteils bedeuten würde. Das Abkommen enthielt also keine wechselseitigen Vorteile, denn nur Athen hatte einen wirklichen Nutzen davon. Natürlich war es vorteilhaft für Pantikapaion, mit einem Staat Handel zu treiben, der in der Lage war, Schiffen Geleitschutz zu gewähren, und der eine weithin gültige Währung besaß.

Das Dekret, das dieses Abkommen festlegte, wurde öffentlich zur Schau gestellt, und zwar im Piräus, in Pantikapaion und im Tempel des Zeus Ourios an der asiatischen Bosporusküste, nahe der Einfahrt in die

Meerenge, wenn man vom Schwarzen Meer her kam. Athenische Befehlshaber trafen dort die Schiffe, die sie geleiten sollten. Im Jahre 340/39 bemächtigte sich Philipp von Makedonien an derselben Stelle mehrerer Handelsschiffe. Die Anspielungen bei Demosthenes ermöglichen uns eine Rekonstruktion des Vertragstextes. Es war ein durch einen Beschluß des Volks von Athen zustandegekommenes Abkommen, das laut Demosthenes[183] folgendes vorsah: 1. das Vorkaufsrecht; 2. Befreiung von den $3\frac{1}{3}$ Prozent Steuer, die die Tyrannen von Pantikapaion allen Getreideexporteuren auferlegten. Die Mytilener zahlten $\frac{1}{90}$ plus $\frac{1}{60}$ für ihre Importe und sparten so 0,55 Prozent. Demosthenes[184] rechnet aus, daß der Steuererlaß einem Geschenk von $13\,333\frac{1}{3}$ Medimnen entspricht, d. h. 400000:30. Dafür wurde Leukon durch Steuerfreiheit in Athen geehrt. Das Zeugnis des Demosthenes findet seine Ergänzung in der Inschrift, welche die Ehre der Steuerfreiheit für Spartokos und Pairisades, die Söhne Leukons, erneuert, als sie sich bereitfanden, Athen die von Leukon (und wohl auch von dessen Vorgänger Satyros) gewährten Privilegien zu bestätigen. Die Inschrift lautet:[185]

„Das athenische Volk preist Spartokos und Pairisades, denn sie sind gute Männer und verpflichten sich, für das athenische Volk den Getreideexport zu besorgen, wie es ihr Vater getan hat . . . Die Gesandten sind gehalten, ihnen zu sagen, daß ihnen, wenn sie dies tun, seitens des athenischen Volks nichts vorenthalten werden soll. Und wenn sie den Athenern die Zugeständnisse machen, die ihnen Satyros und Leukon machten, so sollen Spartokos und Pairisades dieselben Zugeständnisse erhalten, die das athenische Volk Satyros und Leukon machte.“

Diese Privilegien werden als ‚Geschenke‘ oder ‚Zugeständnisse‘ bezeichnet, was beweist, daß es sich hier nicht um ein gewöhnliches Handelsabkommen handelt. (Zu beachten ist, daß die Tyrannen von Pantikapaion stets als Wohltäter angesehen werden.) Weitere Zeugnisse für solche Pairisades gewährten Privilegien finden sich in Demosthenes' Rede gegen Phormion.[186] Pairisades verkündete im Bosporanischen Königreich: „Jeder, der Getreide für Athen in den attischen Handelsplatz einführen will, soll es (aus Südrußland) steuerfrei ausführen.“ Außerdem wird erwähnt, in Pantikapaion sei verkündet worden, daß jeder, der Getreide nach Athen exportierte, von der Exportsteuer befreit sei. Grothe[187] weist darauf hin, daß derartige Privilegien darauf hinauslaufen mußten, den gesamten Getreidehandel in die Hände athenischer Kaufleute zu bringen. Es ist leicht einzusehen, daß der athenische Staat die Kontrolle über den Handel mit Schwarzmeergetreide zurückzugewinnen suchte, indem er dieses Vorrecht in Anspruch nahm und sich gleichzeitig auf das Gesetz stützte, nach dem in Athen aufgenommene Kredite auf doppelte Seefahrten jenen Schiffen zugute kommen sollten, die nach Athen zurückkehrten (nicht, wie bisweilen angenommen wird, daß jedes nach Athen zurückkehrende Schiff Getreide befördern sollte) und außerdem auch athenische Bürger oder Metöken Getreide in keinen Hafen außer in den Piräus einführen sollten.

Ein solches Abkommen findet sich nur im Zusammenhang mit dem Bosporanischen Königreich (bisweilen wurde das Privileg gesetzwidrig in Anspruch genommen, so etwa von Lampis,[188] der es sich für einen Getreidetransport nach Akanthos zunutze machte), und wenn wir Demosthenes[189] glauben dürfen, kam die Hälfte des nach Athen eingeführten Getreides aus diesem Bereich. Der Grund dafür mag gewesen sein, daß die südrussische Ebene ein solch bedeutendes Erzeugerland war, doch könnte es auch darauf zurückzuführen sein, daß Getreidelieferungen aus dieser Quelle zuverlässiger und billiger waren.

Zuletzt noch ein Wort zu Demosthenes' Aussage über die Ausmaße des athenischen Getreideimports. Er behauptet,[190] die vom Pontos eingeführte Getreidemenge sei ebenso groß gewesen wie die Summe aller anderen aus dem Ausland bezogenen Lieferungen. Weiter erklärt er, 400000 Medimnen seien aus dem Reich Leukons gekommen, und der Gesamtimport Athens habe infolgedessen 800000 Medimnen betragen. Man hat versucht, die Bevölkerung Attikas zu schätzen und so die Getreidemenge zu berechnen, die für den jährlichen Verzehr notwenig war. Die eleusinische Zehntinschrift von 329/28 v. Chr.[191] weist die Produktion Attikas (mit Salamis, Skyros und Imbros) eines Jahres aus, dessen Ernte vermutlich schlecht war, denn es fällt in die Zeit der Getreideknappheit von 330–326 v. Chr. Die Inschrift gibt uns eine Grundlage für die folgenden Produktionsziffern: Gerste, 360000 Medimnen; Weizen, 33600 Medimnen. Beloch[192] schätzt, daß bei einer Staatsreserve von einem Siebentel durchschnittlich jährlich sieben Medimnen Weizen pro Kopf erforderlich waren. Boeckh[193] berechnet die Gerstenration für einen erwachsenen Sklaven im antiken Griechenland auf eine *choinix,* was für ein Jahr von 360 Tagen 7,6 Medimnen ergibt. Die oben genannte Menge würde für 40000 bis 45000 Menschen ausreichen. Bei einer jährlichen Pro-Kopf-Ration von sechs Medimnen (da Weizen ergiebiger war als Gerste) konnten 800000 Medimnen eingeführten Getreides (größtenteils Weizen) 130000 Menschen ernähren. Die Gesamtmenge konnte also für 175000 Menschen ausreichen. Beloch, der sich intensiv mit dieser Frage beschäftigt hat, nimmt eine freie Bevölkerung Attikas von 100000

an; danach ergibt sich aus der Restmenge des Getreides eine Metöken-
und Sklavenbevölkerung von 75 000. Beloch gibt jedoch selbst zu, daß die
Fakten, die er zugrundelegte, ungewiß sind, und tatsächlich nimmt ein
anderer Fachmann, Jardé,[194] an, daß die Gerste größtenteils als Viehfutter
Verwendung fand.

Die verschiedenen Schätzungen der Bevölkerungszahl lassen durchweg
die Mengen sowohl des importierten als auch des in der Heimat erzeugten Getreides als zu niedrig angesetzt erscheinen. Das gilt selbst für ein
Jahr, in dem die heimischen Ernten gut waren. Allerdings läßt sich die
Höhe einer solchen Ernte nicht genau berechnen, da nicht bekannt ist,
wie schlecht jene vom Jahre 329/28 v. Chr. war. Zu beachten ist, daß
Beloch die Notzeit von 330–326 v. Chr. nicht auf schlechte Ernten zu-
rückführt, sondern auf die Machenschaften des ägyptischen Statthalters
Kleomenes, wenngleich laut Pseudo-Aristoteles[195] dessen Pläne nur infolge der allgemeinen Hungersnot in Griechenland erfolgreich waren.
Mit Recht weist Jardé[196] die Versuche Gernets und Belochs zurück, aus
den verschiedenen und widersprüchlichen Angaben antiker Quellen die
Wahrheit herauszufinden. Es genügt festzustellen, daß Gernets[197] Kritik
am Zeugnis des Demosthenes – das zugunsten des Handels mit den Bosporanischen Tyrannen übertrieben sein soll – unbegründet ist. Im Hinblick auf das gesamte Beweismaterial des vierten Jahrhunderts wäre zu
erwarten, daß ein weit größerer Prozentsatz als die Hälfte des Getreides
aus Südrußland kam.

Schließlich ist noch ein weiterer Punkt zu erörtern. Demosthenes erwähnt,[198] daß Leukon im Jahre 356/55 v. Chr. Athen in einer allgemeinen
Getreideknappheit zu Hilfe kam. Strabon[199] berichtet, derselbe Herrscher habe Athen 2 100 000 Medimnen Getreide geschickt. Es ist nun
allgemein angenommen worden, daß Leukon, falls die Überlieferung
glaubwürdig ist, diese Getreidemenge als Geschenk nach Athen gesandt
habe, und daß nicht nur die Bedürfnisse der Stadt befriedigt wurden,
sondern auch noch ein Überschuß mit einem Gewinn von fünfzehn Talenten verkauft werden konnte. Bei Demosthenes heißt es: ,,Er schickte
auch nicht nur ausreichend Getreide, sondern so viel, daß sich außerdem
fünfzehn Talente Silber ergaben, die Kallisthenes verwaltete.'' Doch die
Formulierung des Satzes, die Tatsache, daß ein Verkauf nicht erwähnt
wird, die Spezifizierung der Summe in Silber und die Erwähnung der
Verwaltung durch Kallisthenes machen es wahrscheinlicher, daß die fragliche Summe für einen Ankauf von Getreide bereitgestellt war, der sich
durch Leukons Geschenk erübrigt hatte (oder vielleicht handelt es sich

auch um Getreide, das zu einem niedrigeren Preis exportiert worden war,
denn Demosthenes spricht von ‚schicken‘ und nicht von ‚schenken‘) und
daß sich damit die Bedürfnisse ohne eigene Ausgaben befriedigen ließen.
Es liegt jedoch keine Veranlassung vor, Strabons Bericht mit der Aussage
des Demosthenes in Verbindung zu bringen. Kocevalov,[200] ein moderner
Autor, setzte das bei Strabon verzeichnete Ereignis in Zusammenhang
mit Demosthenes’ Erwähnung[201] von Leukons Ausbau der Stadt Theodosia (die von den Truppen seines Vaters erobert worden war, weil sie
Verbannte aus Pantikapaion aufnahm):‘‘. . . außerdem machte er Theodosia zu einem Handelszentrum, von dem Seefahrer sagen, es sei dem Bosporanischen Königreich in keiner Hinsicht unterlegen; und auch dort hat
er uns Steuerfreiheit gewährt.‘‘ Kocevalov und E. von Stern[202] glauben,
daß Strabons Zahl den gesamten Getreideexport aus Theodosia unter
Leukons Regierung umfaßt. Außerdem nimmt Kocevalov an, daß der
jährliche Getreideimport in Athen über 800000 Medimnen betragen habe; und seiner Meinung nach ist Demosthenes[203] so auszulegen, daß
400000 Medimnen allein aus Pantikapaion exportiert worden seien (da
,,von ihm selbst‘‘ aus Leukons Residenz, Pantikapaion bedeute). Im Falle
Theodosias interpretiert Kocevalov die Wendung ,,nicht unterlegen‘‘ als
,,bezüglich seiner Exportmenge nicht unterlegen‘‘ und nicht als ,,in seinem Ausbau nicht unterlegen‘‘. Demnach müßte auch Theodosia 400000
Medimnen exportiert haben. Die Demosthenesstelle ,,außerdem machte
er Theodosia . . .‘‘ bezieht sich dann auf einen neu ausgerüsteten Hafen, in
dem die Athener bis dahin nicht von der Zollfreiheit profitiert hatten.
Kocevalov folgert deshalb, daß der Ausbau von Theodosia im Jahre der
Demosthenesrede (355/54 v. Chr.) vollendet war. In den Jahren von 355/
54 v. Chr. bis 349/48 v. Chr. (Todesjahr Leukons) wurde Getreide von
Theodosia nach Athen exportiert. Die Gesamtmenge von 2100000 Medimnen ergibt, über fünf bis sechs Jahre verteilt, eine jährliche Gesamtmenge von 350000–420000 Medimnen.

Kocevalovs These ist neu und interessant, bietet jedoch Angriffspunkte
für ernstzunehmende Kritik. Der Ausdruck ,,von ihm selbst‘‘ muß bedeuten ,,aus seinem Reich‘‘ und bezieht sich deshalb auf den gesamten
Getreideexport; ,,nicht unterlegen‘‘ muß bedeuten ,,nicht schlechter ausgestattet‘‘, denn wenn es hieße ,,war ebenbürtig im Export‘‘, wäre es
nicht nötig, diese Tatsache von seefahrenden Kaufleuten zu erfahren;
man hörte sie dann wohl eher von den Beamten, die in Athen den Getreidehandel verwalteten. In jedem Falle scheint die Schätzung des Demosthenes, nach welcher Leukons Gewährung von Steuerfreiheit ein jährli-

ches Geschenk von 13 000 Medimnen bedeutete, einen Gesamtexport von 400 000 Medimnen anzuzeigen. Falls Theodosia während der letzten sechs Jahre der Regierung Leukons eine gleiche Menge exportierte, stellt das eine Verdoppelung des südrussischen Exports nach Athen dar, sofern wir nicht annehmen, daß diese Menge früher aus einem Hafen verschifft worden war, der nicht Leukons Kontrolle unterstand. Kocevalov nimmt deshalb an, daß Athen bis 356/55 v. Chr. Getreide aus seiner Kolonie Athenaion erhielt. In diesem Jahr baute Leukon Theodosia zu einer Konkurrenz dieses Hafens einer ausländischen Macht aus und gewährte als Entschädigung Steuerfreiheit. Bei Demosthenes findet sich kein Hinweis darauf. Es ist sinnvoller anzunehmen, daß 2 100 000 Medimnen den Gesamtexport aus Theodosia während der vierzig Regierungsjahre Leukons darstellten, woraus sich ein Jahresdurchschnitt von 52 500 ergibt – weniger als aus Pantikapaion, aber eine Entlastung dieses überbeanspruchten Hafens.

Andere Lebensmittel, die Athen importierte, konnten sich an Wichtigkeit nicht mit dem Getreide messen. Dörrfisch für die niederen Klassen in Athen und Salzfleisch wurde aus Byzanz und dem Kimmerischen Bosporus eingeführt.[204] Talg und Käse wurden in Sizilien erzeugt,[205] Pökelfleisch in Italien,[206] Datteln und feines Weizenmehl kamen aus Phönizien;[207] Mandeln und Kastanien aus Paphlagonien,[208] Rosinen und Feigen aus Rhodos,[209] Silphion aus Kyrene.[210] Doch von all diesen Nahrungsmitteln kann nur Fisch in der Gesamtmenge der Importe eine größere Rolle gespielt haben. Bisweilen wird der Einfuhr von Vieh Bedeutung beigemessen, aber angesichts der primitiven und langsamen Transportmethoden hat sie wohl kaum beachtliche Ausmaße erreicht; wesentlich war die Einfuhr von Häuten.

Natürlich gab es noch andere Importe. Für große Bauten brauchte man Stein, Bauholz und eine Unmenge sonstiger Materialien. Man führte Metalle ein, wobei allerdings bei Silber, Blei, Kupfer und Eisen der gesamte Verarbeitungsprozeß nur in Attika erfolgen konnte. Im allgemeinen beziehen wir unsere Informationen hierüber aus epigraphischen Quellen, etwa aus Bauinschriften, und gewöhnlich stehen solche Nachrichten in engem Zusammenhang mit Handwerkern oder den Händlern der jeweiligen Materialien. Es ist deshalb wohl besser, wenn diese Importe zusammen mit Handel und Gewerbe in Kapitel VII zur Sprache kommen.

IV. Exporte und industrielle Produktion

Bei der Betrachtung der athenischen Exporte wollen wir, wie im Falle der Importe, unterscheiden zwischen 1. Naturprodukten, 2. Fertigwaren und 3. Rohmaterial zur Verwendung für Gewerbe und Künste.

Bei den Naturprodukten denkt man natürlich zuerst an das aus Oliven gewonnene Öl, da von altersher eine enge Verbindung zwischen der Stadt Athen und dem Ölbaum samt seiner Frucht, dem Geschenk Athenas, bestand. Seine Kultur scheint sich wie die der Weinrebe auf Kosten des vor der Zeit Solons betriebenen Getreideanbaus ausgebreitet zu haben. Beide eigneten sich für steinige und weniger fruchtbare Böden. Einzig das Olivenöl war von dem allgemeinen Verbot ausgenommen, mit dem Solon den Export landwirtschaftlicher Produkte aus Attika belegte. Wie die sogenannten ‚SOS-Amphoren‘ anzuzeigen scheinen, betrieb Athen wohl schon seit dem siebenten Jahrhundert zweifellos einen blühenden Handel mit dieser Ware. Seltman[1] nahm an, daß es eine archaische Handelsroute von Prasiai in Ostattika über Karthaia auf Keos in die weitere Ägäis und das östliche Mittelmeer gegeben habe (vgl. die auf Münzen von Karthaia abgebildete ‚Ölamphora‘). Aber der Olivenanbau dehnte sich bis nach Samos, Rhodos und noch weiter aus. Auf Rhodos und Kreta mag er zuerst von den Phöniziern eingeführt worden sein. Was Kleinasien angeht, so ist uns die Geschichte von Thales überliefert, der die Ölpressen aufkaufte. Athen war also nicht mehr der einzige Ölexporteur in dieser Richtung. Im fünften und vierten Jahrhundert v. Chr., als es die Nachfolge von Milet und Ägina im Schwarzmeergebiet antrat, merkte es, wo zweifellos sein gewinnträchtigster Markt lag, vor allem auch deshalb, weil Athen aus diesem Gebiet den größten Teil seines wichtigsten Einfuhrguts – Getreide – erhielt. Ebenso muß die Keramikindustrie aus der Erschließung dieses Gebiets durch die Herstellung der oben erwähnten Tonkrüge und ihrer Nachfolgeprodukte anhaltend Nutzen gezogen haben. Es gab auch die mit Öl gefüllten panathenäischen Preisamphoren, aber es ist nicht wahrscheinlich, daß alles Öl, das zur Verteilung kam, in bemalte Gefäße abgefüllt war (möglicherweise war jedem Preis *eine* mit dem traditionellen Dekor bemalte Vase beigegeben). Im Westen, wo der Handel hauptsächlich über Korinth lief, ist es ungewiß, ob Öl aus Athen schon frühzeitig nach Italien und Sizilien gelangte. Der Olivenanbau breitete sich in diesem Bereich nur langsam aus (laut Plinius gab es im sechsten Jahrhundert unter der Regierung des Tarquinius Priscus in Italien noch keine Ölbäume – eine Behauptung, die nicht völlig verläßlich ist; erst im ersten Jahrhundert, als Pompeius Konsul war, erlaubte die Ölproduktion auch einen Export); dagegen exportierten einige sizilische Städte, Akragas zum Beispiel, schon in klassischer Zeit Olivenöl.[2] In Athen könnte die Bevölkerungszunahme in bestimmten Zeiten sogar zu einer Erhöhung der Ölimporte geführt haben. Beträchtlichen Schaden erlitten die Olivenhaine Attikas durch die Überfälle der Peloponnesier, die Einnahme Dekeleias und die Streifzüge der Böotier.[3] Aristophanes scheint eine Knappheit an Olivenöl im Jahre 422 v. Chr. anzudeuten,[4] die mit einer Knappheit an Feigen, gewöhnlich dem billigsten Nahrungsmittel, einherging.[5] Es gibt auch einen Hinweis auf eine spätere Ölknappheit,[6] aber nirgends wird angedeutet, daß der Export von Olivenöl jemals verboten gewesen wäre.[7]

Der Anbau der Weinrebe, der infolge seiner Verbindung mit Dionysos religiöse Bedeutung hat, scheint, obwohl er zweifellos weit verbreitet war, in Attika nicht die gleiche bedeutende Rolle gespielt zu haben wie der Olivenanbau. Ohne Zweifel wurde der heimische Bedarf weitgehend durch die eigene Produktion gedeckt, und wie das Beweismaterial von der Agora in Athen zeigt, wurden gute Weine sicherlich eingeführt. Ob Wein unter den Exporten aus dem Piräus eine Rolle spielt, ist ungewiß. Der Weinhandel Athens brauchte, wie groß sein Umfang auch gewesen sein mag, im vierten Jahrhundert keine ausländische Konkurrenz zu fürchten; wäre das der Fall gewesen, so hätte man in Athen einem kaufmännischen Unternehmen[8] keinen Kredit gegeben, bei dem es um den Transport von chalkidischem Wein aus Mende oder Skione zum Kimmerischen Bosporus ging. Bei Demosthenes heißt es: ,,Bedenkt doch bitte, ihr Richter, ob ihr jemals erfahren oder gehört habt, daß jemand Wein aus Pontos, vor allem koischen Wein, nach Athen eingeführt hätte. Das genaue Gegenteil ist im Großhandel nämlich der Fall: von den Orten aus unserer Umgebung wird Wein nach Pontos befördert, aus Peparethos und Kos und Thasos und Mende und aus vielen anderen Orten; aus Pontos dagegen werden ganz andere Dinge bei uns eingeführt.''

Dies also sind die Bezugsquellen für die Weinimporte des Gebietes nördlich des Schwarzen Meeres, während Athen unerwähnt bleibt. Wir gehen deshalb kaum fehl, wenn wir annehmen, daß für Athen der Wein keine mit dem Ölexport vergleichbare Rolle spielte. Wein als Exportware hatte offenbar überhaupt keine überragende Bedeutung. Andererseits besaß Thasos, dessen Weinhandel von höchster Wichtigkeit für den Wohlstand der Insel war, Verordnungen, die dazu dienten, die Stellung der Insel als eines exportierenden Staats zu schützen:[9]

> „A) 1. Es ist verboten, Traubensaft oder Wein zu kaufen, wenn die Frucht noch an der Rebe ist [gemeint ist Spekulation durch Vorkauf] vor dem ersten Tag des Plynteriön [Mai–Juni] – [Strafe]: 2. Wenn jemand Wein in Krügen kauft, gilt der Kauf als rechtmäßig, sofern er die Krüge selbst versiegelt. B) 1. – Ein thasisches Schiff soll ausländischen Wein nicht in das Gebiet zwischen Athos und Pacheie [das Festland gegenüber von Thasos] einführen. Wer das tut, soll mit den gleichen Strafen belegt werden wie einer, der dem Wein Wasser zufügt –. 2. Der Kleinverkauf von Wein aus Amphoren, einem kleineren Krug *(pithaknē)* oder aus einem falschen Krug *(pseudopithos)* ist verboten.“

Damit läßt sich das athenische Gesetz vergleichen, das den Export von Olivenöl betrifft. Das erhaltene Dokument stammt zwar aus der Zeit des Kaisers Hadrian, doch gab es Ähnliches wahrscheinlich schon in vorrömischer Zeit. Dieser Verordnung aus dem frühen zweiten Jahrhundert n. Chr.[10] zufolge, sollen die Produktionslisten in Ordnung gehalten werden, so daß ein Drittel (oder manchmal ein Achtel) an die staatlichen Ölaufkäufer abgegeben werden kann:

> „. . . Wenn der Eigentümer des Grundstücks oder der Bebauer oder der Händler die Frucht verkauft, soll er ihnen eine Erklärung ausfertigen. Ebenso soll, wer für den Export kauft, die Menge deklarieren, die er kauft, für wen er kauft und wo sein Schiff vor Anker liegt. Der [zur See fahrende] Kaufmann soll auch verzeichnen, was er exportiert und wieviel von jedem [Händler]. Falls entdeckt wird, daß er nichts deklariert hat, soll ihm bei der Ausfahrt [die Fracht] weggenommen werden. Falls er ausfährt und angezeigt wird, möge er sowohl seiner Heimatstadt vom Demos als auch mir [dem Kaiser] angezeigt werden.“

In der Kaiserzeit hatte Rom einen langen Arm, aber auch im fünften und vierten Jahrhundert v. Chr. konnte ein so mächtiger Staat wie Athen allerlei ausrichten. Man beachte in obiger Inschrift die drei Gruppen der beteiligten Personen: der Erzeuger, der Händler und der exportierende Kaufmann.[11]

Thasos, Rhodos und Knidos sowie Paros und Chios hielten sich an den Brauch, die umfangreichen Amphoren, in denen der einheimische Wein ausgeführt wurde, mit eingedrückten Stempeln zu versehen. Solche Stempel, die sich unter den Scherben von Weinkrügen fanden, vermitteln wertvolle Aufschlüsse über den Weinhandel dieser Staaten. Sie kamen an vielen Plätzen zutage, so auch in Athen auf der Westseite der Akropolis und, was noch wichtiger ist, bei den amerikanischen Ausgrabungen auf der Agora. Die Funde von der Agora wurden im Zusammenhang mit weiterem archäologischen Material sorgfältig untersucht, was zu einer genaueren Bestimmung der Chronologie führte. Bei der Publizierung der Amphorenstempel von der Agora ließen sich folgende Schlüsse ziehen:[12] Gestempelte Gefäße, die Wein enthielten, importierte Athen vom Ende des fünften bis zum Ende des dritten Jahrhunderts v. Chr. aus Thasos; aus Rhodos vom frühen dritten und wahrscheinlich vom späten vierten Jahrhundert bis weit ins zweite Jahrhundert v. Chr. hinein; aus Knidos vom frühen dritten Jahrhundert bis weit ins erste Jahrhundert v. Chr. hinein. Von 1543 Stempeln, die bis 1934 veröffentlicht wurden, waren 565 rhodisch, 437 knidisch und 75 thasisch (468 ungewisser Herkunft); parisch und südrussisch je einer. Von den auf der Akropolis gefundenen Stempeln sind die meisten knidisch (303), dann folgen die rhodischen (93) und die thasischen (11). Wir erhalten also wertvolle Aufschlüsse über den athenischen Weinimport. Als während der hellenistischen Zeit Athen samt seinem Handel darniederlag und wahrscheinlich auch die Produktion litt, wurde viel aus Rhodos importiert, was der wirtschaftlichen Bedeutung dieses Staats entsprach. Rostovzeff erklärt hierzu:[13] ,,Der Weinexport stellte nur einen unbedeutenden Teil des rhodischen Handels dar, doch seine Verbreitung bezeugt die ausgedehnten Seefahrten der rhodischen Kauffahrer, die ihren mittelmäßigen Wein Kunden aufhängten, mit denen sie ständige Beziehungen unterhielten und denen rhodische Kaufleute mit ihrem Geld und Einfluß stets willkommene Gäste waren". In einer früheren Phase jedoch, als der athenische Handel noch florierte, finden wir nur eine verhältnismäßig kleine Anzahl thasischer Stempel, aus denen wohl auf einen geringen Weinimport geschlossen werden kann. Der thasische Wein war so gut,[14] daß mit seinem Import zu rechnen war. Das gleiche gilt für den Wein aus Chios. Man hat den chiotischen Gefäßstempel auf fünf in Bruchstücken erhaltenen Amphoren von der athenischen Agora erkannt, die auf das dritte Viertel des fünften Jahrhunderts datiert werden können. Wein aus Chios war ebenfalls eine Luxusware, von der anzunehmen ist, daß sie (in den typischen *lagynai* [Flaschen]) zu allen Zeiten importiert wurde.[15] Wir dürfen also wohl mit Recht darauf schließen, daß im fünften und vierten Jahrhundert nur bessere Weine in verhältnismäßig geringen Mengen importiert wurden und es deshalb nicht notwendig war, wie im Falle von Thasos, das einheimische Produkt zu schützen.

Die Athener haben ihre Weinamphoren offenbar nicht gestempelt, infolgedessen fehlt uns diese wertvolle Möglichkeit, die Exportmengen dieser Ware zu überprüfen. Jedenfalls ist festzustellen,[16] daß keine gestempelten Henkel gefunden wurden, die beweisen könnten, daß Athen seine Exporte regelte oder für sie Garantie leistete. In Südrußland wurde nichts derartiges gefunden. Ein Bruchstück von der Agora mit einem aufgeprägten Athenakopf muß eher zu einem in einem Agoraladen verwendeten Normalmaß gehört haben und kann deshalb einer früher gefundenen tönernen Meßschale zugeordnet werden, welche die Prägung eines Athenakopfes mit Eule und die Inschrift *demosion*, öffentliches Maß, aufweist.

Wir können jetzt zur Frage nach der Art der Fertigwaren im athenischen Exporthandel übergehen. Rohmaterial – Häute, Bauholz, Kupfer, Eisen und Elfenbein – wurde importiert und zur Herstellung von Gebrauchsgegenständen und Schmuckwaren verwendet. Die Schwierigkeit liegt darin zu bestimmen, welchen Umfang diese Produktion hatte und welche Rolle sie im Exporthandel spielte.

Die Exportartikel aus den athenischen Werkstätten (Abb. 13), die wir heute allgemein für wichtig halten, sind die aus Ton hergestellten Gefäße aller Art; auf viele von ihnen haben die athenischen Vasenmaler ihre Kunst verschwendet. Bestimmte Gefäßtypen (einfache Tonkrüge) waren gefragt für den Transport von Flüssigkeiten – möglicherweise Wein und sicher Öl – von Athen nach auswärts, ferner auch für den Export von Salzfisch zurück nach Athen. Die Formen anderer Typen entsprachen ihrer Verwendung im Hause: Teller, Amphoren, Mischgefäße, Wasserbehälter, Trinkschalen für Gastmähler, Parfümflaschen und Dosen *(pyxides)* für Toilettenzwecke; für Bestattungs- und Hochzeitsriten *lekythoi* und *lutrophoroi,* und zweifellos wurden auch viele Gefäße nur als Schmuckstücke geschaffen. Die Panathenäischen Amphoren, die als Preise verwendet wurden, bilden eine Gruppe für sich.

Der schwarzfigurige athenische Stil (Abb. 7), der sich neben anderen Variationen dieser Technik entwickelte, wurde weithin exportiert und trat im Laufe der Zeit an die Stelle der korinthischen Produktion des späten siebenten und sechsten Jahrhunderts, um seinerseits dem attischen rotfigurigen Stil zu weichen. Daß der Keramikexport weitverbreitet und die athenische Töpferware besonders geschätzt war, beweisen die bemalten Vasen, die vor allem unter den Grabbeigaben in etruskischen Gräbern gefunden wurden, und auch die Vasen aus frühskythischen Gräbern. Sie kommen tatsächlich im ganzen Bereich der mittelmeerischen Welt und in allen Gegenden vor, die mit ihr in Verbindung standen. Eine Zeitlang allerdings ging der Handel mit Etrurien zurück und kam ganz zum Erliegen, und auch die Exporte ins Schwarzmeergebiet wurden eingestellt. Doch in der zweiten Hälfte des fünften und im frühen vierten Jahrhundert lebte er wieder auf und endete mit dem endgültigen Niedergang der athenischen und dem Aufstieg der süditalischen Vasenmalerei. Der reiche Stil des vierten Jahrhunderts entsprach dem Geschmack der Gräkoskythen, und manche Vasen waren wahrscheinlich von athenischen Künstlern auf Bestellung angefertigt worden.

Der Umfang des Exporthandels in Töpferware ist schwer zu bestimmen. Man ist sich wohl einig darüber, daß die gewöhnliche Alltagsware für den häuslichen Gebrauch nicht exportiert oder importiert, sondern dort hergestellt wurde, wo man sie brauchte. Die kunstvoller bemalten Gefäße waren ,Luxusgegenstände‘, für welche die Nachfrage nicht groß war; auch die beträchtlichen Mengen geringerwertiger Stücke, die uns erhalten geblieben sind, stellen keinen Beweis für einen bedeutenden Umfang der Vasenindustrie dar, wenn man bedenkt, daß sie über einen langen Zeitraum hin produziert wurden und daß Tonscherben so gut wie unzerstörbar sind. Hasebroek hat eine Bemerkung bei Aristophanes[17] als ernstzunehmenden Beweis für die Geringfügigkeit des Keramikexporthandels aufgefaßt, aber die betreffende Stelle ist spaßhaft gemeint: Töpferware wird als Exportartikel abgelehnt, weil der Sykophant ins Spiel gebracht werden soll, der eingepackt ist wie ein zerbrechliches Gefäß. Der Historiker Beloch führt die weite Verbreitung der Keramikfunde als Beweis für die Bedeutung nicht nur der Keramikindustrie, sondern auch anderer Industriezweige an, die vergängliche oder nicht so leicht als attisch zu erkennende Gegenstände erzeugten. Bücher und Hasebroek brachten, um das gleiche Phänomen zu erklären, die Theorie vom ambulanten Töpfer auf, die von anderen (Beloch und Oertel) mit gutem Grund in Zweifel gezogen wurde. Oertel führt mit einer gewissen Berechtigung die weite Verbreitung der attischen Keramik auf die Jahrmärkte zurück, die bei Gelegenheit der großen gemeingriechischen Spiele veranstaltet wurden; er weist außerdem darauf hin, daß die panathenäischen Amphoren, obwohl nur in verhältnismäßig wenigen Exemplaren vorhanden, ebenfalls über ein weites Gebiet verteilt auftreten. Abschließend sei gesagt, daß Keramikexporte in der Hauptsache verzierte oder schwarzglasierte Töpferware enthielten, die als Luxusgegenstände einen verhältnismäßig kleinen Anteil an den Gesamtexporten Athens ausgemacht haben müssen, daß sie aber aus umfänglichen Tongefäßen nur dann bestanden, wenn diese eine Ware enthielten. Diese Luxusexporte liefern zwar ein gewisses Beweismaterial für die Richtungen, in denen der Handel von

Athen aus und über Athen vonstatten ging, beweisen aber darüber hinaus nichts – und ganz gewiß nicht sein jeweiliges Ausmaß in bestimmten Zeitspannen.

Die skythischen und halbgriechischen Herrscher- und Adelsgräber in Südrußland verraten, daß eine große Vielfalt von Fertigwaren aus Bronze und Elfenbein, Möbel und Waffen, geschnittene Steine und persönlicher Schmuck aus verschiedenen Metallen importiert wurden,[18] und zweifellos spielte Athen in der Produktion derartiger Dinge eine maßgebliche Rolle. Die Erwähnungen der Schildfabriken des Lysias und des Pasion sowie der Schwert- und Liegebettfabriken des Vaters von Demosthenes (in denen, nach den verwendeten Materialien zu urteilen, offenbar Luxuswaren hergestellt wurden) müssen als zusätzliche Beweise angesehen werden, die das recht unzulängliche Material, das die Archäologie beibringen konnte, bestätigen.

Textilien sind natürlich längst verschwunden, doch verraten einzelne erhaltene Reste eine hohe technische Fertigkeit. Unter anderen hat Beloch von dieser Industrie angenommen, daß sie in Athen eine bedeutende Rolle gespielt habe, aber außer den häuslichen (?) Webeszenen auf attischen Vasen gibt es wenig unmittelbares Beweismaterial (Abb. 10). Andere Städte waren berühmt wegen verschiedener Gewebe, Megara galt im fünften und vierten Jahrhundert als Herstellungszentrum grober Gewänder, die für Sklaven geeignet waren. Gelegentlich wurde mit Verwunderung festgestellt, daß Athen hinter anderen zurückgeblieben sei, aber wenn im Falle Megaras diese Industrie so hervorgehoben wird, so zeigt das, daß ihre Entwicklung dort als etwas Einmaliges angesehen wurde.[19] Attika war natürlich in früher Zeit berühmt wegen seiner Zucht wolleliefernder Schafe (Polykrates führte sie nach Samos ein),[20] aber wahrscheinlich ist es nicht richtig, mit Hasebroek Wolle für ein wichtiges Exportgut zu halten.[21] In Attika gab es nur wenig Weideland, und die heimische Nachfrage war so beträchtlich, daß wahrscheinlich kaum etwas für den Export übrigblieb. Wolle wurde vielmehr vermutlich in großen Mengen eingeführt.

Genauere Einzelangaben lassen sich über den athenischen Exporthandel nicht machen. Unschätzbare Dokumente wie Frachtrechnungen, die sich etwa unter den Papyri aus einer späteren Zeit erhalten haben,[22] gibt es für das klassische Zeitalter nicht, obwohl im fünften Jahrhundert v. Chr. Schiffspapiere benutzt worden zu sein scheinen.[23] Auch die Konten und Aufzeichnungen von Einnehmern der zweiprozentigen Steuer *(pentekostologoi)* und die von Demosthenes für Athen, Syrakus und Pantikapaion[24] erwähnten Aufzeichnungen der *sitophylakes* (Getreidekontrolleure) würden uns interessante Aufschlüsse über Importe und Exporte liefern, wenn sie in der Literatur oder in Inschriften erhalten wären. Zweifellos wurden solche Einzelheiten bei allen Importen und Exporten von den Pächtern der Zweiprozentsteuer zeitweilig festgehalten, damit sie vor der Verwaltung Nachweis führen konnten, aber man hielt diese Details für zu nebensächlich, als daß man sie für die Dauer hätte aufbewahren wollen.

Damit rühren wir an die umfassende Frage der Ausmaße des athenischen Handelsverkehrs. Zweifellos war dem griechischen Geist so etwas wie moderne Statistik völlig fremd, und da auch die Aufzeichnungen, die gemacht wurden, verloren sind, ist die Forschung heute in einer besonders schlimmen Lage. Öffentliche Abrechnungen über Bauvorhaben und Verzeichnisse von Tempelschätzen gingen in alle Einzelheiten und wurden sogar dauerhaft in Stein gemeißelt, so daß sie jetzt in manchen Fällen ein unschätzbares Beweismaterial darstellen. Unsere literarischen Gewährsleute hatten nur selten Gelegenheit, detaillierte Zahlenangaben in bezug auf öffentliche Angelegenheiten zu machen; die damit verbundenen Nachforschungen wären ihnen wohl schwierig und lästig vorgekommen. Die Redner hatten im allgemeinen guten Grund, solche Details zu vermeiden: die Athener mochten es nämlich nicht, wenn Leute, die sich anheischig machten, ihnen Ratschläge zu geben, allzu beschlagen waren, gleichviel um welches Gebiet es sich handelte. Man hätte erwarten können, daß der Verfasser der Schrift ‚Peri Porōn‘ (Xenophon) seine Argumente in dieser Richtung verdeutlicht hätte, aber das hat er nicht getan, und wir können daraus schließen, daß es keine für die Dauer bestimmten Aufzeichnungen gab.

Was das Athen des fünften Jahrhunderts betrifft, so ist es einigermaßen schwierig, die Lage der Stadt in wirtschaftlicher Hinsicht richtig einzuschätzen, da ihr Status als Hauptort eines Reichs einzigartig war. Diese Tatsache wurde schon früh als gegeben hingenommen, und mit ihr sollte erklärt werden, daß die wirtschaftliche Größe Athens seiner beherrschenden Stellung entsprach, wobei man annahm, daß die Einwohnerschaft weitgehend vom Tribut lebte. In neuerer Zeit hat Hasebroek[25] das in sehr modifizierter Form wieder aufgegriffen und damit die Ansicht verbunden, daß es die Pflicht des Staats sei, seine Bürger zu erhalten, ohne daß sie arbeiteten. Diese Ansicht verlangte jedoch, daß man (wie Bücher es tut) für den Tribut übertriebene Ausmaße unterstellte.[26] Sonst wurde er für die Jahre 424–413 v. Chr. nach seiner Verdoppelung auf 1300 Talente angesetzt, was mehr oder weniger der von Meritt und West in ihren Untersuchungen der Tributlisten angenommenen Summe entspricht. Ursprünglich soll Aristeides eine Summe von 460 Talenten festgesetzt haben. Perikles nennt eine Zahl von 600 Talenten,[27] doch das läßt sich mit den Tributlisten nicht vereinbaren; also muß es sich um die Gesamtsumme aller Einkünfte aus dem Reich handeln. M. N. Tod[28] weist darauf hin, daß die Zahl der Mitglieder sich von Jahr zu Jahr änderte. Er schätzt den Tribut auf 369 Talente, 1690 Drachmen im Jahre 454/53 v. Chr. (137 Mitglieder); 349 Talente, 1140 Drachmen im Jahre 443/42 v. Chr. (165 Mitglieder) oder noch 29 Talente, 5500 Drachmen mehr, wenn wir Thasioi anstelle von Sermēs lesen;[29] 338 Talente, 390 Drachmen im Jahre 433/ 32 v. Chr. (166 Mitglieder). Im Jahre 425 v. Chr. brachte der Tribut, wenn wir die letztgenannte Zahl verdoppeln, 776 Talente, 780 Drachmen ein. Nach 404 v. Chr. verlor Athen alle seine von ihm abhängigen Bundesgenossen. Während des Zweiten Attischen Seebunds hatte es Verbündete, die allerdings nur Kriegskontributionen von höchstens 200 Talenten leisteten. Nach dem Bürgerkrieg (357–355 v. Chr.) waren es nur noch 60–46 Talente. Nach Chaironeia (338 v. Chr.) hörten alle Tributzahlungen auf. In jedem Falle deckte der Tribut während des Peloponnesischen Kriegs kaum die Kriegskosten, und für den Unterhalt der Bevölkerung Athens, soweit sie nicht Kriegsdienst leistete, müssen Industrie und Landwirtschaft in den von feindlichen Angriffen weniger betroffenen Gebieten und die wohlhabenderen Klassen aufgekommen sein, die schließlich von 413 v. Chr. an viel zu leiden hatten.[30]

„Die großen Verluste durch Dekeleia und die sonstigen schweren Lasten, die sie zu tragen hatten, brachten sie in finanzielle Schwierigkeiten; zu dieser Zeit erlegten sie ihren Bundesgenossen anstelle des Tributs die Steuer eines Zwanzigstels aller Importe und Exporte zur See auf, weil sie glaubten, das werde ihnen mehr Geld einbringen . . . Ihre Ausgaben waren weit höher . . .; aber ihre Einkünfte sanken."

Eine – anstelle des Tributs auferlegte – Steuer auf alle Importe und Exporte in den Häfen des athenischen Reichs sollte 1000 Talente oder mehr erbringen. Da der Steuersatz fünf Prozent betrug, entsprach diese Summe einem Gesamthandelswert von 20000 Talenten. Berücksichtigt man, daß Athener und möglicherweise auch athenische Metöken wahrscheinlich von der Besteuerung ausgenommen waren und daß jene Verbündeten, die nicht von Athen abhängig waren, also Chios (das sehr bald abfiel) und Samos, ebenfalls nicht zahlten, so kann man diese Zahl nicht für wirklich zutreffend halten. Immerhin beweist sie aber, daß selbst zu dieser Zeit

(413/12 v. Chr.), in einer sehr schwierigen Phase des Peloponnesischen Kriegs, der Seehandel in der Ägäis sehr beachtlich war.

Es ist also klar, daß zu jener Zeit der Anteil Athens bedeutend größer sein mußte als der für das Jahr 399/98 v. Chr. angezeigte, in dem die Importe und Exporte im Piräus einen Wert von 2000 Talenten darstellten.[31] Obwohl das athenische Reich über viele Häfen von nicht zu unterschätzender Bedeutung verfügte (die Tributlisten liefern uns indirekte Informationen), machte der Handel Athens wohl sicher mehr als ein Zehntel des Gesamtvolumens aus: ein Viertel (5000 Talente) wäre kaum zu hoch geschätzt, wenn man den Handel von Athenern und Metöken (Abgabefreiheit vorausgesetzt) einbezieht. Offenbar wurde vor der Einnahme Dekeleias und vielleicht nach dem Ende des Krieges ein großer Teil des Getreides über Oropos eingeführt,[32] wie Thukydides berichtet:

„Außerdem ging der Transport von Lebensmitteln aus Euböa, der vorher schneller durch Dekeleia auf dem Landweg von Oropos aus vorgenommen worden war, jetzt unter großen Kosten auf dem Seeweg um das Kap Sunion vor sich. Alles, was die Stadt brauchte, mußte auf ähnliche Weise importiert werden, und aus der Stadt wurde eine Festung."

Das zweite Beweisstück für den Umfang des athenischen Handels liefert eine Stelle aus Andokides' Rede ‚Peri Tōn Mysteriōn'.[33] Er berichtet hier, daß im Jahre 400/399 v. Chr. Agyrrios und eine Gesellschaft von reichen Leuten den Kontrakt für die Pacht der zweiprozentigen Steuer auf alle Importe und Exporte erwarb.[34] Es gibt auch andere Hinweise auf diese Steuer.[35] Der Kontrakt wurde für dreißig Talente erworben und brachte drei Talente Gewinn. Berücksichtigt man die Kosten des Einziehens, so erbrachte die Steuer wahrscheinlich fünfunddreißig Talente. Im nächsten Jahr (399/98 v. Chr.) überbot Andokides die Käufer des Vorjahrs und erwarb den Kontrakt für sechsunddreißig Talente. Wir dürfen infolgedessen annehmen, daß im Jahre 399/98 v. Chr. die Steuereinnahmen vierzig Talente betrugen und einem Handel im Werte von 2000 Talenten entsprachen, der also gegenüber dem vorangegangenen Jahr um 200 Talente zugenommen hatte. Die Konkurrenten des Andokides verabredeten sich, den Kontrakt wieder für dreißig Talente zu erwerben und so einen noch höheren Gewinn zu erzielen; der Wortlaut der Stelle[36] zeigt, daß sie bei der zweiten Gelegenheit mit größerem Widerstand rechneten, da dabei ein höherer Gewinn zu erreichen war. Der Anstieg des Gesamtwertes des athenischen Handels ist zweifellos darauf zurückzuführen, daß sich Athen nach dem Peloponnesischen Krieg sehr schnell wieder erholte. Bedenken wir die damaligen Verhältnisse, so erkennen wir, daß diese Zunahme nicht eine Folge vermehrter Lebensmitteleinfuhren war (wahrscheinlich gingen die Getreideimporte sogar etwas zurück, da Attika den durch die Einnahme Dekeleias und die früheren jährlichen Überfälle unterbrochenen Ackerbau wieder aufnahm), sondern ihren Grund in der vermehrten Einfuhr von Rohmaterial für die Industrien Athens und Attikas und dem entsprechenden Export von Fertigwaren hatte. Versuche, den Wert der athenischen Exporte und Importe in heutige Zahlen zu übertragen, stützten sich auf so viele willkürliche Annahmen, daß sie im Grunde wertlos sind.

Im folgenden soll von dem Beweismaterial für die industrielle Entwicklung Athens die Rede sein. Das zeitlich erste Objekt, von dem wir Näheres wissen, ist die Schildfabrik des Kephalos, eines Metöken in Athen, dessen Söhne Lysias und Polemarchos nach dem Tod des Vaters das Unternehmen gemeinsam weiterführten.[37] Der Betrieb beschäftigte 120 Sklaven.[38] Die Liste, in der Lysias die Beute erfaßte, die in der oligarchischen Revolution am Ende des großen Peloponnesischen Krieges von den Leuten der Dreißig Tyrannen weggeschleppt worden war, enthält offensichtlich alles, was in der Fabrik und den Häusern, die er und sein Bruder bewohnten, enthalten war. 700 Schilde sind erwähnt, zweifellos der vorrätige Lagerbestand; was die 120 Sklaven betrifft, so nahmen die Dreißig die besten (die handwerklich am besten ausgebildeten?) und übergaben den Rest dem Schatzamt.

Von Pasions Schildfabrik (s. o. S. 115 und a. S. 142) sagt Demosthenes, sie habe ein jährliches Einkommen von einem Talent erbracht.[39] Beloch[40] hat aus dieser Angabe errechnet, daß die Fabrik etwa achtzig Arbeiter beschäftigte. Diese Folgerung hat Hasebroek[41] mit Recht angefochten, weil dafür zu viele Einzelüberlegungen anzustellen sind, was einen solchen Rückschluß verbietet. Er führt die Bronzearbeiter des Leokrates[42] an, die für 35 Minen verkauft wurden – auch ein Fall, in dem ihre Anzahl nicht errechnet werden kann. Immerhin müssen es recht viele Arbeiter gewesen sein. Demosthenes macht genauere Angaben über die beiden bereits erwähnten Fabriken seines Vaters: 1. eine Liegebettenfabrik, die 20 Sklaven beschäftigte und von ihm als Sicherheit für eine Hypothek übernommen worden war; 2. eine Schwertfabrik, in der 32 bis 33 Sklaven in der Produktion tätig waren.

Der Redner verwendet für diese Fabriken die Bezeichnung *ergastēria*. Er beschreibt sie als ,,beide von nicht geringen Ausmaßen‘‘.[43] Man hat wegen dieses Ausdrucks angenommen, daß sie überdurchschnittlich groß waren; als Betrieb von durchschnittlicher Größe gilt die Schuhfabrik des

Timarchos,[44] die neun oder zehn Arbeiter unter der Führung eines ‚Fabrikleiters' beschäftigte. Bemerkenswert ist, daß es in diesem Falle nicht nur die Schuhmacher gab, sondern auch eine Weberin feiner Stoffe *(amorgina)* und einen Sticker. Weiteres Beweismaterial für ‚Fabriken' in Athen liefern die Flötenbauer, die dem Vater des Isokrates gehörten und von denen dieser sein Einkommen bezog.[45] Da sein Sohn eine ausgezeichnete Ausbildung erhielt, muß er sehr gut verdient haben; die Nachfrage nach Flöten war im Altertum größer als heute. Mehrere Beispiele ähnlicher, aber kleinerer Unternehmen finden sich bei Xenophon und bei Demosthenes (im Falle Konons).[46]

Wie auch immer wir die industrielle Entwicklung Athens einschätzen – wir müssen in jedem Fall die Bekundung des Thukydides[47] berücksichtigen, daß zwanzigtausend Sklaven oder ‚Handwerker' nach Dekeleia flohen, während es die Spartaner besetzt hielten, und daß auch Metöken und Bürger derartige Berufe ausübten. Aus der Tatsache, daß persönliche Mitwirkung bezeugt ist, können wir keine Schlüsse über den Umfang der attischen Industrie ziehen, da zweifellos viele kleine Handwerker sich ein paar Sklaven als Hilfskräfte kauften.[48] Doch auch wer ein Gewerbe in größerem Maßstab betrieb, konnte auf praktische Erfahrung nicht verzichten, wenn er sein Unternehmen gewinnbringend führen wollte. Wir erwähnen Kleons Vater,[49] ferner Anytos und dessen Sohn.[50] Anytos, der nach Büchers Ansicht ein einfacher Handwerksmann war, muß recht gut gestellt gewesen sein, da sein Sohn Zeit und Gelegenheit hatte, häufig Sokrates aufzusuchen. Kleons Vater Kleainetos war ein reicher Mann; es handelt sich mit ziemlicher Sicherheit um den in einer Inschrift erwähnten Kleainetos aus der Phyle Pandionis.[51] Man hat behauptet, daß Kleon nicht wegen Unterschlagung öffentlicher Mittel angeklagt worden wäre, wenn er vermögend gewesen wäre; durch den Fall Perikles ist diese Behauptung widerlegt. Hyperbolos, ein Schüler des Gorgias,[52] war nicht einfach ein gewöhnlicher Lampenmacher.[53] Er muß nebenher noch eine Metallgießerei besessen haben.

Im Zusammenhang mit dem Thema ‚Industriebetriebe'[54] stellt sich die Frage nach der Anzahl der beschäftigten Sklaven. Sehr viele von ihnen arbeiteten in den Silberbergwerken von Laureion (zu Bergwerkssklaven s. S. 209, 213). Außer Nikias und anderen Eigentümern von Bergwerkssklaven, die auf die antike Überlieferung Eindruck gemacht zu haben scheinen, gab es auch noch Mnason. Ihm gehörten tausend Sklaven,[55] die (wie die griechische Wendung vermuten läßt) als Haushaltssklaven in der Landwirtschaft und im Handwerk beschäftigt waren. Zweifellos nutzten

Angehörige eines Haushalts ihre Fertigkeiten für den Markt, aber es ist
unwahrscheinlich, daß Mnasos schon von Anfang an tausend Sklaven
besaß. Sicherlich spiegelt die Zahl, selbst wenn sie der Wirklichkeit auch
nur entfernt nahekommt, die allmähliche Entwicklung der Industrie in
ihrer engen Verbindung mit dem Haushalt wider. Höchstwahrscheinlich
handelte es sich dabei um einen Bestand von Sklaven, aus dem einzelne
Arbeitskräfte vermietet wurden. Es gab viele andere, die – verhältnismäßig selbständig – nach dem *apophorā*-System arbeiteten. Trotz allem, was
oben gesagt wurde, könnte man behaupten, daß es Industriebetriebe gegeben habe, die diesen Namen wirklich verdienten. Man darf nicht vergessen, daß selbst dort, wo das Gewerbe nur aus Gründen der Geldanlage
betrieben wurde, vermutlich eine Überwachung des Unternehmens
durch den Eigentümer erfolgte, da der *apeleutheros* des Demosthenes
und der *hēgemōn ergastēriou* des Timarchos nur Vorarbeiter waren.

Da es keine Maschinen gab, war die Arbeitsteilung in den *ergastēria* des
antiken Athen notwendigerweise begrenzt. Man hat ferner darauf hingewiesen, daß Sklaven im Gegensatz zu Maschinen in ihrer technischen
Fertigkeit nicht über einen bestimmten Punkt hinaus verbessert werden
können. Es gibt einige interessante Bemerkungen zur Arbeitsteilung in
der Antike. So heißt es bei Platon:[56]

„Unter den Menschen findet sich kaum einer, der in der Lage ist, zwei Berufe
oder Handwerke sachgemäß auszuüben ... kein Schmied sollte auch noch Zimmermann sein, kein Zimmermann sollte sich um andere, etwa Schmiede, mehr
kümmern als um sein eigenes Gewerbe, unter dem Vorwand, daß er, wenn er
viele für ihn arbeitende Haushaltsklaven beaufsichtigt, sich zu recht mit ihnen
befaßt, da er sein Einkommen durch sie bezieht, das größer ist, als das aus seiner
eigenen Tätigkeit."

Auch Diodor[57] sagt: „Bei den Ägyptern zieht sich jeder Handwerker, der
sich politisch betätigt oder mehr als ein Gewerbe ausübt, hohe Strafen
zu."

Und bei Xenophon heißt es:[58]

„... auch die anderen Handwerke werden in den großen Städten getrennt ausgeübt ... Wenn also in kleinen Gemeinden ein und derselbe Handwerker ein
Bett, eine Tür, einen Pflug und einen Tisch herstellt und oft auch noch Häuser
baut, genügt ihm das, sofern er auf diese Weise genügend Kunden hat, um
davon leben zu können. Es ist unmöglich, daß jemand, der viele Gewerbe
betreibt, sie alle gut ausübt. In den großen Städten reicht jedes Handwerk für
den Lebensunterhalt eines einzelnen aus, weil viele Leute die einzelnen Gegenstände brauchen. Und oft ist es noch nicht einmal ein Handwerk in seinem
vollen Umfang; sondern ein Mann verfertigt Männerschuhe, und ein anderer

Schuhe für Frauen. Und in manchen Fällen werden Schuhe in der Weise hergestellt, daß ein Handwerker sich seinen Lebensunterhalt mit der Näharbeit verdient, ein anderer mit dem Zuschneiden, wieder ein anderer mit dem Zurecht-
machen des Oberleders und ein vierter damit, daß er nur die Stücke zusammen-
setzt. Notwendigerweise also muß deshalb der Handwerker, der seine Tätigkeit
bei größter Arbeitsteilung ausübt, das Beste leisten."

Unter solchen Bedingungen gibt es eine Grenze, von der an eine Weiter-
entwicklung unrentabel wird. Wahrscheinlich ließen sich persönlich
überwachte Fabriken kleineren Umfangs besser beaufsichtigen, zudem
war die Überwachung billiger. Auch waren die Ausmaße eines industriellen Unternehmens dadurch begrenzt, daß es schwierig war, genügend
Kapital für einen Ausbau in großem Maßstab zusammenzubringen.
Überdies fehlte es an jener Einstellung, die man als ‚Industrialisierungs-
mentalität‘ bezeichnen könnte. Die griechischen (im wesentlichen athenischen) Banken hatten noch nicht angefangen, Kapital anzusammeln und
es für Industriezwecke verfügbar zu halten (s. u. Kap. VI). Infolgedessen
ist festzustellen, daß Betriebe nicht methodisch aufgebaut wurden; man
sieht das an denen, die dem Vater des Demosthenes gehörten. Noch
andere Umstände behinderten eine erfolgreiche Kapitalanhäufung durch
die Banken. Da waren die anhaltenden wirtschaftlichen Schwierigkeiten
im vierten Jahrhundert: Kriegssteuern und Leiturgien machten Kapital
teuer und rar. Banken und Privatleute zogen es vor, Geld für kaufmännische Unternehmungen auszuleihen, wo es schnelle und hohe Gewinne
brachte und die Investition geheim blieb. So heißt es bei Xenophon in
‚Peri Porōn‘, daß die Zinsen aus Darlehen für den Silberbergbau so hoch
seien wie die aus dem Handel (zwanzig Prozent). Hasebroek und Oertel
nehmen wahrscheinlich zu recht zwanzig bis dreißig Arbeiter für die
Durchschnittsfabrik an. Oertel betrachtet die *ergastēria*, was die Zahl der
Arbeiter betrifft, als Großwerkstätten, charakterisiert sie aber, dem Produkt und der Arbeitsweise nach als Handwerksbetriebe. Das Wort *ergastērion* könnte auf Sklaven angewendet werden,[59] bezeichnet aber auf
Inschriften sowohl den Betrieb als auch die Sklaven.[60] Daß in den *ergastēria* Sklaven und nicht freie Personen beschäftigt wurden, hatte Vorteile
und Nachteile. Arbeitskräfte im Sklavenstand hatte man auf Dauer und
ohne Unterbrechung, während freie Männer durch politische Verpflichtungen oft abgerufen wurden; auch leisteten Sklaven bessere Arbeit zu
billigerem Preis, weil sie Bestrafung fürchteten oder Freilassung erhoff-
ten. Ein Nachteil war andererseits, daß das mit dem Ankauf der Sklaven
investierte Kapital durch deren Krankheit oder Tod gefährdet war; ihre

Ausbildung war kostspielig, und es konnte vorkommen, daß sie passiven Widerstand leisteten. Große Gewinne jedoch wurden durch ihre Beschäftigung in der Industrie[61] erzielt, und Erfolg oder Fehlschlag eines Industrieunternehmens hing infolgedessen weitgehend davon ab, ob sich Sklaven und natürlich auch Rohstoffe billig beschaffen ließen. Der grandiose Plan Xenophons (?), einen Kapitalfonds zu gründen und ihn zum Erwerb von Sklaven zu verwenden, die dem Staat gehören und in den Silberbergwerken beschäftigt werden sollten, erwies sich als nicht durchführbar. Es besteht Grund zu der Annahme, daß sogar in dieser Industrie, in der große Mengen von Sklaven beschäftigt waren, das von einem einzelnen oder von zwei oder mehr Partnern betriebene Unternehmen verhältnismäßig klein war (s. Kap. IX).

Es lohnt sich, an diesem Punkt zu überlegen, welchen Einfluß eine große Sklavenmenge auf die wirtschaftlichen Verhältnisse der Bevölkerungsschichten in Athen ausübte. Dieses Thema behandelt Pöhlmann[62] eingehend, um seine These vom Gegensatz zwischen Unternehmertum und Arbeiterklasse im antiken Athen zu stützen. Die von ihm ausgesprochenen Grundsätze sind richtig, welchen Standpunkt man auch – angesichts der Tatsache, daß es Sklavenarbeit gab – zur Industrie Athens einnehmen mag. Der Einsatz von Sklaven vermehrte den Anteil ihrer Eigentümer, das heißt der wohlhabenden Klasse Athens, am nationalen Wohlstand und verminderte den Anteil der armen freien Bevölkerung, die durch die Sklaven aus Handel und Industrie verdrängt wurde. Die Folge davon war, daß die durch den Wohlstand (d. h. die Kaufkraft) der verschiedenen Schichten bedingte Nachfrage zurückging. Deshalb müssen große Mengen industrieller Erzeugnisse an ausländische Verbraucher verkauft worden sein, die dafür Lebensmittel und Rohstoffe lieferten. Unter diesen Umständen bestand ein besonderes Bedürfnis nach billigem Getreide, und die verhältnismäßige Armut eines großen Teils der Bevölkerung ließ Schwankungen im Getreidepreis besonders störend erscheinen.

Im fünften Jahrhundert war das kein so ernstes Problem, denn wenn Bürger nicht in der Lage waren, ihren vollen Lebensunterhalt aus Gewerbetätigkeit zu beziehen, konnten sie ohne allzu große Schwierigkeiten vom Staat teilweise unterstützt werden, da ja die Einkünfte aus dem Reich zur Verfügung standen. Nach dem Peloponnesischen Krieg verschwand mit dem Reich auch der Tribut, und der Einsatz von Sklaven konzentrierte den Reichtum wieder in verhältnismäßig wenigen Händen, während es den Normalbürgern sehr schlecht ging. Gaben sie ihre landwirtschaftliche Betätigung auf und zogen vom Land in die Stadt, so waren sie dort genau so arbeitslos wie die Heimkehrer aus dem Kriegsdienst. Ungenutztes Land erforderte Kapital für erneute Bebauung, also bildeten vermögende Leute ausgedehnte Güter, auf denen Freie, die kaum besser gehalten waren als Sklaven, Arbeit finden konnten. Die Bemühungen des Staats, die Armen so wie im fünften Jahrhundert zu unterstützen, waren zum Scheitern verurteilt, falls man nicht versuchte, den Reichtum gerechter zu verteilen. Dieses Ziel wurde offenbar im vierten Jahrhundert durch die zahlreichen *eisphorai* (Kriegssteuern), zu denen Metöken noch mehr beitrugen als Bürger, und durch die finanziellen Leistungen *(leitourgiai)* erreicht, die den Zweck hatten, den ärmeren Bürgern eine Teilhabe an den Gewinnen der Reichen zu sichern, die sie selbst nicht erlangen konnten. Das führte jedoch letztlich zu einer Behinderung des Wachstums der Industrie auf kapitalistischer Basis.

Das geringe Beweismaterial, das wir hinsichtlich des Umfangs der Industrie Athens besitzen, ergänzt und bestätigt bis zu einem gewissen Grade die oben vorgetragene Ansicht. Der Importhandel war im fünften und auch im vierten Jahrhundert sehr bedeutend, doch herrscht in bezug auf den Exporthandel erhebliche Ungewißheit. Als sich im letzten Drittel des Peloponnesischen Kriegs in Dekeleia die spartanische Besatzung festsetzte, war das für die attischen Industrien und die Silberminen sicher ein schwerer Schlag, von dem sie sich noch mehrere Jahre nach Kriegsende nicht erholen konnten (ein weiterer, wenn auch weniger schwerer Schlag für die athenische Industrie, besonders in ihrer Exportaktivität, war der Korinthische Krieg). In der Zeit von 400–398 v. Chr. erlitt der Importhandel wenn überhaupt, dann nur geringe Einbußen, während der Exporthandel stark zurückgegangen sein wird, einmal, weil die Industrie durch die Flucht der Sklaven und infolge zunehmender finanzieller Schwierigkeiten Schaden nahm (Athen mußte im Jahre 460 v. Chr. dazu übergehen, Tetradrachmen aus Bronze zu schlagen, die erst 394 v. Chr. eingezogen wurden)[63] und dann, weil die Märkte verlorengingen.[64]

Im vierten Jahrhundert muß deshalb einige Jahre hindurch die Handelsbilanz ungünstig gewesen sein, aber Athen erholte sich schnell, obwohl es anderen Industriestaaten gegenüber nicht im Vorteil war. Die Ausgaben für die Staatsverwaltung und auch die Vorstellung vom Staat als einer Art Fürsorgefonds, die sich herausgebildet hatte, als Athen noch sein Reich besaß, erschwerten den Ausgleich des Staatshaushalts, der nicht in der Lage war, außergewöhnliche Belastungen – die Kosten für Heer und Flotte – zu tragen. Die Kapitalsteuer, die *eisphora*, deren

Zweck bereits dargelegt wurde, führte zweifellos dazu, daß die Investitionen in Grundbesitz und Industrie, die dort leicht zu ermitteln waren, in Handelsdarlehen umgewandelt wurden, bei denen das Kapital zur *ousiā aphanēs* wurde und leichter verheimlicht werden konnte; so hatte etwa Demosthenes' Vater nur dreiundfünfzig Prozent seines Vermögens in Industriebetrieben angelegt.[65] Dieses Phänomen bildete sich wahrscheinlich im vierten Jahrhundert langsam heraus, doch nach dem Krieg mit den Verbündeten des Zweiten Attischen Seebunds (dem Bundesgenossenkrieg von 357–355 v. Chr.) mag Athen einen bedenklichen Rückgang seiner Industrien festgestellt haben, während die verstärkte Konkurrenz um das Getreide vom Kimmerischen Bosporus darauf hindeutete, daß dementsprechend auch die Konkurrenz bei der Versorgung dieses Gebiets mit den notwendigen Objekten im Gegenhandel zunahm.

So lagen die Dinge, als Xenophon seine Abhandlung ‚Peri Porōn'[66] verfaßte und damit die Politik des Eubulos unterstützte, der Athen aus dem Bundesgenossenkrieg heraushalten und die Theorikon-Kasse zum Wohl der Bürger einrichten wollte. Xenophon macht spezifische Vorschläge: er befürwortet sowohl eine Förderung der Ansiedlung von Ausländern in Athen und eine Erweiterung der praktischen und gesetzlichen Erleichterungen für den dortigen Handel als auch die umfassende Erschließung der Silberbergwerke, die er für unerschöpflich hält. Wenn auch seine Vorschläge für einen ‚Darlehensfonds' zur Bildung eines Bestands staatseigener Sklaven einigermaßen vage und seine Berechnungen höchst zweifelhaft sind, zeigt der Nachdruck, mit dem er auf die Bedeutung des Silbers (z. B. als ‚Rückfracht') hinweist, daß er überzeugt war, dieses Metall werde die negative Handelsbilanz verbessern, die sich beispielsweise aus den Schulden Athens bei Leukon und dessen Söhnen ablesen läßt.[67]

Ähnliches gilt für seine Vorschläge, eine Flotte aus staatseigenen Handelsschiffen zu bilden. Xenophon glaubte, der Staat könne, wenn er diese Schiffe an geeignete Leute vermiete, einen ansehnlichen Gewinn erzielen – wäre dieser Plan ausgeführt worden, so hätte er eine Parallele in den ‚unsichtbaren Exporten' unserer Zeit gefunden, die stark dazu beitragen, die ungünstige Handelsbilanz Englands zu verbessern. Gleichzeitig hätte der Staat dann eine Flotte von Schiffen zur Beförderung lebenswichtiger Güter, etwa von Getreide, zur Verfügung gehabt und wäre dadurch weniger abhängig vom guten Willen der *emporoi*, die den athenischen Getreidehandel zu dieser Zeit fast ganz in der Hand hatten.

Die Tendenzen und die Zustände, die solche Vorschläge zur Folge

hatten, sind wichtiger als die Vorschläge selbst. Der allgemeine Wirt-
schaftstrend in der zweiten Hälfte des vierten Jahrhunderts trug zweifellos in Verbindung mit der Ungunst der Ereignisse dazu bei, die Hunger-
jahre herbeizuführen, die sich nun anschlossen.

V. Die Einstellung des Staats zu Handel und Händlern

In neuerer Zeit und vor allem in den letzten Jahren, seitdem man vom Prinzip des Freihandels abgekommen ist, sind naturgemäß zwei Gesichtspunkte für die staatliche Förderung des Handels maßgebend: Erstens die Unterstützung der heimischen Industrie und die größtmögliche Einschränkung der Importe durch Zölle, und zweitens der Ausbau des Exporthandels und die Erschließung neuer Märkte durch Wettbewerb oder Handelsverträge. Die Aufmerksamkeit hat sich stärker auf den Exporthandel als auf Absatzmöglichkeit für die Industrieunternehmungen der Nation konzentriert.

In den letzten Jahren hat allerdings in vielen Fällen die ungünstige Handelsbilanz, die sich zwischen den Exporten und Importen herausgebildet hat, immer deutlicher gezeigt, daß die vordringlichste und ursprüngliche Funktion des Exporthandels darin besteht, die lebensnotwendigen Güter zu bezahlen, die eingeführt werden müssen. Eine Nebenfunktion ist der Kapitalaufbau im Ausland.

Vor allem unter diesen Gesichtspunkten sah man den internationalen Handel auch im Athen der klassischen Zeit. Die athenische Wirtschaftspolitik war auf zwei Ziele gerichtet: man wollte die Staatseinkünfte durch die Besteuerung von Import- und Exportgütern vermehren, ein Zweck, dem nicht nur die Zunahme der Importe und Exporte zugutekam, sondern insbesondere auch das unablässige Bemühen um eine Sicherung der Getreidelieferungen von Übersee. Um diese Lieferungen, die immer stärker gefährdet waren, seit Athen die Meere nicht mehr beherrschte, ging es auch anderen Staaten, und der gesamte Handel beruhte auf dem guten Willen der Händler, die fast immer Ausländer waren. Die Tatsache, daß es keine staatliche Handelsmarine gab, veranlaßte Xenophon, in seiner Schrift ,Peri Porōn‘,[1] die Schaffung einer staatseigenen Handelsflotte vorzuschlagen, die gleichzeitig auch die Staatseinkünfte steigern sollte. Da es keine solche Flotte gab, mußte man die Kaufleute unbedingt dazu bringen, daß sie Athen zum Bestimmungsort ihrer Seefahrten machten, und das war gar nicht leicht.

Was den gesetzlichen Schutz betraf, so gingen die Bemühungen des athenischen Staats in zwei Richtungen: 1. Man schuf gesetzliche Erleichterungen zur Beilegung von Handelsstreitigkeiten in Athen für Bürger, ansässige Nicht-Athener und Ausländer, die vorübergehend den Hafen aufsuchten. 2. Man traf Maßnahmen, um in juristischen Angelegenheiten die Rechte von Athenern und allen, die von Athen aus Handel trieben, in anderen Staaten sicherzustellen.

Auf Grund der literarischen Zeugnisse dürfen wir annehmen, daß sich athenische Bürger nur selten mit Handel (gemeint ist Überseehandel) befaßten.[2] Die langen Abwesenheiten, die sich in einem solchen Beruf zwangsläufig ergaben, hinderten jeden der ihn ausübte, seine Pflichten als guter Bürger zu erfüllen, und außerdem blieb dem seefahrenden Kaufmann *(emporos)* jene Verachtung nicht erspart, die man allgemein für alle Zwischenhändler empfand, mochte sie ihn auch weniger stark treffen als den Kleinhändler. Man könnte sagen, daß Armut oder ein Verbannungsurteil die einzigen Gründe waren, die einen Athener dazu bewegen konnten, das Leben eines Kaufmanns zu führen. In derart schwierigen Verhältnissen finden wir Andokides (den Rhetor), der ein unstetes Leben führte.[3] In den erhaltenen Reden, die sich mit Handelsfällen befassen, finden wir kein Beispiel eines Atheners, der sich unmittelbar als seefahrender Kaufmann betätigt hätte. Andererseits enthalten die Inschriften, die sich auf *proxeniā* und ähnliches beziehen, zahlreiche Hinweise auf Athener, die sich im Ausland betätigten und von denen zumindest einige mit Handel befaßt gewesen sein müssen. Doch wenn athenische Bürger auch nicht unmittelbar als Kaufleute aktiv waren, so förderten sie gleichwohl die Entwicklung des Handels, indem sie Kapital für Handelsunternehmungen ausliehen. Das war eine beliebte Geldanlage, die zwar nicht so sicher war wie Grundbesitz, aber doch einen hohen Gewinn brachte. Derartige Darlehen stellten *ousiā aphanēs* (unsichtbares Vermögen) dar und waren in dieser Form nicht im gleichen Maße der Veranlagung für die Kriegssteuer oder dem lästigen Vergleich mit dem Vermögen anderer ausgesetzt wie die *ousiā phanerā* (sichtbarer Besitz oder Liegenschaften). Bei den Rednern finden wir reichlich Zeugnisse dafür, daß große Summen auf diese Weise verwendet wurden. Es lag im Interesse des athenischen Staats, solche Spekulationen zu fördern, damit insbesondere der Getreidehandel Nutzen davon hätte. Die Darlehensgeber konnten deshalb mit Schutz und Wiedergutmachung durch die neu etablierten Handelsgerichte rechnen, wenn sie an betrügerische Kaufleute gerieten. In der weitesten Auslegung des Wortes waren *emporikai dikai* Streitigkeiten, die sich aus den in Athen (im athenischen *emporion*) geschlossenen Verträgen ergaben. Sie wurden unter der Leitung der als *thesmothetai* be-

1. Geometrischer Dreifußkessel aus Bronze, Olympia, 9. Jh. v. Chr.

a   b   c   d

e

2. Frühe griechische Münzen: a und b – früheste ostgriechische Elektronmünzen; c – früheste Elektronmünze von Phokäa; d – früher Stater aus Ägina; e – früher Stater aus Korinth.

4. Bronzerüstung aus Argos, späteres 8. Jh.
   v. Chr.

3. Kessel mit konischem Fuß, Praeneste, Italien.

5. Arkesilas-Schale, Vulci, um 565 v. Chr.

6. Zwei Männer tragen ein Vorratsgefäß. Vasenbild von einer attischen schwarzfigurigen Amphore, um 500 v. Chr.

7. Die Dioskuren und ihre Eltern. Attische schwarzfigurige Amphore des Exekias, um 530–525 v. Chr.

8. Zwei Männer feilschen beim Fischhändler um einen Thunfisch. Rotfiguriger Glcckenkrater aus dem 4. Jh.

9. Olivenernte. Vasenbild des Antimenes-Malers auf einer attischen schwarzfigurigen Halsamphore. Spätes 6. Jh.

10. Penelope beim Teppichweben. Vasenbild auf einem attischen rotfigurigen Skyphos.

11. Zimmermann, der Holz mit einer Axt bearbeitet. Vasenbild des Zimmermann-Malers auf einer attischen rotfigurigen Schale.

12. Ein Mann mit Zangen und ein Jüngling mit einem Hammer. Vasenbild auf einem attischen schwarzfigurigen Krug.

13. Eine Töpferwerkstatt. Vasenbild auf einer attischen schwarzfigurigen Hydria, Ende des 6. Jhs.

zeichneten Richter schneller als andere erledigt. Die Institution diente in erster Linie dem Wohl der *emporoi*, damit Kaufleute so wenig wie möglich aufgehalten wurden, aber sie nützten infolge ihrer raschen Entscheidungen und dank dem Vorteil eines Sondergerichts auch den Darlehensgebern.[4] Man konnte also sagen, daß es in den Gesetzen viele und vorteilhafte Hilfen für alle gab, die Geld verliehen. In den erhaltenen Reden wird durchgehend betont, wie wichtig es war, die Geldgeber durch eine für sie vorteilhafte Entscheidung zu beschwichtigen und andere zu ähnlichen Spekulationen zu ermutigen.

Die aktive Förderung des Überseehandels jedoch war auf die große Anzahl der Nicht-Athener, der *xenoi metoikoi*[5] zurückzuführen, die ständig oder vorübergehend in der Stadt wohnten. Diese fremdstämmige Bevölkerung bestand aus zwei Klassen, den *metoikoi* (Metöken) oder ansässigen Nicht-Athenern und den *xenoi parepidēmūntes* oder vorübergehend anwesenden Ausländern. Für den Umgang mit ihnen gab es in Athen oder auch in jedem anderen Staat zwei Möglichkeiten: man konnte für sie besondere Gesetze erlassen und ein eigenes Richtergremium einsetzen, oder man konnte verschiedene zwischenstaatliche Rechtsabkommen treffen, durch welche den Angehörigen der vertragschließenden Staaten, die eine Zeit lang im Staat eines Vertragspartners wohnten, gesetzliche Rechte in diesem gesichert waren. Derartige Abkommen bestanden zwischen Athen und anderen Staaten, und in bestimmten Fällen hatten Ausländer Prozesse laufen *(dikai apo symbolōn)*, die in Athen gemäß diesen Vereinbarungen *(symbola)* entschieden wurden.[6]

Im allgemeinen wendete man die erste Methode bei Metöken und die zweite bei vorübergehend ansässigen *xenoi* an, aber manchmal wurden beide so miteinander verbunden, daß auf Grund der zwischenstaatlichen Vereinbarung mit der Behandlung von *xenoi*-Streitsachen Richter beauftragt wurden, die auch schon für Metökenfälle zuständig waren. So sollten im Falle der Stadt Phaselis[7] Streitigkeiten in Athen, in die ein Mann aus Phaselis verwickelt war, von dem *polemarchos* entschieden werden, der auch eine allgemeine Kompetenz für Rechtssachen besaß, die ansässige Nicht-Athener betrafen. Im vierten Jahrhundert allerdings fielen in Athen die *dikai apo symbolōn* in die Zuständigkeit der *thesmothetai*.[8] Ob es im fünften auch so war, ist ungewiß. Daß schließlich ansässige Nicht-Athener die Vorrechte der *symbola* genossen, falls solche zwischen Athen und ihren Heimatstaaten bestanden, ist kaum anzunehmen. Wahrscheinlich unterstanden sie ausschließlich den Gesetzen, die in Athen für sie erlassen worden waren.

Obwohl es uns in der Hauptsache um die *emporikai dikai* geht, weil
diese Einrichtung der Förderung des Handels dienen sollte, ist es sinn-
voll, kurz zu schildern, wie man verfuhr, wenn in einen solchen Streitfall
ein Metöke verwickelt war, der nicht in diese Kategorie gehörte. Aus
Aristoteles[9] läßt sich entnehmen, daß in Zivilprozessen von *metoikoi,
isoteleis* und *proxenoi* (die beiden letzteren bildeten die privilegierte Klasse von Ausländern, denen der athenische Staat Sonderrechte zugestand)
der *polemarchos* eine vorläufige Entscheidung traf. Eine Formulierung,
die in Ehreninschriften oft vorkommt, bezeugt das: ,,Wie die anderen
proxenoi sollen sie Zugang zum *polemarchos* haben." Dieser überwies sie
dann an eine der zehn Gruppen von je vier *dikastai* (Richtern?), deren
Aufgabe es war, Privatprozesse für Angehörige einer jeden Phyle einzu-
leiten. Metöken gehörten keiner Phyle an, infolgedessen wurden die Fälle, in die sie verwickelt waren, durch das Los auf die zehn Gruppen von je
vier Phylenrichtern verteilt. Diese wiederum übergaben die Fälle an die
öffentlichen Schiedsmänner, und wenn es hier nicht zu einer Schlichtung
kam, brachten die Phylenrichter den Fall vor die *hēliaiā*, ein Gericht, das
sich auf Geschworene aus der Bürgerschaft stützte und bei dem sie den
Vorsitz hatten.[10] Allgemein gesprochen hatte der *polemarchos* in Streitfällen aller Art (außer in Handelsprozessen) einem Metöken gegenüber die
gleiche Funktion wie der *archōn basileus* gegenüber einem Bürger.[11] Es
war ein langwieriges und mühseliges Verfahren.

Eine umfassende Untersuchung der rechtlichen Stellung der Metöken
und der Bedeutung des Amtes eines *prostatēs* (Vertreters) hat Clerc
durchgeführt.[12] Er stellt fest, daß in der Literatur des fünften Jahrhunderts nirgends ein *prostatēs* erwähnt sei. Aristophanes[13] jedoch spricht
von Kleon als einem *prostatēs*, was freilich hier ,Vorkämpfer' bedeuten
mag, wie Clerc an einer anderen Stelle annimmt.[14] In der Literatur des
vierten Jahrhunderts gibt es mehrere Hinweise: 1. bei Aristoteles[15] in
Verbindung mit bestimmten Privilegien, die Metöken zugestanden wurden: ,,aber sie müssen einen *prostatēs* haben"; 2. bei Demosthenes:[16]
,,Rufe den *prostatēs* der Zobia"; 3. noch einmal bei Demosthenes; [17]
4. bei Hypereides;[18] 5. bei Isokrates.[19] Interessant ist, daß Hesychios[20]
bei Erwähnung der ,Gesetze' des Kratinos, eines Komödiendichters aus
dem fünften Jahrhundert, von der *dikē aprostasiu* (Prozeß wegen der
Versäumnis, sich einen *prostatēs* zu nehmen) spricht, doch geht es bei der
Erwähnung eigentlich nur um den *polemarchos*, dem im vierten Jahrhundert solche Fälle unterstanden.[21] Die Funktion des *prostatēs* kannte man
auch in Megara,[22] in Oropos[23] und zweifellos auch an anderen Orten.

Wir besitzen also einiges Beweismaterial dafür, daß es im vierten, wenn nicht schon im fünften Jahrhundert das Amt des *prostatēs* gab. Die Frage bliebe, welche Bedeutung seine Einschaltung in die Angelegenheiten eines Metöken hatte. Laut ‚Suda' bezahlte der Metöke die Metökensteuer über den *prostatēs*, der außerdem alle seine sonstigen Angelegenheiten überwachte.[24] Indes scheint der Metöke, was die Steuer betrifft – im Widerspruch zur ‚Suda' – für die Zahlung selbst verantwortlich gewesen zu sein, da er bei Unterlassung Gefahr lief, verkauft zu werden. Im Zusammenhang mit privaten Streitfällen wird nirgends ein *prostatēs* erwähnt.[25] In jedem Fall mußte die Inanspruchnahme eines solchen Vertreters bei der Durchführung aller rechtlichen Angelegenheiten eine starke Belastung sein. Auch bei öffentlichen Klagen *(graphai)* wird das Amt nur im Zusammenhang mit Zobia und Aristagora erwähnt, die als Frauen einen *kyrios* (Vormund) brauchten; das galt für Bürgerinnen genau so wie für Ausländerinnen. In Lysias' Rede für Kallias[26] ist der Bürger, der Kallias hilft, ein Freund. In Isaios' Rede für den Bankier Eumathes werden die Darlegungen von einem Bürger vorgetragen, dem Eumathes gefällig gewesen war. In Lysias' Rede gegen die Getreidehändler (22) sind *prostatai* nicht erwähnt. Man mag den Zeugnissen der Lexikographen durchaus mißtrauen, aber die Texte aus dem vierten Jahrhundert kann man nicht unbeachtet lassen.[27] Sie zeigen, daß das Amt des *prostatēs* nur von geringer Bedeutung war (drei der Beispiele aus dem vierten Jahrhundert beziehen sich auf Frauen),[28] obwohl es als Sicherheit verlangt wurde.[29]

War der Angeklagte in einem Streitfall ein Metöke, so darf man erwarten, daß der Fall an die Richter der Phyle des Klägers überwiesen wurde, falls dieser ein Bürger war. Doch wenn man annimmt, daß *dikai hai tois metoikois gignomenai* „gegen Metöken eingebrachte Klagen" bedeutet, so erfahren wir bei Aristoteles,[30] daß der *polemarchos* damit befaßt war und sie durch das Los an die Phylenrichter weitergab. War ein Metöke der Kläger, dann könnte ihn, falls wir uns der Meinung anschließen, daß der *polemarchos* nicht auch diese Funktion übernahm, sein *prostatēs* den offiziellen Richtern seiner Phyle zugeführt haben.

Laut Clerc[31] wäre es die plausibelste Methode, wenn sich die Zuständigkeit des Richters aus dem Status des Vorgeladenen ergäbe. Wäre also ein Metöke der Angeklagte, so hätte sich der *polemarchos* mit dem Fall zu befassen (eine Ansicht, die durch den Prozeß gegen Pankleon[32] und die Klage Pasions gegen den Sohn des Sopaios bestätigt wird).[33] Gemäß dieser Ordnung müßten daher, falls ein Bürger angeklagt war, die Richter seiner Phyle den Prozeß einleiten. Clerc allerdings nimmt an, daß der Aristotelestext sich auf alle Streitfälle beziehe, das heißt, daß der Prozeß immer vom *polemarchos* eingeleitet worden sei, gleichviel, ob der Metöke Angeklagter oder Kläger war. Wie sich das auch verhalten mag – der Unterschied wäre nur formal, da der weitere Verlauf in beiden Fällen gleich war.

Hinsichtlich öffentlicher Klagen, die sich etwa gegen einen Metöken richten konnten, der auf eine bereits verpfändete Fracht einen Kredit aufzunehmen versuchte, waren die ordentlichen Richter zuständig; bei solchen Verfahren traten Metöken im allgemeinen nur als Angeklagte auf.[34] So verklagt 1. bei Aischines die Waise Diophantes einen Ausländer vor dem *archōn epōnymos* wegen einer Schuld;[35] 2. verklagt bei Demosthenes[36] Apainetos von Andros einen Bürger Stephanos wegen ungesetzlichen Festhaltens; 3. wurden Anklagen in Fällen illegaler Kreditaufnahme auf kaufmännische Unternehmungen[37] ganz allgemein bei den Beamten erhoben, die den Hafen überwachten. (Der Status athenischer Metöken außerhalb Athens ist bei Clerc behandelt,[38] und die Wahrnehmung ihrer Interessen wird am Beispiel des Herakleides von Salamis deutlich;[39] hier handelt es sich um einen Sonderfall, da der Betroffene im Getreidehandel tätig war.)

Wenden wir uns den *xenoi* im engeren Sinne zu, so finden wir, daß sie drei möglichen Situationen gegenüberstanden. Waren sie in *emporikai dikai* verwickelt, so wurden diese Fälle, die stets einen wirtschaftlichen Ausgangspunkt hatten, von den *thesmothetai* verhandelt.[40] Offenbar war dies die umfangreichste Gruppe von Prozessen, in denen *xenoi* eine Rolle spielten. Ergaben sich Streitfälle außerhalb dieser Kategorie, in die nichtansässige Fremde verwickelt waren, so wurde der Fall gemäß den Bestimmungen eines zwischenstaatlichen Abkommens *(symbolē)* behandelt, falls ein solches zwischen Athen und dem Staat des betroffenen Fremden bestand. Im allgemeinen waren die *thesmothetai* dafür zuständig.[41] Gab es kein Abkommen, so entschieden die normalen Gesetze und Gerichtshöfe Athens den Fall. Nichtansässige Fremde konnten offenbar keinen *prostatēs* haben, doch ist anzunehmen, daß der offizielle *proxenos* ihres Staats in Athen ihnen Beistand leistete.

Obige Erörterungen könnten in weiten Teilen den Eindruck erwecken, als berührten sie unser Thema nur am Rande, aber das Gesagte veranschaulicht die Schwierigkeiten, unter denen Ausländer, ob ansässig oder nur vorübergehend anwesend, gelegentlich ihre Geschäfte betreiben mußten, was nicht ohne Einfluß auf ihre potentiell wohlwollende Einstellung gegenüber Athen bleiben konnte. In der großen Zeit seines Imperiums durfte das Athen gleichgültig sein, nicht aber im vierten Jahrhundert. So erklärt sich aus augenfälligen Gründen das Bestreben, Erleichterungen zu schaffen, die auswärtigen Besuchern mehr Nutzen brachten als ansässigen Fremden.

Die Anstrengungen, die der athenische Staat machte, um seine Bürger und jene Kaufleute, die mit Athen und von Athen aus Handel trieben, zu schützen, wenn sie sich in einem anderen Staat befanden, müssen als ebenso wichtig angesehen werden wie die gesetzlichen Anordnungen, die es in Athen selbst gab. Man kann diese Bemühungen unter zwei Kategorien zusammenfassen: die Ernennung von *proxenoi* in ausländischen Staaten und die Einführung zwischenstaatlicher Abkommen für die Entscheidung privater Streitfälle.

Es ist üblich, das Amt des *proxenos* mit der Stellung eines Konsuls von heute zu vergleichen, wobei der Unterschied darin besteht, daß letzterer meist ein Angehöriger des von ihm vertretenen Staates ist, während der *proxenos* ein Bürger des Staats war, in dem er lebte und sein Amt ausübte.[42] Er wurde ferner im eigenen Staat nur halboffiziell als Vertreter eines anderen Staats anerkannt. Das Amt hatte sich aus dem Verhältnis einer privaten Gastfreundschaft heraus entwickelt, und Hasebroek[43] nimmt mit gutem Grund an, daß es älter ist als die Einrichtung der *symbola* (Rechtshilfeverträge). Tatsächlich fiel das Aufkommen des Amtes eines *proxenos* zeitlich wohl mit der Praxis der Einziehung *(sylē)* zusammen, der alle Fremden in einem Staat ausgesetzt waren. Wenn fremde Händler die Beschlagnahme ihrer Ware oder ihre Verhaftung erdulden mußten, war die Unterstützung eines *proxenos* besonders notwendig. Später wurde das Recht der *sylē* durch gerichtliche Maßnahmen auf Grund eines zwischenstaatlichen Abkommens ersetzt.[44] Hasebroek[45] ist aber sicher im Irrtum, wenn er annimmt, das Amt des *proxenos* sei in Verfall geraten, als sich zwischenstaatliche Abkommen herausbildeten (natürlich wurde es zum reinen Ehrenamt, wenn man es Metöken zugestand).[46] Es ist nicht anzunehmen, daß sich *symbola* in größerem Umfange entwickelten, vor allem nicht in Staaten, die weit voneinander entfernt lagen oder die nicht miteinander verbündet waren. Wie wir später sehen werden, scheint es vielmehr die Regel gewesen zu sein, daß ansässige Ausländer den Gesetzen des Staates unterstanden, in dem sie wohnten, und daß der *proxenos* ihres Staates verpflichtet war, ihnen jeden Schutz zu gewähren, dessen sie bedürftig sein mochten. Die besten Beispiele gewinnen wir aus den Fällen, in denen bekannte Männer des öffentlichen Lebens das Amt des

proxenos innehatten: Pindar (*proxenos* für Athen in Theben); Kimon,
Alkibiades und Kallias (für Sparta in Athen); Nikias (für Syrakus) und
Demosthenes (für Theben). Wenn man nicht annimmt, daß das Amt des
proxenos seine Bedeutung behielt, läßt sich nur schwer erklären, daß wir
so gut wie gar keine Zeugnisse für *symbola* zwischen Athen und anderen
großen Handels- und Industriestädten wie Korinth, Syrakus und Megara
besitzen.

Eine Überprüfung der zahlreichen athenischen Dekrete, welche die
Würde eines *proxenos* zuerkennen oder erneuern, zeigt, daß sich drei
Klassen unterscheiden lassen. Diese Ehre wurde erstens jenen zuteil, die
dem athenischen Staat allgemein bekannte politische Dienste geleistet
hatten.[47] Zweitens gibt es eine umfangreiche Gruppe von Dekreten, in
denen die geleisteten Dienste nicht im einzelnen angegeben sind.[48] In
beiden Gruppen ist die Zuerkennung der *proxeniā* oft mit dem Privileg
des Landerwerbs[49] und mit *isoteleiā* (finanzielle Gleichstellung mit Bürgern)[50] oder *ateleiā* (Steuerbefreiung) verbunden. Wo Befreiung von
Steuern gewährt wird, ist sie manchmal eigens als *ateleiā metoikiu* bezeichnet;[51] in anderen Fällen bedeutet sie zweifellos Befreiung von öffentlichen finanziellen Belastungen *(leiturgiai)* in Athen und nicht *ateleiā
hapantōn* (was Import- und Exportsteuern einschließt), die der athenische Staat nur selten gewährte. Die dritte Gruppe von Dekreten, in der
das Amt des *proxenos* auf Grund von Diensten für den Handels- oder
Geschäftsverkehr zuerkannt wurde, verfolgte offenbar praxisnähere Ziele
als die anderen beiden, obwohl auch hier die Überlegung eine Rolle
spielte, daß man aus potentiellen Diensten von Freunden Athens Nutzen
ziehen wollte.

Gut vertreten ist die dritte Dekretgruppe außerhalb Athens. In den
meisten Fällen war die Zuerkennung der *proxeniā* mit dem Privileg der
Steuerfreiheit und mit anderen Rechten verbunden, die in der Formel
,,das Recht, in Krieg und Frieden im Genuß der Immunität und ohne ein
vertragliches Abkommen ein- und auszureisen" zusammengefaßt wurden. Man kann mit gutem Grund einwenden, daß die Gewährung dieser
Rechte die Empfänger als Leute kennzeichnet, die mit Handel zu tun
hatten – aber es gibt Ausnahmen: die Erythräer gewährten Konon (394
v. Chr.) ,,*proxeniā* und Befreiung von allen Zahlungen, sowohl für Importe als auch für Exporte in Krieg und Frieden",[52] und dem Maussollos
von Karien (357/56 v. Chr.)[53] ,,*proxeniā* und Befreiung von allen Steuern;
Hafeneinfahrt und -ausfahrt in Krieg und Frieden mit Immunität und
ohne jeden Vertrag". Interessant ist ein Zugeständnis, das Oropos vor-

nehmen Makedoniern machte.[54] Doch alle diese Leute waren allgemein bekannte Persönlichkeiten, und die Privilegien des Maussollos wurden vielleicht auch allen anderen zugestanden, die von seinem Reich aus Handel trieben. Was Konon betrifft, so dürfen wir nicht vergessen, daß Befreiung von Exportsteuer manchmal für private Exporte gewährt wurde;[55] wir können die Formeln ,,für seinen persönlichen Haushalt'', ,,für seinen persönlichen Erwerb'' damit gleichsetzen.[56] Solche Persönlichkeiten waren besonders geeignet, den Staat zu vertreten, von dem sie ernannt wurden, und dessen Kaufleute zu beschützen: so ehren die Böotier einen Nuba von Karthago (364/63 v. Chr., im Jahr der Aufstellung der böotischen Flotte) mit ,,Befreiung von Steuern und Immunität zu Lande und zu Wasser''.[57] Knidos ehrte Iphiades von Abydos (360 v. Chr.) mit *proxeniā*, dem Recht, immun nach Knidos einzureisen und wieder auszureisen, ohne Vertrag, im Frieden und im Krieg.[58] Die Rhodier von Lindos ehrten in dieser Weise einen Ägineten aus Naukratis,[59] und die Olbianer den Chairigenes aus Mesambria.[60] Ähnliche Privilegien gewährte Pairisades einem Bürger von Peiraieus am Schwarzen Meer.[61]

Was Athen betrifft, so gibt es reichlich Beispiele für die Verleihung der *proxeniā* an Männer, die mit Handel befaßt waren, oder auch für die ,ehrende Erwähnung' oder – wie wir heute sagen würden – eine Auszeichnung (Zuerkennung eines Kranzes) derer, die jenes Amt schon innehatten. Abgesehen von einer nicht näher zu bestimmenden Gruppe[62] und von Beispielen, in denen Ehrungen für vergangene oder versprochene Leistungen im Getreidehandel verliehen wurden,[63] begegnen uns Fälle, in denen ausdrücklich festgestellt wird, daß die mit der *proxeniā* zu Ehrenden oder bereits Geehrten athenische Bürger als Besucher ihres Staates unter ihren Schutz nehmen. So werden Leuten aus Kyrene Ehren zuerkannt (353/52 v. Chr.): ,,*proxenoi* betreffend, damit es Leute gibt, die sich in Kyrene um die Athener kümmern, die dorthin kommen … (diese) Männer aus Kyrene sollen ehrend erwähnt werden, da sie sich gegenüber den Athenern, die dorthin kommen, als gute Männer erwiesen haben'';[64] ähnlich wird auch Theogenes aus Naukratis geehrt (349/48 v. Chr.): ,,er ist ein guter Mann in bezug auf das Volk von Athen und tut für jene, die (nach Naukratis) kommen, privat und öffentlich so viel Gutes, wie er nur kann'';[65] geehrt wird ebenso ein Korinther (341/40 v. Chr.) ,,da er sich unablässig um die Bedürfnisse der Athener in Korinth gekümmert hat''.[66] Es gibt weitere ähnlich formulierte Dekrete: *proxeniā* für zwei Chioten (Mitte des vierten Jahrhunderts);[67] für Lykos aus Pydna (333/32 v. Chr.);[68] für Apollonides aus Sidon (332/31 v. Chr.) auf Grund der

Zeugnisse von Kaufleuten und Seeleuten;[69] für einen Bewohner Asiens eine Zuerkennung des Bürgerstatus (um 320/19 v. Chr.);[70] für Eurylochos aus Kydonia (320/19 v. Chr.);[71] für den Sohn des Metrodoros aus Kyzikos (321–319 v. Chr.);[72] für Praxiadas aus Kōs erklären „die Kaufleute von Athen und die Leute von Samos, die anderen anwesenden Athener und die übrigen, daß Praxiadas sich der Kaufleute und der Schiffseigentümer annimmt, so daß für das athenische Volk möglichst viel Getreide in den Hafen kommt".[73] In manchen Fällen hatten die Geehrten schon früher Kaufleuten, die aus Athen in ihren Staat kamen, Schutz gewährt, wobei sie zweifellos darauf abzielten, sich das Amt samt seinen wertvollen Vorrechten in Athen zu sichern, das sie später auch erhielten.

Hier sei bemerkt, daß in Athen im Gegensatz zur Praxis der oben erwähnten anderen Staaten die Privilegien der *asyliā* und der *ateleiā hapantōn* nur selten mit der Zuerkennung der *proxeniā* verbunden wurden.[74] Die Steuer auf Importe und Exporte war für die Staatseinkünfte zu wichtig, als daß eine Befreiung häufig hätte gewährt werden können.[75] Die Tatsache, daß das Amt des *proxenos* oft vom Vater auf den Sohn überging, beweist, daß es eher eine wichtige Verbindung als eine bloße Ehrung darstellt.[76]

Ein *proxenos* hatte auch Pflichten in dem Staat, dem er angehörte. Obwohl sich das Amt aus der privaten Gastfreundschaft entwickelt hatte, war der bestallte *proxenos* eine wichtige Persönlichkeit, die einen beachtlichen Einfluß ausübte. Diese Tatsache geht aus Demosthenes' Rede gegen Kallippos hervor,[77] dessen Erklärung, daß er der *proxenos* der Herakleoten sei, genügte, um ihm das Recht zur Überprüfung der Geschäftskonten des Bankiers Pasion zu verschaffen. Die Anklage richtete sich gegen Apollodoros, nachdem er die Bank von seinem Vater Pasion übernommen hatte. Ein gewisser Lykon aus Herakleia hatte bei Pasion die Summe von 1640 Drachmen deponiert und ihm aufgetragen, sie seinem Partner Kephisiades aus Skyros auszuzahlen, wenn er nach Athen komme. Nachdem das Schiff, in dem Lykon nach Libyen fuhr, von Piraten gekapert und er selbst an Verwundungen in Argos gestorben war, verlangte Kallippos als *proxenos* von Herakleia eine Überprüfung der Konten Pasions, unternahm aber sonst nichts weiter. Nachdem das Geld an Kephisiades ausgezahlt worden war – es handelte sich vielleicht um ein als Versicherung aufgenommenes Darlehen –, versuchte Kallippos den Pasion zu überreden, Kephisiades durch Drohungen dahin zu bringen, daß er das Geld zurückgäbe. Dieser Versuch schlug fehl, und drei Jahre später verklagte Kallippos den Pasion wegen unrechtmäßiger Zahlung des Geldes an Kephisiades. Als Pasion starb, wurde die Klage erneut gegen seinen Sohn erhoben.

Aus derselben Rede kann man schließen, daß der bestallte *proxenos* eines Staates eine allgemeine Kontrolle der Staatsangehörigen ausübte, die seine eigene Heimat aufsuchten.[78] Zweifellos verhielt sich das in anderen Staaten ebenso, wie aus dem Abkommen zwischen Oianthea und Chaleion[79] hervorgeht, in dem eine Strafe für das Mißverhalten von *proxenoi* festgesetzt ist.

Ein *proxenos* erreichte auch, daß Besucher von den Richtern, vom Rat oder der Volksversammlung gehört wurden.[80] Wenn Streitfälle im Lande des Beklagten verhandelt wurden (*dikai apo symbolōn*), wurden die Kläger, die von auswärts kamen, dem Gericht vom *proxenos* ihres Staates vorgestellt. Manchmal wurde Geld bei ihm deponiert,[81] und wenn ein Ausländer ein Darlehen aufnehmen wollte, war es das Nächstliegende, daß er Bürgschaft leistete. Wahrscheinlich bestätigte er auch die Identität von Personen, die von Bankiers Geld zu bekommen hatten, das für sie von nicht in Athen Anwesenden dort deponiert worden war.[82] Wenn wir dem Zeugnis des Grammatikers Pollux[83] glauben wollen, trat der *proxenos* manchmal als Agent eines ausländischen Kaufmanns auf, da er den Markt besser kannte als dieser; er übte also die Funktion eines *proprātōr* aus, verkaufte die importierte Ladung und sicherte ihm eine Rückfracht.[84] Besonders wichtig war diese Dienstleistung, wenn die Rückfracht aus Getreide bestand. Zwei Ehreninschriften melden Hilfsdienste dieser Art; die Empfänger der Ehrungen werden nicht eigens als *proxenoi* bezeichnet, aber es ist wohl ziemlich sicher, daß sie dieses Amt bekleideten.[85] Man sieht also, daß der *proxenos* einen ausgedehnten Pflichtenkreis hatte. Weitere Verpflichtungen konnte ihm der Staat auferlegen, der ihn ernannt hatte: so heißt es von einem, daß er „*proxenos* wurde und alle privaten und öffentlichen Angelegenheiten erledigt, die ihm vom athenischen Volk aufgetragen werden".[86]

Theoretisch konnte es in einem Staat nur jeweils einen offiziellen *proxenos* eines anderen Staates geben, aber in der Praxis waren es oft mehr. Wahrscheinlich richtete sich die Zahl nach dem Umfang des zwischenstaatlichen Verkehrs. So scheinen die Herakleoten nur einen offiziellen *proxenos* in Athen und einen in Argos gehabt zu haben.[87] Andererseits gab es wohl mehrere Vertreter Korkyras in Korinth.[88] Eine Reihe von *proxenos*-Listen, meist aus späterer Zeit, die von verschiedenen griechischen Staaten aufgestellt wurden, sind erhalten geblieben. Eine der vollständigsten, die von Histiaia,[89] die vom Ende des dritten Jahrhunderts stammt, zeigt, daß ein Staat manchmal von mehreren *proxenoi* vertreten wurde, obwohl diese Staaten nicht unbedingt zu den wichtigsten oder engsten Verbindungen Histiaias zählten.

VI. Finanz- und Bankwesen

Die großen Staaten der klassischen Zeit konnten ohne vielfältige finanzielle Praktiken nicht auskommen,[1] wenn auch manche Moraltheoretiker das vielleicht gewünscht hätten.[2] Infolgedessen sind besonders bei den Rhetoren zahlreiche finanzielle Transaktionen bezeugt. Trotzdem darf man von Bankgeschäften im heutigen Sinne nur mit Vorsicht und in begrenztem Grade sprechen.

Finanzielle Operationen begannen bescheiden mit dem Wechseln von Geld. Daher hieß auch der Bankier *trapezités* nach dem Tisch *(trapeza)* des Geldwechslers, der auf den Münzen der Stadt Trapezus am Schwarzen Meer zu sehen ist.[3] Im späten sechsten und im fünften Jahrhundert v. Chr. machte die Vielfalt der Staatswährungen in griechischen Landen (in der Praxis waren es freilich nicht so viele, wie manchmal angenommen wird) den Beruf des Geldwechslers notwendig. Seine Tätigkeit bestand unter anderem auch darin, daß er den Feingehalt und die Echtheit der Münzen kontrollierte, da es nicht nur private Fälscher[4] gab, sondern auch Staaten – wie Phokaia – Münzen schlechter Qualität in Umlauf setzten.[5] Wahrscheinlich legte gerade diese Funktion den Gedanken an ein (staatliches?) Monopol für Geldwechsel nahe.[6] Wir haben Beweise für die Tätigkeit amtlicher Kontrolleure attischer Münzen im Athen des vierten Jahrhunderts v. Chr., teilweise auch zum Schutz der Kaufleute.[7] In diesem Jahrhundert, in dem sich gewichtige Kurantmünzen herausbildeten – das Elektron von Kyzikos und Phokaia, die athenische Silber-Tetradrachme und am Ende das Gold und Silber Philipps II. von Makedonien und dann Alexanders des Großen –, stand die Funktion des Wechselns vielleicht nicht im Vordergrund,[8] und der *trapezités* übernahm andere Aufgaben, die er möglicherweise auch früher schon erfüllte. Man konnte bei ihm materielle Vermögenswerte deponieren (ungemünztes Edelmetall, goldenes oder silbernes Tafelgeschirr und ähnliches), und er akzeptierte als Sicherheit für Darlehen auch Handwerksbetriebe einschließlich der Sklaven[9] sowie sonstigen Besitz; er nahm auch Dokumente in Verwahrung.[10] Bis zu einem gewissen Grade bildete das einen Übergang von den früheren einfachen Funktionen zu dem echten Depositengeschäft sowie zur Kapitalansammlung für eine – potentielle – Entwicklung von Wirt-

schaftsprojekten.[11] Der letzte Schritt zu modernen kapitalistischen Vorstellungen wurde nie vollzogen.

Allgemein gesprochen sammelten die athenischen Bankiers – in der
klassischen Zeit die einzigen, von denen man das wirklich weiß[12] – Einlagen an, die ihnen aus verschiedenen Gründen anvertraut wurden und die
sie sicherlich zu Darlehen in dringenden Fällen verwendeten. Wenn zum
Beispiel ein athenischer General, etwa Apollodoros, Geld brauchte, um
Truppen oder Schiffsmannschaften zu bezahlen – was bei den chaoti-
schen finanziellen Verhältnissen des vierten Jahrhunderts durchaus möglich war –, konnte ihm ein Bankier Geld vorstrecken.[13] Oder – um eine
alltäglichere Situation anzuführen – ein Bankier konnte zum Beispiel
auch Tafelgeschirr und ähnliches ausleihen, wenn jemand ein offizielles
Gastmahl geben mußte.[14] Wir wissen nicht genau, ob Bankiers die Anhäufung von Kapital für die Entwicklung industrieller oder sogar auch
landwirtschaftlicher Unternehmungen benutzten, aber es gibt keine Ge-
genbeweise.[15] Allerdings ist zu berücksichtigen, daß sich dabei Schwierigkeiten ergaben, und zwar bei der Industrie im Zusammenhang mit der
Beaufsichtigung der Sklaven (daher das *apophorā*-System)[16] und weil es
keine Maschinen gab, und bei der Landwirtschaft wegen der Knappheit
des verfügbaren Landes (und konkurrierender Geldanlagen etwa im
Bergbau oder im Außenhandel) sowie infolge der Preisschwankungen
beim ausländischen Getreide.[17] Geldanlagen außerhalb Attikas wurden –
jedenfalls bei Grundbesitz – durch die Satzungen des Zweiten Delisch-
attischen Seebundes reguliert.[18] Erschwerend wirkte sich auch die Herkunft der Einlagen aus: sie stammten von Einzelpersonen, die sie jeder-
zeit zurückfordern konnten. Es gab auch keinerlei Anlagesystem, das
sich auf übertragbare ‚Anteile‘ stützte.

Vor der hellenistischen (nachalexandrinischen) Zeit ist die einzige literarische Quelle für das Bankwesen die Sammlung von – fast ausschließlich athenischen – Gerichtsreden. Es wurde bereits darauf hingewiesen,[19]
wie wenig wir wissen. Unsere wohl ausgiebigste Quelle ist das Corpus
jener Reden, die unter dem Namen des Demosthenes laufen, obwohl
nicht alle von ihm verfaßt sind. Es gibt auch eine wichtige Rede von
Isokrates, den ‚Trapezitikos‘,[20] der die überseeischen Verzweigungen des
athenischen Bankwesens deutlich macht. Kleine Teilinformationen können wir mittelbar oder unmittelbar anderen Rhetoren entnehmen.

Diese Reden vermitteln eine ganz ansehnliche Menge unsystematischer
Informationen über vielerlei Aspekte des Bankwesens, bei denen man
sich allerdings stets fragen muß, ob sie tendenziös sind und ob sie die

Norm oder die Ausnahme darstellen. Namentlich erwähnt wird Pasion,[21] Vater des Apollodoros, der eine Rolle im öffentlichen Leben spielte und im Rufe stand, prozeßsüchtig zu sein;[22] beide sind häufig im Demosthenischen Corpus[23] und vor allem in Rede 36 (s. u.) zu finden. Außerdem treten auf: Phormion, ein ehemaliger Sklave Pasions,[24] Sokles,[25] Aristolochos;[26] Sokrates und Strymodoros.[27] Pasion war selbst früher Sklave des Archestratos gewesen, der gemeinsam mit Antisthenes eine Bank betrieb;[28] weiter werden Pylades und Demomeles genannt, bei denen der Vater des Demosthenes Geld deponiert hat.[29] (s. Anm. 79 u.)

Der bedeutendste athenische Bankier war Pasion. In der undurchsichtigen Welt der ‚Finanzen' und des Handelsverkehrs im vierten Jahrhundert gerät der Name Pasions (im Gegensatz zu dem seines Sohnes) nur ein einziges Mal ins Gerede. (s. Anm. 71 u.) In dem lästigen, von Demosthenes in der Rede 36 behandelten Streitfall, in den Pasions Söhne Apollodoros und Pasikles sowie der Freigelassene Phormion verwickelt waren, finden sich Einzelheiten über Pasions Bank- und Privatvermögen.[30] Die folgende Erklärung zeigt, welche – teils wohl alltäglichen, teils aber auch außergewöhnlichen – Schwierigkeiten der Fall bot.

„Ihr müßt hören und verstehen, wie Pasion dazu kam, der Bank die elf Talente[31] zu schulden. Er schuldete diese Summe nicht, weil er arm, sondern weil er im Geschäft fleißig war. Denn der Wert des Landbesitzes Pasions betrug etwa zwanzig Talente, und außerdem hatte er noch eigenes Geld, eine Summe von über fünfzig Talenten, auf Zinsen ausgeliehen. Mit diesen fünfzig Talenten waren elf Talente aus den Einlagen der Bank vorteilhaft angelegt.[32] Als nun Phormion Pächter des Bankgeschäfts wurde und die Depositen übernahm, sah er, daß er, solange er nicht die Rechte eines athenischen Bürgers genoß, nicht in der Lage sein würde, die Gelder einzutreiben, die Pasion auf Land und Miethäuser ausgeliehen hatte; er wollte deshalb, daß lieber Pasion selbst ihm diese Summen schulden sollte und nicht die anderen Schuldner, denen er (Pasion) sie geliehen hatte. Und aus diesem Grund wurde Pasion (als Schuldner) mit einer Schuld von elf Talenten in den Pachtvertrag eingesetzt . . ."

Hier sei auf den Nachteil hingewiesen, den ein Sklave oder Freigelassener-Metöke hatte: Nichtbürger konnten, wenn sie Bankiers waren (oder auch sonst), keinen Grundbesitz übernehmen, der als Darlehenssicherung verpfändet war. Wieviel von den elf Talenten auf diese Weise festgelegt war, wird uns nicht gesagt, aber wir müssen annehmen, daß es sich um die ganze Summe handelte, und daß diese Darlehen gewährt wurden, nachdem Pasion Bürger geworden war. Man muß auch annehmen, daß die an Phormion verpachtete Schildfabrik, die später Apollodoros erbte, in eine andere Kategorie gehörte.

Der Umfang des Vermögens, das Pasion besaß, ist erstaunlich. Wie bereits gesagt, belief sich sein Grundbesitz auf zwanzig Talente (Neuanlage, nachdem er Bürger geworden war?). Leider wissen wir nicht im einzelnen, wie Pasion über sein sonstiges Vermögen verfügt hatte. Man kann nur annehmen, daß es ähnlich wie die elf Talente angelegt war.

Gelegentlich erfahren wir mehr Einzelheiten, etwa im Fall von Demosthenes' Vater, über dessen Vermögen sein Sohn, der zukünftige Rhetor, Einzelheiten in einer Rede aufzählt, die gegen seine Vormünder gerichtet ist, weil sie ihn nach dem Tod seines Vaters übervorteilen wollten. Die folgende Liste[33] verrät eine Vielfalt der Interessen, die nichts Außergewöhnliches gewesen sein kann:

a) Eine Schwertfabrik mit 32–33 Sklaven, die ein jährliches Einkommen von 30 Minen einbrachte.[34]

b) Eine Liegebettfabrik mit 20 Sklaven, die dem Vater des Demosthenes für eine Schuld (ein Darlehen?) von 40 Minen verpfändet worden war und ein jährliches Einkommen von 12 Minen einbrachte. Man beachte in diesem Fall den hohen Anlagegewinn von 30 Prozent gegenüber den annähernd 16 oder höchstens 17,4 Prozent bei der Schwertfabrik.[35]

c) Ein Talent Bargeld, ausgeliehen zu 12 Prozent Zinsen, das jährlich 7 Minen erbrachte; genau genommen sollten es 7,2 Prozent sein.

d) Lagerbestände an Fabrikmaterial im Wert von 80 Minen.

e) Haus, Möbel, Tafelgeschirr, Schmuck im Werte von 100 Minen, wobei das Haus wohl den Hauptwert darstellt.

f) 80 Minen Bargeld im Hause.

g) 70 Minen Seedarlehen.

h) Bankeinlagen, 24 Minen bei Pasion, 6 bei Pylades, 6 bei Demomeles.

i) ‚Freundschaftsdarlehen' (= ohne Zinsen, Sicherheit oder Zeugen?) von einem Talent.

Die Gesamtsumme wird mit 14 Talenten angegeben.[36]

In Pasions System (falls er eines hatte) war eine ausgeklügelte Wechselbeziehung der Personen vorgesehen. Wie bereits gesagt, war Pasion am Anfang seiner Laufbahn ein Sklave des Archestratos, eines Gesellschafters des Bankiers Antisthenes,[37] dann wurde er zunächst Freigelassener und danach Bürger. Er hatte zwei Söhne und einen treuen Sklaven, den späteren Freigelassenen Phormion. Mit ihm gab es später Schwierigkeiten, wie wir aus der Rede erfahren, in der Demosthenes den Phormion gegen Apollodoros, den Sohn des inzwischen verstorbenen Pasion verteidigt.[38] Aus dem Folgenden werden die Umstände und die Komplikationen deutlich:[39]

„Phormion war Sklave Pasions, dessen Geschäfte er eine lange Zeit führte. Als Pasion starb, hinterließ er eine Witwe (Archippe), die Phormion heiraten sollte, und die beiden Söhne Apollodoros und Pasikles (der noch minderjährig war). Der Hauptteil von Pasions Vermögen wurde vom Vormund des Pasikles zwischen den beiden Söhnen geteilt. Es waren eine Bank und eine Schildfabrik vorhanden. Pasion hatte beide an Phormion verpachtet, der dafür Pachtgeld bezahlte, bis Pasikles volljährig wurde; zu diesem Zeitpunkt übernahm Apollodoros die Schildfabrik und Pasikles die Bank, während Phormion aus seiner Verbindlichkeit entlassen wurde. Beim Tod der Archippe, Pasions Frau, die später Phormion geheiratet hatte, beanspruchte Apollodoros von Phormion bestimmte Vermögensteile, die sich, wie er behauptete, in dessen Besitz befänden. Es kam durch ein Schiedsverfahren zu einem Vergleich, und Phormion brauchte diese Forderungen nicht zu erfüllen."

Achtzehn Jahre nach Pasions Tod erhob Apollodoros jenen Anspruch, der das Thema der Demosthenesrede 36 ist. Er behauptete, Phormion habe zu seinem eigenen Nutzen eine Summe aus dem Bankvermögen verwendet, das Pasion angeblich in der Bank hinterlassen habe. Die Erklärung oder die scheinbare Erklärung dieses Vorgangs wurde vorstehend dargelegt, soweit es überhaupt möglich ist, auf Grund von Behauptungen, die im antiken Griechenland vor Gericht vorgebracht wurden, etwas zu erklären.

Gerade an diesem Rechtsverfahren lassen sich verschiedene interessante Einzelheiten beobachten. Man beachte den Nachdruck, der auf ‚Papiere'[40] gelegt wird, wie ja auch bei Seedarlehen die ‚Schiffspapiere' betont werden. Interessant ist bei den beiden Vermögensteilen der unterschiedliche Ertrag: die Bank bringt hundert Minen, die Fabrik ein Talent (sechzig Minen). Ferner stellen wir fest, daß „der Kläger (Apollodoros) klug war, als er die Schildfabrik wählte, denn das ist ein Besitz *ohne Risiko*, während die Bank ein Geschäft ist, das unsichere Erträge vom Geld anderer Leute erbringt".[41] Das ist freilich ein parteiisches Argument vor einem Gerichtshof, aber es hat doch eine gewisse Überzeugungskraft. Dann kommen wir zur ‚Übertragung' der Bank. Es wird festgestellt,[42] daß Phormion die Bank an Xenon, Euphron und Kallistratos „verpachtete", und daß ihnen auch kein privates Bankkapital übergeben wurde, sondern daß sie nur die Depositen (wozu eine Reihe schriftlicher Unterlagen gehörte) und die Gewinne pachteten, die sich aus ihnen ergaben. Wie steht es da mit Vertrauen und geschäftlichem Ansehen?

Unter dem Gesichtspunkt des Finanzwesens ergibt sich ein Bild, das in manchen Dingen merkwürdig einfach, in anderen aber kompliziert ist. Bankgeschäfte verzweigten sich von Athen aus in andere Teile Griechenlands bis nach Südrußland jenseits des Schwarzen Meeres.[43] Unter den Legaten für Archippe, die Witwe Pasions, findet sich ,,ein Talent in Peparethos", was immer das bedeuten mag.[44] Zu dem komplizierten Fall, in dem es um das Schiff des Polykles und um die Schwierigkeiten geht, denen die Trierarchen gegenüberstanden, wenn sie ihre Mannschaften im Ausland entlohnen mußten, besitzen wir die interessante Schilderung des Apollodoros[45] über die Geldbeschaffung für diesen Zweck:

> ,,Ich besorgte mir also ein Darlehen von Kleanax und Eperatos, zwei Freunden meines Vaters auf Tenedos . . ., denn als Sohn Pasions, der ja mit vielen Ausländern befreundet und in Griechenland sehr angesehen war und in Hellas Kredit hatte, fiel es mir nicht schwer, Geld zu borgen, wo ich es brauchte."

Pasion hat eine erstaunliche Karriere gemacht – sicher nicht als einziger, aber andere waren wohl kaum derart vom Glück begünstigt: er war zuerst Sklave,[46] dann Freigelassener und Metöke (um 394–391 v. Chr.) und schließlich Bürger[47] im Demos Acharnai,[48] obwohl er in Piräus wohnte.[49] Seine Krankheit und sein Tod[50] brachten jene Vorgänge ins Rollen, in die seine beiden Söhne und sein ehemaliger Sklave verwickelt waren.

Es liegt nahe, Pasion mit den anderen Männern zu vergleichen, deren Reichtum uns die klassischen griechischen Autoren überliefert haben[51] und deren Vermögen sich in manchen Fällen auf Sklavenbesitz und wohl mit Sicherheit auf Landwirtschaft gründete. Wir wissen nicht, woher Alkibiades sein Vermögen hatte; Ischomachos, Xenophons Prototyp des ,Gentleman', bezog seinen Wohlstand aus der Landwirtschaft.[52] Wie bereits gesagt, ,,besaß Pasion Ländereien im Wert von etwa zwanzig Talenten, und dazu hatte er noch eigenes Geld – eine Summe von über fünfzig Talenten – auf Zinsen ausgeliehen.[53] Man kann sich nur schwer vorstellen, wie derartige Aktiva zustandekamen, zumal die Zeiten am Ende des fünften und während des vierten Jahrhunderts für die Reichen schwer waren infolge der vermehrten finanziellen Belastung durch öffentliche Leistungen[54] (Pasion versah den Posten eines Trierarchen) und der lästigen Einrichtung der *antidosis* (der Aufforderung zum Vermögenstausch bei angestrebter Befreiung von solchen finanziellen Verpflichtungen für die Öffentlichkeit). Es gab natürliche Gefahren wie Dürrezeiten,[55] die den Bankier zumindest indirekt schädigen konnten, oder Schuldner, die aus irgendeinem Grund ihren Verpflichtungen nicht nachzukommen vermochten. Ferner hatte Apollodoros zwar sehr ansehnliche Summen aus dem Vermögen erhalten, das ursprünglich seinem Vater gehört hatte,[56] mußte aber laut eigener Aussage umfangreiche öffentliche finanzielle Belastungen übernehmen.[57]

Mancher Argumentation im speziellen Fall darf man in dieser Hinsicht mißtrauen. Damit kommen wir zu einem weiteren interessanten Aspekt der einschlägigen athenischen Gerichtspraxis, die wiederum Unsicherheit hinsichtlich der Interpretation der Quellen weckt, diesmal in bezug auf die Integrität der im Bankwesen Tätigen. Der Verteidiger Phormions erklärt, letzterer sei seines Fleißes wegen von Pasion außerordentlich gerühmt worden, ganz wie Pasion früher von seinen Herren.[58] Hierzu wird folgende überraschende Feststellung getroffen:

„Solange Pasion bei seinen Herren, den Bankiers Antisthenes und Archestratos war, erwies er sich in seinen Handlungen als redlich und gerecht und gewann ihr Vertrauen. In der Geschäftswelt und auf dem Geldmarkt gilt es als bewundernswert, wenn ein und derselbe Mann sich als redlich und fleißig zugleich erweist."

Man muß also auf flagrante Unredlichkeit schließen. Daher der Nachdruck auf schriftlicher Fixierung[59] bei Darlehen und bei bargeldlosen Zahlungen, wobei man eine Summe bei einem Bankier deponiert und veranlaßt, daß sie an einen Dritten ausgezahlt wird. Es konnte auch vorkommen, daß zwei Personen Einlagen bei derselben Bank hatten. Das ist dann der auch bei uns übliche Giroverkehr.[60]

Die spezielle Argumentation in der Verteidigungsrede für Phormion betont, daß Pasion und Phormion zu einer Zeit, in der das Bankwesen ein riskantes Geschäft war, außergewöhnlich redliche und tüchtige Bankiers gewesen seien.[61] Das mag richtig sein, aber die hohen Summen, um die es geht, lassen sich schwer erklären, und man konnte nicht alle Risiken mit Ehrlichkeit und Fleiß bewältigen. Da war die Konkurrenz der Landwirtschaft[62] und anderer Anlagemöglichkeiten; die Risiken bei allem, was mit kaufmännischen Angelegenheiten[63] und Handelsdarlehen[64] zusammenhing, während Krieg, Plünderung durch andere Staaten oder Seeräuberei sich insgesamt auf das in diesem Bereich arbeitende Kapital auswirkten.

Die Tätigkeit eines Bankiers umfaßte eine weitere Skala von Aktivitäten, angefangen beim Ausleihen nicht nur von Geld, sondern auch von Gegenständen (Bettdecken *(strōmata)*, Übergewänder *(himatia)* und Silberschalen)[65] bis zur Entgegennahme von Schalen und eines goldenen Kranzes als Pfändern für ein Darlehen[66] – was durchaus an das Leihhaus erinnert. Mit heutigen Vorstellungen vom Bankwesen schon eher in Einklang zu bringen ist vor allem der oben erwähnte Vorgang des Giroverkehrs,[67] der bei der Geschäftsabwicklung von großer Bedeutung gewesen sein muß. Dazu kam noch die Bezahlung von Frachtkosten etwa für eine Ladung Bauholz.[68] Eine solche Funktion würde zusammen mit der Darlehensvergabe zu kaufmännischen Zwecken eine beachtliche Rolle bei der Förderung des Handels gespielt haben. Auch die Entgegennahme von Einlagen gehörte dazu.[69]

Überdies war zweifellos ein Netz auswärtiger Verbindungen auf der Basis persönlicher Bekanntschaft vorhanden. Ein Fall wurde bereits angeführt.[70] Hier ein weiteres Beispiel:[71] Lykon von Herakleia benutzt Pasions Bank „wie die anderen Kaufleute" (Herakleoten?). Wir dürfen auch Pasions Verbindung mit Südrußland anführen.[72] Zu diesen zwischenstaatlichen Verbindungen, zuweilen über weite Entfernungen hinweg, stellt sich die interessante Frage: wurden solche Transaktionen einfach bargeldlos durchgeführt,[73] oder gab es auch eine Einzahlung oder einen Versand von Bargeldsummen über weite Entfernungen entsprechend dem Giroverkehr innerhalb eines Stadtstaats?[74]

Obwohl die Götter auf dem Wege über Tempelschätze im Bankwesen aktiv werden konnten,[75] war es offenbar eine Tätigkeit, die sich für einen Freigeborenen nicht schickte. Aus einer anderen Stelle in der Verteidigungsrede für Phormion geht das hervor:[76]

„Für euch, Männer von Athen, die ihr von Geburt an Bürger seid, wäre es eine Schande, wenn ihr Reichtum, wie groß er auch sei, einer ehrenhaften Herkunft vorziehen wolltet; doch diejenigen Personen, die entweder von euch oder von anderen das Bürgerrecht als Geschenk erhielten und diese Ehre ursprünglich ihrem Glück, ihren Erfolgen im Geschäftsleben und dem Umstand verdankten, daß sie mehr Geld verdienten als die anderen und deshalb viel gelten, müssen sich diese Vorteile bewahren."

Dennoch scheint Demosthenes' Vater ebenso wenig etwas gegen derartige Geschäfte gehabt zu haben wie vor ihm schon andere reiche Leute, etwa Nikias (also wieder spezielle Argumente?). Jedenfalls hatten reiche Bürger irgendwie die Möglichkeit, über die Bankiers als Mittelsmänner Geschäfte zu machen, ganz wie es römische Senatoren über die Ritter taten.

Daß es nicht gelang, Kapital ausgiebiger für wirtschaftliche Expansion nutzbar zu machen, nimmt einigermaßen wunder. Wenn der Verfasser der Schrift ‚Peri Porōn' eine derartige Expansion im Frachtgeschäft und Bergbau vorschlägt, wo sie nicht wie bei der Entwicklung von Werkstätten durch einen Mangel an technischem Wissen gehemmt wäre, dann stellt er sich vor, daß der Staat das Kapital beisteuern soll.[77]

Es sei auch noch auf ein merkwürdiges Phänomen hingewiesen, das verdeutlichen kann, wie fragmentarisch und unvollständig die Quellen sind. Pasion, Apollodoros, Pasikles und Phormion tauchen in überraschend vielen Reden des Demosthenischen Corpus auf.[78] Sonst erscheint, nach dem Index zum Corpus der attischen Rhetoren[79] zu schließen, Pasion nur bei Demosthenes und in Isokrates 17; Apollodoros bei Aischines (einmal), Pasikles bei Hypereides (einmal), Phormion bei Deinarchos (einmal) und bei Aischines (einmal). Außerhalb des ‚Hauses Pasions‘ treten von den Bankiers, die Demosthenes in seinen Reden erwähnt, Archestratos einmal bei Isokrates 17 und Demomeles zweimal bei Aischines auf. Andere sind in größerer Anzahl kaum zu finden.[80] Manche von denen, die in Demosthenesreden[81] als ‚Darlehensgeber‘ bezeichnet werden, mögen Bankiers gewesen sein. Es ist anzunehmen, daß viel verlorengegangen ist. Von zahlreichen Reden wissen wir nur aus Zitaten oder Hinweisen bei den Lexikographen (so erwähnt Isaios laut Hypothesis zu der fast völlig verlorengegangenen Rede 16 „einen Metöken unter denen, die in Athen als Bankiers tätig waren“). Das Ansehen der Familie Pasions läßt sich nicht ohne weiteres erklären; wir können uns nur auf Deinarchos stützen, der betont, daß Demosthenes als Gerichtsredner sehr aktiv gewesen sei. Aber da stellt sich wieder die Frage der Echtheit.

VII. Handel und Gewerbe

Es besteht ein deutlicher Zusammenhang sowohl zwischen Händlern und Handelszweigen und Gewerben als auch zwischen Gewerbebetrieben und jenen Leuten, die das Material für die darin ausgeführten Arbeiten lieferten. Die Organisation des Gewerbes und die Handwerksbetriebe sind in ihrem Umfang sehr verschieden; es gibt sehr kleine, daneben aber auch jene staatlichen Unternehmen in Athen und andernorts, die sich mit der Errichtung großer öffentlicher Bauten befassen und gut durchdachte Programme des Arbeitsablaufs, den Transport schwerer Lasten und umfangreiche Materialmengen voraussetzen; hierüber liefern uns die Bauabrechnungsinschriften ausführlichere Informationen, als wir sie aus anderen Bereichen des Handwerks oder der Industrie haben, ja, wir erfahren in mancher Hinsicht sogar mehr als über die Bergwerksbetriebe. Abgesehen von den Bauinschriften und den Auskünften, die sie uns über Persönlichkeiten, Methoden und Materialien sowie über Preise und Löhne vermitteln, gibt die zeitgenössische und die spätere (weniger zuverlässige) Literatur hier und da Hinweise auf allgemeine Prinzipien. In den Privatreden der Rhetoren finden sich dort, wo es um Eigentumsfragen geht, einige Beispiele für das, was man als ‚Industrie‘-Betriebe bezeichnen könnte, ferner auch Beispiele dafür, daß einzelne Sklaven oder auch kleine Gruppen von Sklaven nach dem *apophorā*-System beschäftigt wurden. Über sie wurde in bezug auf das ganz allgemeine Prinzip schon einiges gesagt, und auch von der Haltung, die zumindest manche Griechen gegenüber derartigen Tätigkeiten einnahmen, war bereits die Rede. Hier müssen bestimmte Dinge noch im einzelnen betrachtet und weitere Quellen erwähnt werden, die uns das Individuum näher bringen: die verstreuten Hinweise auf Handwerker und insbesondere die Weihungen, die sie den Göttern, vor allem Athena, darbrachten. Ferner gibt es noch die Pacht- und Hypothekeninschriften. In eine etwas andere Gruppe gehören die Bergwerksinschriften, die sich auf die Silberbergwerke in Laureion beziehen; sie werden in Kapitel IX behandelt werden. Was die materielle Ausrüstung betrifft, die Werkzeuge und die Betriebe, in denen Künste und Handwerke ausgeübt wurden, so verfügen wir über das archäologische Beweismaterial, das auch bildliche Darstellungen umfaßt:

die Ausgrabungen im Bereich der Agora und an anderen Stellen innerhalb
und außerhalb der Mauern Athens und auf dem Land. Mit Ausnahme der
Schrift Xenophons ‚Peri Porōn‘, die sich allerdings eher mit den Staatseinkünften befaßt als unmittelbar mit Handel und Industrie, gibt es nur
wenige unmittelbare Aussagen über Handel, Industrie, Handwerke und
ähnliches; wir finden sie, und zwar bei den Philosophen, nur dann, wenn
diese Betätigungen, vom Standpunkt der Moral aus betrachtet, gegen das
Wohlergehen des einzelnen oder der Gemeinschaft verstoßen.

Der Ursprung vieler Handwerksaktivitäten war der Haushalt, und das
blieb bis zu einem gewissen Grade auch dann noch so, als die Gewerbe
schon sehr weitgehend ausgebildet waren und Xenophon[1] von einer Arbeitsteilung bei der Herstellung in großen Städten sprechen konnte. Derselbe Autor legte in seinen Erinnerungen Sokrates bestimmte Beobachtungen über die Heimindustrie in den Mund, die mit den Zeitverhältnis-
sen, also mit den Jahren unmittelbar nach dem Peloponnesischen Krieg,
in Zusammenhang standen. Der Krieg hatte viele Angehörige der mittleren und der oberen Klasse durch die Besetzung Dekeleias, die Niederlage
Athens und die Räubereien der Dreißig Tyrannen ihres Vermögens be-
raubt. Wer noch Sklaven besaß, ließ sie nicht nur für den Haushalt arbeiten, sondern auch für den Markt[2] produzieren, und verschiedene Pro-
duktionsarten, die sich im Haushalt leidlich durchführen ließen, sind mit
bestimmten Namen verbunden: Nausikydes mit der Herstellung von
Mehl (alphitipoiiā), Kyrebos mit der Broterzeugung (artopoiiā), Demeas
und Menon mit der Verfertigung einfacher Kleidung (chlamydurgiā;
chlamydopoiiā).[3] Xenophon läßt Sokrates sogar vorschlagen, Aristar-
chos, ein Bekannter, solle seine wirtschaftlichen Schwierigkeiten dadurch
beheben, daß er seine weiblichen Verwandten eine Arbeit leisten läßt, auf
die sie sich verstehen, nämlich die häusliche Tätigkeit des Webens (vgl.
Abb. 10). Das ist zwar ein erfundenes Beispiel, aber damit ist nicht gesagt, daß es eine solche Heimarbeit – jedenfalls für freie Frauen – nicht
gegeben habe.[4] Hier scheint Xenophon durch den Mund des Sokrates den
Wert nützlicher Kenntnisse und deren Umsetzung in produktive Arbeit
zu betonen[5] und sie dem Müßiggang der Freien (eleutheroi) gegenüber-
zustellen, der den Athenern und den Griechen überhaupt als Ideal –
zumindest für Männer – vorschwebte. Sokrates selbst war Bildhauer; ein
guter Freund von ihm, Simon, war Schuhmacher. Selbständige Tätigkeit
wie in diesen Fällen galt gerade noch als zulässig, wenn auch in den
Augen vieler als unerwünscht; Arbeit unter einem Meister war für einen
Athener (jedenfalls für den, der uns in den ‚Erinnerungen‘ begegnet)

etwas Unerträgliches. Er konnte gelegentlich unter dem Zwang der Verhältnisse landwirtschaftliche Arbeit leisten; er konnte sich aber nicht
vorstellen, dabei den Anweisungen eines anderen folgen zu müssen, auch
wenn dieser sich noch so gut für den Posten eines Verwalters eignen
mochte. Es ist schwer zu beurteilen, wie weit es sich hier vielleicht nur
um hochgestochene philosophische Tiraden handelt. Fest steht, daß es
auf dem Kolonos Agoraios in Athen Leute gab, die man mieten konnte;
manche von ihnen waren zweifellos Sklaven, deren Herren sie zur Arbeit
ausgeschickt hatten. Manche mögen freie Männer gewesen sein.[6] Möglicherweise zogen viele oder die meisten jedoch Söldnerdienste beim Mili-
tär vor.

Die natürlichste Form der Haus-‚Industrie‘ betraf Nahrungsmittel,
Textilien und ähnliches. Da sie im Hause betrieben wurde, fiel sie
zwangsläufig in die Zuständigkeit von Frauen oder Sklaven. Was im
Prinzip möglich war, konnte ausgeweitet werden und auch für andere
Gebiete handwerklicher Tätigkeit gelten, die Sklaven ausübten; Metöken
traten, wenn es sich vermeiden ließ, nicht bei anderen in Dienst. Von den
bereits im Haushalt beschäftigten Sklaven ausgehend konnte man einen
Schritt weitergehen und als Geldanlage Sklaven kaufen, die in bestimmten Handwerkszweigen Fachkräfte waren. In größerem Maßstab betrieben dieses Geschäft jene Leute – unter ihnen auch Nikias –, die Bergwerkssklaven in großer Menge erwarben und sie über einen Agenten
vermieteten. Um eine bescheidene Anwendung desselben Prinzips
scheint es sich zu handeln, wenn jemand, der ein Handwerk oder ein
Geschäft betrieb, sich einen einschlägig ausgebildeten Sklaven kaufte,
oder ihn auch selbst ausbildete, um so für sein Alter oder den Fall der
Invalidität vorzusorgen; die Vorkehrungen, von denen Lysias in einer
Rede zugunsten eines Erwerbsunfähigen spricht, sind wohl so zu erklären.[7] Für derartige Unternehmen gab es keine vorgeschriebene Größe;
ein bescheidener Schuppen *(kleision)*, der an eine ebenso bescheidene
Wohnung angebaut war, konnte einen Sklaven und dessen Eigentümer
beherbergen: das war das *ergastērion*, das in Pachtverträgen oft als Anbau
eines geringwertigen Hauses erwähnt wird. Hier hätten wir eine Paral-
lelerscheinung zu dem in den Bergwerken beschäftigten Einzelsklaven.[8]
Man konnte einen Sklavenbetrieb als Sicherheit für eine Hypothek erwerben, man konnte ihn auch erben. In beiden Fällen brauchte der Eigentümer nicht unbedingt die volle technische Erfahrung zu besitzen, um
ihn zu führen. Ein Sklave mit besonderer Fachkenntnis übernahm dann
die Funktion des Werkstattleiters und bildete so das Bindeglied zwischen

dem Herrn und den übrigen; er konnte – wie der ‚Vorsteher der Bergwerkssklaven' des Nikias – eigens für diesen Zweck gekauft worden sein.
Für diese Form der Industrie finden sich in unseren literarischen Quellen mehrere Beispiele; daß sie so bekannt und bis zum Überdruß in allen
Einzelheiten erörtert worden sind, erklärt sich aus der Spärlichkeit der
verfügbaren Informationen. Da gab es die Schildfabrik des Rhetors Lysias, eines Metöken, und seines Bruders (die ihr Dasein zumindest bis zu
einem gewissen Grade der starken Nachfrage im Peloponnesischen Krieg
verdankte). Sie ist der größte aller uns überlieferten derartigen Betriebe.
In späterer Zeit gab es die Schildfabrik des Freigelassenen und Bankiers
Pasion,[9] die ihm ein Einkommen von einem Talent einbrachte.[10] Offenbar betrieb er sie neben seiner Bank. Am bekanntesten ist vielleicht der
Besitz des Vaters von Demosthenes, da er zum Anlaß für die Berufswahl
des Sohnes wurde, als dessen Vormünder ihn nach dem Tod des Vaters
schlecht verwalteten. Dieser Besitz umfaßte einen Betrieb, der teils als
Schildfabrik, teils als Messerschmiede bezeichnet wird, sowie eine Fabrik
für Liegebetten; ersterer beschäftigte einunddreißig bis dreiunddreißig,
letztere zwanzig Sklaven. Die Erzeugnisse waren bis zu einem gewissen
Grade Luxusgegenstände (von der Art, wie sie manchmal als Weihgaben
für die Götter in den Tempelschätzen vorkommen), denn wir erfahren,
daß sich unter den Lagerbeständen an Rohmaterial auch Elfenbein befand.[11] Das sind die einzigen ‚Groß'-Betriebe, von denen wir hören. In
Wirklichkeit sind sie gar nicht groß.
    Manche Bergwerks- und Erzaufbereitungsbetriebe waren wahrschein-
lich um einiges, aber nicht um vieles größer: die Schwierigkeit lag in der
Organisation der Arbeitskräfte und in deren Beaufsichtigung. Da es unter
den verschiedenen Arbeitern ein beachtliches Maß an Spezialisierung und
Arbeitsteilung geben konnte und auch gab, waren die Kosten der Skla-
venbeaufsichtigung beträchtlich und wirkten sich bald in einem Rückgang der Einnahmen aus. Nur wenige Energiequellen beruhten nicht auf
Menschenkraft; man verwendete zusätzlich allenfalls tierische Kraft und
Wasserkraft in beschränktem Umfang.
    Die Einstellung der Athener zu diesen industriellen Aktivitäten war
tatsächlich merkwürdig. Zunächst einmal haben wir zwar Fälle, in denen
Darlehen dazu benutzt werden, derartige Unternehmungen zu erwerben
(und hierauf müssen sich zumindest einige der vielen erhaltenen Hypo-
thekensteine beziehen), aber es gibt kein Beweismaterial dafür, daß Kapital angesammelt und dazu verwendet wurde, Fabriken so zu entwickeln
oder auszubauen, daß ein Vergleich mit modernen Praktiken möglich

wäre. Sofern uns die Quellen nicht gewaltig in die Irre führen, sah man
derartige Fabrikationsstätten nicht als übliche Investitionsobjekte für bedeutende Kapitalien an, selbst wenn wir ‚bedeutend‘ nach den Maßstäben
des klassischen Altertums bemessen. Ferner gibt es gewisse Anzeichen
dafür, daß Betriebe nicht besonders leistungsfähig waren und daß ihre
Eigentümer keine besondere Erfahrung oder Einsicht in die jeweils erforderlichen Tätigkeiten besaßen. Es wird auch deutlich, daß solche Betriebe
gelegentlich durch Zufall erworben werden konnten, wie das bei dem
einen der beiden Unternehmen der Fall war, die dem Vater des Demosthenes gehörten; er hatte es als Pfand für ein Darlehen bekommen. Dieses
doch stark vom Zufall bestimmte, nicht recht überzeugende und ganz
und gar nicht effiziente Erscheinungsbild der ‚Fabrik‘-Produktion paßt
genau zu der Art und Weise, in welcher der Bergbau, die bedeutendste
Industrie Athens, betrieben wurde. Auch hier läßt sich neben den charakteristischen Merkmalen wie Spekulation und uneinheitliche Betätigung
häufig eine Aufgliederung sowie der Einsatz von kleinen Arbeitsgruppen
feststellen. Ermöglicht wurde das dadurch, daß es Leute gab wie Nikias,
die Arbeitskräfte vermieteten. Wie also der Anteil eines einzelnen an den
Minen von Laureion in nur einem Sklaven bestehen konnte, so war auch
die Beteiligung an Fabrikationsstätten im allgemeinen kaum größer. Diese bestand in einer Ausweitung des individuellen *apophorā*-Systems –
man könnte es auch als orientalisches Basarsystem bezeichnen –, hatte
ihren Platz aber manchmal eher in einem Privathaus als am Markt, wenngleich es auch viele Einzelbetriebe in dafür geeigneten Vierteln Athens
gab, wo ein einziger gelernter Sklave sein Handwerk ausübte. So hören
wir von kleinen Werkstätten, Herstellern von Haarnetzen (?) *(sakkohy-
phantai)*[12] und Farben- oder Arzneimittelherstellern *(pharmakotribai)*.
Aischines erwähnt in einer seiner Reden[13]

> „ein Haus hinter der Akropolis, ein an der Grenze gelegenes Gut in Sphettos
> und ein anderes Grundstück in Alopeke; außerdem neun oder zehn Hausskla-
> ven *(oiketai)*, die Leder verarbeiteten [Schuhmacherei], von denen jeder täglich
> seinem Herrn zwei Obolen *apophorā* bezahlte, während der Leiter des Betriebs
> *[ergastērion]* drei Obolen zahlte.“

Außer diesen Leuten gab es noch eine Frau (Sklavin?), die es verstand,
feine durchsichtige Gewebe *(amorgina)* anzufertigen, die sie auf dem
Markt verkaufte, und einen Mann, der im Sticken ausgebildet war. Er
arbeitete selbstverständlich getrennt von den Schuhmachern. Zu beachten
ist, daß diese Handwerker einen Teil eines verteilt angelegten Vermögens
bildeten, dessen Basis Grundbesitz war. Man darf annehmen, daß derarti-

ges öfter vorkam und daß die Industrie Athens aus Hunderten oder sogar Tausenden solcher winziger Organismen bestand. Das Einsammeln von Frachten für den Export, die aus Produkten dieser Handwerker bestanden, setzte einen ganz beachtlichen Einsatz von Agenten voraus.

Ähnlich verhielt es sich mit den Bronzearbeitern, die im späteren vierten Jahrhundert Leokrates gehörten.[14] Wieviele es waren, wissen wir nicht. In der Rede des Lykurgos gegen Leokrates werden ein Haus und Sklaven erwähnt, die für ein Talent verkauft wurden;[15] später wurden die Sklaven für 3500 Drachmen verkauft, ein Preis, der darauf schließen läßt, daß es sich um fünfzehn bis fünfundzwanzig Leute und einen für Athener Verhältnisse schon ziemlich großen Betrieb handelte. Die Bronzearbeiter[16] werden als *chalkotypoi* bezeichnet. Es könnten also Bronzegießer gewesen sein; Werkstätten, in denen diese arbeiteten (Abb. 12), waren ziemlich häufig in dem Industrie- und Wohnviertel Melite, das am Rande der Agora, dicht beim Tempel der Athena und des Hephaistos, der Schutzpatrone von Kunst und Handwerk, gelegen war. In dieser Gegend hat man ihre Gießgruben und die Bruchstücke von Formen aufgefunden. Nicht weit entfernt liegt die heutige Hephaistosstraße mit den nach vorn offenen Läden der Metallarbeiter, behangen mit einem phantastischen Gewirr von Metallkram. Genauso müssen sie im Altertum ausgesehen haben, nur fehlte damals der primitiven Schmiede noch das größte Geschenk, das Hephaistos dem Menschen gemacht hat – das autogene Schweißen! Im Laden eines solchen Metallarbeiters spielten sich, wie wir vom Rhetor Andokides[17] erfahren, einige der Intrigen ab, die den Aufbruch der Sizilischen Expedition im Jahre 415 v. Chr. begleiteten, und vermutlich betätigte sich der Schmied Euphemos in diesem Milieu als Mittelsmann zwischen Personen aus sehr verschiedenartigen Gesellschaftsschichten.

All das erinnert uns daran, daß – allen Vorurteilen der Philosophen zum Trotz – nicht alle Handwerker Sklaven waren, wenn auch schwer zu entscheiden ist, ob ein Mann, der als Schmied bezeichnet wird, das Handwerk auch wirklich ausübte; ebenso schwer ist es, genau festzustellen, welche Stellung ein freier ‚Bergmann‘ in Laureion oder jener in einer Walkwerkstatt *(gnapheion)* beschäftigte Mann einnahm, der behauptete, ein freier Athener zu sein.[18] Dieses *gnapheion* stellte einen weiteren Typ eines Industriebetriebs dar, der wahrscheinlich unter den an den Rändern der Agora angesiedelten Werkstätten vertreten war – eine für Athen wesentliche Industrie, da Wolle das vorherrschende Material für Stoffe war.[19] Ferner befanden sich auf der Agora die Werkstätten der Terrakot-

tenhersteller *(koroplastai)*, eine einfache Industrie, die verhältnismäßig
wenig an technischer Ausrüstung voraussetzte. Jenseits der Agora erstreckte sich innerhalb und außerhalb der Mauern Athens das Töpferviertel, der Kerameikos, wo die Prozessionsstraße begann, die hinauf zur
Akropolis führte. Diese Töpfereien, in denen die berühmte athenische
Töpferware mit ihrem zuerst schwarz- und dann rotfigurigen Dekor
hergestellt wurde, sind bis auf den ‚Ausschuß‘ fast gänzlich verschwunden. Was in ihnen vor sich ging, erfahren wir aus den Vasenbildern, die
auch die Arbeit der Metallgießer wiedergeben. Ein Vasenmaler wird sogar ausdrücklich als der Erzgießereimaler bezeichnet. Ein anderes Vasenbild stellt wohl eine Szene in einem Laden dar, wo Vasen verkauft wurden; der Käufer steht mit dem Geldbeutel in der Hand da und besieht
sich die Ware. Aus einem solchen Töpferladen stammte die Masse der
Keramik, die in einen Brunnen auf der Agora geschüttet wurde. Der
Laden war zerstört worden, als Athen 480/79 v. Chr. von den Persern
geplündert wurde.

Fabriken oder Werkstätten und auch Läden waren häufig kleine und
unscheinbare Bauten. Oft waren sie so bescheiden, daß sich keine Spur
von ihnen erhalten hat. In Form von Fundamenten, welche die wieder-
holten Veränderungen des Industriegebiets von Athen überstehen konnten, ist uns genügend Material erhalten, das die Richtigkeit des uns durch
die Hypothekeninschriften vermittelten Bildes bezeugt. Obwohl die Gebäude zum Teil recht dicht gedrängt standen und die dazwischenliegen-
den Straßen sehr eng waren, gab es in dem Industrieviertel kleine Grundstücke, die häufig zu verhältnismäßig geringwertigen Häusern gehörten,
so daß es möglich war, Schuppen für industrielle Nutzung zu errichten.
So finden wir auf Inschriften[20] ein *ergastērion;* ein Haus samt *ergastērion;*
eine merkwürdige Kombination aus *ergastērion*, Garten und Brunnen;
ein weiteres *ergastērion;* einen Schmelzofen *(kaminos)* und Grundstücke;
ein *ergastērion* samt Haus, von dem eigens gesagt wird, daß es in Melite,
das heißt, dicht beim Tempel des Hephaistos und der Athena und nahe
der Agora gelegen ist. In mehreren Fällen ist bei solchen *ergastēria* ver-
merkt, daß sie samt den Sklaven, die vermutlich in ihnen beschäftigt
waren, mit Hypotheken belastet sind.[21] In einem Fall sind merkwürdigerweise Sklaven und ein Garten genannt. Die amerikanischen Ausgrabungen im Bereich der Agora und die deutschen in dem des Kerameikos
fördern die Überreste solcher mit Werkstätten verbundener Häuser zutage, die den durch schriftliche Quellen vermittelten Eindruck vom vorherrschenden Charakter der Industrie bestätigen. Westlich und nördlich

des Areopags hat man gefunden:[22] 1. eine Gießgrube; 2. Überreste von
Brennöfen und Beweismaterial für Tonarbeiten; 3. eine merkwürdige
Anlage mit einem kunstvollen System flacher Abzuggräben und Becken,
vielleicht eine Walkerei. Demosthenes erwähnt einen Walker in Melite.[23]
Eine Bronzegießerei und Bruchstücke von Formen fanden sich im Bereich des Hephaistostempels.[24] Im Kerameikos könnte es sich bei einigen
ziemlich unverständlichen Anlagen ebenfalls um eine Werkstätte (Walkerei?), wenn nicht um öffentliche Bäder handeln. Weitere industrielle Unternehmen hat man an anderen Stellen, sogar außerhalb der Mauern in
der Nachbarschaft des Olympieions gefunden. Aber die Tradition, die
Handwerk und Industrie mit dem Bereich der Agora verband, war stark
und überdauerte die Ausgestaltung dieses Gebiets durch schmückende
Bauten mit staatlichen Funktionen. Allerdings muß es zu allen Zeiten
prächtige öffentliche Bauten und Werkstattschuppen in deren unmittelbarer Nachbarschaft gegeben haben, wozu noch umfangreiche Privathäu-
ser kamen. In der Süd-Stoa zum Beispiel finden sich Spuren von Eisenbe-
arbeitung, die ins erste Jahrhundert v. Chr. zu gehören scheinen, und
Rückstände von Marmorarbeiten.[25]

Handwerker und Händler, Freier, Freigelassener und Sklave sind nicht
immer leicht voneinander zu unterscheiden. Die beiden letzten Klassen
waren, zusammen mit den ansässigen Fremden, stets wichtig, und das
ganz besonders in der Zeit der Seeherrschaft Athens, wenn wir dem Alten
Oligarchen, dem Verfasser einer Schrift aus dem späteren fünften Jahrhundert, glauben dürfen. Wichtig waren sie auch während des Peloponnesischen Kriegs und im vierten Jahrhundert; das wird ganz deutlich,
wenn man die vielen Dienstleistungen bedenkt, zu denen ein Bürger
herangezogen werden konnte; der Militärdienst spielte dabei trotz des
vermehrten Einsatzes von Söldnern die Hauptrolle.

Ein anerkannter Unterschied bestand zwischen Gewerben, die von
Männern und solchen, die von Frauen betrieben wurden.[26] Zudem hatten
gewisse Gewerbe und Berufe einen weniger guten Ruf: Gastwirt, Steuereinnehmer, Versteigerer, Garkoch *(mageiros)*. Der Herausgeber von Theophrasts *Charakteren*, Sir Richard Jebb, scheint anzunehmen, *mageireu-
ein*[27] bedeute ,den Beruf eines Kochs ausüben'. Er mag recht haben, aber
die gewöhnliche Garküche war ein übelberufenes Lokal, und der Mann,
von dem angenommen wird, daß er in diesem Beruf arbeite (Der Unbe-
kümmerte), ist ein Freier und kein Sklave, so daß Jebbs Zitat aus Livius[28]
über das Eindringen des asiatischen Luxus in Rom kaum passend ist:
,,Damals begann es, daß der Koch, der bei den Alten als der noch niedrig-

ste Sklave galt, wertvoll wurde." Hier sei bemerkt, daß Jebb in bezug auf
den ,Ausrufer' oder ,Versteigerer' keine eindeutigen Beweise aus klassischer Zeit anführen kann – ebensowenig wie für den Koch, sei er nun frei
oder im Sklavenstand. Im Zusammenhang mit dem Steuereinnehmer (den
er ,Steuerpächter' nennt) zitiert er eine berühmte Stelle aus Andokides:[29]

,,Agyrrhios wurde vor zwei Jahren Hauptpächter der zweiprozentigen Steuer,
ein Amt, das er für dreißig Talente kaufte, und er hatte zu Partnern diese ganze
Sippschaft hier, die sich unter der Silberpappel versammelt. *Ihr wißt, was das
für Leute sind.*"

Solche Spekulanten, die unbeliebt waren wie viele von jenen anderen
Männern, die von den *põlētai* als Kassierer einer speziellen Steuer in den
Listen geführt wurden, waren Leute von gewissem Ansehen und Vermögen; sie mußten das allein schon aus finanziellen Gründen sein. Theo-
phrastos denkt eher an den kleinen Steuereinnehmer, dessen niedriger
Beruf nicht einmal durch die Größe seiner Unternehmungen aufgewertet
wird. Im Falle des Wirts kommt Jebb den Tatsachen näher, aber er sieht
nicht, daß diese Berufe nicht nur wegen der Versuchungen eines gering-
fügigen Verdienstes abgelehnt werden, sondern weil die Leute, die sie
ausüben, sich von anderen herumkommandieren lassen müssen; das war
der Grund, aus dem diese Beschäftigungen als nur für Sklaven geeignet
galten. ,,Die Unbeliebtheit der Gastwirte war zweifellos teilweise darauf
zurückzuführen, daß man im alten Griechenland gefühlsmäßig dagegen
war, für Gastfreundschaft Geld anzunehmen; sie waren aber auch als
Klasse berüchtigt für ihre Geldschneiderei." In Platons *Gesetzen* findet
sich folgende merkwürdige Stelle:[30]

,,Deswegen (wegen Gewinnsucht) sind alle Aktivitäten, die mit dem Einzelhandel, Großhandel und Gasthausbetrieb zusammenhängen, verdächtig geworden
und in schlechten Ruf geraten ... Jemand baut Unterkünfte, um Geschäfte
damit zu machen, an einem einsamen weit von allem entfernten Ort; er bringt
verirrte Reisende in erwünschten Quartieren unter oder bietet Leuten, die
durch wilde Stürme zu ihm hereingetrieben wurden, heitere Ruhe und für
erstickende Hitze eine erquickende Kühlung. Und dann, nachdem er sie als
Freunde aufgenommen hat, bewirtet er sie nicht als Gastfreund so, wie es diese
Aufnahme versprach, gibt ihnen auch keine Gastgeschenke nach Freundesart,
sondern läßt sie – wie gefangene Feinde, die er in seine Gewalt gebracht hat –
nur gegen ungeheuerlichste, unbillige, schuftige Lösegelder ziehen. Diese und
ähnliche Vergehen, deren sich alle solchen Berufe gleichermaßen zuschulden
kommen lassen, sind der Grund dafür, daß eine solche Hilfe für Notleidende in
Verruf gekommen ist."

Jebb fügt erläuternd hinzu, daß es wohl unehrenhaft gewesen sei, ein
Wirtshaus zu führen, jedoch nicht als Schande gegolten habe, eines auf-

zusuchen. So wohnten die athenischen Gesandten, wenn sie zu Philipp kamen, in Wirtshäusern[31] und so fragt Dionysos in den ‚Fröschen‘,[32] welches die besten Wirtshäuser auf dem Weg zum Hades seien. Und man darf hinzufügen, daß das (früher von Herakles besuchte) Haus, in das er gerät, kein eindrucksvolles Beispiel seiner Gattung ist!

Ein anderer Beruf, die Amme *(titthos,* ursprünglich wohl nur die Amme, aber auch ganz allgemein die Wärterinnen kleiner Kinder bezeichnend), stand theoretisch ebenfalls nicht in sehr hohem Ansehen. Demosthenes spricht von einem ‚niedrigen Geschäft‘;[33] eine Tätigkeit, die der Ausübenden vorgeworfen werden konnte,[34] obwohl es so aussieht, als ob sich ihr in wirtschaftlich schlechten Zeiten viele – und nicht nur Sklavinnen – zugewandt hätten. Wenn das richtig ist, so steht es in merkwürdigem Gegensatz zu jenen zahllosen Grabinschriften ‚guter Ammen‘, mit denen deren Schützlinge in rührender Weise ihre Dankbarkeit für die Dienste zu bezeugen scheinen, die sie ihnen als Kinder geleistet hatten. Man darf nämlich nicht vergessen, daß ein Sklave ein guter Sklave sein konnte und sein Beruf ein notwendiger, den er in Treue ausübte. Trotzdem war er eben ein Sklavenberuf, der sich mit der Würde eines freien Mannes nicht vertrug. So wurde ganz allgemein die alte Klasse der *dēmiurgoi,* jener Männer, die einst der Gemeinschaft durch die Ausübung ihrer Handwerke gedient hatte, entwertet. Im vierten Jahrhundert v. Chr.[35] verwendete man das Wort *dēmiurgos* noch für einen ‚Handwerker‘, aber dadurch, daß Sklaventum und Demokratie zusammenwirkten, sank sein Ansehen.

Zwei Quellen lassen uns die Vielfalt der Gewerbe und Berufe erkennen: Grabinschriften und Weihinschriften. Beide machen uns mit dem Handwerker und anderen Arbeitertypen besser vertraut als die seltenen und kurzen Erwähnungen in den literarischen Quellen. Einige Beispiele mögen folgen.[36] Da gibt es die Bäcker: wir erinnern uns an (böotische) Terrakottadarstellungen von Frauen, die beim Teigkneten sind, und zwar offenbar in einer Bäckerei und nicht in einem Privathaus, obwohl das Brotbacken eine Hausindustrie gewesen sein könnte, bei der man sich während der Arbeit an der Musik eines Flötenspielers erfreuen kann. Wie der Müller *(mylōthros)* Lykidas bei Demosthenes[37] und die Bäcker, welche die Bäckereien Athens verließen oder eingezogen wurden, um an der Sizilischen Expedition teilzunehmen, lassen sie erkennen, daß die Beschaffung von Mehl und Brot in Athen wahrscheinlich ein Gewerbe von einiger Bedeutung war. Dann gibt es einen Pantoffelmacher *(persikopoios)* in derselben Sammlung;[38] auch einen Badewärter und einen Wäscher, einen Weingärtner, einen Silberschmied, einen Salzverkäufer und einen Töpfer. Wieviele von ihnen Sklaven waren, ist schwer zu sagen. Mit Sicherheit kann man es vom *dēmosios*, einem Bediensteten der staatlichen Verwaltung, und vom *paidagōgos*, dem Wärter der Kinder, behaupten.[39]

Die gleiche Vielfalt zeigt sich auch in frühen Weihinschriften, die auf der Akropolis der Athena Parthenos und Polias, andernorts der Athena Ergane, der Schutzherrin aller Handwerke und Berufe, galten, denen erfolgreiche Gewerbetreibende und andere Berufstätige ihre Weihgeschenke darbrachten. Diese Weihgaben stellten häufig einen Zehnten *(aparchē)* des Gewinns dar;[40] unter den Stiftern finden sich Walker, Schiffbauer, eine Brotverkäuferin, eine Waschfrau, ein Lyraspieler, ein Ausrufer, ein Gerber, ein Zimmermann und die überall anzutreffenden Töpfer. Manche von den auf diesen Zehnt-Weihgaben verzeichneten Namen kennen wir auch aus den mit ihnen signierten Werken, so etwa Nearchos und Euphronios, und es gibt auch Weihgaben von Peithon und Smikros (?)[41] vom Nordhang der Akropolis. Viele waren offenbar wohlhabende Leute. Ganz so, wie Nikias eine Weihgabe aus den Gewinnen hätte aufstellen können, die ihm seine in den Silberbergwerken beschäftigten Sklaven einbrachten, hat das Diokles von Pithos tatsächlich getan; seine Vers-Weihinschrift[42] aus der ersten Hälfte des vierten Jahrhunderts lautet:

> Antichares' Sohn Diokles aus Pithos
> hat der Athena (?) mich geweiht als Opfer
> von dem, was eignes Können ihm erbrachte.

Sein ‚Können' war so gut wie sicher der Bergbau, denn er gehörte einer Familie an, die wir aus Bergwerksinschriften kennen. Nicht immer waren die Stifter reich. Das zeigen wohl nicht nur die Berufe an (vgl. die Brotverkäuferin), sondern wir erfahren es auch aus der rührenden Inschrift einer Mutter, die im späten vierten Jahrhundert offenbar gezwungen war, ihre Kinder durch Ausübung eines Handwerks zu ernähren:[43]

> Durch ihrer Hände Arbeit und Geschick,
> wobei sie vieles wagte, aber nie
> das Recht verletzte, zog Milinna auf
> die Schar der Kinder, und nun weiht sie dir,
> Göttin des Handwerks, dies hier zum Gedenken,
> als Opfer von dem Lohn, den sie erwarb
> durch ihren Fleiß. So ehrt sie deine Huld.

Die Tätigkeit, die das Geld für die Weihgabe einbrachte, war nicht immer so ehrenhaft; das bezeugt ein Beispiel,[44] bei dem es offenbar um die Gabe einer Prostituierten *(hetairā)* geht. Auch war der Beweggrund nicht immer schlichte Dankbarkeit, sondern manchmal auch die Hoffnung auf künftige Gunstbezeigung:[45]

> Erhabene Jungfrau! Telesinos, der
> aus Kettioi stammt, hat dieses Weihgeschenk
> dir aufgestellt. Erfreue dich daran
> und gib, daß er noch eines weihen kann!

Die Konkurrenz der Handwerker untereinander, von der schon Hesiod[46] spricht („Ein Töpfer grollt dem anderen, ein Zimmermann dem anderen"), ist sogar auf den Vasen zu sehen, die diesen Wettstreit anschaulich machten, so etwa auf der Münchener rotfigurigen Amphora des Euthymides: „So etwas hat Euphronios nie zustandegebracht!" Er schlägt sich auch in den Weihinschriften und Grabinschriften von Handwerkern nieder. So sagt Bakchios vom Kerameikos, wiederum ein Töpfer,[47] gegen Ende des vierten Jahrhunderts in einer Versinschrift:

> Durch seine Fertigkeit verschmolz als erster
> vor seinen Mitbewerbern Bakchios
> zu einer Einheit Erde Wasser Feuer.
> So urteilte ganz Hellas; und so viele
> Wettkämpfe diese Stadt auch angesetzt,
> die Kränze alle hat er dort gewonnen.

Hier scheint sich ein Stolz auf das Handwerk auszudrücken, den wir auf Grund unserer Kenntnis der Philosophen nicht vermuten würden. Tatsächlich erkannte die Stadt Ephesos vor 321 v. Chr. den Söhnen dieses Mannes das Bürgerrecht zu. Begreiflicherweise läßt sich der Status jener Männer, die in solchen Inschriften genannt sind, schwer feststellen, aber wenn es unter ihnen zweifellos viele freie Bürger gab, so waren doch auch viele von ihnen Sklaven, Freigelassene oder ansässige Fremde. Eine interessante Kombination von Ausländer- oder Sklavennamen (vgl. Namen von Vasenmalern und Töpfern wie Kolchos und Lydos) findet sich auf einer Weihgabe, die Wäscher um die Mitte des vierten Jahrhunderts den Nymphen darbrachten.[48]
  Das lebendige und unmittelbare Bild, das uns diese Inschriften vermitteln, wird durch die Literatur nur unzulänglich ergänzt, und selbst in der Alten, Mittleren und Neuen Komödie stehen das politische und das häusliche Leben viel stärker im Mittelpunkt des Interesses als das Leben der Handwerker; möglicherweise wirkt sich hier das aristokratische und eben auch demokratische Vorurteil aus. Es gibt gelegentliche Erwähnun-

gen, unter ihnen natürlich auch solche der Waffenschmiede, wenn es um
das Thema Krieg oder Frieden geht. Sonst ist vom Handwerk nur selten
die Rede. Aristophanes[49] spricht von Goldschmieden und Schuhmachern
in einem komischen Zusammenhang. Besonders die Schuster hatten ihre
Eigenheiten: die aufrührerischen Frauen in den ‚Ekklēsiazousai'[50] werden
fälschlich für ‚bleichgesichtige Schuster' gehalten. Wie zu anderen Zeiten
und anderswo galten diese als körperlich mißgestaltet und umstürz-
lerisch: in Lukians ‚Hadesfahrt'[51] begrüßt der tote Schuster als Verfechter
der Gleichheit aller Menschen mit Genugtuung die Aussicht auf „gleiches
Recht für alle, und daß keiner besser als sein Nachbar sei" im Totenreich.
Einer der Freunde Sokrates' war der Schuhmacher Simon, und das Haus
in der Nähe der Agora, in dem man eine große Menge Schuhnägel gefunden hat, könnte ihm gehört haben.

Wegen der zeitgenössischen Vorurteile gibt es nur wenige unmittelbare
Zeugnisse, die sich auf die Technik in dem hier behandelten Zeitabschnitt
beziehen. Allerdings gibt es indirekte Hinweise in der Literatur, die sich
beispielsweise in bildhaften Ausdrücken oder Schilderungen finden, so
etwa die berühmte Stelle in den ‚Bakchen' des Euripides, wo die Krüm-
mung einer Kiefer, die der Gott Dionysos herunterbeugt, mit der Wirkung einer Drehbank verglichen wird.[52] Auch andere vereinzelte Erwähnungen tauchen auf, so etwa des Brennglases,[53] das auch als Vergröße-
rungsglas verwendet werden konnte und für den Graveur von Gemmen
und Prägestöcken unentbehrlich war; trotzdem wird über dieses Instru-
ment, das so bedeutende Möglichkeiten barg, fast nichts gesagt. Auf
Inschriften[54] finden wir zahlreiche Erwähnungen von Werkzeugen und
Geräten, von denen uns manche erhalten geblieben sind, vor allem landwirtschaftliche Geräte, sogar aus dem sechsten Jahrhundert. So kennen
wir eiserne Werkzeuge, Sichel, Kreuzhacke und anderes, die vom Nordhang der Akropolis stammen.[55] Vasenbilder (vgl. Abb. 11) und Votivta-
feln zeigen einfache Werkzeuge und die Werkstätten von Töpfern und
Bronzegießern mit Brennöfen, Trockenöfen, Rädern und der übrigen
verhältnismäßig einfachen Ausstattung. Außerdem lassen mythologische
Szenen bisweilen die Verwendung von Werkzeugen erkennen, so etwa
die des Bogenbohrers auf einem Bild, das die Verfertigung der Truhe der
Danae darstellt. Die Vorgänge des Spinnens und Webens (mit der Darstellung eines Webstuhls) bilden eine übliche Vasendekoration (vgl.
Abb. 10). In manchen Fällen jedoch geht wie bei den literarischen Erwäh-
nungen aus den Darstellungen nicht bis ins Detail genau hervor, wie die
Werkzeuge verwendet wurden oder wie der technische Vorgang ablief;

so wissen wir nicht genau, wie die berühmten ,Relieflinien' der attischen rotfigurigen Keramik hervorgebracht wurden.

Sehr weitgehend besteht Klarheit darüber, daß sich an den grundlegenden Vorgängen bei bestimmten Arbeitsprozessen seit der Zeit des klassischen griechischen Altertums bis heute in Gemeinschaften auf einer vergleichbaren Entwicklungsstufe wenig geändert hat. Das betrifft vor allem den Abbruch von Stein (mit Holzkeilen)[56] und dessen Zurichtung, die Bearbeitung von Metall (den Bronzeguß eher als die Eisenverarbeitung), die Verwandlung von Naturfasern (Flachs, Wolle, Hanf, Baumwolle, Seide (?)) zu Fäden und Gewebe sowie die Arbeit mit Holz und Ton. Die Griechen der klassischen und sogar schon der Bronzezeit besaßen Grundwerkzeuge von fast der gleichen Form, wie wir sie aus der Römerzeit und aus der Neuzeit kennen. Indessen gab es einen grundlegenden Unterschied zu späteren Zeiten: während man im Mittelalter nicht nur tierische Muskelkraft, sondern auch Wasserkraft zum Schmelzen und zur Verarbeitung des Eisens verwendete und während die Römer dieselben beiden Energiequellen (neben der von Menschen getriebenen Tretmühle) zum Getreidemahlen benutzten – man hat auf der Agora von Athen eine spätrömische Wassermühle mit oberschlächtigem Rad gefunden –, läßt sich für die klassischen Griechen einschließlich der Athener kaum nachweisen, daß sie für irgendeinen Vorgang tierische Muskelkraft oder Wasserkraft benutzt hätten; sie scheinen sich auf die einfachsten Anwendungsarten menschlicher Energie beschränkt und nicht einmal den Flaschenzug genutzt zu haben, der unmittelbar angewandte menschliche Muskelkraft verstärkt. So verfügten sie lediglich über Hand-Blasebälge und konnten nur einige Metalle schmelzen, nicht aber das Eisen, das sie durch Hämmern bearbeiten mußten. Auch die Fertigkeit der Römer, Glaswaren herzustellen, scheinen sie nicht besessen zu haben; obwohl sie über Substanzen verfügten, die genaugenommen Glas sind, und sie auch bearbeiteten, haben sie doch offenbar keine großen Glasgefäße erzeugt.

Andererseits läßt sich ein hoher Grad technischer Geschicklichkeit bei der Herstellung hölzerner Gefäße erkennen, die auf Verwendung einer einfachen Drehbank schließen läßt. Vor allem beweist ihn auch die herrliche griechische Keramik, von der mykenischen über die Innovationen der protogeometrischen, die monumentalen spätgeometrischen Amphoren, die bunte und kunstvolle protoattische Ware bis hin zu den schwarz- (Abb. 7) und rotfigurigen Vasen der großen Zeit des späten sechsten und fünften Jahrhunderts und der weniger reizvollen späteren Keramik des vierten Jahrhunderts. Es gab auch die schöngeformte schwarzglasierte

Ware für den Alltagsgebrauch und die spätere gewöhnliche ‚Westab-
hang'-Ware neben den für Speicherung und Versand großer Mengen bestimmten Amphoren. Sie alle lassen ein hohes Maß an Fachkenntnis in
der Zubereitung des Tons und der Glasurmasse erkennen, die man bis zu
einem gewissen Grade analysieren und, wie neuere Experimente gezeigt
haben, reproduzieren kann. Aus dem Ausschuß und aus Indikatoren (mit
Glasur überzogene Tonstücke, deren Farbveränderungen eine Kontrolle
der Temperatur in den Brennöfen erlaubte), geht deutlich hervor, daß das
Brennen der Keramik ein riskantes Geschäft war, das man gelernt haben
mußte; man versteht auch, daß manche Töpfer den bösen Blick fürchteten. Der gleiche hohe Grad an Geschicklichkeit zeigt sich auch bei der
Bearbeitung von Metallblech (Gold, Silber, Bronze) und beim Gießen,
sowohl beim Vollguß kleiner Objekte wie auch beim manchmal im Verfahren der verlorenen Wachsform durchgeführten Hohlguß größerer
Stücke. Die qualitätvollste Bronzearbeit, gegossen und ziseliert, und das
über einer Form gehämmerte Edelmetall, das in Verbindung mit Elfenbeinschnitzerei seinen Höhepunkt in großen Goldelfenbeinstatuen erreichte, wie sie Phidias von Zeus und Athena schuf, sind größtenteils
verloren gegangen, aber die vielen noch erhaltenen kleineren Bronzen,
die in den vielerlei Schulen Griechenlands einschließlich Athens entstanden, die wenigen noch vorhandenen großen Bronzen und die Tonab-
drücke, die sich von guten Relief-Metallarbeiten des fünften Jahrhunderts v. Chr.[57] erhalten haben, zeigen, was griechische Handwerker zu
leisten imstande waren. Zugegeben, die Münzen von Athen gereichen
den athenischen Prägestockgraveuren nicht eben zum Ruhm; die schön-
sten muß man anderswo suchen. Die Siegelsteine jedoch zeigen, soweit
sie als athenisch nachgewiesen werden können, die Leistungsfähigkeit der
Athener auf dem Gebiet der Kleinkunst, und das gleiche gilt für gut
gravierte Metalloberflächen und das Detail der Ritzung oder der Relief-
linie auf athenischer schwarz- und rotfiguriger Keramik. Die Ausgrabungen im Agorabezirk in Athen haben gezeigt, wie umfangreich die Terra-
kottaindustrie war. Mit dem *koroplastēs* und seinem großen Angebot an
billigen und einfachen Weihgaben und dem Hersteller gewöhnlicher Töpferware für den täglichen Gebrauch kommt das griechische Altertum der
Massenproduktion am nächsten, wenn auch die Gruppe der Produzenten sehr klein sein konnte und es wohl meistens auch war. Den Reiz vieler Terrakotten macht jedoch die Beobachtungsgabe aus, die sich in den
Darstellungen des Alltagslebens verrät; sie zeigt, daß auch hier manchmal hohes handwerkliches, ja sogar künstlerisches Können vorhanden war.

Griechenland bot im allgemeinen keine günstigen Voraussetzungen für die Erhaltung organischer Materie. Textilien tauchen deshalb nur sehr selten auf. Immerhin kennen wir Gewebeproben aus der geometrischen Zeit (in Argos)[58] und aus dem klassischen Athen. Es gibt auch Abdrücke auf anderen (meist metallenen) Gegenständen, die in längst dahingeschwundene Stoffe eingewickelt waren. Sie bestätigen die hohe technische Fertigkeit der berufsmäßigen Weber am Webstuhl mit beschwerter Kette. Das im Haus erzeugte Produkt war, wie auch heute im ländlichen Griechenland, sehr viel gröber. Gegenstände aus Leder, wie zum Beispiel Zaumzeug, Schuhe und anderes, sind gleichfalls verschwunden. Das gilt ebenso – bis auf ganz wenige Ausnahmen, zu denen die in Brauron gefundenen Gefäße gehören – für Gegenstände aus Holz, so etwa für die große Vielfalt von Objekten und Ornamenten, die manchmal vergoldet waren und in den Inventaren der Tempelschätze verzeichnet sind; dort finden sich auch Hinweise auf kostbare Möbelstücke.[59] Wenn wir also etwas über Moden bei Gewändern, Schuhwerk und anderen Kleidungsstücken, aber auch über Form und Verzierung von Möbeln (Stühlen, Liegen, Tischen und Truhen) erfahren wollen, müssen wir uns mit Darstellungen vor allem in der Vasenmalerei, bis zu einem gewissen Grade auch in der Plastik begnügen. Im Falle der Möbel sind allerdings oft Metallbeschläge erhalten, während das Holz verschwunden ist. Die Vasenbilder zeigen hier wie auch bei Kissen und Geweben sehr kunstvolle schmückende Details. Sehr viel weniger wissen wir leider vom Herstellungsvorgang: vom Färben,[59a] Weben, vor allem Musterweben, Sticken, von der Lederarbeit, Tischlerei und Schreinerei, da sich diese Gegenstände nicht erhalten haben. Günstiger liegt es im Falle der Bearbeitung von Metall, wo wir die Objekte untersuchen können, und von Stein. Da gibt es die Werkzeuge – Schlageisen und den einfachen Meißel, den Klauen- und den Zackenmeißel, Bohrer und Säge und die Verwendung von Schleifsand und Korund aus Naxos, die oft ihre Spuren auf unvollendeten oder dem Blick nicht zugänglichen Werkstücken hinterlassen haben. Freilich wird über einen großen Teil des Beweismaterials heftig gestritten.

Wie wenig wir auch vom technischen Detail wissen mögen, jedenfalls steht die hohe Geschicklichkeit des attischen Handwerkers außer Frage, falls überhaupt im fünften und vierten Jahrhundert angesichts der Mobilität der Künstler ‚attisch' oder irgendeine andere Herkunftsbezeichnung eine Rolle spielte. Wir sahen Anzeichen dafür, daß der Handwerker stolz auf seine Geschicklichkeit war; wie er dafür warb, wissen wir nicht. Es gibt Zeugnisse dafür, daß Schiffsausrüstung mit dem Namen des Herstellers versehen war.[60] Töpfer und Vasenmaler kennzeichneten ihre Arbeiten mit ihrem Namen oder durch ihren charakteristischen Stil; das gleiche gilt für die Graveure der Gemmen und Prägestöcke. Die Bildhauer setzten ihren Namen selbstverständlich auf die Basis der Weihgabe oder waren als Schöpfer berühmter Kunstwerke bereits bekannt. Für die meisten Handwerker warb zweifellos das örtliche Ansehen, das sie sich durch die Qualität ihrer Erzeugnisse erworben hatten.

Man darf nicht vergessen, daß der Ausdruck ,griechischer Handwerker' oder ,attischer Handwerker' doppeldeutig ist. Im Grunde bedeutet das Grieche oder Ausländer, Sklave oder Freier. Überdies wanderte das ausländische Element, das zu allen Zeiten stark vertreten war, häufig aus einem Stadtstaat in den anderen. Dieser Vorgang wird besonders deutlich bei Bildhauern und Bronzegießern, bei den bedeutenden Vertretern der graphischen Künste, und er läßt sich auch bei den Vertretern der Kleinkunst, etwa den Graveuren der Prägestöcke für die Münzen erkennen. Erfahrungen und Ideen wurden also in beachtlichem Ausmaß von einem Stadtstaat zum anderen weitergegeben. Dazu muß noch all das gezählt werden, was an auswärtigen, ja oft auch nicht-griechischen Erzeugnissen als Importgut oder Kriegsbeute ins Land kam. Wir wissen zum Beispiel von einem elfenbeinernen Schwertgriff mit Goldeinlage[61] und von Tempelschätzen, die unter den zahllosen Nippessachen, welche sich über die Jahre angesammelt hatten und sorgsam verzeichnet worden waren, auch ausländische Objekte enthielten: ein Schwert mit einer Elfenbeinscheide, das von der *bulē* im Jahre 407/06 v. Chr. geweiht worden war;[62] ein persischer Krummsäbel *(akinakēs)* aus Eisen mit Goldgriff und Elfenbeinscheide;[63] *sidērā Keltika;*[64] eine ,barbarische' Goldphiale, die Kleon geweiht hatte,[65] und einige Elfenbeingegenstände, von denen es wahrscheinlich heißt (die Inschrift ist hier unvollständig), sie hätten „eine Inschrift in phönizischen Buchstaben".[66]

In der Literatur finden sich nur wenige Hinweise auf das technische Können der griechischen Handwerker. Eine Stelle bei Thukydides,[67] die von Manövern mit verschiedenen technischen ,Erfindungen' im Großen Hafen von Syrakus während der Sizilischen Expedition handelt, scheint allerdings anzuzeigen, daß die Athener der Antike ebenso geschickt improvisieren konnten wie die Griechen von heute, aber es gibt wenig, was sie uns nahebringt, und so ist es mit all den Fragen, die sich auf die Arbeitsweise und auf die Verwendung und Herkunft der Rohstoffe beziehen. Es gibt einige wenige kurze Erwähnungen,[68] aber auch in den

Werken eines Aristoteles oder Theophrast, Autoren, von denen man erwarten könnte, daß sie diese Aspekte menschlicher Tätigkeit berücksichtigen, sind nur wenige einschlägige Informationen enthalten. Glücklicherweise besitzen wir öffentliche Urkunden in beträchtlicher Anzahl, vor allem Rechnungen, die sich auf die Bautätigkeit des Staats im fünften und vierten Jahrhundert v. Chr. und auf die Errichtung großer Kunstwerke – etwa auf die Athena Parthenos von Phidias – beziehen. Diese Urkunden liefern uns, so lückenhaft sie auch sind, zahlreiche Informationen über Handwerker, Löhne, Materialien und Preise. Außerdem spiegeln sie einen wichtigen Aspekt des öffentlichen Lebens und der Verwaltung in der Antike wider, wie Platon in den ‚Gesetzen'[69] mit seinen Ausführungen über Vorschriften deutlich macht, die sich auf Kontrakte und die Kontrolle von Vertragschließenden beziehen.

Diese Inschriften geben uns auch Aufschlüsse über die Arbeitsbedingungen; sie lassen erkennen, wie wichtig die öffentlichen Arbeiten vor allem im Athen des Perikles unter dem Gesichtspunkt der Arbeitsbeschaffung waren;[70] und sie veranschaulichen weiter die Spezialisierung und Arbeitsteilung, die Xenophon erwähnt,[71] sowie das Verhältnis von Bürgern zu Nichtbürgern, von Sklaven zu Freien.[72]

An diesen großen öffentlichen Bauten und den einzelnen Arbeitsvorgängen, die mit deren Errichtung verbunden waren, arbeiteten Bürger von Athen, in Attika ansässige Metöken (die nach der Beschreibung nicht immer ohne weiteres von den Bürgern zu unterscheiden sind) und Sklaven nebeneinander. Es findet sich kein Hinweis darauf, daß die Sklaven einen geringeren Lohn als die Freien erhalten oder daß sie das Lohnniveau gedrückt hätten; das konnte auch kaum der Fall sein, da kein Anlaß zu der Annahme besteht, daß es eine große Zahl fachlich ausgebildeter Sklaven gegeben hätte oder daß deren Eigentümer, die darauf aus waren, unmittelbar oder durch das *apophorā*-System soviel Geld wie möglich zu verdienen, ein Motiv gehabt hätten, die freien Arbeitskräfte zu unterbieten. Jedenfalls scheinen die Arbeiter im Sklavenstand oft einzeln oder zu zweit freien Handwerkern gehört zu haben, die dann auf dem Bauplatz oder in der Werkstatt neben ihnen arbeiteten.

Es ist wichtig festzuhalten, daß meist im Stücklohn gearbeitet wurde, was für den Staat billiger war. Müßiggang wurde nicht bezahlt, und wenn auch die fertige Arbeit eingehend geprüft werden mußte, so doch wahrscheinlich nicht mehr als bei den nach Zeit bezahlten Arbeitern, von denen wir Beispiele[73] in den Rechnungen der Verantwortlichen für das Erechtheion finden: ,,Säger, die im Tagelohn arbeiteten'', und zwar in derselben Inschrift[74] unmittelbar neben anderen Sägern, die im Stücklohn arbeiteten und zwei Obolen per ,,Schnitt" erhielten. Die Länge eines solchen ,Schnittes' und einen Hinweis darauf, daß solche Arbeiter, wenn sie sich vielleicht auch nicht abhetzten, doch für ihr Geld schwer arbeiteten, entnehmen wir dem Eintrag:[75] (bezahlt) ,,an einen (Säger), der einen vierundzwanzig Fuß langen Balken durchgesägt hat: fünf Schnitte; jeder Schnitt eine Drachme". Stückarbeit war die Grundlage der gesamten Industrie und des Kleinhandwerks, und sie war eine wesentliche Vorbedingung des athenischen Privatlebens, das beim Bürger Muße voraussetzte für Zwecke, die nicht seinem Lebensunterhalt dienten, sondern zum Beispiel der Erfüllung seiner staatsbürgerlichen Pflichten. Man rechnete auch damit, daß er die Möglichkeit hatte, gelegentlich der Arbeit fernzubleiben, ohne einen ,Job' im heutigen Sinne zu verlieren. Diese Stücklöhne und die einfachen Verträge, die wir aus den Inschriften staatlicher Gebäude kennen, waren unvermeidlich, da es in der Antike zwischen dem Hersteller und dem Kunden noch keinen Unternehmer gab, der die Arbeit organisierte und übernahm, wie das heute bei uns üblich ist. Die Stückarbeit der Antike entsprach in der Tat einem völlig anderen Verhältnis zwischen Handwerker und Auftraggeber als es in der Akkordarbeit einer modernen Fabrik der Fall ist, wo die Tarife nur dazu dienen, den Wert der Arbeit festzustellen. Das antike System verlieh eine Freiheit und ein Unabhängigkeitsgefühl, das, jedenfalls bis zu einem gewissen Grade, für die Nachteile entschädigte, die sich aus seiner Primitivität und Zufälligkeit ergaben, denn auf der Arbeitsbörse des Kolonos Agoraios müssen viele Handwerker und Sklaven vergeblich herumgestanden haben.

Als Beispiele für Akkordarbeit gibt es Verträge für die feine Oberflächenverzierung *(enkausis)* architektonischer Einzelteile, etwa eines *kymation:*[76] 113 Fuß zu je fünf Obolen. Dieser Betrag kehrt andernorts wieder[77] und scheint ein Standardlohn zu sein. Genau so verhielt es sich beim Vergolden. In einem Fall ist derjenige, der den Auftrag übernimmt *(misthōtēs)* ein gewisser Dionysodoros aus Melite, möglicherweise ein im Industrieviertel Athens ansässiger Metöke. Solche Leute mußten, wie aus diesem Beispiel hervorgeht, einen Bürgen beibringen. Diese Handwerkerspezies gehört in dieselbe Kategorie wie der Steinmetz und der Zimmermann. Andererseits gibt es auch Verträge für Arbeiten, die nach heutigen Begriffen in den Bereich des Künstlers fallen:[78] (Lohn) ,,für die Tonmodellierer, die die Modelle der Bronzeformen für die Deckziegel herstellen, acht Drachmen". Das klingt, als handle es sich um Routinearbeit bei der Nachbildung von Tonmodellen für Gußzwecke (ein *akanthu*

paradeigma kostet acht Drachmen, stellt also die Facharbeit einiger Tage
dar). Der Mann, um den es hier geht, ein Bronzegießer in Melite, taucht
zweimal auf,[79] aber nicht alle so Beschäftigten wohnen in diesem Industrieviertel, und nicht alle stellen die gleiche Anzahl von Bronzen *(chal-
kai)* her. Ein anderer Eintrag[80] bezieht sich auf ein Modell oder ein
Muster, das angefertigt und bezahlt, aber am Erechtheion nicht verwendet wurde; er lautet: (bezahlt) ,,an Stasianax (?) (wohnhaft) in Kollytos,
der das Akanthusmodell für das Dach verfertigte, *das wir nicht verwendeten";* hier scheint es sich um einen Entwurf zu handeln, sicherlich um
schöpferische Arbeit, die auf der Grenze zwischen Kunsthandwerk und
Kunst liegt. Diese Methode, weniger bedeutende Künstler mit Gehilfen
in ein und dieselbe Kategorie einzuordnen – es gab sie wirklich, wenn
auch eingewandt werden kann, daß bei der Rechnungslegung des athenischen Staats die Tendenz bestand, alle möglichen disparaten Vorgänge
gleich zu behandeln –, läßt sich immer wieder an Stückarbeitsverträgen
für Bildhauer und Maler und an den für deren einzelne Arbeiten ange-
setzten Löhnen nachweisen.[81] Diese Löhne sind naturgemäß verschieden
(manche scheinen nach Standardsummen von 60, 120, 240 Drachmen
errechnet zu werden; der Durchschnitt liegt bei 60). Allerdings schwank-
ten alle diese Beträge innerhalb einer bestimmten allgemeinen Spanne,
was vermuten läßt, daß bei ihrer Festsetzung gehandelt werden konnte.
Bemerkenswert ist auch, daß dort, wo der Kunsthandwerker die Modelle
oder Skizzen des leitenden Künstlers in Stein umsetzte, die Arbeit in
einer Weise aufgeteilt wurde, die offenbar auf Teilstücke von gleicher
Größe abzielte, so etwa beim Erechtheionfries ,,der Wagen ohne die
Maultiere".[82] Diese Arbeitsteilung läßt sich allenthalben feststellen. In
einem Fall[83] wird die Arbeit aufgeteilt zwischen 1. dem Holzlieferanten,
2. dem Mann, der das Holz nach Eleusis transportiert, und 3. dem, der es
zersägt. Alles ist einzeln berechnet.

Das gleiche detaillierte Bild ergibt sich auch für die verwendeten Materialien. Informationen hierüber liefern uns die Abrechnungen der Verantwortlichen für das Standbild der Athena Promachos,[84] die Materialpreise
– auch für Zinn und *anthrakes* (Holzkohle für das Metallschmelzen) –
enthalten. Verschiedene Bauinschriften aus dem fünften und vierten Jahrhundert v. Chr. melden den Kauf und die Kosten des Materials für bauli-
che und künstlerische Zwecke, dazu auch die Bezugsquellen. Alles das
zeigt neben einer gewissen Stabilität der Preise über einen längeren Zeitraum hinweg, daß der Einkauf in kleinem Maßstab und die Beschaffung
je nach Bedarf aus einer Vielfalt von Quellen erfolgte. Daraus können wir

schließen, daß nicht nur die kleinen Handwerker ohne Verlust ihrer Selbständigkeit an den staatlichen Unternehmungen teilhaben und von ihnen
profitieren konnten, sondern auch die Kleinhändler, die in großer Anzahl
und mit einfacher Organisation ein weitverzweigtes Import- und Export-
netz bereitstellten, in dem es offenbar Standardpreise gab:[85] Zinn zu
230 Drachmen pro Talent, Blei zu 5 Drachmen pro Talent von einem
Händler in Melite. Beim Blei scheint es eine Einheit, den sogenannten
krateutes, den ‚Block‘ oder das ‚Schwein‘, gegeben zu haben. Olivenholz
wird (merkwürdigerweise nach Gewicht)[86] für 1 Drachme 2 Obolen je
Talent verkauft, wobei manchmal der Name des Lieferanten angegeben
ist, so etwa ‚von Herakleides vom Theseion‘. Als Hilfsmaterialien könnte
man bezeichnen: *miltos* zu drei oder dreieinhalb Obolen pro Stater (Gewicht), Pech *(pitta)* in Tonbehältern zu sechs Drachmen der Krug; *melantēriā* zu acht Drachmen der Medimnos und eine seltsame, *kēkis* genannte Substanz.[87] All das findet sich vermischt mit anderen Anliegen der
Staatsverwaltung,[88] angefangen von Kappen für Staatssklaven, die aus
Thessalien eingeführt worden waren, bis hin zu Leim und – genauer
bezeichnet – Ochsenleim. Das Verzeichnis vermittelt auch interessante
Aufschlüsse über die verwendeten Maßeinheiten.

Weiter findet sich eine Vielzahl anderer Einzelheiten, etwa über Metalle: ,,Gold für die Vergoldung der Bronzen wurde gekauft: 166 Blatt,
jedes Blatt zu einer Drachme, von Adonis, der in Melite wohnt‘‘,[89] was
auf das Gewerbe eines Goldschlägers schließen läßt. In Verbindung mit
Gold erwähnen[90] die Rechnungen für die Statue der Athena im Parthenon 110 oder mehr Kroisos-Statere, die das benötigte Gold geliefert haben müssen. In den Rechnungen für die Eleusinische Säulenhalle[91] wiederum ist die Zusammensetzung der Bronze spezifiziert, außerdem findet
sich ein Hinweis auf ‚zyprische‘ Bronze. Ferner liefern sie wertvolle
Preisangaben: lakonische Dachziegel kosteten vier Drachmen das Paar[92]
und Ziegel dreizehn,[93] zwölf[94] und fünfzehn[95] Drachmen je tausend
Stück. Diese Zahlen lassen auf interessante Unterschiede bei den Arbei-
terlöhnen schließen. Steine erhielt man aus der weiteren Umgebung, einem ausgedehnten Gebiet, was auf verhältnismäßig gute Transportmöglichkeiten hinzudeuten scheint. Nach den angegebenen Herkunftsorten
zu schließen, erfolgte dieser Transport zu Wasser und zu Lande:[96, 97] in
Attika vom Pentelikon, aus Agryle, Steiria und Eleusis sowie aus Ägina
und Megara (s. u.).

Diese Baurechnungen enthalten noch sehr viel mehr höchst unterschiedliche Einzelheiten über Materialien, Herkunftsorte und Personen,

die sich mit Handel befaßten. Von Zeit zu Zeit stoßen wir auf recht überraschende Details des Verwaltungsvorgangs; so scheint die Volksversammlung in Athen entschieden zu haben,[98] ob ein *thyrōma* (Tür?) aus Bronze oder aus Gold und Elfenbein sein sollte. Man kann sich nur schwer vorstellen, daß eine Volksversammlung über einen solchen Gegenstand verhandelt haben soll – es sei denn, sie hätte die Mentalität eines Kirchengemeinderats gehabt!

Es gibt noch weitere Fälle, die dem Prinzip *de minimis* widersprechen. Bei der Beschaffung von Steinen für Eleusis (446/45 v. Chr.) werden getrennte Zahlungen angeführt für a) das Brechen der Steine in Attika und Ägina; b) den Transport in Schiffen, die Steine befördern konnten; und c) die Zurichtung der Steine durch Steinmetzen.[99] Hier und anderswo muß Buchführung eine große Rolle gespielt haben. Erwähnt werden Silberbarren für dekorative Metallarbeit *(eis poikiliān),*[100] weiterhin ein uns unbekannter Stoff *kyanos* (blaues Email?)[101] und Bronze zu 35 Drachmen je Talent.[102] Sehr interessant ist die Erwähnung des Kaufs zweier *chartai,* bei denen es sich um Bogen von Schreibmaterial für Rechnungen oder Zeichnungen handeln mag, zu zwei Drachmen vier Obolen, und von *sanides,* Brettern, vielleicht Zeichenbrettern, zu vier Drachmen.[103] In den Reparaturverzeichnissen der Mauern von Athen und vom Piräus im Jahre 307/06 v. Chr. ist im Zusammenhang mit „den Türen und dem Dach der Türme und des Ganges“ von „*pitta* (Pech) und *miltos* (Rötel) sowie von *miltopittos* (?) je nach Eignung“ die Rede.[104] Offensichtlich handelt es sich dabei um Imprägniermaterial. Für Philons Magazin im Jahre 347/46 v. Chr. wiederum gibt es Stein aus Akte (wie er auch an anderer Stelle häufig erwähnt wird), Eisennägel und korinthische Dachziegel (hier ist offenbar keine Ziegelart gemeint, sondern es bedeutet einen Hinweis auf den Ort, von dem sie importiert wurden).[105] In Eleusis werden um 330 v. Chr. Eisen und Blei für die Klammern zwischen Steinblöcken[106] erwähnt, und ebenfalls in Eleusis sind viele verschiedene Waren zusammen mit den Personen, die sie besorgten, und den Preisen verzeichnet: *miltos, pitta, melantēriā* (schwarze Farbe?) und *kēkis* (Leim?). Bemerkenswert ist, daß alle diese Waren von einem einzigen Lieferanten bezogen werden konnten.[107] Hier finden sich wieder Dachziegel aus Korinth zum Preis von 100 Drachmen für hundert Stück, während für ihren Transport nach Eleusis offenbar 40 Drachmen berechnet wurden. Weitere zweihundert Dachziegel aus Korinth kosten fünf Obolen je Stück.[108]

Besonders interessant ist, daß die staatliche Organisation sich um die Einkleidung der bei diesen Bauunternehmungen beschäftigten Staatskla-

ven kümmerte: „Mäntel *(himatia)* für die Staatssklaven, für siebzehn
Mann, pro Mann achtzehn Drachmen drei Obolen; alles von Antigenes
aus Megara, 314 Drachmen drei Obolen."[109] Das waren verhältnismäßig
teure Kleidungsstücke aus dem bekannten Herkunftsort für Sklavenkleidung. Ferner „Häute (oder Felle, *diphtherai,* als wasserdichte Kleidung?)
für die Staatssklaven, für siebzehn Mann, pro *diphtherā* vier Drachmen
drei Obolen; vom Kaufmann *(emporos)* Attos, insgesamt sechsundsiebzig
Drachmen drei Obolen";[110] „Schuhe für siebzehn Mann, sechs Drachmen pro Mann, von Apollophanes aus dem Demos Tyrmeidai, insgesamt
102 Drachmen".[111] Kleidung scheint, auch wenn sie für Sklaven bestimmt war, nicht gerade billig gewesen zu sein.

Jeder Einzelposten der Waren und Dienste wurde, zweifellos von den
Staatssklaven, verzeichnet: „Reisigbündel, sechzig, zwei Stück für einen
Obolos, Preis fünf Drachmen; für ihren Transport ans Meer, an die
Lohnarbeiter, für ihre Beförderung nach Eleusis, an den Fährmann Me-
lanthios, sieben Drachmen drei Obolen";[112] „Zedernbalken *(xyla kedri-
na)* ... vom Kaufmann Simios";[113] „Ulmenbretter ... von Hagios aus
Korinth";[114] „an den Lohnarbeiter, der sie ans Meer transportierte und
ins Schiff verlud, zehn Drachmen; für die Beförderung all dieser Hölzer
an den Fährmann Kleon sechsundfünfzig Drachmen."[115] Wiederum in
Verbindung mit Eleusis werden Leibröcke für Staatssklaven erwähnt, aus
Megara, in zwei Fällen bezogen von Megarern – die Preise betragen um
327/26 v. Chr. sieben Drachmen dreieinhalb Obolen, sieben Drachmen
vier Obolen und sieben Drachmen einen Obolos.[116]

Angegeben werden auch die beim Bau verwendeten Holzarten und
manchmal sogar die Herkunftsorte: Zypresse, Zeder, Ulme, Esche und
Eiche; als Einzelbeispiele seien genannt: vier Zypressenstämme, fünfzig
Drachmen der Stamm, insgesamt von Sophokles aus Knidos, zweihundert Drachmen;[117] *xyla tetragōna* (= vierkantig behauen) *tōn Makedoni-
kōn*[118] (vgl. *xyla tetragōna Thuriaka* [aus Thurioi in Süditalien]) – man-
ches Holz kam also von weit her.

Diese Inschriften zeigen, daß es ein kompliziertes Handelssystem gab,
von dem wir aus literarischen Quellen fast gar nichts wissen; es umfaßte
ein außerordentlich reiches Warenangebot und schloß auch den Transport mit ein, der in manchen Fällen über ansehnliche Entfernungen erfolgte. Bei Stein und Holz kam es wegen des bisweilen schweren Ge-
wichts zu lästigen Beförderungsschwierigkeiten; Bauholz wurde aus den
Wäldern zu Wasser und zu Lande transportiert, Stein auf demselben
Wege aus dem Steinbruch an die Baustelle gebracht. Die oben angeführ-

ten Einzelheiten lassen erkennen, daß der Seeweg und Spezialschiffe benutzt wurden. An alledem waren Handwerkszweige und eine Organisation beteiligt, die zu Zeiten bedeutender Bautätigkeit einen großen Umfang annahm.

Man könnte den Abbruch von Gestein als eine Großindustrie des antiken Griechenlands bezeichnen. Es gab zahlreiche Plätze, von denen hochwertiger Stein bezogen werden konnte. An erster Stelle standen die Marmore vom Pentelikon und Hymettos in Attika[119] und die schönen kristallinen Marmore aus Naxos, Paros und Chios. In Attika gab es außerdem den harten Kalkstein von Kara und den schwarzen Stein aus Eleusis, der als Hintergrund für den Erechtheionfries diente; andernorts – etwa in Tenos – fanden sich verschiedene farbige Marmorarten, die allerdings die klassischen Griechen im Gegensatz zu den Römern nicht verwendeten. Das Verfahren beim Abbruch des Gesteins war einfacher als beim Bergbau, wenn man von dem Untertagebau auf Paros absieht; die Werkzeuge allerdings waren wohl teilweise die gleichen. Der Abbau nach Schichten läßt sich in antiken Steinbrüchen erkennen,[120] wo man zum Brechen von Blöcken Keile benutzte. Beim Bau von hellenistischen Festungsmauern jedenfalls gab es wahrscheinlich ein Standardmaß für die Blöcke, das wohl den Zweck hatte, Handhabung und Transport nach Möglichkeit zu erleichtern. War der Block für größere Skulpturen bestimmt, so wurde er manchmal vor dem Transport schon im Steinbruch zugerichtet und in eine rohe Form gebracht. Bei der unvollendeten Kolossalstatue auf Naxos,[121] dem sogenannten Apollon, mußte außerdem das Problem ihres Transports über einen verhältnismäßig steilen Abhang hinab ans nicht weit entfernte Meer bewältigt werden. Offenbar benutzte man für derartige schwere Lasten eine Art Schleife, nicht aber ein Fahrzeug mit Rädern. Diese Beobachtungen, die man an Ort und Stelle machen kann, lassen sich in bezug auf Besitzrecht und Geschäftsorganisation aus anderen Quellen nicht ergänzen, doch ist anzunehmen, daß Steinbrüche wie die am Pentelikon gelegenen vom Staat betrieben wurden oder sogar Staatseigentum waren, und das gilt wohl auch für andere vor allem dann, wenn Steine für Befestigungsanlagen gebraucht wurden.

Für den Bau großer öffentlicher Gebäude waren lange Balken unbedingt notwendig, wie wir aus den Details der Bauinschriften ersehen. Auch die Untersuchung ganz oder teilweise erhaltener griechischer Bauten gibt mancherlei einschlägige Aufschlüsse. Das Verhältnis zwischen Holz und Stein kann man aus den Einschnitten für die Holzteile errechnen, die sich in den Steinblöcken erhalten haben.[122] Es sieht so aus, als

wären selbst in den größten Tempelbauten, etwa im Parthenon, die Holz-
balken von einer leicht zu handhabenden Länge und Stärke gewesen;
allerdings können wir nicht immer mit Bestimmtheit sagen, wie Firstbal-
ken, Pfetten und Sparren, selbst wenn sie in Abständen gestützt waren,
verbunden oder in Teilstücken verwendet wurden.

Berücksichtigen wir die Ausmaße der Steinblöcke und Balken, so fällt
es nicht allzu schwer, sich einen Transport durch Fahrzeuge vorzustellen.[123] Für Stein und Holz aus dem Steinbruch oder von Berglehnen muß
man im ersten Stadium der Beförderung eine Art Schleife und eine von
den schlimmsten Hindernissen geräumte Bahn annehmen. Offensichtlich
führte man, wo immer es möglich war, den Transport auf dem Seeweg
durch; die Inschriften bezeugen das. Das Heben war in diesem Stadium
nicht schwieriger als auf dem Bauplatz. Soweit der Transport auf dem
Landweg vor sich ging, erforderten Fahrzeuge mit Rädern entsprechende
Straßen oder Wege sowie Zugmittel.[124] Handelte es sich um Holz, so
wurden diese Wege nur provisorisch angelegt, während zu den Steinbrüchen wohl dauerhaftere Straßen führten.[125] Wer baute sie? Die Stein-
bruchunternehmer oder irgendeine örtliche Behörde? Heute können Eigentümer von Steinbrüchen oder Wäldern Straßen bauen, um den An-
schluß an ein regionales oder staatliches Wegenetz herzustellen. Doch
solche Netze gab es im antiken Griechenland nicht, schon gar nicht in
den entlegenen Gegenden. Das gesamte Problem des Straßennetzes im
klassischen Griechenland bedarf dringend einer Untersuchung.

Der Transport schwerer Lasten schließlich ist unter dem Gesichtspunkt der dabei erforderlichen Zugleistung untersucht worden; man
setzte lieber Rinder als Pferde ein.[126] Es ging letztlich nicht um das An-
schirren der Tiere, sondern um deren Beschaffung. Vorausgesetzt, daß
das Problem des Anschirrens mehrerer Tiere gelöst war – wie gelang es,
sie in ausreichender Anzahl herbeizuschaffen? Man muß annehmen, daß
es Leute gab, die tierische Arbeitskraft organisierten,[127] aber wieviele
Tiere waren es jeweils? Sie konnten im Relaissystem eingesetzt werden,
vor allem in einer Jahreszeit, in der sie für die üblichen Zwecke nicht
gebraucht wurden, aber auch dann mußte es Schwierigkeiten geben,
wenn kleine Gruppen von Tieren aus sehr vielen Zentren zusammenge-
trieben werden sollten, die nicht ganz nahe beieinander lagen, und wenn
das Wetter zu den Zeiten, in denen das Land nicht bestellt wurde, die
Wege und Straßen schwer passierbar machte. So gibt es allenthalben noch
ungelöste Fragen, und zwar weitgehend deswegen, weil die Griechen für
,banausische' Angelegenheiten nur wenig Interesse aufbrachten.

VIII. Boden, Landwirtschaft und sonstiger Anbau

Trotz der großen Menschenansammlungen in Athen und im Piräus mit
den vielen Gewerbezweigen und Berufen, die sich aus solchen Zusam-
menschlüssen ergaben, waren es am Ende doch das Land mit den ländlichen Gemeinden und die Betätigungen auf dem Lande, die das athenische
Denken und Leben am stärksten prägten. So scheint es wenigstens – aber
wir dürfen nie vergessen, wie sehr viele Quellen von der bereits angedeuteten Vorstellung beeinflußt waren, die in der Bearbeitung des Bodens
oder zumindest in der Beaufsichtigung dieser Arbeit den eigentlichen
Beruf des freien Bürgers sah. Und man muß stets bedenken, daß auch bei
noch so intensiver Beschäftigung mit dem Außenhandel nie in Vergessen-
heit geriet, daß die Exporte die Importe bezahlen mußten, welche die
einheimische Produktion ergänzen sollten – die nächstbeste Lösung nach
der Selbstversorgung *(autarkeia)*, die das Erstrebenswerte war. Man darf
deshalb unbedenklich annehmen, daß der Boden so gut wie nur möglich
für die Erzeugung von Getreide, Wein, Oliven, Obst und den Unterhalt
von Haustieren genutzt wurde. Die Bearbeitung des Bodens war vom
Standpunkt der Griechen aus das natürliche Leben; diese allgemeine
Feststellung darf man treffen trotz gewisser Zustände, die erwähnt werden sollten, obwohl sie nur vorübergehend auftraten und nicht von Dauer waren.

Mit besonderem Bezug auf Athen – und verallgemeinernd – hebt der
sogenannte Alte Oligarch, wie es seinem politischen Temperament entspricht, die Verbindung des athenischen Demos mit dem Meer und die
Vorteile der Seeherrschaft hervor: zunächst ganz allgemein;[1] dazu dann
den großen Vorteil der Kontrolle über wichtige Güter durch die Seemacht Athens;[2] und schließlich den einzigartigen Nutzen, den Athen
daraus zieht:[3]

>,,Was sich an Annehmlichkeiten in Sizilien oder in Italien, auf Zypern, in
> Ägypten, Lydien, in der Landschaft Pontos, auf der Peloponnes oder irgendwo
> sonst bietet, ist in eines zusammengefaßt dank der Seeherrschaft [Athens].''

Zu guter Letzt weist er auf den Vorteil der Seeherrschaft in Zeiten der
Knappheit hin:[4]

„Ferner überstehen diejenigen, die zu Lande sehr mächtig sind, nur unter
Schwierigkeiten die von Zeus gesandten Getreidekrankheiten, jene aber, die die
Vorherrschaft auf dem Meere haben, ertragen sie mühelos. Denn nicht die
ganze Erde wird gleichzeitig heimgesucht, so daß denen, die das Meer beherrschen, aus dem Überfluß eines blühenden Gebietes zukommt, was das heimge-
suchte braucht."

Der Alte Oligarch vergißt jedoch eine Kleinigkeit: das Bezahlen. Wie in
vielen seiner Schriften vermittelt der Schreiber mit dem Vorstehenden
einen zutreffenden Eindruck vom Detail, aber im ganzen ist seine Deu-
tung vielleicht irrig. Wo er von den Befestigungsanlagen Athens und des
Piräus und den Mauern spricht, die beide verbinden und die Athen, nicht
aber Attika, gewissermaßen zur Insel⁵ machen, sagt er:

„Jetzt aber demütigen sich die Landwirte und die Reichen unter den Athenern
vor den Feinden, während der Demos, der genau weiß, daß die Feinde nichts
von dem Seinigen verbrennen oder verwüsten werden, ohne Furcht lebt und
sich nicht demütigt."

Eine Unterscheidung zwischen den Interessen Attikas und denen Athens
und des Piräus entstand, als zu Beginn des Peloponnesischen Kriegs die
Bewohner Attikas aus strategischen Gründen hinter die Mauern geholt
wurden und der Krieg offenbar nicht in allen die gleichen Gefühle weck-
te. Auch Perikles spricht vom Hafen Athens ungefähr im gleichen Ton
wie der Alte Oligarch.⁶ Wir finden diesen Standpunkt auch bei Aristophanes, wo sich allerdings die Tatsache, daß in manchen Stücken Landbewohner und ländliche Interessen im Vordergrund stehen, als nützliches
Korrektiv auswirkt. Wahrscheinlich wäre es falsch, von vornherein eine
solche deutliche, weitgehend auf politischen Vorstellungen beruhende
Unterscheidung anzunehmen. Daß die Reichen ihren Wohlstand aus dem
Landbesitz zogen, entsprach der Tradition, aber nicht durchaus der
Wirklichkeit; ein Gegenbeispiel ist Nikias. Andererseits hören wir von
Thukydides⁷ am Anfang seines Berichts über den Peloponnesischen
Krieg, daß die Athener im wesentlichen ein Landvolk waren und daß die
meisten von ihnen auf dem Land wohnten. Doch unter ‚Land' dürfen wir
nicht entlegene ländliche Gegenden verstehen, sondern das ganze Gebiet
außerhalb der Mauern von Athen, das unmittelbar jenseits des voll er-
schlossenen und einigermaßen ausgebauten Randbezirks *(proastion)* lag.
Es ist möglich, daß – jedenfalls im vierten Jahrhundert – der Außenhandel als ein Objekt für Geldanlagen und der Bergbau, der keinerlei
finanziellen Belastungen durch den Staat unterlag, als eine Möglichkeit
des Kapitaleinsatzes mit dem Landbesitz konkurrierten und daß dieses

Kapital, wenn das Getreide knapp und teuer war, auf Grund und Boden umgelenkt wurde. Allerdings erlaubten die gelegentlich sehr unvermittelten Preisschwankungen wohl kaum einen schnellen Wechsel in den Investitionen, aber die grundlegende Bedeutung von Landbesitz und dessen Bearbeitung ist augenfällig. Aus den bei den Rhetoren erwähnten Einzelheiten im Zusammenhang mit Grundstücken geht das deutlich hervor. Unklar ist nur, wie weit wir gewissen Hinweisen darauf folgen können, daß Grundbesitz notwendige Voraussetzung für die Übernahme von manchen Ämtern war. Wie weit dürfen wir etwa die üblichen Fragen ernst nehmen, die den Kandidaten für die obersten Richterämter hinsichtlich ihres Grundbesitzes gestellt wurden? Ferner erhebt sich auch im Zusammenhang mit Themistokles' Dekret von Troizen[8] die Frage, ob die Kapitäne der Kriegsschiffe von 480 v. Chr. Grundbesitz oder nur Vermögen in einer bestimmten Höhe haben mußten? Ähnlich steht es mit der Feststellung bei Deinarchos,[9] daß die echten ,,Vorsteher des Volkes'' Grundbesitz ,,innerhalb der Landesgrenzen'' nachweisen mußten.

Es gibt einige Hinweise darauf, daß Athener im Ausland, das heißt außerhalb Attikas, Grund und Boden besaßen. Bestimmte Vorschriften im Zusammenhang mit dem Zweiten Athenischen Seebund im vierten Jahrhundert v. Chr. (die Athenern Grundbesitz in einem verbündeten Staat verboten)[10] scheinen anzudeuten, daß im vorausgegangenen Jahrhundert während des Bestands des Delisch-attischen Seebundes, aus dem sich das athenische Reich entwickelte, Mißbrauch getrieben worden war. Grundbesitz in einem verbündeten Staat führte zu rechtlichen Schwierigkeiten und Mißbräuchen, ganz abgesehen vom System der Landzuweisung (Kleruchie), bei dem die athenischen Grundbesitzer entweder anwesend oder abwesend waren – wie vielleicht auch jene Athener, denen 427 v. Chr. Land auf Lesbos zugeteilt wurde. Beim Alten Oligarchen findet sich folgende interessante und merkwürdige Stelle:[11]

,,Da sie [die Athener] dank einer Schicksalsfügung von Anfang an keine Insel bewohnten, tun sie jetzt bei feindlichen Einfällen folgendes: Sie legen ihr Vermögen auf den Inseln an, wobei sie sich auf ihre Seeherrschaft verlassen, erlauben aber, daß das attische Land verwüstet wird.''

Die Auslegung dieser Stelle hängt von der Datierung des Werkes ab. Zum Teil bezieht sich die Aussage zweifellos auf Schritte, die die Athener unternahmen, als der Krieg begann und Attika durch Invasionen gefährdet war, aber es ist auch möglich, daß solche Maßnahmen schon vorher für den Fall eines Kriegs getroffen wurden. So werden unter den Vermögenskonfiskationen infolge der Hermenverstümmelung auch Güter im Ausland,[12] zum Beispiel auf Thasos, erwähnt. Bei Thukydides[13] heißt es, die athenischen Oligarchen hätten auf Samos aus ihren eigenen Ressourcen *(ek tōn idiōn oikōn)* Geldmittel beschafft. Sie waren weitgehend von Athen abgeschnitten. Sie könnten Darlehen aufgenommen haben, aber es ist nicht unmöglich, daß sie oder doch einige von ihnen Besitz auf Samos hatten. Platon[14] erwähnt den Besitz eines Atheners auf Naxos, den ein *pelatēs* (ein Abhängiger) als Lohnarbeiter bestellte. Solche Verhältnisse mögen sich aus Erbschaften ergeben haben oder aus Vorsorgemaßnahmen im Hinblick auf das, was im Peloponnesischen Krieg dann auch wirklich geschah. Tatsächlich mögen Grundbesitzer in dem neu aufflammenden Krieg (413–405 v. Chr.) nicht nur unter der Einnahme Dekeleias durch die Peloponnesier sondern auch unter den Revolten verbündeter Staaten gelitten haben, und das vor allem in Gebieten wie Euböa, wo sie Grundstücke hatten.

Lassen wir diese Sonderüberlegungen beiseite, so besteht kein Zweifel, daß die Bebauung des Landes nicht nur vom ,aristokratischen' Standpunkt einiger athenischer Schriftsteller aus wichtig war (obwohl bemerkt sei, daß die Liebhaber ländlicher Verhältnisse bei Aristophanes keine reichen Leute sind), sondern auch unter praktischen Gesichtspunkten. So sind laut Sokrates (bei Xenophon)[15] ,,die vornehmsten und notwendigsten Betätigungen die der Landwirtschaft und des Krieges''. Und es heißt auch:[16]

,,Ferner ist die Landwirtschaft etwas Natürliches; denn von Natur aus beziehen alle Wesen ihre Nahrung von der Mutter, und so bezieht sie der Mensch von der Erde. Außerdem fördert sie auch sehr die Tapferkeit; denn sie macht den menschlichen Körper nicht untauglich, wie es bei den unedlen Künsten der Fall ist ...''

Im Unterschied zur Theorie scheint die Praxis jedenfalls in Attika gut entwickelt gewesen zu sein. Der Autor der *Hellenika* von Oxyrrhynchos[17] weist darauf hin, daß die Böotier als die nördlichen Nachbarn und Feinde der Athener von der Errichtung der spartanischen Garnison in Dekeleia und von der Plünderung des attischen Landes profitierten:

,,Ihnen fielen die Sklaven [gemeint sind die auch bei Thukydides erwähnten davongelaufenen Sklaven][18] und die ganze übrige Beute, die im Krieg gemacht worden war, für eine geringe Summe zu, und als die nächsten Nachbarn eigneten sie sich, angefangen vom Holzwerk und den Dachziegeln der Häuser, das gesamte Hab und Gut im attischen Land an. Das Gebiet um Athen war damals das bestausgestattete von Griechenland.''

An derselben Stelle heißt es auch,[19] in Attika habe das Land unter den früheren Streifzügen des Feindes während des Archidamischen Krieges (431–421 v. Chr.) nicht sehr gelitten:

> „Denn es hatte unter den vorausgegangenen Überfällen der Lakedaimonier wenig Schaden gelitten, und es war so außerordentlich hoch entwickelt und kultiviert gewesen, daß es schien, als mangele es bei ihnen an nichts, und die Behausungen waren schöner gebaut als bei den anderen Griechen."

Der Text ist teilweise rekonstruiert, aber der allgemeine Sinn ist klar. Die ländlichen Gegenden Attikas waren also trotz der Importmöglichkeiten in der Zeit der athenischen Seeherrschaft nicht vernachlässigt worden. Andererseits litt das Land tatsächlich unter dem Wiederaufflackern des Peloponnesischen Kriegs. Landgüter wurden verwüstet, Ernten verbrannt, Vieh fortgetrieben, und am schlimmsten waren jene Zerstörungen, die sich nicht leicht wieder beheben lassen: das Abhacken von Rebstöcken und Fällen der Ölbäume. Zuerst mag es eine stillschweigende Übereinkunft gegeben haben, nach welcher das Verbrennen oder Abernten stehender Getreidefelder, die im nächsten Jahr wieder bestellt werden konnten, als legitime Kriegshandlung angesehen wurde, während man der Meinung war, daß bei kleinen zwischenstaatlichen Feindseligkeiten Bäume, die mehrere Jahre brauchen, bis sie Frucht tragen, nicht beschädigt werden sollten. Aber in einem langen und mit Erbitterung geführten Krieg hielten sich solche Übereinkünfte nicht lange. So spricht Aristophanes[20] von der Zerstörung der Rebstöcke und Feigenbäume in Kriegszeiten,[21] und auch Lysias[22] erwähnt das Umhacken von Ölbäumen in den späteren Phasen des Peloponnesischen Krieges.

Aus der Literatur des vierten Jahrhunderts geht deutlich hervor, daß es mit Attika bergab ging, und zwar nicht nur infolge von Verwüstungen durch Feinde, sondern auch durch Vernachlässigung. Seit dem sechsten Jahrhundert hatte sich der Landbau an den Berghängen entwickelt, nachdem Terrassen angelegt worden waren, deren Mauerreste heute noch sichtbar sind. Mit fortschreitender Entwaldung waren diese Mauern besonders durch heftige Regengüsse gefährdet. Von Demosthenes erfahren wir,[23] daß das auch in Friedenszeiten der Fall war. Schlimmer wirkte es sich freilich in Kriegszeiten aus. Offenbar drohte diese Gefahr nicht nur dem Boden, sondern auch Häusern.[24] Die Armut der Bauern im frühen vierten Jahrhundert, auf die Aristophanes anzuspielen scheint,[25] ist dieser Phase der Verwüstung und Vernachlässigung zuzuschreiben. Dazu kam noch die Gefahr, daß manche tiefliegenden Gebiete, wenn sie nicht bebaut wurden, versumpften wie der ,Phalerische Sumpf' mit seinem feuchten Boden, der grundverschieden war von dem trockenen Gelände rings um den Lykabettos.[26] Am Anfang des vierten Jahrhunderts gibt es Anzeichen für die Wiederbelebung vernachlässigter Besitzungen und Güter[27] und für Verkäufe aus zweiter Hand, die möglicherweise eine Form der Spekulation darstellten.[28] Es scheint also einen raschen Wechsel unter den Eigentümern und den Bewirtschaftern gegeben zu haben.[29] Im vierten Jahrhundert kam es zu einer Erneuerung der Landwirtschaft, und das Wichtigste dabei war, daß die Anbaugrenze noch weiter hügelaufwärts vorgeschoben wurde, wie wir einem Lexikographen entnehmen können,[30] der *eschatia* als eine Begrenzung von Grundbesitz entweder durch ein Gebirge oder durch ein Meer definiert (auch ein ,,Gut im Randgebiet" bei Sphettos wird erwähnt). Das geschah, obwohl es andere Möglichkeiten der Kapitalanlage gab. Auch in Friedenszeiten erforderte die Landwirtschaft in Griechenland sehr viel Sorgfalt. So gewährte der magere und unergiebige Boden Attikas (wenn er auch vielleicht im Altertum nicht so schlecht war wie jetzt in unteren Abhanglagen) kein leichtes oder üppiges Leben; Hafer konnte fast überall angebaut werden, Weizen dagegen nicht.

Man kämpfte unablässig um die Erhaltung des Bodens; Erosion mußte verhindert werden,[31] Wasserläufe waren zu überwachen, und Gräben mußte man sowohl zur Wasserversorgung wie auch zur Entwässerung unterhalten. In diesem Zusammenhang interessieren die Mauern, die oft Grundstücke zu umgrenzen scheinen. In einer Demosthenesrede[32] wird eine Mauer rund um ein Stück Land *(chōrion)* erwähnt. Der Grund, der für ihre Errichtung angegeben wird,[33] ist in vielerlei Hinsicht aufschlußreich:

,,Und ferner, meine Herren Geschworenen, wenn ein starker Regenguß niederging, kam es vor, daß das Wasser in dieses Grundstück einbrach. Damals gehörte es ... meinem Vater noch nicht, sondern einem Mann, der die Gegend überhaupt nicht mochte und eher ein Stadtmensch war; da er sich nicht um das Wasser kümmerte, brach es zwei- oder dreimal ins Grundstück ein, richtete Schaden an und bahnte sich einen Weg hindurch. Als mein Vater das sah – so höre ich es von denen, die Bescheid wissen –, und die Nachbarn unberechtigt eindrangen und ihren Weg durch das Grundstück nahmen, baute er diese Trockenmauer ringsherum."

Es war richtig, daß der steinige Boden Griechenlands unbegrenzt Material für solche Mauern lieferte, deren Erhaltung allerdings deshalb nicht weniger mühsam war. Sie verhinderten nicht unbedingt die Verheerungen, welche die Ziegen, die Hauptfeinde aller heranwachsenden Bäume, anrichteten.[34] Sie halfen aber gegen das Eindringen von Nachbarn, die man ebenfalls unablässig im Auge behalten mußte. Dieselbe Demosthenesrede[35] erwähnt auch die Nachbarn, die unrechtmäßig einen Weg zwischen zwei Landgütern benutzten, „die Trockenmauer entfernten" und Abfall auf dem Weg abluden. Dieser Weg war eine Grenze (daher beschwert sich der Sprecher über die Eindringlinge), gleichzeitig aber auch ein Wasserlauf wie viele griechische Wege auf dem Lande, die wegen des Gerölls schwer von einem Bachbett zu unterscheiden waren und noch sind. Tatsächlich werden sie auch bei starkem Regen zum Bach. In diesem besonderen Fall wurde das Unwetterwasser zum Problem. War ein Nachbar nachlässig, untüchtig oder böswillig, so konnte er es durch das Grundstück eines anderen ableiten.

Ganz allgemein war das Leben eines Landwirts häufig ein Leben der Überraschungen, was nicht jedermanns Sache ist. In der Theorie sollte es gute Soldaten hervorbringen. Sicherlich erzog es in der Mehrzahl der Fälle auch zur Rücksicht gegenüber Nachbarn, die oft sehr nahe waren. Zwar gab es abgelegene und einsame Gegenden in Griechenland, aber bei einer so beträchtlichen Bevölkerungszahl, wie Attika sie aufwies, konnten die anbaufähigen Gebiete recht dicht besiedelt sein. Hier stehen wir vor der nicht leicht zu beantwortenden Frage, ob die Masse der Landwirte in Landstädten oder Dörfern beisammen oder einzeln und über das Land verstreut wohnten. Wahrscheinlich gab es auch letzteres, aber die größere Anzahl lebte doch wohl – wie heute in Attika – in Gemeinden und begab sich zur Arbeit hinauf aufs Land. Wie auch immer sich das verhielt – um Athen erstreckte sich ein beachtlicher Vorstadtbereich, in dem die Güter (im Sinne von Wohnsitzen) dicht beisammen lagen. Demosthenes erwähnt in einer Rede[36] ein Gut nahe dem „Hippodrom" (Rennbahn) in Athen, wo der Sprecher seit seiner Kindheit lebte; das Haus stand dicht bei anderen, und es ist auch von Vorübergehenden die Rede. Man fühlt sich an jene seltsamen Reste von *rus in urbe* erinnert, die es in Athen inmitten der Vorstadtbezirke, ja selbst in den vorstädtischen Industrievierteln noch heute gibt (etwa zwischen Athen und Piräus längs der antiken Langen Mauern, nicht weit von der Straßenbahn und der Hauptstraße zum Piräus). Es bestand keine klare oder tiefgehende Trennung zwischen Stadt- und Landbewohnern, Nicht-Landwirt und Landwirt, auch nicht in bezug auf Mentalität und Interessen. Es lohnt sich, die merkwürdige Beobachtung anzuführen, die Xenophon macht,[37] als er die Frage erörtert, ob sich die Fruchtbarkeit des Bodens von außen beurteilen lasse. Er spricht von Fischern (!) als Sachverständigen:

„Und überdies, sagte ich, erinnerte ich mich an das Verhalten der Fischer, daß
sie, die doch auf dem Meer zu tun haben, und weder stehenbleiben um zu
schauen noch langsam einherspazieren, sondern an den Feldern vorübereilen,
trotzdem beim Anblick der Feldfrüchte auf dem Land nicht zögern anzugeben,
dieser Boden sei gut und jener schlecht, vielmehr den einen tadeln und einen
anderen loben."

Eine eigenartige Bemerkung, die – worauf sie sich auch im besonderen
beziehen mag – jedenfalls voraussetzt, daß es nichts Verwunderliches ist,
wenn Fischer oder sogar Männer mit anderen Berufen sich über einen
solchen Gegenstand Gedanken machen. So vermietete im Jahre 372
v. Chr. auf Korkyra der athenische Feldherr Iphikrates[38] seine Soldaten –
teils aus Geldknappheit, teils aber auch, weil er zur Zeit keine militärischen Aufgaben für sie hatte – als landwirtschaftliche Arbeiter an die
Korkyräer, zweifellos für irgendeine Saisonarbeit. Viele waren Söldner,
aber auf Grund ihrer Herkunft muß ihnen – wie den römischen Legionä-
ren – die Bauernarbeit nichts Unbekanntes gewesen sein. In Wirklichkeit
bestand zwischen dem Städter oder dem Seefahrer und dem Landmann
kein so großer Unterschied, wie manchmal unterstellt wird.

Der Wohlstand des Landwirts und Grundbesitzers richtete sich zweifellos jeweils nach seinem Sachverstand, dem Wetter und den Preisen, die
seine Produkte erzielten. Wie wir sahen, waren wohl viele Landwirte mit
einem großen Teil der Nahrungsmittel, die ihr Haushalt erforderte, auf
ihre Landgüter angewiesen; oder ein *chōrion* mag jeweils ein Einzelpro-
dukt – Wein, Öl oder Getreide – geliefert haben. Die meisten kleinen
Bauern erwirtschafteten sicherlich nur ihren eigenen Unterhalt. War der
Grundbesitz gemischt, so könnte das anzeigen, daß auch manche Bessergestellte in der gleichen Lage waren. Andere produzierten zweifellos für
den Verkauf – zum Beispiel Oliven. Manche fanden es, wie Perikles,
bequemer, ihre landwirtschaftlichen Erzeugnisse zu verkaufen und vom
Erlös in Athen zu erstehen, was sie zum Leben brauchten. Hierüber weiß
man ebensowenig wie von den Leuten, die Naturprodukte – Obst, Wein,
Öl und Honig – im großen produzierten, und dasselbe gilt für die Organisation der Mittelsmänner zwischen Produzenten und Exporteuren. Jedenfalls standen manche Landwirte recht gut da. Unter den Stiftern von
Weihgaben für die Athena auf der Akropolis finden sich wenige Bauern
oder Eigentümer von Land, das andere bestellten. Wahrscheinlich wäre
es falsch, daraus zu schließen, daß Handwerker, Künstler und Händler
der Gottheit mehr Dankbarkeit bewiesen. Vermutlich gaben diese Leute
häufiger ihren Beruf an als die Bauern, da die Landwirtschaft gewisser-

maßen die normale Beschäftigung war. Eine von diesen Weihinschriften[39] erwähnt ,,den Zehnten von Land und Geld", das bedeutet, von Landwirtschaft und anderen Geldanlagen; es handelt sich wohl eher um einen Zehnten vom Einkommen als vom Kapital. Auf einer anderen heißt es ,,einen Zehnten vom Land für das Gelübde seines Sohnes".[40] Im vierten Jahrhundert v. Chr. und schon im fünften Jahrhundert während der letzten Jahre des Peloponnesischen Kriegs unterlagen in Athen Grund und Boden wie anderes ,,sichtbares Vermögen" der Kriegssteuer und verpflichteten ihren Eigentümer von einer bestimmten Kapitalsumme an zu den ,Leiturgien' (finanziellen Leistungen für den Staat). Dieses System, das manchmal dazu führte, daß Besitz verpfändet werden mußte, damit Geld sofort zur Verfügung stand, kann die Effizienz der athenischen Landwirtschaft nicht gefördert haben. Außerdem waren ja auch die Möglichkeiten des leichten attischen Bodens beschränkt. Andere Gebiete, etwa Thessalien, waren in dieser Beziehung besser daran.

Was wir über die Einzelheiten der landwirtschaftlichen Praxis wissen, stammt aus einer Vielzahl kleiner Hinweise sowie aus einigen umfangreichen einschlägigen Bemerkungen, die in der Literatur Athens enthalten sind. Sie ist die wirtschaftliche Betätigung, die uns am besten bekannt ist, aber das will nicht viel heißen. Zahlreiche weitere Angaben finden sich in epigraphischen Zeugnissen, die sich auf Athen, Attika und bestimmte andere Gebiete beziehen. Jede Information, die über Gemeinden außerhalb Athens aufgespürt werden kann, ist wertvoll. Es gibt wichtiges Material über Bauernhäuser, die zum Grundbesitz der Tempel von Delos, Rheneia und Mykonos[41] gehören, und über Bauerngüter und Türme bei Sunion.[42] Ziemlich viel erfahren wir – vor allem aus den Inschriften, die mit der Hermenverstümmelung zusammenhängen – über landwirtschaftliche Produkte (Trauben, Oliven, Wein), über Vorräte, Möbel, Sklaven, Preise und Maße.[43] Verhältnismäßig unergiebig sind Quellen außerhalb Attikas. Es gibt einiges Inschriftenmaterial, das sich auf den Weinhandel von Thasos bezieht. Über Geräte und technische Einzelheiten informieren uns Vasenbilder (vgl. Abb. 9).

Ein Hauptproblem, Einzelaspekt eines weit umfassenderen, ist die Beschäftigung von Sklaven auf Bauerngütern. Sicherlich waren auf attischen Gütern Sklaven beschäftigt; das geht aus den Verzeichnissen, welche die Staatsbeamten *(pōlētai)* bei der Beschlagnahme des Vermögens der Hermenschänder anlegten, deutlich hervor.[44] Aber hier handelte es sich um reiche Leute, und die Frage ist, ob auch die ärmeren Landwirte Sklaven besaßen. Das ist stark umstritten. Wieviele von jenen Sklaven – laut

Thukydides[45] meist ‚Handwerker' –, die ihren Herren zwischen 413 und 405 v. Chr. zu den Spartanern nach Dekeleia wegliefen, waren auf dem Land beschäftigt? Unter den damaligen Umständen vielleicht nicht sehr viele, da der Anbau fast zum Stillstand gekommen war – aber das traf auch auf andere Betätigungen zu. Der Kleinbauer bei Aristophanes, etwa Dikaiopolis in den ‚Acharnern', hat zwei Sklaven; allerdings läßt sich schwer entscheiden, was ein solches ‚Zeugnis' wert ist. Wie weit konnte ein Bauer neben der Erfüllung seiner Bürgerpflichten die unerläßlichen Arbeiten auf seinem Gut bewältigen, das wohl besser als Kleinlandbesitz bezeichnet wird, wenn ihm nur seine Frau, seine Kinder, gelegentlich Nachbarn und zu bestimmten Jahreszeiten ein Tagelöhner zur Seite standen? Das läßt sich gar nicht leicht beurteilen, und zwei Denkrichtungen sind in diesem Punkte ganz verschiedener Meinung. Im großen und ganzen bestätigt die Überlieferung seit Hesiod die Annahme, daß sich jeder einen oder zwei Sklaven hielt, sofern er es sich leisten konnte. Manchmal gewinnt man den Eindruck, als sei das vor allem um des Ansehens willen geschehen. Die erste Stelle nahmen natürlich Arbeitstiere ein. Aristophanes legt in einem anderen Stück[46] einen gewissen Nachdruck auf die Verwendung von Sklaven in der Landwirtschaft, aber auch hier bleibt im Dunkeln, welchen Status sie innehatten.

Andererseits hören wir bei Aristophanes[47] von einer weiteren Möglichkeit, nämlich von Gelegenheits- oder Saisonarbeitern anstelle von Sklaven, zum Beispiel von Olivenpflückern (vgl. Abb. 9). Für manche saisonbedingten Arbeiten und für das Hüten von Ziegen und anderen Tieren standen Kinder zur Verfügung, aber der arme Bauer tat gut daran, sich nicht zu viele Kinder anzuschaffen, gleichviel, ob es Jungen oder Mädchen waren. Es gab also eine Lücke für Freie im Tagelohn. Bei Theophrast berichtet „der Rüpel den Lohnarbeitern, die bei ihm auf dem Feld tätig sind, alle Neuigkeiten aus der Volksversammlung". Jebb[48] weist in seinem Kommentar darauf hin, daß es noch andere Belege für Lohnarbeiter gibt: „Arme Leute, vor allem Ausländer, fanden Beschäftigung als Handwerker, landwirtschaftliche Arbeiter oder Bedienstete," und er führt als Beispiel das Heiligtum des Eurysakes auf dem Marktplatz an, das Pollux als den Versammlungsort jener Leute bezeichnet, „die darauf warten, gedungen zu werden". Allerdings ist unklar, welcher Wert Theophrast in den ‚Charakteren' als Quelle zukommt. Die Neue Komödie liefert einige Zeugnisse zumindest für Sklaven auf dem Lande, kaum aber für Lohnarbeiter, und bei jenen Leuten, die in Athen und andernorts als Lohnarbeiter tätig waren, handelte es sich meistens entweder um Handwerkersklaven oder um Sklaven, die man etwa als gelegentliche Hilfskräfte im Haushalt bezeichnen könnte. Wir besitzen einiges wenige Beweismaterial für Freie, die unter dem Druck der Not auf den Feldern oder aus Gefälligkeit etwa als Verwalter arbeiteten, obwohl ihnen die Vorstellung, Untergebener eines anderen zu sein, unsympathisch war.[49] In schlechten Zeiten waren manche Leute zweifellos zu derartigen Arbeiten gezwungen, aber sie gaben sie wieder auf, sobald sie nur konnten. Andere konnte man wegschicken, wenn es keine Arbeit gab, und sie waren deshalb billiger als Sklaven. Wie bei den Landwirtschaftssklaven ist die Stellung dieser Leute in der klassischen Zeit wiederum unklar, obwohl der *thes* – ursprünglich ein gedungener Mann ohne Grundbesitz – offiziell als Begriff einer Einkommensklasse erhalten blieb. Eine merkwürdige Stellung nahm der Dienstmann *(pelatēs)* auf Naxos ein, mit dessen Tod Platons Dialog *Euthyphron* beginnt. Es lohnt sich, die Geschichte[50] hier anzuführen (kann sie ganz und gar erdichtet sein?). Der Sprecher berichtet folgendes:

„Der Mann, der starb, war einer meiner Dienstleute, und als wir auf Naxos unser Land bestellten, war er Tagelöhner *[ethēteuen]* dort bei uns. In der Trunkenheit bekam er Streit mit einem unserer Haushaltssklaven *[oiketai]* und erschlug ihn. Mein Vater fesselte ihn nun an Händen und Füßen, warf ihn in einen Graben und schickte einen Mann nach Athen, um den Ausleger des Heiligen Gesetzes zu fragen, was zu tun sei. In der Zwischenzeit kümmerte er sich kaum um den Gefangenen und vernachlässigte ihn als einen Mörder, bei dem es nichts ausmache, wenn er umkomme. Und er starb auch wirklich, denn er kam durch Hunger, Kälte und seine Fesseln um, ehe der Bote von dem Ausleger zurückkehrte!

Wir brauchen uns nicht mit den moralischen und religiösen Skrupeln zu befassen, die Euthyphron zu schaffen machten. Uns geht es um den Status des Mannes; die Behandlung und die Bezeichnung *pelatēs* deuten an, daß er offenbar zwischen dem Freien und dem Sklaven stand und als Lohnarbeiter diente.

Über landwirtschaftliche Tätigkeiten und Erzeugnisse wissen wir nur im Falle Attikas einigermaßen Bescheid. Die literarischen, epigraphischen und archäologischen Quellen, einschließlich wichtiger Vasenbilder, (Abb. 9) lassen sich durch Beobachtungen in den rückständigen Gebieten des heutigen Griechenlands ergänzen. Angebaut wurden Weizen und Gerste, und zwar häufiger die flachwurzelnde Gerste als der tiefwurzelnde Weizen. Wie im heutigen Griechenland muß es jene Kombination des Anbaus von Getreide und Oliven sowie von Wein und Getreide auf Flächen gegeben haben, die uns erbarmungswürdig klein vorkommen.

Die Zerstückelung des Familienbesitzes durch Erbschaft und Mitgift und
die Beschaffenheit des Bodens (wie etwa heute auf Ägina) führten zu
kleinen Feldstücken, die kaum im üblichen Sinn gepflügt worden sein
können. Mit dem primitiven Pflug, der sich nicht wesentlich vom prähi-
storischen *Ard* unterschied – er ist auf einigen attischen schwarzfigurigen
Vasen und auch im heutigen Griechenland noch zu sehen –, kratzte man
die Oberfläche der im allgemeinen nur dünnen Erdschicht auf. Bis zu
einem gewissen Grade tat das vor allem im leichten Boden Attikas seine
Wirkung, und bei schwerem Boden bildeten sich an der hölzernen Pflug-
schar weniger leicht Klumpen als an einer eisernen; außerdem eignete sie
sich zum Konturpflügen.

Der Herrenbauer Xenophon erläutert[51] in seinem *Oikonomikos* die
Techniken des Obst- und Getreidebaus in Form eines Dialogs zwischen
Ischomachos als Lehrer und Sokrates als dessen Schüler. Gemäß dem
Prinzip der Sokratischen Methode werden dem Schüler Kenntnisse ent-
lockt, von denen er gar nicht wußte, daß er sie besaß. Das Gespräch geht
sehr ins Einzelne und stellt als Ziel des Landwirts ,,die Erzeugung der
größtmöglichen Menge an Gerste und Weizen" hin. Der Nachdruck liegt
also auf dem Getreide. Die nacheinander ablaufenden Vorgänge werden,
angefangen von der Vorbereitung der Brache, systematisch abgehandelt:
gepflügt wird weder in der Winternässe noch in der Sommerhitze, sondern im Frühling, und das Unkraut wird, bevor es Samen streut, als
Grünfutter verwendet; später, im Hochsommer, wird der Boden umge-
brochen, damit er in der Sonne ausdörrt und die Unkrautwurzeln abster-
ben. Dann folgt die Aussaat beim Herbstregen zu verschiedenen Zeiten;
im Zusammenhang mit der Aussaat wird erörtert, welche Saatmengen für
fetten und mageren Boden richtig sind, und festgestellt, daß für das Hak-
ken der Winter die rechte Zeit ist. Am Schluß steht die Ernte mit Rat-
schlägen für das Schneiden, Dreschen und Worfeln und das Verbrennen
des stehengebliebenen Strohs zur Bodenverbesserung.

Das Gespräch wendet sich dann den Obstbäumen, insbesondere den
Weinstöcken, Feigen und Oliven zu: wie man sie sachgemäß in Gräben in
der richtigen Tiefe, Anordnung und Festigkeit anpflanzt. Weiter ist die
Rede von der Herstellung von Gründünger und der Entsalzung des Bodens, und dann folgen interessante Bemerkungen über die Wiederaufbe-
reitung vernachlässigten Landes zu Spekulationszwecken, wobei der Vater des Ischomachos als Beispiel angeführt wird.

Das alles ist stark moralisierend und mit einer bezeichnenden Betonung
des im Schüler latent vorhandenen Fachwissens vorgetragen. Anders aus-

gedrückt: als Grieche identifiziert er sich, gleichviel, ob er nun aus der Stadt oder vom Land kommt, wenn auch unterbewußt, von Natur aus mit dem Boden. Das Ganze ist ein nützlicher Kommentar zu den Pachtverträgen, von denen später noch die Rede sein wird.

Besonders bemerkenswert ist, daß der Terminus *georgein* die Viehwirtschaft nicht einschließt und daß nirgends der Versuch gemacht wird, das verborgene Wissen des Sokrates in bezug auf diesen Gegenstand aufzudecken, obwohl er ebenso gut zum Thema des ‚Oikonomikos‘ passen würde. An keiner Stelle der klassischen griechischen Literatur findet sich irgendeine praktische Erörterung der Züchtung und Wartung von Haustieren, obwohl sich die Griechen doch eine gewisse Erfahrung auf diesem Gebiet angeeignet haben müssen und ganz allgemeine Hinweise auf Genetik – etwa in den Beobachtungen des Theognis hinsichtlich der Mischung guter und schlechter Rassen – und auf die Abrichtung von Tieren in der Literatur keineswegs selten sind. Man möchte daraus schließen, daß diese Form landwirtschaftlicher Betätigung in Attika nur schwach entwickelt war; da es, besonders für größere Tiere, nur sehr wenig Weideland gab, ist das begreiflich. Immerhin waren aber die Athener, wie ihre Kunst zeigt, außergewöhnlich an Pferden interessiert, und man hätte doch erwartet, etwas über die Pferde von Makedonien, Thessalien und Argos zu erfahren. Es muß auch Leute gegeben haben, die Großvieh als Zug- und Opfertiere aufzogen, ganz abgesehen von den Ochsengespannen, den ‚besten Freunden‘ des Bauern.

Dann gab es die kleineren Haustiere. Schafe können in Attika nicht zahlreich gewesen sein; als Wollelieferanten waren sie nicht alle gleich gut. Der eigentliche Aktivposten waren in gewisser Hinsicht die Ziegen, da sie Haar, Häute, Milch und Fleisch lieferten, aber es scheint keine systematische Entwicklung der Ziegenzucht und auch keinerlei Regeln für ihre Wartung und Nutzung gegeben zu haben. Die griechische Ziege war schließlich ein halbwildes Tier – ganz so, wie es auch das Schwein gewesen zu sein scheint, das ebenfalls als Opfertier und Fleischlieferant verbreitet gewesen sein muß. Beide Tiere waren wildweidend, und im großen und ganzen konnte die griechische Landschaft auch nur diese Art Tiere ernähren. Das gilt vor allem für die Ziegen, da es Eichen- und Buchenwälder für Schweine nur in entlegenen Gegenden gab. Möglicherweise wurden kleine Tiere wie Schafe und Lämmer von den Inseln und aus Gebieten mit mehr Weideland in die größeren Städte eingeführt – wie die Lämmer, die auch heute noch zu Ostern nach Athen verkauft werden.

Die sonstigen griechischen Quellen vermitteln ein Bild, das dem aus

Xenophon gewonnenen ähnelt und es bisweilen ergänzt. Von den Prosa-
schriftstellern, vor allem von den Rednern, erfahren wir meist Einzelheiten, die sich auf Grundbesitz oder Produktion beziehen. Ein Gut erzeugt
Trauben und Feigen;[52] auf dem Gut des Hagnias[53] zählt man über tausend Ölbäume. Diese Quellen informieren auch über technische Gesichtspunkte.[54] Es gibt Pflanzen und Bäume, die, wie da behauptet wird,
von einem boshaften Konkurrenten beschädigt wurden: die hochwerti-
gen *(gennaia)* Obstbäume, die Reben, die an Bäumen gezogen werden
können *(anadendrades),* die in Reihen angelegten Olivenpflanzungen
und, in diesem besonderen Falle, interessanterweise das heranwachsende
‚Rosenbeet‘ *(rhodōniā),* das vielleicht weniger zur Zierde dienen als vielmehr Blumen für Opfer- und Gastmahlgirlanden liefern sollte. In diesem
Zusammenhang berichtet der Kläger von einem seltsamen Vorgehen seiner Gegner:

> „Außerdem schickten sie nach Tagesanbruch einen kleinen Jungen herein, der
> das Bürgerrecht hatte, denn sie waren Nachbarn und das Grundstück grenzte
> an ihres an, und sie trugen ihm auf, den heranwachsenden Rosengarten auszu-
> rupfen, damit ich den Jungen, wenn ich ihn in meiner Wut erwischte, wie einen
> Sklaven fesseln und verprügeln sollte und sie mich dann wegen Überschreitung
> meiner Befugnis verklagen könnten.“

Der Rosengarten ist eines jener farbigen Details, die uns nur allzu selten
begegnen. Im allgemeinen finden wir sowohl in den theoretischen Erörterungen als auch in den Vorstellungen der Philosophen von Landwirtschaft und bäuerlichem Betrieb recht nüchterne Feststellungen, die nur
gelegentlich durch merkwürdige Einzelheiten aufgelockert werden, so
etwa durch die Vorschriften und die Praxis im Falle des Verzehrs von
Obst durch gelegentliche Wanderer.[55] Die Redner beschränken sich begreiflicherweise auf knappste Schilderung von Details; sie zählen die verschiedenen Kategorien von Besitz auf: Gebäude *(synoikiai),* Land *(agroi),*
Sklaven und Ausrüstung *(skeuē),* wozu[56] auch die hölzernen – aushebba-
ren – Türen von Gebäuden und das weniger leicht bewegliche große
Weinfaß *(lakkos)* gehören konnten; in einer anderen Demosthenesrede
werden *pithaknai* (Vorratsbehälter?) erwähnt.[57] Häufig sind, wie es sich
in Rechtsfällen gehört, Umfang und Menge detailliert angegeben. So findet sich bei Demosthenes folgender Bericht, der beispielhaft ist für dieses
Quellenmaterial, das weitgehend die Grundlage für unsere Kenntnis der
Wirtschaft Athens und Attikas bildet.[58] Mit der Erwähnung der Vorla-
dung von Freunden als Zeugen und der Geschäftsreisen aufs Land veranschaulicht er außerdem das emsige Hin und Her und das Interesse für

Angelegenheiten von Freunden und Bekannten, die offenbar die Hauptunterhaltung sowohl der reichen Leute als auch der Kleinbürger gewesen ist. Der Kläger berichtet:

„Nachdem ich ihn aufgefordert hatte [nämlich zu einer *antidosis*, d. h. einem Vermögensaustausch], nahm ich einige Freunde und Verwandte mit mir und begab mich hinaus nach Kythēros zu seinem am Fuß eines Hügels [oder am Rand des Meeres] gelegenen Gut, führte sie zuerst rund um den Besitz, einen Weg von über vierzig Stadien, wies vor Zeugen im Beisein des Phainippos darauf hin, daß sich auf dem Besitz kein Hypothekenstein befand. Ich sagte ihm, er solle, falls er behaupten wolle, daß es doch einen gebe, das jetzt sagen und ihn uns zeigen, damit nicht später herauskomme, daß der Besitz belastet sei. Dann versiegelte ich die Gutsgebäude *[oikemata]* für mich und hieß ihn zu meinem Besitztum kommen. Danach fragte ich, wo das Getreide sei, das gedroschen worden war; denn es gab dort, ihr Herren Geschworenen, bei allen Göttern und Göttinnen, gleich zwei Tennen von etwas weniger als hundert Fuß Durchmesser. Er antwortete mir, einiges sei verkauft worden, das andere liege drinnen.

... Schließlich – um es kurz zu machen – setzte ich Beobachter in die Vorratsscheunen und, beim Himmel, verbot den Eselstreibern und hinderte sie daran, das Holz aus dem Gut fortzuschaffen. Ich sollte nämlich sagen, daß Phainippos außer seinem sonstigen Vermögen auch noch diese reiche Einkommensquelle besitzt. Sechs Esel sind das ganze Jahr zur Beförderung von Holz eingesetzt, und damit nimmt er täglich mehr als zwölf Drachmen ein. Wie gesagt verbot ich ihnen, das Holz anzurühren und forderte Phainippos auf, sich mit mir zu treffen zur feierlichen Eidesleistung, wie sie das Gesetz vorschreibt; dann begab ich mich zurück in die Stadt."

Später[59] behauptet der Kläger:

„...du bist ein reicher Mann, kein Wunder, da du jetzt Gerste von deinem Gut zu achtzehn Drachmen [den Scheffel] und Wein zu zwölf [das Maß] verkaufst und mehr als tausend Scheffel Getreide und über achthundert Maß Wein erzeugst."

Derart ausführliche und anschauliche Episoden wie dieser Geschäftsausflug aufs Land sind selten. Von einem gewissen Interesse ist die Tatsache, daß gerade diese Rede im Grunde auf der Rivalität zwischen dem Ökonomen und dem Industriellen beruht. Der Sprecher selbst ist im Bergwerkswesen engagiert. Er hat in der Vergangenheit in harter Arbeit[60] Geld verdient und hat es wieder verloren, denn die Zeiten sind schlecht.[61] Den Landwirten dagegen geht es gut, sie erzielen hohe Preise:[62] „... Die sich mit Bergwerken befaßten, haben Mißerfolge gehabt, aber euch Bauern geht es besser als es recht ist." Und zwar so sehr, daß der Sprecher bereit ist, sein gesamtes Vermögen einschließlich seiner Bergwerksanteile gegen das Gut des anderen einzutauschen[63] – jedenfalls behauptet er das. Wie bei der Bautätigkeit[64] erfahren wir die verläßlicheren, wenn auch nüchternen Einzelheiten aus Inschriften[65] und aus Informationen wie dem Bericht der Eleusinischen Behörden über die Verpachtung eines Landbesitzes oder Grundstücks, genannt das R(h)arische Feld, an den Rhetor Hypereides, das in einem Zeitraum von vier Jahren 2732 Medimnoi Gerste brachte.[66] Vom Blickpunkt der Landwirtschaft aus sind nicht nur Inschriften bedeutsam, die Angaben über Preise, Mengen und erzeugte Waren enthalten, sondern auch Protokolle über Vereinbarungen zwischen öffentlichen Körperschaften – Demen, Sippen, *phratriai*, *orgeones* – und Privatpersonen, in denen es sich meistens um Pachtverträge handelt. Sie lassen erkennen, unter welchen Bedingungen Land genutzt werden konnte. Wie es scheint, waren – bei gleichen allgemeinen Voraussetzungen – die Bedingungen für Verträge zwischen einer öffentlichen Körperschaft und einer Einzelperson leichter als für solche zwischen zwei Privatleuten. Leider wissen wir über letztere sehr wenig, da private Verträge nicht auf Stein sondern auf leichter verderblichem Material geschrieben wurden und deshalb nicht erhalten geblieben sind. Aus den Verträgen zwischen öffentlichen Körperschaften und Privatleuten geht hervor, wie man das Land am besten kultivieren zu können glaubte, in welcher Weise es bepflanzt wurde, welche Verpflichtungen der Pächter in dieser Hinsicht einging und schließlich, wie er den finanziellen Verpflichtungen, mit denen das Land belastet war, gegenüber der Körperschaft nachkommen mußte.

Die überwiegende Mehrzahl dieser Pachtverträge stammt aus dem vierten Jahrhundert oder aus noch späterer Zeit, aber es besteht kein Grund anzunehmen, daß sie im fünften oder sogar im sechsten Jahrhundert anders ausgesehen hätten, wenn man von der bedeutenden Ausweitung absieht, die der Olivenanbau im Laufe der Zeit erfuhr. Es gibt keinen Hinweis darauf, daß der Getreideanbau zurückgegangen wäre, als der Import zunahm; zweifellos dienten vermehrte Importe der Deckung eines Bedarfs, den die heimische Produktion nicht befriedigen konnte. Der große Unterschied zwischen dem frühen fünften Jahrhundert nach der Erholung vom Persereinfall und dem frühen vierten Jahrhundert ergab sich aus dem Schaden, den die peloponnesische Besetzung Dekeleias und die Depression im Gefolge des Krieges wirtschaftlich und materiell anrichtete. In einem überlieferten Fall ist von einem Stück Land die Rede, das Schaden nahm, drei Jahre lang nicht verkauft werden konnte und unter der allgemeinen Vernichtung der Ölbäume litt.[67]

Die einschlägigen Details aus einer Reihe dieser Pachtverträge sind der Beachtung wert; die Hauptprobleme der Grundbesitzer und die Hauptaufgaben der Landwirte lassen sich aus ihnen ablesen, und wir erfahren daneben einiges über die allgemeine Praxis der Landwirtschaft, einschließlich der Maßnahmen zur Verhütung von Bodenverlusten und der Verwendung von Gründünger in Gegenden, wo tierischer Dünger rar war. Man kann die einschlägigen Inschriften folgendermaßen spezifizieren:

a) Eine lückenhafte Inschrift aus der Mitte des vierten Jahrhunderts.[68] Sie zeigt, daß die Versorgung mit Wasser und dessen Zuleitung dorthin, wo es gebraucht wurde, eine häufige Sorge war. Die Pacht wird von den Grundeigentümern übertragen

,,unter der Bedingung, daß der Wasservorrat [?] aus dem ganzen Bereich des Landbesitzes ihnen [d. h. den Grundeigentümern] gehören soll und daß ihnen erlaubt sein soll, Abzugsgräben *[hyponomoi]* durch das Grundstück zu führen *[agein]* in welcher Richtung und wieviele sie wollen, und mit jeder von ihnen gewünschten Tiefe.''

b) Ein Pachtvertrag (Datum 346/45 v. Chr.?) des Demos Aixone südlich des Hymettos über ein anscheinend vernachlässigtes Grundstück.[69]

,,Unter diesen Bedingungen verpachten die Angehörigen des Demos Aixōnē die Phelleis [ein Eigenname, abgeleitet von *phelleus* (steiniges Stück Land)?] an Autokles, den Sohn des Auteas, und an Auteas, den Sohn des Autokles auf vierzig Jahre für 152 Drachmen jährlich unter der Bedingung, daß sie sie bepflanzen und nach Belieben bebauen. Die Pacht sollen sie im Monat Hekatombaion [Juli–August] bezahlen, und wenn sie nicht bezahlen, sind die Angehörigen des Demos Aixōnē berechtigt, die Produkte des Besitztums und alle anderen Güter des säumigen Zahlers zu beschlagnahmen. Die Angehörigen des Demos Aixōnē dürfen das Grundstück weder verkaufen noch anderweitig verpachten, ehe die vierzig Jahre abgelaufen sind. Wenn Feinde des Staats den Zugang abschneiden oder Schaden anrichten, sollen die Angehörigen des Demos Aixōnē die Hälfte der Erzeugnisse des Besitztums erhalten. Wenn die vierzig Jahre abgelaufen sind, sollen die Pächter die Hälfte des Landes als Brache [oder ,leer‘, *cherron*] und die Bäume [einschließlich der Weinstöcke?], soviele sich auf dem Grundstück befinden, übergeben. In den letzten fünf Jahren sollen die Angehörigen des Demos Aixōnē einen Winzer einstellen.''

Weiter heißt es:

,,Es ist nicht gestattet, daß jemand beim Ausheben von Gräben Erde vom Grundstück wegschafft; ...da die Pächter der Phelleis, Autokles und Auteas, mit den Angehörigen des Demos Aixōnē übereinkommen, die Ölbäume zurückzuschneiden, sollen sie Männer auswählen, welche die Ölbäume zusammen mit dem Demarchos, den Verwaltern und dem Pächter, an den Meistbietenden verkaufen ... Wer die Ölbäume kauft, soll sie zurückschneiden, wenn Auteas im Jahr nach dem Archontat des Archias (346/45 v. Chr.) vor dem Pflügen die Frucht einsammelt. Und er soll die Stümpfe nicht weniger als eine Handbreit noch in den Pflanzgruben lassen, damit die Oliven in diesen Jahren [?] so schön und groß wie möglich geraten mögen."

Mit dem Zurückschneiden der Ölbäume ist hier gemeint, daß das alte Holz entfernt, die Stümpfe aber stehengelassen werden, damit sie wieder Schößlinge treiben.

    c) hier handelt es sich um die Pacht eines Tempelgrundstücks in Sunion.[70] Für bestimmte Verfahren, die hier erwähnt werden, finden sich an anderer Stelle Parallelen; es scheint sich um die allgemein übliche Praxis bei der Bebauung des Landes zu handeln. Die Inschrift ist geringfügig ergänzt.

    ,,Unter folgenden Bedingungen verpachten die Angehörigen des Demos ... das Tempelgrundstück, das sich *en Hermei* befindet und das vorher Hierokles bebaute ... Wer das Grundstück in Pacht nimmt, soll es kreuzweise [? *enallax* = in beiden Richtungen] pflügen.[71] Auf die Hälfte davon[72] wird er Weizen und Gerste aussäen; von der anderen Hälfte wird er die Brache [?] mit Bohnen bepflanzen;[73] den Rest des Landes wird er unbebaut lassen und nichts darauf aussäen."

Es folgt ein ziemlich dunkler Passus, der durch einen sonst unbekannten Fachausdruck unklar wird:

    ,,Zweimal im Jahr und zuerst jährlich [?] wird er Haufen [*korthilās*, ein unbekanntes Wort, vielleicht von gleicher Bedeutung wie *korthys*, das einen Haufen zu bezeichnen scheint;[74] die Angabe bezöge sich dann auf eine bestimmte Art zu graben, entweder das Ausheben von Gruben oder das Anhäufeln] auf dem Grundstück aufwerfen; er wird auf dem Grundstück rings um die Feigenbäume graben und ebenso auch um die anderen angepflanzten Bäume, und er wird Pfähle [?] aufstellen, damit die neuen [Reben] an ihnen hinaufwachsen können ... Wenn er das Grundstück aufgibt ... soll er alles zurücklassen, was auf dem Grundstück gewachsen ist, den Dünger und die Pfähle ... und die Pflanzenreihen; und wenn die Feigenbäume nachlassen [d. h. eingehen[75] – an anderer Stelle ist ebenfalls diese bestimmte Anzahl von Feigenbäumen angegeben, die jährlich zu setzen sind][76] soll er jedes Jahr nicht weniger als zehn pflanzen ...''

    d) Bei einer anderen Inschrift[77] aus etwa der gleichen Zeit (?) handelt es sich um das Tempelgrundstück des Apollon Lykeios in Sunion. Das Gebiet um Laureion-Sunion ist heute verhältnismäßig unfruchtbar und litt in der Antike zumindest teilweise unter dem Schmelzen des silberhaltigen Bleierzes. Möglicherweise bedurfte es besonderer Anstrengungen, um es anbaufähig zu machen. Auch hier scheint die Wasserbeschaffung für die Bewässerung oder für andere Zwecke eine wichtige Rolle zu spielen. Andere (Nachbarn?) sollen nicht daran gehindert werden, sich mit Wasser zu versorgen. Die Inschrift ist zu lückenhaft, um wertvoll zu sein, aber es lohnt sich, das Folgende anzuführen:

„Er wird die Bäume in gutem Zustand erhalten, Oliven, Feigen und andere Obstbäume. Wenn nicht, muß er sofort neue aus den alten [?] pflanzen und die alten hinreichend beschneiden *[koluein]*. Im *temenos* darf er weder pflügen noch die gezogenen Bäume zurückschneiden, auch keinerlei andere Bäume, kein Vieh weiden und auch nicht Dünger streuen *[kopreuein]*.[78]

Mit ‚Dünger‘ kann hier Gründünger oder auch aus Unkraut hergestellter Humus gemeint sein, wie er etwa in Xenophons ‚Oikonomikos‘ erwähnt wird, es könnte sich aber auch um einen der seltenen Hinweise auf tierischen Dünger handeln.

„Und wenn der Pächter das *temenos* aufgibt, soll er die Hälfte des Gartens . . . mit Kohl [? Raps(?) = *raphanos*] bepflanzen und die Hälfte unbepflanzt lassen.“

Man sollte wohl auch den Zweck kennen, dem die Pachtsumme zugeführt wurde: sie finanzierte das alljährliche Opfer von zwei Rindern.

e) Die folgende Inschrift (aus dem Jahre 321/20 v. Chr.)[79] behandelt die Pacht einer Reihe vom *temenē*. Abgesehen von den allgemeinen Vorschriften für die Zahlung der Pachtsumme bringt sie einige interessante Einzelheiten.

„Schlamm *[ilus]* und Erde darf von den Pächtern nicht weggebracht werden, weder vom Theseion noch von anderen Tempelgrundstücken. Auch darf nichts Pflanzliches [mit *hylē* ist hier offenbar Unkraut und sonstiger Pflanzenwuchs gemeint, die für die Bereitung von Gründünger und Humus so wichtig waren] anderswohin als nur auf das Grundstück gebracht werden. Die Pächter . . . sollen es folgendermaßen bebauen: neun Jahre lang nach ihrem Belieben. Im zehnten Jahr sollen sie nur die Hälfte pflügen und nicht mehr, damit der nächste Pächter vom sechzehnten Tage des Anthesterion [Februar-März] an pflügen kann. Wenn sie mehr als die Hälfte pflügen, soll der Ernteüberschuß den Angehörigen des Demos gehören. Der Pächter, der das Haus in Halmyris wasserdicht [d.h. überdacht] und wohlerhalten übernimmt, soll es im gleichen Zustand zurückgeben . . .“

Diese Erwähnung von Hausbesitz, der zum Grundstück gehört, stellt insofern eine Verbindung zu drei nicht uninteressanten Pachtverträgen dar, als ein Teil des Obigen mit der Wiederherstellung vernachlässigten Landes in Zusammenhang stehen muß und diese Verträge sich mit verfallenem Hausbesitz zu befassen scheinen.[80, 81] Es ist bemerkenswert, daß der erste und der dritte, welche Heiligtümer kleiner, von Mitgliedern eines *thiasos* (einer religiösen Vereinigung) unterhaltener Privatkulte betreffen, möglicherweise anzeigen, daß die allgemeinen Zustände im späten vierten Jahrhundert eine Verarmung solcher Vereinigungen mit sich brachten; vielleicht waren sie gezwungen, Pächter dafür sorgen zu lassen, daß der Grundbesitz überwacht wurde und die Gebäude in einem Zustand erhalten blieben, der die Durchführung der religiösen Zeremonien ermöglichte.

Zu dem oben über Wasserrecht Gesagten seien noch einige Einzelheiten nachgetragen. Es gibt bruchstückhafte Hinweise auf einen *ochetos*, ein Wasserrohr oder eine Rinne, sowie auf eine Zisterne *(phrear)*, und in einer *apotimema* (Pfand)–Grabsteininschrift sind noch einmal Wasserrechte erwähnt.

Die Pachtinschriften enthalten also eine Menge Hinweise auf die Bebauung des Landes und die damit verbundenen Schwierigkeiten, welche die Griechen bewältigen mußten. Nicht nur das Wasser war kostbar, sondern auch die Erde (die, wie man nicht vergessen darf, das Rohmaterial für die vorwiegend aus Lehmziegeln bestehenden Bauten war) und die Vegetation, sogar in Form von Unkraut, das – wie noch im heutigen Griechenland – sorgsam geschnitten, Futter für Tiere oder, untergegraben, den lebensnotwendigen Humus ergab, den Dünger, den die wenigen großen Haustiere nicht liefern konnten. Hier sei bemerkt, daß in den Pachtverträgen und überhaupt in der Literatur nur selten von landwirtschaftlich genutzten Haustieren die Rede ist und nur ganz allgemein vom Weiden gesprochen wird. Unter den wenigen einschlägigen Stellen sind eine Erwähnung des ,,weichwolligen Schafs‘‘[82] und eine andere der Schafschur im Frühling[83] noch die ergiebigsten. Das ist merkwürdig. Diese Tiere waren vorhanden, aber irgendwie traten sie in den Berichten allenfalls ganz am Rande auf.

Bei einem großen Teil der Bevölkerung bestimmte das im wesentlichen auf die Landwirtschaft ausgerichtete Leben den Arbeitstag. Auch die Unzulänglichkeit des künstlichen Lichts spielte dabei eine Rolle, ein Umstand, der eine gewinnbringende Tätigkeit nach Einbruch der Dunkelheit ebenso ausschloß wie viele Beschäftigungen in Stunden der Muße, so etwa das Lesen. Ersatz fanden die Griechen nicht nur im Schlaf, sondern auch in einfachen Spielen, die noch bei mangelhafter Beleuchtung möglich waren, und im Gespräch; nicht im Trinken, wie eigens erwähnt sein soll, das besonderen Gelegenheiten vorbehalten blieb. Bei Xenophon sagt Ischomachos:[84] ,,Ich bin gewöhnt, zu einer Zeit vom Bett aufzustehen, zu der ich damit rechnen kann, jeden, den ich vielleicht gerade aufsuchen muß, noch zu Hause anzutreffen ..." Eine Gewohnheit, die sicherlich, wenn alle es so machten, zu ständig sich steigernden Komplikationen führen würde und die wohl nicht gerade zur Beliebtheit des Helden Xenophons beigetragen haben dürfte. Doch auch im heutigen Griechenland sind die Menschen sowohl in den großen Städten wie auch in entlegenen Dörfern, wo die Beleuchtung manchmal noch unzulänglich ist, frühzeitig wach. Maßgebend ist der Anbruch der Morgendämmerung, aber man erhebt sich schon eine ganze Weile vorher. So auch im alten Athen. Man darf nicht vergessen, daß ein Athener unter Umständen mitten in der Nacht zu einem Fußmarsch von Athen nach Laureion aufbrechen mußte, nur um dort ein paar Drachmen einzukassieren!

IX. Bergbau

Die Gewinnung von Bodenschätzen spielt in der Wirtschaft Griechenlands eine bedeutende Rolle. Es wurden eine ganze Reihe von Mineralien abgebaut: Edelmetalle wie Elektron, Silber und Gold, die in dieser Reihenfolge für Münzen verwendet wurden, wobei Silber im Mineral Bleiglanz (Galenit) mit Blei verbunden vorkam. Eisenerz ist in Griechenland weit verbreitet (s. Kap. I: seine Verwendung im frühen Griechenland), sein Abbau wird in den antiken Quellen nicht eigens erwähnt. Das Kupfervorkommen war seltener[1] und wird – zu Recht oder fälschlich – vom Namen *(chalkos)* her stets mit Chalkis in Euböa in Verbindung gebracht. Einheimische Zinnvorkommen sind in Griechenland nicht eindeutig feststellbar. Als Importware wurde es unvermischt für den Zinnüberzug von Keramikgefäßen und zusammen mit Kupfer bei der Herstellung von Bronze verwendet. In diesem Zusammenhang sei erwähnt, daß es dafür allerdings nicht unbedingt gebraucht wurde: es gab auch eine einheimische Verbindung von Arsen mit Kupfer zur Erzeugung von arsenhaltiger Bronze.[2] Erwähnenswerte nichtmetallische Stoffe sind Schmirgelschleifmittel zur Marmorbearbeitung aus Naxos, *miltos* (Rötel oder roter Okker) aus Keos,[3] Erden[4] aus Melos und Kimolos, die zur Seifenherstellung verwendet wurden.[5] Anzuführen ist ferner Realgar (rote Arsenblende) – dieses Mineral kam von der Schwarzmeerküste und wurde wie *miltos* zur Imprägnierung von Schiffsholz verwendet. Eine weitere Form des Bergbaus stellt die Marmorgewinnung im Untertagebau bei künstlichem Licht *(lychnitēs)* dar, wie sie auf der Insel Paros erfolgte. Dabei ist zu bedenken, daß das Wort *metallon*, ‚Bergwerk‘, auch für einen Steinbruch benutzt werden konnte. Im Altertum ist außergewöhnlich wenig über diesen Aspekt des Bergbaus belegt – in dieser Hinsicht bildet auch Theophrasts *Peri Lithōn* keine Ausnahme. Athen bemühte sich zwar, den Handel mit *miltos* zu regeln, da er beim Schiffsbau verwendet wurde (s. o. S. 70), aber das ist auch alles. Die literarischen und epigraphischen Zeugnisse betreffen den Abbau kostbarer Metalle und in erster Linie die Interessen Athens. Die Gebiete, in denen diese Art Bergbau betrieben wurde, waren Nordgriechenland, Makedonien, Thrakien und die Insel Thasos vor der thrakischen Küste; in der Ägäis fast ausschließlich die Insel Siphnos und

der Bergwerksbereich von Laureion im Südosten Attikas. Schließlich gibt
es Anzeichen für Silberabbau auf Keos.

Thasos

Die Insel Thasos, die reich ist an anderen natürlichen Bodenschätzen (s.
Kap. X), zog schon früh die Aufmerksamkeit der Griechen, vor allem der
Parier, auf sich. Es steht nicht fest, ob dabei der Bergbau das erste Ziel
ihres Interesses war, aber bei Herodot heißt es:[6] ,,Ich habe diese Bergwerke auch selbst gesehen, und die bei weitem bemerkenswerten unter
ihnen waren die von den Phöniziern gefundenen." Sie lagen auf Thasos
zwischen Ainyra und Koinyra,[7] zwei Gebieten, deren Namen anscheinend phönizischen Ursprungs sind, und dort befand sich laut Herodot
,,ein großer Berg, der bei der Suche durchwühlt wurde". Die Erwähnung
der Phönizier an dieser Stelle möge ergänzen, was in Kapital I über ihre
Unternehmungen gesagt wurde. Die Stätte ist wahrscheinlich südöstlich
des Dorfes Potamia im Nordwesten der Bucht von Koinyra zu suchen.[8]
Die Gegend ist schwer zugänglich und schlecht erforscht, aber es scheint
hier – wie auch im Westen der Insel um die Bucht von Limenaria[9] –
Anzeichen von Bergbau zu geben.

Makedonien-Thrakien

Thasos hielt immer enge Verbindung mit dem gegenüberliegenden Festland, den Stammesgebieten Makedoniens (westlich der Struma, des antiken Strymon) und nach Osten hin mit Thrakien. Längs der Küste vom
Thermäischen Golf an bis zum Hellespont lagen, vor allem auf der drei-
zinkigen Halbinsel Chalkidike, zahlreiche griechische Kolonien. Das
ganze Gebiet und besonders Thrakien war sehr fruchtbar, holzreich (so
daß reichlich Heizmaterial vorhanden war) und wie Thasos reich an Silber und Gold. Die Münzprägungen der archaischen und auch späterer
Zeit bezeugen den Reichtum dieses Landstrichs.[10] So besaß das Bergbaugebiet von Damastion (im Bereich der Paiones im östlichen Makedonien
gelegen) Münzen mit Darstellungen von Goldbarren und Hauen der
Bergleute.[11] Eine Reihe anderer Stammesgebiete prägten Münzen,[12] die
manchmal außergewöhnlich groß *(Oktadrachmon)* und offenbar für den
Silberexport bestimmt waren, wie ihr Vorkommen in ägyptischen Hor-

ten und in Horten anderer ostmittelmeerischer Gebiete, zum Beispiel Ras
Šamra in Nordsyrien, bestätigt.[13] Die griechischen Kolonisten an der
Küste (z. B. die Thasier) blickten neidvoll auf diese Schätze und versuchten von Zeit zu Zeit ins Landesinnere vorzudringen, wo ihnen die unzivi-
lisierten Eingeborenen feindselig gegenübertraten. Manche von diesen
griechischen Kolonien brachten ebenfalls bedeutende Münzserien heraus,
doch ist nicht immer klar, wie sie zu ihren Beständen an Edelmetall
gekommen sind. Besonders eindrucksvoll sind die Münzen von Akanthos und einigen anderen chalkidischen Kolonien. Manche thrakischen
Städte – Abdera, Maroneia und Ainos – verdankten ihren Wohlstand dem
Handel mit dem Binnenland.

Das gesamte Gebiet spielte in der griechischen Geschichte eine beachtliche Rolle. Am Anfang stehen der Einfall des Megabazos, eines Feldherrn des Dareios, in Makedonien, seine Beziehungen zu Histiaios und
Aristagoras, zwei intriganten Führern der Ostgriechen, und deren ehrgei-
zige Bestrebungen, sich in Myrkinos am Strymon festzusetzen,[14] in einer
Gegend, die laut Herodot unendlich reich an Holz für den Schiffsbau war
und in der es „viel Ruderholz" und Silberbergwerke gab.[15] Zur Zeit der
Perserkriege hielt sich dann Miltiades der Jüngere[16] dort auf, der als
Tyrann die thrakische Chersones beherrschte und Hegesipyle, die Tochter des thrakischen Fürsten Oloros, heiratete.[17] Er und seine Familie – die
Philaidai – könnten auf diese Weise Einfluß auf den Bergbau im Norden
erlangt haben. Schließlich fiel im Jahre 481/80 v. Chr. Xerxes zu Wasser
und zu Lande ein. Man weiß nicht genau, wie diese Bergwerke überwacht
und verwaltet wurden. Herodot erwähnt dort, wo er vom Einmarsch des
Perserkönigs Xerxes spricht und Thrakien samt seinen Seen schildert,[18]
das Pangaiongebirge und dessen Gold- und Silberbergwerke, die, wie er
sagt, von den Pieres, Odomantoi und Satrai (den kriegerischen Thrakern)
betrieben werden *(nemontai).* Bei alledem erwähnt er keinerlei athenische
Interessen.

In Wirklichkeit war Athen seit dem Anfang des sechsten Jahrhunderts
am Norden ganz besonders interessiert. Die eigentliche Verbindung begann mit Peisistratos, der nach seiner zweiten Vertreibung mit seinen
Söhnen nach Nordgriechenland ging: „Und zuerst gründete er in der
Gegend des Thermäischen Golfs einen Ort namens Rhaikelos und begab
sich dann in das Gebiet am Pangaion, von wo er nach Eretria übersiedel-
te, nachdem er sich Geld erworben [wörtlich „Geschäfte für sich betrieben"] und Soldaten angeworben hatte."[19]

Im Zusammenhang mit der zweiten Verbannung der Peisistratos sagt

Herodot[20] nichts über diese Gegend, sondern stellt nur fest, daß jener „seine Tyrannis auf viele Söldner und Einkünfte gründete, die teils aus Attika *[autothen]*, teils vom Strymon stammten". Da es sich hier um einen Bericht über seine Tyrannis und nicht einfach über seine Rückkehr handelt, könnte man annehmen, daß es bis zum Einmarsch der Perser eine ständige Verbindung mit dem Strymongebiet gegeben habe. Es wäre überraschend, wenn die Philaiden, vor allem Miltiades der Jüngere, nicht eine ähnliche Beziehung gehabt hätten.[21]

Das bestimmende Ereignis des fünften Jahrhunderts in diesem Bereich war, nach der Zurücknahme der persischen Garnisonen im Norden, der Zusammenstoß Athens mit Thasos.[22] Einige Zeit nach der Doppelschlacht am Eurymedon (zwischen 469 und 466 v. Chr.) verließen die Thasier den Attischen Seebund infolge von Meinungsverschiedenheiten über die ‚Handelsmärkte' an der Küste des gegenüberliegenden Thrakiens (die thasischen Kolonien auf dem Festland waren Galepsos und Oisyme) und das in ihrem Besitz befindliche ‚Bergwerk'. Die Athener segelten nach Thasos, siegten in einer Seeschlacht und erzwangen eine Landung auf der Insel. Etwa zur gleichen Zeit ließen sie zehntausend eigene Bürger und Bundesgenossen sich an der Stätte ansiedeln, die damals *Ennea hodoi* (Neun Wege) und später Amphipolis hieß. Es gelang ihnen, *Ennea hodoi* den Edonen wegzunehmen, aber beim Eindringen ins thrakische Binnenland wurden sie bei Drabeskos (hinter Krenides, heute entweder Drama oder das Dorf Sdravik, acht Meilen nördlich von Amphipolis), einer Stadt der Edonen, von den dort zusammengezogenen Thrakern geschlagen, die die Besiedlung von *Ennea hodoi* als feindlichen Akt ansahen.[23] Dann nahmen

> „... die Thasier im dritten Jahr der Belagerung die Bedingungen der Athener an, d. h. schleiften ihre Mauern, lieferten ihre Schiffe aus und zahlten nach Selbsteinschätzung auf der Stelle die erforderliche Summe und in Zukunft die entsprechenden Tribute; ihre Festlandbesitzungen gaben sie zusammen mit dem Bergwerk auf."[24]

Danach setzten die Athener, wie ja auch zuvor schon, beharrlich ihre Versuche fort, sich in Thrakien am Strymon anzusiedeln. Im Jahre 437 v. Chr. gelang ihnen das schließlich mit der Gründung von Amphipolis, wo im Grenzgebiet zwischen den Makedoniern und den Thrakern der Strymon überbrückt werden konnte. Thukydides, der die Geschichte dieses Platzes seit der Zeit des Aristagoras berichtet,[25] erwähnt dessen Bedeutung für Schiffsbauholz und Einkünfte (aus Bergwerken?).[26] Daß Amphipolis im Peloponnesischen Krieg an Brasidas verlorenging, war

sowohl im Hinblick auf politischen Einfluß als auch auf Einkünfte ein
schwerer Schlag.[27]

Ein herausragendes Beispiel für ein persönliches Interesse an Thrakien
und eine Verbindung mit Bergwerken liefert der Geschichtsschreiber
Thukydides selbst, denn er besaß das Recht zum Betrieb von Goldberg-
werken in Thrakien und befehligte 424 v. Chr. dort als Stratege Truppen
gegen Brasidas.[28] Es hieß, diese Goldminen seien als Mitgift seiner Frau,
einer Thrakerin, in seinen Besitz gekommen. Hatte Thukydides bereits
durch seinen Vater Oloros Beziehungen zu Thrakien? In diesem Zusammenhang seien der Namen des Schwiegervaters von Miltiades, ebenfalls
ein Oloros (s. o. S. 196), und die Verbindung des Thukydides zu Miltiades
und Kimon aus dem Geschlecht der Philaiden erwähnt. Man nimmt an,
daß sich diese Bergwerke in Skaptēsylē befanden; wahrscheinlich ist dieser hellenisierte thrakische Ortsname richtiger als die verständliche Fas-
sung Skaptē Hylē. Diese Goldquelle ist (wie eine Beschreibung des Stephanos von Byzanz anzudeuten scheint: ,,Eine kleine thrakische Stadt
gegenüber von Thasos'') vermutlich im Süden des Pangaiongebirges an
der Meeresküste zu suchen. Laut Herodot[29] erbrachte sie (jährlich?) ach-
zig Talente und war ergiebiger als Thasos. Tempelverzeichnisse[30] erwähnen ,,Goldbarren von Skaptēsylē'', bei denen es sich, wie man annimmt,
um Spenden des Geschichtsschreibers handelt, und die Münzen mit der
Inschrift ,,Thasiōn Ēpeiro'' waren vielleicht aus Gold dieser Herkunft
geprägt. Wahrscheinlich kam das Gold nicht aus Minen, sondern aus
goldhaltigen Ablagerungen,[31] das heißt, aus Erznestern zersetzten goldhaltigen Quarzes, die möglicherweise schon ziemlich bald erschöpft waren (s. u.).

Mit dem Archidamischen Krieg verloren die Athener 421 v. Chr. diese
nordgriechischen Besitzungen. Theoretisch war es möglich, sie auf
Grund des Nikiasfriedens zurückzugewinnen, aber praktisch trat dieser
Fall nicht ein. Athen versuchte einige Male, in Nordgriechenland wieder
Fuß zu fassen, doch nach seiner Niederlage war alles verloren – ausge-
nommen das lebhafte Interesse an jedem Goldland. In Zukunft blickte
Athen hauptsächlich aus drei Gründen nach Nordgriechenland: es fürch-
tete den Aufstand der Stadt Olynthos und des Chalkidischen Bundes, es
hoffte auf ein Wiederaufleben zumindest des athenischen Einflusses in
Amphipolis, und es wollte die Getreideroute zum Schwarzen Meer si-
chern. So versuchten die Athener als Staat und als Einzelpersonen – ein
Beispiel hierfür ist die Ehe des athenischen Feldherrn Iphikrates mit der
Tochter des Thrakerkönigs Kotys – neuerlich in Thrakien Fuß zu fassen.

Zuletzt jedoch triumphierte Philipp II. von Makedonien sowohl über Olynthos als auch über Athen und verfügte infolgedessen über die Bodenschätze an Edelmetallen im gesamten Bereich.

Bergwerke scheint es besonders in dem östlich des Pangaiongebirges gelegenen Gebiet nahe der Straße von Kavalla nach Drama gegeben zu haben. Wir kennen verschiedene literarische Erwähnungen der Bergwerke von Krenides (was sicherlich ‚Stätte der Quellen' heißt und nicht von einem Personennamen abgeleitet ist), die mit denen des Pangaiongebirges nicht identisch sind. Appian[32] erwähnt eine Bergkette *(lophos)* mit Goldminen, die *Ta Asyla* genannt wurden. Diese östlich (?) der Stätte des (späteren) Philippoi gelegenen Gruben wurden von Philipp II. ausgebaut. Diodorus Siculus[33] gibt als Ertrag dieser (Gold-)Bergwerke unter Philipp ,,mehr als tausend Talente" an. Daß das Gold der Münzen mit der Inschrift Thasiōn Ēpeiro[34] aus dieser Gegend stammen könnte, wurde bereits erwähnt. Stephanos von Byzanz scheint auch anzudeuten, daß Philipp den von den Thrakern angegriffenen Einwohnern von Krenides zu Hilfe kam, das Gebiet übernahm und dessen Zentrum Philippoi nannte. Bei diesen Goldvorkommen von Krenides handelte es sich wahrscheinlich um goldhaltige Ablagerungen, und die Hochblüte dieses Bereichs mag von kurzer Dauer gewesen sein.[35] Krenides war ursprünglich eine Kolonie der Insel Thasos und hieß später Datos oder Daton. Laut Strabon[36] verfügt die Gegend über ,,fruchtbare Ebenen, einen sumpfigen See und Flüsse, Schiffswerften und gewinnbringende Goldbergwerke; von ihr leitet sich der sprichwörtliche Begriff ‚ein Daton an Vorteilen' ab." Ein *epineion* (Seehafen) der Datinoi war Antisara (= Kavalla = das Neapolis der Tributlisten, und Krenides = Daton = Philippoi).[37] Der Ausbau der Bergwerke von Krenides-Philippoi erbrachte das Gold und Silber zur Prägung der Goldstatere und Silberdrachmen Philipps II.[38] Infolge der Eroberungen seines Sohnes Alexander (des Großen) und der Erbeutung der Perserschätze verloren diese nordgriechischen Goldquellen wie jene Attikas an Bedeutung, doch wurden sie weiterbetrieben, als die Römer sie übernahmen.

Was bisher gesagt wurde, stützt sich auf literarische Quellen, die häufig unzulänglich oder unverständlich sind. Das materielle Beweismaterial, das der Boden hergibt, ist völlig unzureichend. Was die Herkunft des Goldes angeht, so sind drei Quellen in Betracht zu ziehen: Gold aus Adern, das in Bergwerken abgebaut wird, Gold aus goldhaltigen Ablagerungen[39] und alluviales Gold wie das aus dem Hebros,[40] dem Echeidoros östlich vom Axios (Vardar)[41] und dem Oberlauf des Strymon.

Es fällt auf, daß Nordgriechenland, und zwar insbesondere seine Städte, schon recht viel Aufmerksamkeit gefunden haben, während die Spuren antiker Bergwerke, die doch vorhanden sein müssen, noch außergewöhnlich wenig systematisch erforscht worden sind. Wie es auch um die Herkunft des Goldes bestellt sein mag – Galenit, das Mineral, aus dem silberhaltiges Blei gewonnen wurde, *muß* in Bergwerken abgebaut worden sein. Cassons Buch (s. Bibliographie) vermittelt den Eindruck, als habe er fast alles behandelt. Aber in den wichtigsten Bereichen, welche die antiken Aufzeichnungen nennen, dem Pangaionmassiv und der östlich davon gelegenen Gegend von Krenides-Philippoi, haben sich, wie er behauptet, keinerlei Spuren eines Abbaus von Blei-Silber oder von Goldadern finden lassen. Im Falle des Pangaion müßten sich nach den Beobachtungen Cassons Lager eher um das Gebirge herum als in ihm feststellen lassen. Jedenfalls ist das Gebiet mangelhaft erforscht. Der Platz Askytotrypo mit seinen nicht eindeutigen Überresten im Südosten des Massivs ist wahrscheinlich kein Bergwerk; es gibt keine Arbeitsspuren an der Nordseite des Berggipfels. Zweifelhaften Aussagen zufolge soll es an den südlichen Ausläufern Gruben bei Asemotrypai geben. Geologisch gesehen ist es nicht wahrscheinlich, daß das eigentliche Massiv Gold birgt; Quarz kommt nur am oder nahe dem Fuß des Gebirges vor. Ob Galenit vorhanden ist, müßte untersucht werden.[42]

Zusammenfassend läßt sich sagen, daß antike Quellen nur ganz allgemein von dem großen Reichtum des Gebiets sprechen.[43] Wo er sich herleitete, ist ein großes Rätsel. Es fällt schwer, ihn zur Gänze mit goldhaltigen Lagern oder dem Phänomen zu erklären, das Strabon bezüglich des paionischen Binnenlands erwähnt.[44] Es gibt gewisse, mehr oder weniger zuverlässige, Nachrichten über römische und mittelalterliche Aktivität in diesem Gebiet, die sich meist auf den Abbau von Eisen beziehen.[45]

Die Ägäis: Siphnos

Auf dieser Insel finden sich die Zeugnisse ziemlich primitiver Bergbauarbeit in Ajios Sostis und Ajios Silvestrios.[46] Es mag andernorts auf der Insel weitere Anzeichen von Bergbau geben, die nicht mit der Eisengewinnung aus neuzeitlichen Bergwerken verwechselt werden dürfen. Ferner erfahren wir aus antiken Erzählungen vom Reichtum der Siphnier im späten sechsten Jahrhundert v. Chr. Herodot[47] berichtet im Zusammenhang mit den Taten der verbannten samischen Gegner des Polykrates von deren Überfall auf Siphnos, nachdem sie von ihrer Insel vertrieben worden waren und bevor sie sich, zur Zeit des höchsten Wohlstands der Siphnier, nach Kydonia auf Kreta wandten. Er erwähnt weiter die Gold- und Silberbergwerke, deren Erträge die Siphnier unter sich verteilten – mit Ausnahme eines Zehnten, von dem sie in Delphi ein herrliches Schatzhaus errichteten und Apollon alljährlich ein goldenes Ei als Spende schickten. Ihren Reichtum bezeugt die Tatsache, daß die Samier, nachdem sie Siphnos besiegt hatten, die Summe von hundert Talenten eintreiben konnten. Dieser Reichtum führte dazu, daß die Siphnier einen frevelhaften Übermut entwickelten und schließlich ein vergoldetes Silberei nach Delphi schickten, was Apollon so erbitterte, daß er ihre Bergwerke mit einer Überschwemmung heimsuchte. Tatsächlich liegen die Gruben an den Meeresklippen bei Ajios Sostis über und unter der Meeresoberfläche, was offenbar mit einer Veränderung des Wasserspiegels zu erklären ist. Es kann durchaus sein, daß die Siphnier infolge einer wie auch immer gearteten Katastrophe verarmten; darauf wäre das geringe Schiffskontingent zurückzuführen, das sie im Jahre 480 v. Chr. zur griechischen Flotte bei Salamis entsandten, falls es sich nicht aus ihrer Bündnisunwilligkeit erklärt.[48] Außerdem ist zu beachten, daß sich tatsächlich Silbermünzen aus Siphnos nicht sehr zahlreich erhalten haben. In dieser frühen Zeit gab es in Griechenland keine Tradition für Goldmünzen, und es ist eine interessante Tatsache, daß die Spartaner sich gelegentlich bei Goldbedarf für einen religiösen Zweck an Lydien wenden mußten, obwohl so oft von Gold auf Siphnos die Rede war. Gab es in Siphnos kein Gold[48a] oder verfügte man nur vorübergehend über eine beschränkte Menge aus goldhaltigen Ablagerungen? Möglicherweise litt Siphnos sogar bei der Silbergewinnung unter Knappheit an Wasser und Brennholz wie andere Inseln auch.

Attika (Laureion)

Attika betrieb Bergbau seit der Bronzezeit. Die belgischen Ausgrabungen bei Thorikos nördlich des Gebiets von Laureion, wo die Straße durch das Binnenland von Athen zur Ostküste Attikas ans Meer hinabführt, haben das erwiesen. Diese Ausgrabungen bei Thorikos, einer Stätte, die schon durch ihr Theater und mykenische Kuppelgräber bekannt ist, finden gegenwärtig an verschiedenen Punkten auf oder nahe dem Velaturi-Hügel statt. Am oberen Hang des Velaturi hat man in einer mittelhelladischen

Schicht, die etwa aus dem ausgehenden sechzehnten Jahrhundert v. Chr.
stammt, Bruchstücke von Bleiglätte, das heißt Bleioxyd, das Nebenpro-
dukt beim Abtreiben silberhaltigen Bleis während des Silberentzugs, gefunden, die anzuzeigen scheinen, daß bereits am Ende der Mittleren
Bronzezeit Veredelungsverfahren angewandt wurden. In einem Fried-
hofsbereich (West 4), der von der protogeometrischen (elftes Jahrhundert
v. Chr. und später) bis in die nachklassische Zeit benutzt wurde, fanden
sich in den Überbleibseln eines Baues aus protogeometrischer Zeit Reste
von Bleiglätte. Die Ausgräber sind hinsichtlich der Datierung dieser Re-
likte ganz sicher. Veredelung steht demnach spätestens für das neunte
Jahrhundert v. Chr. fest. Allerdings besitzen wir keine Hinweise auf den
Umfang dieser Industrie.[49]

An dieser Stelle sollen nicht die technischen Aspekte der (teilweise am
Ort noch erhaltenen) Einrichtungen oder die Behandlung des Erzes erörtert werden, nur die Abbauarbeiten seien erwähnt: das Anlegen primitiver Erdlöcher bei sogenanntem Ersten Kontakt und der tieferreichende
Abbau bei Drittem Kontakt; die Waschtische und Zisternen;[50] die selten
vorkommenden Schmelzöfen und die weiten und eindrucksvollen senk-
rechten Schächte, die hier und da auftauchen.

Es ist kaum vorstellbar, daß diese sachgemäß angelegten und oft tiefen
Schächte das Werk jener Leute waren, die die Pacht übernommen hatten
(s. u.). Einleuchtender ist die Annahme,[51] daß es sich um ein eigenes
System handelt, das von Fachleuten geschaffen und gegen Bezahlung den
eigentlichen Bergbauunternehmern zur Benutzung überlassen wurde.
Ähnliches finden wir etwa in Derbyshire in England, wo Sachverständige
die kunstvollen Kanäle anlegten, die das eingedrungene Wasser aus den
Bleibergwerken abzogen (Calver Sough ist ein bekanntes Beispiel). Mit
Wasser hatte man in Laureion keine Schwierigkeiten, sicherlich aber mit
dem Abtransport von Abraum und Erz und mit der Belüftung der Anlagen, die immer größeren Umfang annahmen und komplizierter wurden.

Diese Einrichtungen – man könnte sie als Installationen bezeichnen –
standen in dauerndem und nicht in nur zeitweiligem Zusammenhang mit
dem Grund und den Grundbesitzern. Eine Überprüfung der überlieferten Namen jener Leute, die Grund und Boden oder industrielle Anlagen
besaßen, läßt erkennen, daß ein örtliches Element stark vertreten gewesen
zu sein scheint.

Die attischen Bergwerke sind unter zwei Gesichtspunkten von überra-
gender Bedeutung: erstens, weil sie in der Geschichte und in der Wirtschaft Athens eine wichtige Rolle spielten, und zweitens, weil wir über

ihren Betrieb und ihre Verwaltung aus Literatur und Inschriften mehr wissen als über jede andere Gruppe griechischer Bergwerke, ja sogar mehr als über jede andere griechische Industrie. Diese beiden Gesichtspunkte sollen jetzt behandelt werden.

Bei allen Unklarheiten, die sich hinsichtlich der einstigen Ausbeutung der Bergwerke ergeben, läßt sich doch zumindest das Gelände untersuchen. Das Gebiet der attischen Silberminen liegt in Südostattika und hat die Form eines Dreiecks, dessen Spitze in Kap Sunion, dem heutigen Kap Kolonnes, nach Südosten zeigt. Das eigentliche Bergwerksgelände ist von Nordwesten nach Südosten etwa neun Kilometer breit. Es ist hügelig mit Erhebungen bis zu einer Höhe von 350 Metern und von kleinen Tälern sowie tief eingeschnittenen Bachbetten durchzogen; alles ist recht steinig und heute eindeutig der am wenigsten anziehende Teil Attikas, wenn man von der Küste bei Kap Sunion absieht. Die Kennzeichen moderner Industrie (Zinkförderung) machen es noch reizloser. Es ist bezeichnend, daß der Hauptort den Namen Ergastiri (= Fabriken) trägt. Das Gebiet als Ganzes heißt Laureion, ein Name, der sich vielleicht von *laura,* eine ‚schmale Gasse‘ oder ein ‚Durchgang‘, herleitet, womit hier ein Bachbett oder ein Bergwerksstollen gemeint sein muß.[52] Anzeichen einer landwirtschaftlichen Nutzung finden sich heute nur spärlich. Wenn es im frühen Altertum dort Baumbestand gegeben hat, so muß er in der klassischen Zeit weitgehend verschwunden sein, da er Brennmaterial zum Schmelzen lieferte. Unter türkischer Herrschaft scheint er sich wieder erholt zu haben; bis zu einem gewissen Grade ist er heute noch vorhanden. Die freie Bevölkerung[53] kann nicht zahlreich gewesen sein und konzentrierte sich auf städtische Zentren, unter denen Thorikos, wie die belgischen Ausgrabungen zeigen, mit seinem Theater, seinen Häusern und Erzwäschen und den darunter gelegenen Bergwerksstollen offensichtlich eine bedeutende Rolle spielte. Im vierten Jahrhundert v. Chr. war der Boden sicherlich für Landbebauung oder Weide parzelliert, wie die Aufzeichnungen der *pōlētai* bezeugen: ‚Grundstück‘ *(chōrion)*-Grenzen dienen dazu, die Oberflächenbereiche der Bergwerkskonzessionen zu markieren. Wie das Gelände in klassischer Zeit ausgesehen hat, läßt sich schwer sagen; wahrscheinlich war es durch Industrie verwüstet.[54] Wie immer das Land genutzt wurde – die Bäume waren sicher verschwunden; wie in so vielen anderen zugänglichen Gegenden Griechenlands waren sie zur Gewinnung von Holzkohle als Heizmaterial für Haushalte und Industrie genutzt worden. Doch unter der wenig versprechenden Oberfläche lag „das Silber, Schatz des Erdenschoßes", wie Aischylos sagt:[55] Bleiglanz

und Bleiweiß, ersteres mit sehr hohem Silbergehalt und Spuren von
Gold; dazu kamen noch Schwefelkies und Zink, die im Altertum wenig
oder gar nicht genutzt wurden. Diese ursprünglich vulkanischen und in
Wasser gebetteten Lager befanden sich in den sogenannten Ersten und
Dritten Kontakten zwischen Schichten aus Kalkstein und Schiefer. Die
Lager waren von zwei oder drei Zentimetern bis zu mehreren Metern
dick, einige wiesen sehr hohe Konzentrationen auf, und die tiefliegenden
waren die reicheren. In früher Zeit erfolgte der Abbau auf oder nahe der
Oberfläche, wo die obere Schicht zutage trat und ihr Vorhandensein
durch jene Anzeichen verriet, die durch eine Beimischung von Eisen
hervorgerufen werden, nachdem die Minerallager durch Verwitterung
des darüberliegenden Schiefers freigelegt worden sind. Später drang man
auf eine uns nicht genau bekannte Weise zu den tieferen Schichten vor. Es
ist nicht anzunehmen, daß die Athener sich theoretische geologische
Kenntnisse erarbeiteten; wahrscheinlich lagen die Ersten und Dritten
Kontakte an Stellen, die durch geologische Verwerfungen miteinander
verbunden waren, oder der Dritte Kontakt zeigte sich stellenweise an
Talwänden.

Die früheste Geschichte der Bergwerke von Laureion ist nur aus der
Archäologie bekannt. Man hat versucht, sie mit Peisistratos in Verbindung zu bringen, aber die Argumente überzeugen nicht.[56] In der Geschichte tauchen sie zum erstenmal im frühen fünften Jahrhundert auf.
Herodot berichtet in seiner Erzählung von den Ereignissen des Kriegs
mit Ägina,[57] die Athener hätten sich von den Korinthern Kriegsschiffe
geliehen, um den äginetischen Demokraten beizustehen, ,,denn sie besaßen keine Schiffe, die geeignet waren, die der Ägineten zu bekämpfen".
Nur wenige Jahre später verfügten sie über die beste Flotte in ganz
Griechenland, und in der Überlieferung der Athener lebte der Glaube
fort, daß sie diese Flotte den Bergwerken von Laureion und der genialen
Führung des Themistokles verdankten.

Es gibt zwei wesentliche Berichte über diesen Vorgang. Bei Herodot
heißt es:[58] ,,Die Athener erhielten eine große Menge Geldes in den Staats-
schatz, das ihnen aus den Bergwerken von Laureion zufloß, und sie
hatten vor, es so auszuteilen, daß auf jeden von ihnen zehn Drachmen
kamen, aber Themistokles überredete sie, zweihundert Schiffe davon zu
bauen, vorgeblich für den Krieg gegen Ägina." Aristoteles in der ,Verfas-
sung von Athen'[59] gibt als Datum das Jahr 483/82 v. Chr. an (als Themistokles einfaches Mitglied der *Bulē* oder eben gerade erst der *Ekklēsia*
war), und die Bergwerkstätigkeit verlegt er nach Maroneia. Er weist an-

deutend auf einen außergewöhnlichen Silberfund hin, der dem Staat hundert Talente einbrachte. Diesem Autor zufolge erreichte Themistokles, daß hundert Bürgern jeweils ein Talent ausgehändigt wurde, von dem jeder ein Kriegsschiff bauen sollte. Nimmt man 30000 Bürger (eine zu hohe Zahl?) an, so ergeben Herodots zehn Drachmen pro Kopf eine Summe von fünfzig Talenten. Hier besteht also eine Differenz in der Summe (50 und 100 Talente) und in der Zahl der Schiffe (200 und 100), aber die Griechen nahmen es mit den Zahlen nie sehr genau. Das seltsame Vorgehen im Zusammenhang mit den hundert Bürgern sollte vielleicht eine persönliche Überwachung des Schiffsbaus sichern, da es kein staatliches Amt dafür gab.

Wichtig ist, daß keiner der beiden Autoren deutlich macht, ob der Vorschlag eine (alljährlich?) wiederholte Praxis abänderte oder eine Ausnahme einführte. Irgend etwas Außergewöhnliches wird angedeutet, vielleicht ist es die Summe, deren Höhe allerdings überrascht. Welchen Anteil der Staat von der gesamten Produktion erhielt, wissen wir nicht, und wie der Staat seine Ansprüche begründet, ist uns ebenfalls unbekannt. Man könnte sich denken, daß Wesen und Wirkung eines ‚Glückstreffers‘ nicht durchaus auf ein einziges Jahr beschränkt blieb. Plutarch[60] spricht von einer regelmäßigen, Cornelius Nepos[61] von einer jährlichen Verteilung, aber besonders zuverlässige Informanten sind beide nicht. Eine ähnliche Verteilung mag es auch anderswo gegeben haben,[62] und man darf den Schluß ziehen, daß die außergewöhnliche Zunahme der Silberproduktion in dem fraglichen Zeitabschnitt Themistokles' Vorschlag rechtfertigte und ihm Nachdruck verlieh.[63]

Interessant ist auch die Tatsache, daß Maroneia einen Teil des Demos Besa[64] bildete. Ein Konzessionsgrenzstein mit der Inschrift *Hephaistikon* – das zu diesem Demos gehörte – wurde bei Kamaris, wahrscheinlich also im Bereich von Maroneia, gefunden. Wie auch immer das Pangaiongebirge in Thrakien mit Pangaion in Laureion zusammenhängen mag – daß zwischen Maroneia in Laureion und Maroneia in Thrakien in bezug auf Bergwerke irgendein Zusammenhang bestand, ist unwahrscheinlich, da für letzteres keine Bergwerkstätigkeit bezeugt ist. Daß die Stätte von Maroneia/Besa mit der von Kamaris identisch ist, scheint jene literarische Quelle[65] zu bestätigen, die Besa als einen halbwegs zwischen Anaphlystos und Thorikos mehr oder weniger nahe bei Kamaris gelegenen Platz für eine Festung bezeichnet. Man hat hier große Schächte und – nach den Worten Ardaillons – ,,riesige Höhlen" im Dritten Kontakt gefunden, die auf beachtliche Bergwerkstätigkeit schließen lassen.

Das oberirdische Beweismaterial im Bereich von Laureion ist nicht
leicht zu datieren, doch stellt sich Thorikos[66] als ein Platz von beachtlicher Bedeutung heraus,[67] und es könnte im Bergbaugebiet noch weitere
derartige Zentren gegeben haben (obwohl nicht anzunehmen ist, daß ein
Theater spurlos verschwunden wäre, wenn es eines gegeben hätte). Die
Ausgrabungen bieten gewisse Schwierigkeiten.[68] Im Zusammenhang mit
chronologischen Lücken in der Abfolge der Funde von Thorikos besteht
eine Unklarheit vor allem hinsichtlich der zweiten (480–450 v. Chr.) und
der dritten Lücke. Bei der zweiten liegt das wahrscheinlich an der Datierung der materiellen Funde. Es ist nicht anzunehmen, daß die Bedeutung
von Thorikos in dieser Zeitspanne zurückgegangen sei. In der zweiten
Hälfte des fünften Jahrhunderts ist eine Entwicklung eindeutig bezeugt,
und um 350 v. Chr. vergrößerte sich der Ort. Die Geschichte des Platzes
folgt also bis zu einem gewissen Grade den Ergiebigkeitsphasen der Minen. Die Ausgrabung brachte Häuser, Waschtische, Zisternen und wahrscheinlich auch Unterkünfte für Sklaven zutage. Als Bauzeit wird die
zweite Hälfte des fünften Jahrhunderts angenommen. Vermutlich ist der
Platz in den letzten Jahren des Peloponnesischen Kriegs aufgegeben und
im zweiten und dritten Viertel des vierten Jahrhunderts wieder besiedelt
worden (vgl. die Vergrößerung des Theaters). Die Datierung beruht auf
gut stratifizierter und datierter Töpferware. Der Ausgräber nimmt an,
daß Waschtisch 1 vor 413 v. Chr. und vor der spartanischen Besetzung
Dekeleias errichtet und dann – wie das gesamte Gebiet – seit 413 v. Chr.
von den Sklaven allmählich verlassen wurde, ein Vorgang, der sich dadurch beschleunigte, daß die Sklaven für die Flotte eingezogen wurden
und Athen seine endgültige Niederlage erlitt. Was die dritte ‚Lücke' angeht (um 404–375 v. Chr.), so ist nicht klar, wie bald es im vierten Jahrhundert zu einem Wiederaufleben kam. Das Mauerwerk und die Bauwei-
se sind in Thorikos ähnlich wie bei den Zisternenwänden und anderen
Bauwerken im Bergwerksgebiet. Sind also auch die Daten ähnlich?
    Es ist nicht leicht, in Thorikos die Bauten verschiedener Zeitabschnitte
auseinanderzuhalten oder den Bereich einer jeden Besiedlungsphase genau zu bestimmen, aber man kann sich ein eindrucksvolles Bild städtischen Lebens vorstellen, mit freien Einwohnern, deren Gräber mit ihrer
recht bescheidenen Ausstattung dicht beim Theater und den Häusern
ausgegraben worden sind. Letztere waren in Blöcken angeordnet, zwischen denen Straßen verliefen (was nicht bedeutet, daß es keine unbebau-
ten Räume gab), und die von Erzwäschen, Zisternen und – wie man
annimmt – Sklavenbaracken durchsetzt waren. Die Funde von Bleiglätte,

die allerdings zugegebenermaßen aus einer viel früheren Zeit stammen, und von Schlacke zusammen mit Tondüsen *(tuyères)*, die der Zuführung eines kräftigen Luftstroms dienten, sind nach Ansicht des Ausgräbers aus höheren Lagen des Velaturihügels heruntergebracht worden und zeigen an, daß der Schmelz- und Treibprozeß weiter oben vor sich ging, was ja bei letzterem ohnehin zu erwarten war, da er schädliche Bleidämpfe erzeugte. Genau so verhielt es sich wohl auch beim Schmelzprozeß, bei dem Schwefel und Bleiglanz voneinander getrennt und so bei der Aufbereitung des Rohbleis weitere Dämpfe erzeugt wurden. Oder nahm man den Schaden, den solche Dämpfe anrichteten, ebenso wichtig wie den Gewinn einer guten Luftzirkulation? Jedenfalls muß man in Laureion[69] nicht unbedingt ebenso verfahren sein, wie es in England[70] im Bereich der Bleibergwerke von Derbyshire üblich ist, wo in höheren Lagen geschmolzen wird.

Nicht weit entfernt vom Theater sind bei Steinbrucharbeiten Bergwerksanlagen zutage gekommen, und an der dem Meer zugewandten Seite finden sich nicht sehr weit über der Küstenlinie senkrechte Schächte. Man weiß seit den sechziger Jahren des vorigen Jahrhunderts von ausgedehnten Bergwerksanlagen unter der Stadt, die von den freien Plätzen in der Stadt zugänglich gewesen sein müssen. Hier wird vor Augen geführt, was in den Bergwerkspachtverträgen steht (s. u. S. 214).

Andernorts sind aus der Zeit von 483 – 413 v. Chr. nur geringfügige Einzelheiten bekannt.[71] Einige wenige unbedeutende Hinweise zu diesem Thema finden sich bei Diodor;[72] Plutarch[73] erwähnt *metalleis* unter den Leuten, die am Perikleischen Bauprogramm beteiligt sind, aber da *metallon* auch Steinbruch bedeuten kann, handelt es sich vielleicht um Steinhauer. Das ist alles, und diese Zeugen – wenn man sie so nennen kann – stammen aus später Zeit. Ferner sind Leute, die durch die Bergwerke reich geworden waren, nicht so zahlreich, wie manchmal angenommen wird, oder nicht mit Sicherheit feststellbar. Die Griechen hatten bestimmte Standardtypen reicher Leute, von denen manche mit ‚Industrie‘ in Verbindung standen. Kallias II., von dem die Perserschatz-Geschichte erzählt wird,[74] kann mutmaßlich mit dem Bergbau in Zusammenhang gebracht werden. Bei seinem Sohn Hipponikos II. besteht die Verbindung nur darin, daß er sechshundert Sklaven besaß, die er an Grubenunternehmer vermietete.[75] Im übrigen ist er einfach ein traditionell reicher Mann.[76] Sein Sohn Kallias III., der wiederum seines Reichtums wegen erwähnt wird, hat nichts mit dem Bergbau zu tun. Das einzige eindeutige Beispiel ist Nikias. Ihn hat Lysias in seinem Verzeichnis reicher Leute[77]

aufgeführt, und auch Plutarch nennt ihn. Xenophon erwähnt ihn erstens[78] als den Eigentümer von tausend Sklaven, die er an den Thraker
Sosias vermietet hatte, und zweitens[79] als den Käufer eines Aufsehers für
seine Silberbergwerke. Plutarch[80] weist auf Grund dieser und anderer
Quellen auf seine „Eigentümerschaft" von Silberbergwerken hin und
erklärt unter Berufung auf einen Dialog Pasiphons, Nikias habe ihretwe-
gen Wahrsager konsultiert: „denn er besaß viele im Gebiet von Laureion,
die wegen der Einkünfte, welche er aus ihnen bezog, sehr wichtig, aber in
ihrem Betrieb nicht ohne Risiko waren; er unterhielt am gleichen Ort
auch eine Gruppe Sklaven und hatte den Großteil seines Vermögens im
Silberbergbau angelegt."[81] Bei Philemonides, einem weniger bedeutenden
Mann, der dreihundert Bergwerkssklaven besaß, ist die Datierung unsicher. Im Hinblick auf Nikias und seine Bergwerksgeschäfte liegt es nahe,
bei anderen reichen Männern ähnliche Verhältnisse anzunehmen (doch
scheint das im Falle des Alkibiades nie vorzukommen). Solche Leute
erlitten wohl auch – wie die Familie des Nikias in anderem Zusammenhang – zeitweilig starke Vermögensverluste. Lysias (a. O.) allerdings
warnt vor den im Volke weit verbreiteten übertriebenen Vorstellungen
vom Wohlstand der Reichen, mochte er nun, wie vielfach angenommen
wurde, aus Veruntreuung im Amt oder aus irgendeiner anderen Quelle
stammen. Man schätzte das Vermögen des Nikias allgemein auf 100 Talente (im Peloponnesischen Krieg hatte er guten Grund, sich seiner Berg-
werksinteressen wegen an Wahrsager zu wenden!). Sein Sohn Nikeratos
hinterließ, als er starb, seinem Sohn nur 14 Talente („kein Gold und
Silber"). Dann gab es noch das verminderte Vermögen von Kallias III.,
der laut Lysias (a. O.) beim Tode seines Vaters der reichste aller Griechen
war, und laut Überlieferung den Besitz von Kallias II. im Werte von 200
Talenten. Dennoch wurde Kallias III. zu einer Kriegssteuer (?) von noch
nicht zwei Talenten veranlagt. Doch das kam, wie der unbarmherzige
Klatsch wissen wollte, von seiner Verschwendungssucht! Lysias führt
weiter das Vermögen von Stephanos, Sohn des Thallos, an, das angeblich
50 Talente, bei seinem Tod aber nur 11 Talente betrug. So wurde auch
Ischomachos auf 70 Talente geschätzt, aber seine beiden Söhne erbten in
Wirklichkeit jeder noch nicht einmal 10 Talente. Hier konnte von Verschwendungssucht nicht die Rede sein (falls er der Held von Xenophons
‚Oikonomikos' war!). Abgesehen davon, daß die Phantasie des Volks zu
Übertreibungen neigt, muß der Vermögensrückgang wohl bis zu einem
gewissen Grade auf die Kriegssteuer und andere Lasten zurückzuführen
sein, die den Reichen in den letzten Jahren des Peloponnesischen Krieges

auferlegt wurden. Man könnte sich jedoch fragen, ob nicht Beschädigung der Bergwerke und der Verlust an Sklavenarbeitern mit daran schuld waren und möglicherweise auch der Ausfall der Fördertätigkeit in der dunklen Zeitspanne der ersten Hälfte des vierten Jahrhunderts sich bemerkbar machte, als die Landwirtschaft im Wettbewerb um das damals noch verfügbare Kapital ein starker Konkurrent war, ganz zu schweigen von den Krediten für Handelsspekulationen im Ausland. Und wie groß war in Wirklichkeit die Gesamtproduktion der Bergwerke?

Sicherlich wirkte sich der Peloponnesische Krieg, wie wir an Thorikos sahen, stark auf das Bergbaugebiet aus. In dieser Hinsicht nehmen unsere Informationen aus zuverlässigen Quellen wieder zu. Der zweite peloponnesische Einfall nach Attika (430 v. Chr.) drang bis nach Laureion vor. Die Peloponnesier blieben vierzig Tage in Attika und ,,verwüsteten das ganze Land``. Bei Thukydides heißt es: ,,Sie drangen in das sogenannte Paralosgebiet bis nach Laureion vor, wo die Athener ihre Silberminen haben.`` Der vierte Einfall von 427 v. Chr. (der dritte war weniger bedeutend) könnte sich ebenfalls bis nach Laureion erstreckt haben, da laut Thukydides ,,die Feinde das Land, das sie schon früher verwüstet hatten, soweit etwas inzwischen gewachsen war, abermals heimsuchten und ebenso alles bei den früheren Einfällen Übergangene.`` Erschwerend kam noch ein Erdbeben hinzu, dessen Spuren man im Bergbaugebiet feststellen zu können glaubt.

Die Invasionen endeten mit der weniger bedeutenden vom Jahre 425 v. Chr., im gleichen Jahr, in dem sich die Tribute erhöhten. Ein Zusammenhang läßt sich nicht beweisen (wenn auch Ardaillon andeutet, daß er bestehen könnte). Von 425 v. Chr. an, dem Jahr, in dem die Spartaner auf Sphakteria gefangen genommen worden waren, blieb das Bergwerksgebiet sicher bis zum Jahre 413 v. Chr., in dem die Spartaner sich in Dekeleia festsetzten. Erfuhr das Bergwerksgebiet in diesem Zeitabschnitt (425–413 v. Chr.) eine beträchtliche Entwicklung, die im Hinblick auf die Kriegsausgaben von erhöhter Bedeutung war? Es liegt nahe, die Unternehmen des Nikias und vielleicht auch des Hipponikos mit dieser Zeitspanne in Verbindung zu bringen. Wir verfügen nicht über Bergwerkspachtlisten der *pōlētai*, aber es finden sich Hinweise bei Aristophanes:

Der Wursthändler sagt in den ,Rittern`[82] in einem Wortgefecht mit Kleon:

,,Hab ich ein Rippenstück im Bauch, kauf ich mir Silbergruben,``

was immer das auch bedeuten mag. Dann heißt es in den ,Vögeln`:[83]

„Niemals soll es – was bekanntlich Richtern über alles geht –
Niemals euch an lauriotschen Eulen fehlen; ja, sie bauen
Dann ihr Nest bei euch und hecken, legen in den Beutel euch
Eier, und als Küchlein schlüpfen lauter junge Dreier aus."

Xenophon[84] wiederum erwähnt die Anzahl der Sklaven „vor den Ereignissen von Dekeleia", wobei er sich wahrscheinlich auf Thukydides
stützt.[85] Die Stelle aus den ,Rittern' ist ganz dunkel, und *metalla* braucht
sich überhaupt nicht auf Attika zu beziehen, aber die Stelle in den ,Vö-
geln' schafft einen deutlichen Zusammenhang zwischen Münzen und den
Bergwerken von Laureion. Sie gehört (im Jahre 414 v. Chr.) ins Ende
eines Zeitabschnitts, in dem sich die Bergwerke von Laureion möglicherweise besonders stark entwickelten.

Wie weit diese Entwicklung auch gereicht haben mag – jedenfalls muß
die Besetzung Dekeleias durch die Spartaner im Jahre 413 v. Chr. die
Bergwerke schwer in Mitleidenschaft gezogen haben, wie sie sich ja auch
auf das gesamte Leben in Attika auswirkte. An der Stelle bei Thukydides,
an der Alkibiades den Spartanern die Errichtung eines ständigen Stütz-
punkts in Attika vorschlägt,[86] betont er die wirtschaftliche Einbuße, die
sich für Athen daraus ergeben könnte:

„Jeglicher Grundbesitz im Lande wird größtenteils als Beute oder von selbst in
euren Besitz übergehen, und gleichzeitig werden die Athener ihre Einkünfte aus
den Silberbergwerken von Laureion sowie ihre gegenwärtigen Einnahmen aus
ihrem Landbesitz und aus den Gerichtshöfen sofort verlieren, vor allem aber
die Einkünfte von ihren Verbündeten, die in verminderter Höhe eingehen werden, da jene Athen nicht mehr so hoch achten werden . . ."

Alkibiades weist darauf hin, daß die Athener militärische Aktionen dieser
Art stets fürchteten, doch bleibt es unklar, ob sie irgendwelche Schritte
unternahmen, um derartiges – oder eine Schädigung des Bergwerksge-
biets, falls dies eine wichtige Rolle spielte – auf dieselbe Weise zu verhindern, wie sie früher Sorge getragen hatten, die Langen Mauern zu errichten. Sie bemühten sich um Befestigungen – Erweiterungen bei Sunion im
Jahre 413 v. Chr. –, aber das geschah um der Seefahrt willen und zum
Schutze der Getreideroute. Thorikos und Anaphlystos wurden (im Jahre
408/07) befestigt, wie der Verfasser von ,Peri Porōn' berichtet. Interessant sind die Bemerkungen des Verfassers (vielleicht Xenophon, der aber
eher ein Militär- als ein Bergwerksexperte war), der schreibt: „Ich schätze, daß es selbst im Kriegsfall möglich wäre, den Betrieb in den Silberminen ohne Unterbrechung sicherzustellen", und im folgenden eine zusätzliche Festung in Besa vorschlägt, halbwegs in der sechzig Stadien langen

Lücke zwischen den Festungen Thorikos und Anaphlystos. Er läßt erkennen, daß ein solcher Versuch vorher nicht gemacht wurde.
Zu den Katastrophen im Gefolge der spartanischen Besetzung Dekeleias gehörte die Flucht von Bergwerkssklaven. Thukydides erwähnt, daß
die Athener wegen der jetzt ununterbrochenen, nicht jahreszeitbedingten
Anwesenheit des Feindes vollständig ,vom Land' abgeschnitten waren:

> „Sie waren ihres gesamten Bauernlands beraubt, und mehr als zwanzigtausend
> Sklaven, größtenteils Handwerker, gingen zur anderen Seite über. Und sie
> verloren all ihr Vieh und ihre Zugtiere."

Der Verlust der Silberbergwerke trug zu jener Verarmung und zu den
finanziellen Schwierigkeiten bei, auf die Thukydides anspielt: „In finanzieller Hinsicht verloren sie ihre Macht." Das führte nach der Schlacht
von Notion (407 v. Chr.) während des Archontats des Kallias 406/05
v. Chr. schließlich zu dem Notgeld aus einer Sonderprägung in Gold:
„das neue Gold von hervorragender Qualität und Prägung", und bald
schon folgten – eine letzte, verzweifelte Anstrengung Athens – die versilberten Kupfermünzen, die Aristophanes[87] zu ihrem Nachteil mit der
„alten Münze" vergleicht. Die versilberten Bronzemünzen, die oft ihren
Silberüberzug ganz verloren, wurden wahrscheinlich 393 v. Chr.
abgelöst, als Konon nach der Schlacht bei Knidos mit großen Mengen
persischen Goldes nach Athen zurückkehrte. Aus einer Inschrift von
375/74 v. Chr., die von Münzprüfungen handelt, geht hervor, daß im
ersten Viertel des vierten Jahrhunderts sehr viele Münzen im Handel
nicht angenommen wurden (offenkundige Fälschungen und Satrapenprä-
gungen?).[88]
So verschwand die ,gemeine Bronze'[89] dank Konon und den Persern
und nicht infolge eines nachweisbaren neuen Aufschwungs der Bergwerke. Wir erfahren vielmehr aus den ,Memorabilia' Xenophons (die dem
Geschehen nach ins späte fünfte Jahrhundert gehören, tatsächlich aber in
der ersten Hälfte des vierten entstanden sind), daß der Bergbau eingeschränkt wurde,[90] was die verfügbaren Nachrichten zu bestätigen scheinen, die immer noch spärlich sind, wenn auch Gerichtsreden wie die des
Lysias jetzt zunehmend potentielle Materialquellen darstellen. Ardaillon
behauptet (in seinem Buch über Laureion), daß die Konfiskationen der
Dreißig Tyrannen auch Bergwerke betrafen, aber man kann sich das nur
schwer vorstellen, da sie – jedenfalls im vierten Jahrhundert – nicht eindeutig Privatbesitz waren. Richtig ist jedoch, daß die Beschlagnahmen
und Unruhen gegen Ende des fünften Jahrhunderts dem Bergbau oder

überhaupt spekulativen Unternehmungen keinen Auftrieb geben konnten. Aus diesem oder einem anderen Grunde kam es laut Lysias im Jahre
389 v. Chr. trotz der Wiederherstellung einer Silberwährung zu einer
Knappheit an ‚Silber‘ oder ‚Geld‘. Wie wir bereits sahen, war der Tenor
der Privatredner – etwa des Lysias – darauf abgestimmt, daß im fünften
Jahrhundert vorhandene große Vermögen im Dienste des Staates ausgegeben worden seien – zweifellos eine Anspielung auf die Politik der
‚Schröpfung der Reichen‘ in der späteren Demokratie, die neben der eine
‚Schröpfung der Verbündeten‘ bezweckenden Politik Kleons herlief und
an deren Stelle trat. Die Kriegssteuer *(eisphorā)* und Trierarchie *(triērar-
chiā)* stellten finanzielle Belastungen der Reichen dar. Die damit begrün-
dete Tradition setzte sich im vierten Jahrhundert fort und trat an die
Stelle der Einkünfte aus dem Reich. Es bestand die Tendenz, den Reichtum zu verheimlichen; man legte ihn ganz oder teilweise in Handelsdarlehen an und – falls es sich vermeiden ließ – nicht in Grundbesitz, wenn
auch der Wohlstand meist auf Grund und Boden beruhte. Zweifellos
erklären sich daraus manche Schwierigkeiten Athens bei der Geldbeschaffung und vielleicht auch manche Vernachlässigung der Bergwerke.

Später jedoch gewannen die Bergwerke erneut Bedeutung, und unser
Beweismaterial verbessert sich. Die älteste bisher aufgefundene Liste der
pōlētai (Beamte, die sich mit Beschlagnahmen, Verkäufen und Verträgen
befaßten), die Bergbautransaktionen betrifft, bezieht sich auf das Jahr
367/66 v. Chr.[91] und ist das einzige vollständige Exemplar, das wir kennen. In diesem Jahr wurden nur siebzehn Bergwerke verpachtet, während in dem Verzeichnis von 342/41 (?) v. Chr.[92] über achtzig Verträge
eingetragen sind. Dieser Unterschied in der Anzahl und die Zunahme der
Zeugnisse – Inschriften, Erwähnungen von Bergwerken und Bergbau in
zeitgenössischer Literatur, öffentliche Reden zum Thema Bergbau oder
Hinweise darauf aus der Zeit von 345–323 v. Chr. – bestätigen den Eindruck, den die Schrift ‚Peri Porōn‘ vermittelt. Hier ist unter Vorschlägen
zur Vermehrung der Einkünfte Athens am ausführlichsten von den Bergwerken die Rede, und obwohl der Verfasser von vergangener Größe und
weit zurückliegender Aktivität im Bergbau ausgeht, wird auch deutlich,
daß diese Betätigung in der unmittelbaren Vergangenheit keine große
Anziehungskraft besaß, denn er erwähnt im Zusammenhang mit ihr Armut, Risiko und mangelnde Bereitschaft zu Spekulationen und verweist
auf einen neuerlichen Aufschwung.[93] Von der Mitte des Jahrhunderts an
bis zum Tod Alexanders des Großen war der Bergbau offenbar von
Bedeutung, wenn auch von ungleichmäßigem Umfang.

Die Größe eines Bergbauunternehmens läßt sich nicht zweckdienlich bestimmen. Wir hören von einem *ergastērion* (ein Betrieb also zur Aufbereitung des Erzes, der verkauft werden konnte, kein Bergwerk) in Maroneia, das dreißig Sklaven (?) beschäftigte.[94] Es wurde vielleicht für drei Talente und 2600 Drachmen, einen wohl übertriebenen Preis, verkauft. In derselben Rede (im Text einer Beschuldigung *(enklēma)*) wird ein *kenchreōn* erwähnt, der vielleicht eine Erzwäsche war.

Daß freie Männer selbst für Lohn in den Bergwerken arbeiteten, ist uns nicht überliefert, aber kleine Konzessionäre leiteten, abgesehen davon, daß sie sich durch einen oder mehrere Sklaven beteiligen konnten,[95] sicherlich ihre gepachteten Bergwerke selbst,[96] ob sie nun Bürger oder Metöken waren. Die schwere und unangenehme Arbeit verrichteten wohl die Sklaven, wie der Verfasser von ‚Peri Porōn‘ behauptet, und dabei gab es eine Trennung zwischen Arbeit und technischer Aufsicht, von der wir einiges erfahren.[97] Vielleicht wurde Tag und Nacht gearbeitet, möglicherweise in Schichten von je zehn Stunden. Plutarch[98] verurteilt den Bergbau, „der größtenteils von Übeltätern und Barbaren durchgeführt wird, von denen manche gefesselt sind und in dieser gefährlichen und ungesunden Umgebung zugrundegehen". Er denkt an den römischen Bergbau, wie er vor allem in Ägypten betrieben wurde, aber es besteht kein Anlaß, sich die Verhältnisse in den attischen Bergwerken viel günstiger vorzustellen. Gewiß gab es gelegentlich Aufstände, aber es war zweifellos schwer für die Sklaven, sich zusammenzuschließen.[99]

Es ist müßig, die Anzahl der beschäftigten Sklaven berechnen zu wollen. Es gab kein Bergwerk, das man als ein ‚durchschnittliches‘ hätte bezeichnen können. Ardaillons Annahme, daß es über hundert Betriebe gegeben habe, in denen mehr als dreißig Arbeiter beschäftigt gewesen seien, und daß „zur Zeit des größten Wohlstands" durchschnittlich dreiunddreißig Arbeiter in jeder Erzwäsche gearbeitet hätten, ist unbegründet. Ebenso müßig ist es, entweder aus Thukydides[100] oder aus den verworrenen und hypothetischen Zahlen Xenophons[101] eine Gesamtzahl errechnen zu wollen. Ardaillon vermutet für die Perikleszeit „mehr als zwanzigtausend" und erschließt aus Xenophons Angaben eine Zahl, welche die Zehntausend in dem Zeitabschnitt vor 413 v. Chr. übersteigt.

Aus literarischen Quellen und Inschriften erfahren wir zahlreiche Einzelheiten über die Verwaltung der Bergwerke. In vielerlei Hinsicht bildeten die Bergwerke eine Klasse für sich. Sie wurden unter privatem Grundbesitz *(edaphos)* angelegt, aber dem Eigentümer des Oberflächengrunds gehörten – zumindest im vierten Jahrhundert – die Verfügungs-

rechte über die darunterliegenden Mineralien nicht. Bei Bergwerken gab
es keinen Privatbesitz, man konnte sie nicht verkaufen oder vererben. Sie
waren immerwährender Besitz des Staats, wenn man sich auch der Be-
griffe Kauf und Verkauf bediente. Deshalb konnten auch Nichtbürger –
sogar ohne das Recht des Landerwerbs zu besitzen – sie betreiben.[102]
Die Bergwerkskonzessionen wurden, wie bereits erwähnt, in die Listen
der *pōlētai* eingetragen. Diese Verzeichnisse befanden sich auf einer Stele
(daher die im Zusammenhang mit Bergwerken verwendeten Ausdrücke
‚von der Stele‘ und ‚im Besitz einer Stele‘). Jede Konzession trug den
Namen einer Gottheit (Artemisiakon, Hermaikon), eines Heros oder
einer Person (z.B. Leukippeion). Ihre Lage war durch die Lage des Demos, die Parzelle im *edaphos,* in dem sie sich befand, und durch die
angrenzenden Grundstücke, die den Namen des Eigentümers tragen,
durch Straßen, landschaftliche Merkmale und *ergastēria* genau bezeichnet. (Insofern liefern die *pōlētai*-Verzeichnisse wertvolle Auskünfte über
Bezirke und Demen.) Auch Grenzsteine kommen bei Bergwerken vor,
doch ist ganz unklar, wie unterirdische Vorgänge durch Oberflächenbe-
grenzungen markiert wurden. (Vielleicht bezeichneten diese Steine einen
Bereich, auf dem Abraum gelagert werden konnte?) Möglicherweise gab
es auch unterirdische Grenzen.[103] Es folgt ein Beispiel dieser *pōlētai*-
Aufzeichnungen *(diagraphai)* aus dem Jahre 367/66 v. Chr.:[104]

„In Sunion im Grundbesitz der Söhne des Charmylos, der im Norden vom
Grundstück des Kleokritos aus Aigilia, im Süden vom Grundstück des Leukios
aus Sunion begrenzt wird; der Pächter Pheidippos aus Pithos, der Preis zwanzig
Drachmen.“

In einer anderen Aufzeichnung auf derselben Stele heißt es:

„In Laureion, dasselbe [Artemisiakon] und die Grabungsstellen, deren Grenzen
im Norden [das Grundstück des] Diopeithes aus Euonymon und der Schmelzofen *[kaminos]* des Demostratos aus Kytheros, im Süden die Werkstatt *[erga-
stērion]* des Diopeithes und die Fahrstraße sowie die Schlucht der Thorikioi
bilden; der Pächter Kephisodotos aus Aithalidai, der Preis zwanzig
Drachmen.“

Die folgende Inschrift[105] scheint eine Abfolge von Pächtern ein und desselben Bergwerks deutlich zu machen:

„An der Stele aus der Zeit, als Theophilos Archon war, meldete Lysanias, der
Sohn des Lysikles von Kephale, an, daß ein Bergwerk in Laureion [namens]
Hermaikon betrieben werde, das eine Stele hat, an der Stele aus der Zeit, als
Theophilos Archon war, die betrieben worden war, die Antixenos von Euony-
mon innehatte (?).“

Der letzte Teil ist unverständlich; es ist nicht klar, warum die Stele des Theophilos zweimal erwähnt wird (= die *pōlētai*-Liste jenes Archon-Jahres).

In den Pachtlisten finden sich auch historische Persönlichkeiten erwähnt, so etwa Meidias, der Gegner des Demosthenes.[106] Demosthenes sagt von ihm:[107] „Er importierte Bauholz für seine Silberminenunternehmen" und der Scholiast bemerkt dazu: „denn er hatte vom Staat Bergwerke gepachtet, die Silber lieferten". In der *pōlētai*-Liste des Jahres 367/ 66 v. Chr.[108] finden sich unter den vierundzwanzig im Text erwähnten Bergwerkspächtern oder Grundbesitzern im Bergwerksgebiet sechzehn bekannte Personen, und elf von ihnen gehören Familien an, deren Wohlstand es ihnen erlaubte, als Trierarchen Dienst zu tun oder ihrem Demos eine *agorā* (einen Marktplatz) zu stiften. Einer von ihnen war Nikias II. von Kydantidai,[109] der Enkel des großen Nikias und Eigentümer eines ansehnlichen Besitztums in Nape. Thrasylochos von Anagyros, der Bruder des Meidias, der einer der reichsten Familien jener Zeit angehörte, war Pächter zweier Bergwerke.[110] Kallias III. von Alopeke hatte Grundbesitz in Sunion, er war der Vater von Hipponikos III., von dem man weiß, daß er zwei Werkstätten in Melite kaufte, die zwar nichts mit Bergbau, aber ganz sicher mit Industrie zu tun hatten.[111] Zu bemerken wäre noch, daß der Bergwerksbereich von Besa der Ort eines landwirtschaftlichen Besitzes der Kalliasfamilie war, und daß Epikrates von Pallene, den Hypereides erwähnt,[112] bei diesem[113] als Grundbesitzer in Nape auftritt.

Die Bergwerkskonzessionen waren verschieden groß und konnten deshalb von reichen und auch von wenig bemittelten Leuten erworben werden; in neuerer Zeit gab es ähnliches in Spanien, und vor nicht allzu langer Zeit auch in Derbyshire in England. Bei Andokides[114] ist eine der kleinen Konzessionen erwähnt, sofern sich die Stele nicht auf einen nach dem *apophorā*-System vermieteten Sklaven bezieht. Eine Erwähnung bei Hypereides scheint sich auf eine sehr große Konzession zu beziehen.[115] Überdies konnten Konzessionen dadurch erweitert werden, daß man andere hinzupachtete oder daß man mehr Sklaven kaufte;[116] doch vom Standpunkt des Unternehmers aus war es beim Bergbau – wie auch bei anderen wirtschaftlichen Betätigungen – einträglicher, Mietsklaven als Arbeitskräfte zu verwenden. Wie Nikias I. bewies, konnten sie ebenfalls eine wichtige Kapitalanlage darstellen. Mietsklaven waren nämlich unter dem Gesichtspunkt wechselnder Bedürfnisse sehr praktisch: man brauchte mehr Arbeiter, wenn Schächte und ergiebige Stollen vorgetrie-

ben werden mußten, und weniger, wenn eine Erzader abnahm oder der
Bergbau von Zeit zu Zeit weniger Gewinn abwarf. Der Lohn dieser
Mietsklaven[117] blieb im fünften und vierten Jahrhundert v. Chr.
gleich; sie erhielten einen Obolos täglich netto (Ersatzleute, Nahrung und Kleidung verursachten keine zusätzlichen Ausgaben). Das war, verglichen
mit den Handwerkssklaven,[118] ein geringes Entgelt, für ungelernte Sklaven aber – soweit man diese Bergleute als ungelernt bezeichnen kann –
nicht schlecht, da es wahrscheinlich ein Durchschnittslohn war, den auch
Frauen und alte Männer erhielten.

In den Bergbauverzeichnissen der *pōlētai* begegnet uns die Redewendung ,,sie meldeten diese Bergwerke an" (oder trugen sie ein), in der das
Verbum die Eintragung *(diagraphē)* eines ,gekauften' Bergwerks bei den
staatlichen Beamten bezeichnet. In der Suda wird das unter *agraphōn
metallōn dikē* so erklärt: ,,auf Grund [oder infolge] der Zahlung des
vierundzwanzigsten Teils [vom Produkt] eines neuen Bergwerks an den
Staat". Im *pōlētai*-Verzeichnis des Jahres 367/66 v. Chr. sind Bergwerke
aus der Kategorie ,,auf der Stele" (d. h. bereits in den *pōlētai*-Verzeichnis-
sen befindliche, also alte Bergwerke) Preisen von 1550 bis 50 Drachmen
gegenübergestellt. Die andere Gruppe, bei der diese Redewendung fehlt,
muß aus neuen Konzessionen bestehen. Zwölf von diesen werden im
Verzeichnis mit fünf von den anderen verglichen; sie alle werden gleich-
mäßig für zwanzig Drachmen verpachtet. Aus dem Beweismaterial der
Pachtverträge darf man schließen, daß es vier Gruppen von Bergwerken
gab: erstens neue Bergwerke *(kainotomiai)* – das Wort taucht, in der
verbalen Form *kainotomein* metaphorisch verwendet, zum erstenmal bei
Aristophanes in den ,Wespen' 876 (aus dem Jahre 422 v. Chr.) auf, doch
sei darauf hingewiesen, daß dieser metaphorische Gebrauch sich auf den
Steinbruch und nicht aufs Bergwerk beziehen könnte; zweitens in Betrieb befindliche Unternehmen *(ergasima)*; drittens und viertens *anasaxima* und *palaia anasaxima*. Da die letzte Gruppe dieser Konzessionstypen
nicht mehr kostete als eine neue Bergwerkskonzession, darf man annehmen, daß die Produktion in beiden Fällen gleich unsicher war. Was *anasaximon* bedeutet, können wir nur vermuten. *Anasattein* heißt offenbar
,aufhäufen' – also ,zusperren', und *anasaximon* bedeutet also: für eine
kürzere oder längere *(palaion)* Zeit ,zugesperrt' und aufgegeben, dann
aber wieder eröffnet; die Risiken waren dabei etwa dieselben wie bei den
kainotomia. Wohl aus diesem Grund betrug die Laufzeit der Konzession
bei diesen letztgenannten Fällen durchweg sieben Jahre, und die an den
Staat zu zahlende Summe war gering. Bei ,in Betrieb befindlichen Unter-

nehmen' dagegen ließ sich der Profit, obwohl er nicht von Dauer zu sein brauchte, abschätzen, und die Weiterverpachtung war eine Angelegenheit konkurrierender Gebote. Die erneuerten Pachtverträge galten auch für die kürzere Zeitspanne von drei Jahren.

Zu fragen ist nun, wie die an den Staat zu leistende Zahlung beschaffen war. Die *pōlētai*-Verzeichnisse von 367/66 zeigen, wie Ardaillon schon vor langer Zeit zu beweisen suchte, daß die für ein Bergwerk zu erlegende Summe eine – von ihm als *fermage* bezeichnete – Pacht war, die im voraus bezahlt wurde, nicht aber eine anteilmäßige Summe und feste Steuer oder nur eine anteilmäßige Zahlung, die im nachhinein zu erlegen gewesen wäre. Im Falle neuerer Bergwerke wurde eine Summe vereinbart und gezahlt, die gering genug war, um zur Übernahme von Risiken und zu Kapitalanlagen anzureizen. War dann das Bergwerk in Betrieb und näherte sich die erste Pacht dem Ende, so zahlte entweder der bisherige Konzessionär (der das Unternehmen weiterführte) oder ein neuer Pächter eine Summe, die dem bis dahin erzielten Gewinn entsprach. Allerdings läßt sich nicht feststellen, wie diese Gewinne kontrolliert wurden. Unredlichkeit war nicht ausgeschlossen – möglicherweise ist eine Demosthenesstelle so zu erklären:[119] ,,Warum hast du Moirokles wegen Unterschlagung von zwanzig Drachmen aus den Summen verklagt, die jeder Bergwerkspächter zahlen mußte?'' Vielleicht bediente man sich einer Art von *antidosis* (Vermögensaustausch). Die Entdeckung einer reichen Ader ließ sich kaum verheimlichen – weder ihr Abbau, noch die Aufbereitung des Erzes, noch der Verkauf des Silbers –, und es gab also wohl Gegengebote für die Konzession. Anderseits ist nicht leicht einzusehen, wie die Zahlung eines Vierundzwanzigstels für ein neues Bergwerk (so in der Suda) berechnet wurde, sofern nicht zusätzlich zur Anfangszahlung (von zwanzig Drachmen) später noch eine anteilmäßige Summe erlegt werden mußte. Der Anteil – darauf sei hingewiesen – war geringer als bei öffentlichen oder heiligen (Tempel-)Grundstücken, er betrug 4,16 Prozent gegenüber 8 Prozent, doch war im letzteren Fall die Berechnung einfacher und die Gewißheit eines Gewinns größer, während die Nachfrage bei Bergwerkskonzessionen – von gelegentlichen ‚Glücksminen' abgesehen – vermutlich weniger lebhaft war als bei landwirtschaftlich nutzbarem Boden.

Die Zahlung einer vorher bestimmten Pacht ist eine Annahme, die den offensichtlichen Wunsch Xenophons und Hypereides' erklärt, eine Zunahme in der Zahl der betriebenen Bergwerke feststellen zu können. Die schwere Strafe, die jeden traf, der Stützpfeiler[120] abbrach, ist nicht nur auf

Sicherheitserwägungen zurückzuführen, sondern auch auf den Wunsch,
Versuche zu verhindern, die darauf abzielten, die Menge des geförderten
Erzes über die für die vorangegangenen Pachtperioden berechnete hinaus
zu steigern. Die im voraus festgesetzte Pacht ist die beste Erklärung für
die hundert Talente Staatsanteil im Jahre 483 v. Chr. Ardaillon weist
darauf hin, daß wir, falls wir diesen Anteil mit dem einen Vierundzwanzigstel der Suda in Einklang bringen wollen, auf astronomische Zahlen
für abgebautes Material kommen (laut Ardaillon entsprechen in diesem
Fall hundert Talente 945 000 Tonnen Erz). Diese Vorstellung und diese
Berechnungen kann man nur mit stärkstem Zweifel ins Auge fassen. Es
ist weit besser, in den hundert Talenten die Einkünfte aus Pachtgeldern
für Konzessionen zu sehen, von denen viele nichts erbrachten. Hier stoßen wir jedoch wieder auf eine Schwierigkeit. Waren es die Einkünfte
eines Jahres oder verteilten sie sich über mehrere Jahre? Vielleicht ist es
besser, bei der Erörterung der Verfahren des vierten Jahrhunderts die
Ereignisse des Jahres 483 v. Chr. außer acht zu lassen.

Dieser Gedanke eines im voraus zu zahlenden Pachtgelds konnte sich
für kleine und arme potentielle Konzessionäre nachteilig auswirken, falls
es im voraus eingetrieben und nicht in Raten gezahlt wurde. Andererseits
war die für neue oder neu eröffnete Bergwerke verlangte Summe nicht
groß. Im Falle in Betrieb befindlicher Unternehmen (*ergasima*) konnten
mehrere Personen Partnerschaften (*koinōniai*) bilden, von denen dann ein
Partner dem Staate verantwortlich war (vgl. Epikrates in der Rede des
Hypereides). Wahrscheinlich erklärt dieser anderswo in Verträgen über
das Eintreiben von Steuern übliche Brauch[121] eine Demosthenesstelle:[122]
„die drei Talente, für die ich haftbar wurde"; es handelt sich um die
Haftpflicht eines Hauptkontraktors (*archōnēs*), der wie alle Staatsschuld-
ner das Doppelte schuldig war, wenn die eigentliche Summe nicht recht-
zeitig bezahlt wurde.

Auf welche Weise fällige Gelder eingetrieben wurden, ist völlig unge-
klärt. Allerdings gibt es ein Beispiel, daß ein Sklave mit einer fälligen
Summe irgendwohin geschickt wurde.[123] Es scheint, daß das Geld unmittelbar an die *apodektai* (Einnehmer von Staatseinkünften) gezahlt werden
konnte, aber offenbar wurde das Inkasso wie bei anderen Abgaben an
den Staat auch unter der Bezeichnung *aponomai* ausgeboten; laut Harpo-
krations sehr unklarer Definition ist damit ein Teil der Bergwerkserträge
gemeint, die der Staat empfing, oder eine Aufteilung unter eine Reihe von
Unternehmern (*misthōtai*), so daß jeder einen Anteil erhalten kann.

Die zunehmende Bedeutung der Bergwerke machte Bestimmungen

notwendig, die der Kontrolle ihrer Ausbeutung und als Grundlage für die
Beilegung der unvermeidlichen Streitigkeiten dienen konnten. Zusammenfassend wurde all das als *metallikos nomos* bezeichnet; es führte zu
metallikai dikai (vgl. den *emporikos nomos* und die *emporikai dikai*), die
im *metallikon dikastērion* unter dem Vorsitz der *thesmothetai* verhandelt
wurden.[124] Der Kodex behandelte spezielle, nicht aber allgemeine Verstöße. Im folgenden einige Beispiele:

> „Wenn ein Mann einen anderen aus seiner [Bergwerkstätigkeit ...] vertreibt;
> wenn ein Mann die Stollen mit Rauch erfüllt ...; wenn er zu Waffen greift ...;
> wenn er zusätzliche Ausschachtungen innerhalb der Grenzen *[metra]* [eines
> anderen Mannes] vornimmt."

Ein anderes:

> „... die *metallikai dikai* gelten für jene Leute, die sich in eine Mine teilen, sowie
> für jene, die zu einer anderen Mine in die angrenzenden Stollen durchbrechen;
> und ganz allgemein für Leute, die in Bergwerken arbeiten und die eine oder
> andere der im Gesetz beschriebenen Handlungen begehen – nicht aber für die
> gewöhnlichen Streitereien und Handlungen, die sich aus irgendeiner Beziehung
> ergeben ... und dabei das allgemeine Gesetz übertreten, das allen Menschen
> vorschreibt, Gerechtigkeit zu erweisen und zu empfangen ...".[125]

Hierzu sei bemerkt, daß nicht unbedingt Böswilligkeit vorliegen mußte,
wenn die Stollen mit Rauch angefüllt wurden, da man Feuer zum Abbau
des Gesteins verwendete. Es gibt eine andere Lesart *(hyphapsēi)*, die möglicherweise auf eine Brandstiftung unter Tag zur Zerstörung von Verschalung oder Erz hinweist. Hinzuzufügen wäre noch die Anklage wegen
Betriebs eines nicht registrierten Bergwerks *(anapographōn metallōn
dikē)*.
Der Staat mußte sich, wenn er die betrügerische oder heimliche Ausbeutung der Minen verhindern wollte, auf Spitzel verlassen. Glauben wir
Hypereides, so hüteten sich die Athener, Denunzianten allzu viel Gehör
zu schenken, weil Schürfer sonst vielleicht nur zögernd neue Bergwerke
übernommen hätten. Hypereides behauptet, diese umsichtige Politik der
Gerichtshöfe habe zu einer Zunahme neuer Bergwerke geführt. Das ist
schwer einzusehen, da es sich kaum mit der Regel vereinbaren läßt, daß
für *kainotomiai* eine Vorauszahlung in Standardhöhe zu leisten war. Er
meint sicherlich *ergasima* oder *anasaxima*. Das ergibt sich wohl aus dem
von ihm angeführten Fall: Der Denunziant Lysander hatte Ungelegenheiten, weil er Epikrates von Pallene beschuldigte, in seinem Bergwerk
„*entos tōn metrōn*" gegraben zu haben, was heißen muß, er habe die
gesetzten Grenzen überschritten. Epikrates hatte, wie Lysander erklärte,

das·Bergwerk „schon drei Jahre lang" in Partnerschaft „mit so ziemlich den reichsten Leuten der Stadt" betrieben. Ferner versprach Lysander, er wolle der Stadt einen Nutzen in Höhe von dreihundert Talenten zukommen lassen, „denn so viel haben sie aus dem Bergwerk herausgeholt". Die Annahme liegt nahe, daß sich auch der vorherige in derselben Rede („Für Euxenippos')[126] enthaltene Hinweis auf den Bergbau bezieht: „Und Teisis von Agryle, der zuerst das Grundstück des Euthykrates als [konfisziertes] Staatseigentum hatte eintragen lassen, das mehr als sechzig Talente wert war." Im folgenden Fall wird das ausdrücklich gesagt: „indem er versprach, den Grundbesitz von Philippos und Nausikles eintragen zu lassen [d. h. zum Zwecke der Beschlagnahme] und behauptete, sie seien durch nicht registrierte Bergwerke reich geworden . . ."

Bei einigen der angeführten Summen – wie bei Lysanders dreihundert Talenten – ist die Höhe offensichtlich von irgend jemandem übertrieben angegeben worden. Weniger Grund, eine Übertreibung oder gar eine starke Übertreibung anzunehmen, besteht bei den oben erwähnten sechzig oder mehr Talenten Gesamtvermögen. Wir können nicht mit Sicherheit sagen, daß sich diese Angabe nur auf Bergwerke und nicht auch auf andere Quellen des Reichtums bezieht. Alle Schätzungen sind abhängig von der Art der Berechnung des Einkommens aus *ergasima* und dem Staatsanteil, der auf Grund der früheren Erträge aus solchen Bergwerken im voraus bezahlt worden ist. Akzeptieren wir das Vierundzwanzigstel der Suda, so lagen im Falle der *pōlētai*-Listen von 367/66 v. Chr., die Zahlungen zwischen 1550 und 50 Drachmen verzeichnen, die Gesamteinkünfte aus diesen Bergwerken zwischen 6,2 Talenten und 12 Minen, vorausgesetzt, daß konkurrierende Angebote unberücksichtigt bleiben. Die Beispiele aus den Reden unterscheiden sich kaum. Der Kläger bei Demosthenes 42 schuldet dem Staat drei Talente, also das Doppelte von 30 Minen, für sich und zwei Partner im Zusammenhang mit einem beschlagnahmten Bergwerk. In einer anderen Rede (leider in einem jener ‚Dokumente', mit denen die Reden des Demosthenes-Corpus ‚gepfeffert' worden sind) wird ein für 90 Minen ‚gekauftes' Bergwerk erwähnt. Bedeutet das eine Gesamtproduktion von Silber im Werte von 22 Talenten 50 Minen? In den *pōlētai*-Verzeichnissen finden sich gelegentlich hohe Preise:[127] einmal werden 2 Talente 5550 Drachmen (oder 17550 Drachmen) angegeben mit der Bezeichnung des Bergwerks als *palaion anasaximon* (der Originalzustand); M. Crosby (loc. cit.) weist jedoch darauf hin, daß es sicherlich *ergasimon* heißen muß. Weitere Preise: 6100 Drachmen, 3500 Drachmen und 2000 Drachmen. Auf der Basis des Suda-Anteils (1/

24) wären das Gesamtfördermengen in der ersten *(ergasimon)* Konzessionsphase im Wert von 73 Talenten 7,5 Minen, 25 Talenten 25 Minen, 14 Talenten 25 Minen, 8 Talenten 20 Minen. Das sind eindrucksvolle Zahlen, auch wenn sie eine Betriebszeit von drei – und nicht von sieben – Jahren voraussetzen. Sie lassen die oben erwähnten 22 Talente 50 Minen unglaubwürdig erscheinen. Und die ganze Frage hängt an dem Vierundzwanzigstel der Suda. Dabei müssen wir es bewenden lassen.

Daß Bergbau nicht in jedem Fall gewinnbringend war, scheint daraus hervorzugehen, daß auf das Einkommen aus Bergwerkstätigkeit *ateleiā* (Befreiung von öffentlichen finanziellen Verpflichtungen und von der Kriegssteuer) gewährt wurde. Wann sie eingeführt wurde, ist unbekannt. Weniger einfach ist es, das Lamento derer richtig einzuschätzen, die Bergbau betrieben. Mit der Einführung der *ateleiā* wurde der Bergbau von der Behinderung befreit, mit der das Einkommen aus Grundbesitz belastet war, das nicht verheimlicht werden konnte und keine *ateleiā* genoß (während sich Geldanlagen im Überseehandel verheimlichen ließen, dafür aber mit Risiken verbunden waren). Wo immer möglich, scheint man die Landwirtschaft ihrer besseren und sicheren Erträge wegen bevorzugt zu haben. Das Beweismaterial für die Schwankungen im vierten Jahrhundert und das Verhältnis der Landwirtschaft zum Bergbau ist eindeutig.[128] Diese Schwankungen hingen meist vom Preis des ausländischen Getreides ab. Bei Demosthenes 42 bringt – wahrscheinlich im späten vierten Jahrhundert – der Sprecher, ein Mann mit Bergbau-Interessen, gegen einen Landwirt in einem Fall von *antidosis* (Aufforderung zum Besitztausch) die unten angeführten Tatsachen vor. Er gibt zu, daß Rückschläge in der Konjunktur überall vorkommen, zeichnet aber ein jammervolles Bild vom Bergwerksbetrieb:

„Was mich betrifft, so wäre ich nur zu froh, wenn ich noch in den glücklichen Umständen lebte, in denen ich mich früher befand, und noch zu den Dreihundert [d. h. zu den reichsten Bürgern] zählte. Aber da das Unglück auch mich getroffen hat, das alle heimsuchte, die Bergbau betrieben, und da ich in meinem Geschäft dazu noch besonders verheerende Verluste erlitt und nun schließlich dem Staat drei Talente zahlen muß, ein Talent für jeden Anteil – denn ich war, wie ich leider sagen muß, Partner bei einem beschlagnahmten Bergwerk – bin ich gezwungen, den Versuch zu machen, an die Stelle eines Mannes zu treten, der reicher ist als ich . . .“

An anderer Stelle fügt er hinzu:

„In früheren Zeiten habe ich durch eigene körperliche Arbeit und Anstrengung beträchtliche Gewinne bei der Silberförderung erzielt, ich gebe das zu, aber ich habe, von einem kleinen Bruchteil abgesehen, alles Gewonnene verloren. Du verkaufst jetzt von deinem Grundstück die Gerste zu achtzehn Drachmen und den Wein zu zwölf Drachmen und bist ein reicher Mann, wie man annehmen muß, da du ja über tausend Scheffel Getreide und über achthundert Maß Wein erzeugst. Jetzt sollte Phainippos an die Reihe kommen ... denn die Leute im Bergbau haben Verluste gehabt, aber ihr Landwirte habt mehr Wohlstand als euch zusteht!''

Natürlich spricht er pro domo, aber solche Situationen finden sich in einer ganzen Reihe von Quellen, zu denen auch die *pōlētai*-Verzeichnisse gehören. Ungefähr den gleichen Ton schlägt auch die Schrift 'Peri Porōn' an:

,,Warum also, könnte jemand sagen, erschließen nicht auch jetzt viele Leute neue Bergwerke, wie sie es früher getan haben? Weil diejenigen, die sich mit Bergwerken befassen, ärmer sind. [Erst] neuerdings nämlich entwickeln sie sich wieder. Die Erschließung eines neuen Bergwerks ist stets ein großes Risiko. Wer Erfolg hat, wird zwar reich, aber wer nichts findet, verliert alle seine Auslagen. Heutzutage drängt sich daher niemand dazu, dieses Wagnis anzupacken.''

Offenbar war diese Tendenz noch stärker, als der Verfasser zugeben wollte; aus diesem Grund wurde *ateleiā* eingeführt.[129]

Wie diese *ateleia* im einzelnen beschaffen war, läßt sich nicht mit Sicherheit sagen. Es sieht so aus, als wären Inhaber von Bergbaukonzessionen nicht immer von *eisphorā* (Kriegssteuer) und *leiturgiai* (öffentlichen finanziellen Lasten) befreit gewesen. Man hat angenommen, daß das in den Bergwerken und den *ergastēria* angelegte Kapital samt den Einkünften, die es im laufenden Jahr erbrachte, von diesen Auflagen befreit war, während ein aus diesen Quellen angesammeltes Vermögen zu ihnen herangezogen wurde. Wir wissen das nicht sicher, aber der springende Punkt ist, daß die *ateleiā* zur Förderung des Bergbaus eingeführt wurde und daß das eine Neuerung war. Der Zeitpunkt der Einführung ist allerdings unbekannt.

Im fünften Jahrhundert v. Chr. waren die Bergwerke einer militärischen, im späten vierten einer wirtschaftlichen Gefahr ausgesetzt gewesen. Die spätesten *pōlētai*-Verzeichnisse stammen aus dem späten vierten und dem Anfang des dritten Jahrhunderts. Die oben angeführte Rede des Hypereides gehört ins Jahr 324/23 v. Chr. Bis ans Ende des vierten Jahrhunderts scheinen die Bergwerke eine nicht geringe Bedeutung gehabt zu haben, aber dann schränkten der Niedergang Athens und die Flut der Münzprägungen Alexanders den Anreiz zum Abbau von Edelmetallen und zur Einführung eines allgemein gültigen Münzsystems stark ein.

Andererseits benutzte man für das später kunstvoll hergestellte neue Geld wahrscheinlich das Silber älterer Münzen.[130]

Der Verfasser der Schrift ‚Peri Porōn‘ weist, wenn er sich für eine weitere Entwicklung des Bergbaus einsetzt, häufig und nachdrücklich – wie Aischylos – auf diese großartige gottgegebene Hilfsquelle Athens hin. Er versichert, die Bergwerke könnten unbegrenzt erweitert werden. Silber wird allgemein gern angenommen, vor allem als Rückfracht. Man kann nie genug davon haben. Der Autor nimmt recht naiv an, daß die normalen Auswirkungen von Angebot und Nachfrage im Falle dieses Edelmetalls keine Gültigkeit haben – ganz im Gegensatz zu anderen Natur- und Industrieprodukten, bei denen ein Überschuß einen Rückgang in Preis und Produktion hervorruft. Bei Silber sei das genau umgekehrt, meint er. Silber war für ihn das beste Metall; aus gutem Grund, wie er mit Bezug auf die Rückfrachten der Kaufleute bemerkt: ,,Wo immer sie es verkaufen, gewinnen sie mehr, als sie ausgegeben haben.‘‘ Das machte zusammen mit der Politik, die Münzen in Gewicht und Feingehalt[131] auf hohem Niveau zu halten, die athenischen Münzen weithin berühmt; den Kopf der Athena und die Eule kannte man sogar an den äußersten Grenzen der griechischen Welt. In vielerlei Hinsicht kam Athen diese Berühmtheit neben seiner Position als Bankzentrum im vierten Jahrhundert sehr zugute. Xenophon war offenbar davon überzeugt, daß das immer so bleiben werde, aber dieselbe Macht, die einen tödlichen Schlag gegen die politischen Grundfesten des athenischen Staats führte, nahm ihm auch noch diese Stütze seiner wirtschaftlichen Bedeutung: zuerst stärkte Philipp II. von Makedonien die Geldmittel von Krenides (Philippoi), indem er, wie es hieß, jährlich tausend Talente Gold und Silber auf den Markt warf, und dann verteilte Alexander die Schätze Persiens, nachdem vorher schon viertausend Talente in Gold und sechstausend Talente in Silber, die Beute aus dem Schatz von Delphi im Dritten Heiligen Krieg, verteilt worden waren.

Abschließend sei bemerkt, daß die Bedeutung des attischen Bergbaus nicht nur in seinen weitreichenden wirtschaftlichen Aspekten liegt, sondern auch in der Tatsache, daß wir gerade über diesen griechischen Industriezweig Informationen in einem Ausmaß besitzen, das im Vergleich mit anderen Tätigkeitsbereichen einzigartig ist.

X. Nicht-athenische Staaten: ein kurzer Ausblick auf die hellenistische Zeit

Der Handel und die Industrie anderer griechischer Staaten, die weniger gut dokumentiert sind als wir es bei Athen feststellen konnten, waren ihrem Wesen, wenn auch nicht dem Umfang nach, ähnlich.[1] Ein starkes Interesse an Edelmetallen und an Bergbau war vorhanden, und es gab bestimmte staatliche Wirtschaftsabkommen, so zum Beispiel für den Weinhandel der Insel Thasos oder den *miltos* von Keos. Leider wird der Handel etwa von Korinth oder Milet nirgendwo systematisch behandelt – derartiges hätte den Griechen nicht gelegen. Das Hauptinteresse, das sich auf die Versorgung mit Lebensmitteln und vor allem mit Getreide richtete, fand seinen Ausdruck in den Bemühungen, die Handelsbeziehungen zu erleichtern: durch *proxeniā, asyliā,* durch Verträge und Maßnahmen zur beschleunigten Klärung von Streitfragen, durch Freizügigkeit und – besonders vom vierten Jahrhundert an – durch Vorkehrungen für die Sicherheit auf den Meeren.

Nach der Niederlage Athens im Peloponnesischen Krieg unterstanden seine ehemaligen Bundesgenossen nicht mehr seiner Herrschaft, sondern traten trotz der Bemühungen Athens um Regeneration im Zweiten Attischen Seebund sehr oft als dessen Rivalen auf bei dem Versuch, mit den vielfältigen Schwierigkeiten des vierten Jahrhunderts fertig zu werden.

Es kam nicht zu einer Veränderung in den technischen Verfahren und ebensowenig zur Einführung neuer Materialien.[2] Als Energiequelle stand immer noch der Mensch an erster Stelle, wenn auch später – sehr viel später – eine gewisse Entwicklung in der Verwendung von Tier- und Wasserkraft festzustellen war. Ebenso wurde der Flaschenzug verbessert. Herons Dampfmaschine dagegen blieb ein Spielzeug: ihre Möglichkeiten wurden weder erkannt noch genutzt. Das Hauptanliegen blieb der wirkungsvolle Einsatz menschlicher Arbeitskraft, blieben die Mittel und Wege, sie zu führen und zu überwachen. Diese Arbeitskräfte setzten sich aus einer freien Bauernschaft, aus einem städtischen Proletariat und aus Sklaven zusammen. Ackerbau und sonstige Kultivierungsarbeiten ließen sich in größeren, aber nicht allzu großen Einheiten organisieren, und in hellenistischer Zeit konnten sie bürokratisch überwacht werden, was in Ägypten und im pergamenischen Kleinasien, nicht aber in Griechenland geschah. Viehzucht war, wie die Römer später bewiesen, in beachtlichem Ausmaß möglich, doch wie weit man gewerbliche Industrie zu größeren Einheiten zusammenfassen konnte, entzieht sich unserer Kenntnis.

Die Nachfolger Alexanders sahen ihr Hauptziel in der Erhebung der Staatseinnahmen sowie in der Sicherung und Ausweitung des persönlichen Herrschaftsbereichs, nicht aber in der Wohlfahrt der Untertanen. Infolge des Machtverfalls der persischen Achämeniden und der Eroberungen Alexanders breiteten sich Griechen, griechische Kultur und griechische Künste weit nach Osten, bis Afghanistan und Nordwestindien aus, und ihr Einfluß drang sogar in noch entferntere Gegenden. Diese Entwicklungen wirkten sich vorteilhaft auf Handwerk und Handel aus, denn Handwerker tauchten nun allenthalben im Osten auf, und für den Kaufmann war in den nunmehr sehr großen politischen Einheiten das Reisen leichter. Dabei wurde vorwiegend der Seeweg benutzt, da die Beförderung auf dem Landweg, selbst wenn Straßen vorhanden waren, noch immer primitiv und langsam blieb.[3] Die Größe der Schiffe hatte sich offenbar nicht wesentlich geändert, und angetrieben wurden sie auf die gleiche Weise wie früher. Da sich in unseren Quellen nur spärliche Erwähnungen großer Schiffe finden, müssen sie selten gewesen sein; Anlagen und Einrichtungen der Häfen waren für kleinere Schiffe günstiger.[4] Abgesehen vom Getreidetransport war die Fracht gemischt, sie bestand aus kleinen Packen und war auf den vorherrschenden Küstenhandel ausgerichtet. Die Unterwasserarchäologie bezeugt das (für unzerstörbare Gegenstände) durch den Fund des vor der Nordküste Zyperns (Kyrenia) gesunkenen Schiffs aus dem vierten Jahrhundert und des späteren vor Marseille geborgenen Schiffs.[5]

Die Routen für Seereisen erstreckten sich nach und nach bis zum Roten Meer, zum Persischen Golf und zum Indischen Ozean, und schließlich verstand man auch den Südwestmonsun zu nutzen. In der Gegenrichtung gab es die beiden Seidenstraßen nördlich und südlich des östlichen Schwarzmeergebiets und die Weihrauchstraße von Südarabien her. Das griechische Festland verlor als Handelsgebiet allmählich an Bedeutung: im Jahre 146 v. Chr. zerstörten die Römer Korinth. Die Route zum Schwarzen Meer blieb erhalten, und die großen Städte Westkleinasiens standen in Blüte, obwohl das Verschlammen der Häfen Schwierigkeiten bereitete. Die maßgebliche Ostwestroute führte jetzt weiter südlich durch das offene Meer und ersetzte so den Weg über Korinth. Besondere

Phänomene waren vom vierten Jahrhundert v. Chr. an, daß sich die Insel Rhodos zum Handelszentrum und zu einer bedeutenden Seemacht entwickelte, bis die Feindseligkeit Roms zu ihrem Niedergang führte, und daß Delos im Jahre 166 v. Chr. zum Freihafen erklärt wurde, der bis zur Zerstörung durch Mithridates VI. von Pontos (88 v. Chr.) Mittelpunkt des Sklavenhandels und ein Zentrum für italische Kaufleute war. Berührung mit dem Nahen und Fernen Osten brachte eine Entwicklung des Handels der syrischen Städte und unter den Ptolemäern die zunehmende Bedeutung Ägyptens, vor allem Alexandrias im Nildelta, mit sich. Letztlich entscheidend waren der Aufstieg Roms und seine Siege über die hellenistischen Monarchen und über Karthago, die schließlich zur Einung des Mittelmeergebiets unter römischer Herrschaft führten.

Aus den kaufmännisch orientierten Reden des Demosthenes-Corpus läßt sich einiges interessante Material über die nichtathenische Geschäftspraxis im späten vierten Jahrhundert entnehmen, in dem – wie diese Quelle erkennen läßt – Reisen, Handel und finanzielle Abmachungen sich zunehmend komplizierten und die gehandelten Waren sehr verschiedenartig waren.

In der Demosthenesrede gegen Zenothemis (32), die ein Schiff und dessen Getreideladung betrifft, geht es nicht nur um Athen, sondern auch um Syrakus, Massilia und Kephallenia, nicht nur um Athener, sondern auch um Massalioten und die Behörden von Kephallenia.[6] Die Rede gegen Apaturios (33) betrifft ebenfalls nicht nur Athen, sondern auch Byzanz, Sizilien, Ophryneion am Hellespont und die Thrakische Chersones; zwei Hauptpersonen sind Byzantiner.[7] Die Rede gegen Phormion (34) bezieht sich auf Athen, den (kimmerischen) Bosporos (= Pantikapaion) und Akanthos. Wie so oft (vgl. 35 u.) sind Informationsfetzen bezeichnend für diese Rede. Zu denen, die in den Fall verwickelt sind, gehört ein Phönizier; erwähnt werden eine Getreide- und Brotverteilung in Athen, Getreidegeschenke, Verzeichnisse der Hafeninspektoren von Pantikapaion und die Tatsache, daß um die Zeit, in der die in dieser Rede behandelten Transaktionen sich abspielten, die Geschäfte in Südrußland (Pantikapaion) wegen eines Kriegs zwischen Pairisades und den Skythen[8] schlecht gingen – was die Anfälligkeit sowohl des Getreidehandels wie auch des Lebens ganz allgemein erkennen läßt (s. u. über Olbia, Anm. 41). In der Rede gegen Lakritos (35) finden sich sogar noch mehr solche Informationsbruchstücke. Sie betrifft nicht nur Athen, sondern auch Mende, den kimmerischen Bosporos, die Schwarzmeerküste bis zur Dnjepermündung (Borysthenes), Theodosia, Hieron (Teichos) in Bithynien, und nicht nur einen Athener, sondern auch einen Karystier, drei Phaseliten – einschließlich des Isokratesschülers Lakritos –, einen Zyprer, einen chiotischen Geldverleiher in Pontos und, wenn eine der eidlichen Aussagen wahr ist, einen weiteren Geldverleiher aus Halikarnassos.[9] Die Rede enthält außerdem eine große Vielfalt anderer Informationen aus dem Kaufmannsleben.[10] In der Rede gegen Dionysodoros schließlich (56) war das Schiff, um das es geht, im ägyptischen Getreidehandel via Rhodos eingesetzt. Der Streitpunkt bestand darin, daß es in Rhodos angelegt hatte, und zwar rechtswidrig, weil es in Athen belehnt worden war: wie hoch waren nun die Zinsen, die für das Darlehen gezahlt werden mußten? Zu den interessanten Erwähnungen gehören die Methoden des Kleomenes in Ägypten[11] und die organisierte Übermittlung von Handelsinformationen über die Ägäis.[12]

Diese Reden liefern einige interessante Details über Frachten. Getreide steht natürlich an erster Stelle,[13] aber es gibt noch andere Posten: möglicherweise dreihundert Passagiere[14] und eine Decksladung von tausend Häuten;[15] bei einer anderen Gelegenheit den Vorschlag zu einer Ladung von dreitausend Krügen Wein aus Mende.[16] Wir hören (im südrussischen Küstenhandel) von Salzfisch und saurem Wein aus Kos,[17] zwei oder drei Ballen Wolle, elf oder zwölf Krügen Fisch und zwei oder drei Bündeln Ziegenhäuten – wirklich eine Fracht für unbedeutende Trampschiffe im Gegensatz zu den großen Convoys der Getreideschiffe.

Wichtig für das vierte Jahrhundert und spätere Jahre ist die stets zunehmende Inschriftengruppe, die sich auf ‚Griechenland' in dem Sinne bezieht, in dem dieser Begriff im Titel des vorliegenden Buches gebraucht wird. Die – für Ägypten – bedeutende Quelle der Papyri ist damit ausgeschlossen. Einige aus diesen Inschriften gewonnene Informationen sollen im folgenden erörtert werden.[18]

a) Versorgung mit Lebensmitteln und anderen Waren

Viele Nachrichtenquellen[19] weisen auf Lieferanten von Waren und auf die Mitwirkung des Staates bei deren Beschaffung hin. Makedonien, „der Holzhof Athens",[20] nahm als Lieferant eine strategisch wichtige Stellung ein, deren Bedeutung der Vertrag zwischen Athen und Perdikkas (423/22 v. Chr.)[21] und ein weiterer zwischen Amyntas und den Chalkidiern (zwischen 389 und 383 v. Chr.) über den Export von Holz und Pech beweisen.[22] Über andere wichtige Materialien – Wolle aus Milet,[23] Flachs aus Amorgos,[24] Phasis und Karthago[25] – sind uns Details überliefert, aber derartige Nachrichten treten nur vereinzelt auf. Ein deutlicher Nachdruck liegt auf Marktvorschriften und Preiskontrolle. Vom Thasischen Weinhandel war schon die Rede (oben S. 111). Da die Weinamphoren mit ihren Stempeln unzerstörbar sind, liefern die Reste gesunkener Schiffe Beweismaterial für diesen Handel.[26] Offenbar konnte der Staat wie beim Getreideimport auch bei der Einfuhr von Wein intervenieren. Ein Paragraph eines Dekrets der Olbianer (um 230 v. Chr.) zu Ehren eines gewissen Protogenes läßt sich nicht anders deuten; er kam ihnen zu Hilfe, als sie Wein für dreihundert Statere gekauft hatten, dann aber feststellen mußten, daß sie ihn nicht bezahlen konnten.[27]

Weitere Beispiele von Waren- und Preiskontrollen beziehen sich auf den Absatz von Wolle auf Chios in der zweiten Hälfte des vierten Jahrhunderts,[28] auf den Verkauf von Holz und Holzkohle auf Delos[29] und von Fisch in Akraiphia.[30] Maßnahmen, die auf Warenkontrolle (bei Getreide, Wein und Olivenöl) hinauslaufen, gehören (zusammen mit der Manipulation von Münzen) zu den ziemlich verzweifelten Kunstgriffen verarmter Staaten im späten vierten Jahrhundert.[31] Preiskontrollen spielten im vierten Jahrhundert v. Chr. und später eine wichtige Rolle. Es gibt einige verstreute Hinweise auf gerade gültige Preise, so etwa auf Delos für verschiedene Arten von Vieh – Rinder, Schafe und Ziegen.[32] Getreidepreise finden sich vielfach in Ehrendekreten, in denen die Freigebigkeit jener Leute herausgestellt werden soll, die in Krisenzeiten Getreide zu einem Preis verkauften, der unter dem Marktpreis lag. Das ist sicherlich wie in Athen ein Anzeichen für wirtschaftliche Schwierigkeiten der betreffenden Zeit, und man ist versucht, etwa aus den Viehpreisen von Delos ebenfalls auf einen beachtlichen Rückgang des Geldwerts zwischen dem frühen und dem späten vierten Jahrhundert zu schließen.[33]

In offensichtlichem Zusammenhang mit der Überwachung und Erleichterung des Handels stand die Münzkontrolle, die in früherer Zeit durch das bekannte athenische Reichsmünzdekret ausgeübt wurde; ein späteres könnte die gleiche Bedeutung gehabt haben.[34] Ein eindeutiges Beispiel ist das Münzdekret von Olbia aus der ersten Hälfte des vierten Jahrhunderts v. Chr.[35]

Ein Hemmnis bei der Erleichterung des Handels war in mancher Hinsicht das Bestreben, Importe und Exporte von Waren und Besitz zu besteuern, um Staatseinkünfte zu erzielen; das kam in der Zwei-Prozent-Steuer (pentēkostē) in Athen und andernorts zum Ausdruck. Mit Ausnahme der Freihäfen war das überall üblich (über die Eintreibung s. Anm. 94 u.); es begann schon früh, wie man wohl einer Inschrift aus

Ephesos entnehmen darf, die möglicherweise in die Mitte des sechsten Jahrhunderts gehört.[36] Im Laufe der Zeit erließ man diese Steuern häufig durch Gewährung von Abgabefreiheit, um sich die Sympathie und Mitwirkung der Kaufleute zu sichern.

Epigraphische Quellen verdeutlichen die vordringliche Bemühung um die Getreideversorgung nicht nur in Athen, sondern auch sonst überall seit dem fünften Jahrhundert; Anlaß dazu waren Situationen wie die allgemeine Getreideknappheit des Jahres 357 v. Chr. Sie hing wie in jedem Jahrhundert unmittelbar mit zwischenstaatlichen Feindseligkeiten und mit dem Seeräuberunwesen zusammen, das sich schließlich auch auf den römischen Getreidehandel auswirkte, bis Pompeius der Große die mehr oder weniger endgültige Lösung herbeiführte. Zu allen Zeiten war die Getreideversorgung lebenswichtig und die Getreideknappheit (*sitodeia*) eine Bedrohung. Im fünften Jahrhundert gibt es neben den Maßnahmen des athenischen Imperiums die Inschrift, in der um 470 v. Chr. in Teos alle öffentlich verflucht werden, die den Import von Getreide zu Wasser oder zu Lande behindern (das im fruchtbaren Ionien!), und natürlich auch alle, die Raubzüge unternehmen oder Seeräuber zu Wasser oder zu Lande aufnehmen in einer Zeit, in der es in diesem Bereich unruhig zugegangen sein mag.[37] Vom vierten Jahrhundert an hatte man es immer mit dem Problem der *sitodeia* zu tun, die zur Folge hatte, daß die Meeresstraßen, vor allem die hauptsächliche Getreideroute von Südrußland in die Ägäis, gefährdet und schwierig waren. An der letzteren lag am schmalen Hellespont Sestos, der sogenannte ,Kornkasten des Piräus'.[38] Einigen Ursachen dieser Gefahren sind wir im Zusammenhang mit Athen nachgegangen. Naturkatastrophen und die Auswirkungen des Kriegs hatten im vierten Jahrhundert und später Verwüstung und Vernachlässigung zur Folge.[39] Sorgen wegen der Getreidebeschaffung gab es auch dort, wo man es nicht erwartet hätte, nämlich im Schwarzmeergebiet, in Olbia und Istros.[40] Olbia lag in einem sehr fruchtbaren Gebiet Südrußlands, aber eine bereits erwähnte[41] hochinteressante Inschrift aus der Zeit um 230 v. Chr. weist trotzdem auf Verarmung, Getreideknappheit und Vernachlässigung der Befestigungen wie auch der staatlichen Handelsschiffe hin. Das bewog Protogenes, der sehr reich gewesen sein muß – wir stoßen wiederholt auf den Kontrast zwischen reichen Einzelpersonen und verarmten Staaten –, der Stadt mehrfach mit Getreidelieferungen und auch bei der Ausbesserung der Befestigungsanlagen unter die Arme zu greifen. Ihr – und damit auch ihren Kunden – drohte ein Angriff der Barbaren, wie ihn eine Stadt an den Grenzen des griechischen Kulturbe-

reichs wohl oft zu fürchten hatte. Was auf Olbia zutraf, konnte auch für
andere Orte und Zeiten gelten, und gefährliche Zustände in Südrußland
und am Hellespont mußten einschneidende Folgen für die Getreideversorgung haben.[42] Die folgenden Inschriften zeigen, auf welch verschiedene Weise Städte und Personen an dieser Angelegenheit beteiligt waren:
Viertes Jahrhundert. Gyges von Torone wurde (gegen Ende des vierten
Jahrhunderts) geehrt, weil er Getreide eingeführt hatte.[43] Ein Dekret in
Mytilene bezieht sich auf einen Getreideimport aus Südrußland (nicht
lange vor der Mitte des vierten Jahrhunderts) als Spende des Herrschers
Leukon und seiner Söhne.[44]

Drittes Jahrhundert. Die Bewohner der Insel Kos danken den Städten
Thessaliens, weil sie in einer Zeit der Knappheit Getreide geschickt hatten.[45] Einem Mann aus Rhodos wurde das Bürgerrecht zuerkannt, weil er
sich ca. 300 v. Chr. um die Getreideversorgung von Ephesos verdient
gemacht hatte; derselbe Mann wird etwa um die gleiche Zeit von Arkesine auf Amorgos als *proxenos* und Wohltäter bezeichnet.[46] Die Nöte Ol-
bias wurden bereits erwähnt. Auf Delos wurde zu Ehren des Athenodo-
ros von Rhodos (230–220 v. Chr.) durch ein Dekret der Stadt Histiaia
bekanntgemacht, daß ihm das Bürgerrecht verliehen wurde, weil er Geld
zinslos zur Verfügung gestellt und die Arbeit der Kommissare für den
Kauf von Getreide unterstützt hatte.[47] Zwei Inschriften aus dieser Zeit
sind besonders interessant. Die erste betrifft einen Eid, der in Chersone-
sos (Cherronesus) auf der Krim (Chersonesus Taurica) abgelegt werden
mußte, und bei dem es sich um die Beschränkung des Getreideexports ca.
300–280 v. Chr. vom *pedion* (Land) und anderswoher ausschließlich auf
Lieferung in die Stadt handelt; es geht dabei weniger um eine örtliche
Hortung von Vorräten als vielmehr um die Einrichtung einer besseren
Kontrolle der Exporte und der durch sie erzielten Staatseinnahmen.[48] Die
andere Inschrift verzeichnet den Import von Getreide nach Samothrake
(228–225 v. Chr.) aus der Chersones mit Erlaubnis des ptolemäischen
Statthalters Hippomedon. Ob es sich um die Taurische oder die Thrakische Chersones handelt, bleibt unklar; wichtiger ist, daß die Ptolemäer
selten einen unbeschränkten Getreidehandel zuließen – um die Interessen
Ägyptens zu schützen?[49]

Zweites Jahrhundert. In einer Inschrift aus Methymna[50] findet sich ein
Hinweis auf eine Getreideknappheit; ferner gibt es noch das Getreidege-
setz von Samos.[51]

b) Piraterie und Krieg

Eine wichtige Rolle spielte im Handel und Verkehr die Sicherheit auf dem Meer. Von Gefahren bei Reisen auf dem Landwege hören wir weniger; vielleicht hielt man es für leichter, dagegen Vorkehrungen zu treffen. All diesen Schwierigkeiten lag die alte Vorstellung zugrunde, daß der Fremde nur in seinem Heimatstaat Rechte habe; anderswo war seine Ausplünderung gerechtfertigt, und nur Gastfreundschaft und Zeus Xenios gewährten ihm Schutz. Die Beraubung Fremder war kein Verbrechen und das Gewerbe der Seeräuberei keine Schande. Das alles geht aus den Dichtungen Homers deutlich hervor und steht auch hinter dem viel späteren (ca. 450 v. Chr.) Vertrag zwischen den Städten Oianthea und Chaleion im ozolischen Lokris, der eine frühe Bemühung erkennen läßt, derartige Angelegenheiten zwischen zwei Staaten zu regeln.[52] Man darf nicht vergessen, daß es – etwa bei den Samiern unter Polykrates und auch noch früher – so etwas wie eine staatliche Seeräuberei gab.[53] Der Kampf gegen die Seeräuberei war mühsam und wurde eigentlich nie endgültig abgeschlossen. Die Mächte, welche die Piraten überwachen oder unterdrücken konnten, mußten es halten wie Athen und Rhodos, die Handelsinteressen und Flottenstärke kombinierten. Athen vernichtete die Piraten von Skyros und hielt als imperiale Großmacht vor allem die Handelsroute zwischen dem Schwarzen Meer und der Ägäis sauber. Natürlich war es im vierten Jahrhundert nicht so erfolgreich, versuchte aber auch in dieser Zeit, etwas gegen die Seeräuber in der Adria zu unternehmen.[54] Nachfolger Athens war im östlichen Mittelmeer bis zu seinem Niedergang Rhodos, und schließlich trat Rom an seine Stelle. Von außerordentlicher Bedeutung ist eine interessante Inschrift, aus der hervorgeht, welche Funktion die Rhodische Republik bei der Unterdrückung der Piraterie hatte. Es handelt sich um einen Vertrag zwischen Rhodos und Hierapytna auf Kreta[55] aus dem Jahre 220 v. Chr. Die Kreter waren notorische Seeräuber. Hierapytna soll Häfen und Stützpunkte stellen; wenn die Rhodier gegen Seeräuber oder deren Helfershelfer vorgehen, soll ihnen Hierapytna zu Wasser und zu Lande beistehen. Rhodische Flottenbefehlshaber sollen den Hierapytnern zu Hilfe kommen und sie beschützen.

Trotz aller Gegenmaßnahmen war die Piraterie im vierten Jahrhundert und später weit verbreitet. Ihre Heimsuchungen erstreckten sich bis nach Halonnesos (mit dem Seeräuber Sostratos), das zu den nördlichen Sporaden gehört,[56] bis in den Golf von Argos[57] und nach Alopekonnesos (an der Westküste der Thrakischen Chersones), wo sich Räuber zu Lande mit solchen zur See *(teistai kai katapontistai)* zusammengetan hatten.[58]

Privatreisende waren nie sicher.[59] Unter anderen widerfuhr es auch Platon, daß er gefangengenommen wurde und Lösegeld zahlen mußte. Das Auslösen von Gefangenen der Piraten galt als eine verdienstvolle Handlung.[60] Außerdem war man auch auf dem Land nicht unbedingt sicher vor Piraten, wie ein fragmentarisches Dekret auf Amorgos (möglicherweise aus dem dritten Jahrhundert) zeigt: Seeräuber überfielen Amorgos, ergriffen freie Männer, Frauen und Sklaven, raubten ein Schiff und versenkten andere im Hafen.[61] Begreiflicherweise nahm man seine Zuflucht zu Abmachungen, die Piraterie oder Beherbergung von Piraten untersagten.[62] Das ‚Zulassen' von Piraten allerdings konnte bedeuten, daß man sie bei militärischen Operationen (als Kaper) einsetzte. In diesem Zusammenhang ist eine Inschrift aus der Zeit zwischen 200–197 v. Chr. recht aufschlußreich, die den rhodischen Flottenbefehlshaber Epikrates im Krieg der Rhodier, Inselbewohner und Athener gegen Philipp V. von Makedonien rühmt, weil er sich um die Sicherheit der Seefahrer und den Schutz der Inseln – einschließlich der Insel Delos – bemüht hatte. Es gibt einen Hinweis auf ein *diagramma* mit der Bestimmung, daß ,,Leute, die feindliche Schiffe kapern, von ihren eigenen Häfen aus operieren sollen, daß aber niemand eine Operationsbasis in Delos benützen darf."[63]

Auch vom Land her drohten den Seefahrern Gefahren. Die Thraker betrieben organisierte Strandräuberei.[64] Außerdem waren Schiffbrüchige vor allem im Schwarzen Meer durch wilde Küstenbewohner gefährdet. So wird etwa um 250 v. Chr. koischen Seefahrern von einem König von Bithynien Sicherheit versprochen: sowohl Sicherheit ganz allgemein als auch Schutz für Schiffbrüchige an der Küste.[65]

Einigen dieser Gefahren ließ sich durch Geleitzüge begegnen,[66] und das wiederum führte zum Geleitschutz, den sogenannten *eunoiai* (,Wohltaten'), die Flottenbefehlshaber aus Athen zum eigenen Nutzen durchführten.[67]

Schließlich drohte dem Handel Gefahr durch regelrechte militärische Operationen, die manchmal mit Kriegshandlungen erwidert werden mußten.[68] Auch war Besitz ganz allgemein gefährdet, und wie man sich in einer solchen Lage half, geht aus einem Abkommen zwischen Erythrai und Hermeias von Atarneus hervor, in dem festgelegt war, daß in einer Situation militärischer Bedrängnis Güter bei ihm deponiert werden konnten.[69]

Das alles erschwerte den Handelsverkehr. Hinzu kamen Schwierigkeiten durch politische und gesetzliche Schranken, die zwischen den Bürgern verschiedener Staaten bestanden. Die abweisende Haltung gegen-

über dem ‚Fremdling innerhalb der Stadttore' wandelte sich nur langsam
– er hatte als Gast und auch als Ansässiger unter mancherlei Benachteili-
gungen zu leiden. In Kapitel V wurde gezeigt, wie Athen sich verhielt
und welche Maßnahmen es traf. In anderen griechischen Staaten herrsch-
ten dieselben Vorurteile, man wendete die gleichen Mittel an, um ihnen
zu begegnen, und der eigene Vorteil spielte dabei überall die entscheiden-
de Rolle. Daneben läßt sich zeitweilig unter Nachbarn auch eine deutliche Tendenz feststellen, die starre Unabhängigkeit zu lockern.

c) Erleichterung der Freizügigkeit und des Verkehrs
Eine Vielfalt allgemeiner politischer Zusammenschlüsse oder – um es
modern auszudrücken – ‚Zollunionen' lassen sich nachweisen, und zwar
bezeichnenderweise vor allem in der hellenistischen Zeit.[70] Folgende anschauliche Beispiele seien in zeitlicher Abfolge angeführt:

1. Keos und Histiaia (vor 363/62 v. Chr.). Einführung wechselseitig
geltender Bürger- und Handelsrechte sowie unbehinderter Freiheit für
Import und Export.[71]

2. Milet und Sardeis (vor 334 v. Chr.?). Freizügigkeit und freier Handel
für Bürger beider Städte.[72]

3. Milet und Olbia (kurz nach 334 v. Chr.) *Isopoliteiā.* Gleicher Status
in beiden Staaten; Befreiung von Zöllen; die Verträge der Milesier in
Olbia sollen genau so behandelt werden wie die der Bürger von Olbia.[73]

4. Teos und Lebedos (um 303 v. Chr.). *Synoikismos* (Stadtverband).
Gefördert durch Briefe und ein *diagramma* des Königs Antigonos. Allgemeine Regelung für *proxeniā*-Maßnahmen, Klagen, Schulden und Verträge. Neues Rechtssystem und Regelung des Warentransports. Festsetzung
eines formellen allgemeinen Abkommens *(synthēkē)* mit Mytilene als *ek-
klētos polis* (Schiedsrichter) für schwierige Fälle.[74]

5. Die Messenier und Phigaleia (250–222 v. Chr.). *Isopoliteiā* und Recht
gegenseitiger Heiraten. Handelsabmachungen oder ähnliches werden
nicht ausdrücklich erwähnt, doch finden sich Hinweise auf *symbola.*[75]

6. Chios und der Ätolische Bund (Mitte des dritten Jahrhunderts).
Bürgerrecht in Chios für die Ätolier, ätolische *asyliā* für die Chioten.
Sieht zunächst aus wie eine leere Geste, konnte aber unter Umständen
nützlich sein.[76]

Abgesehen von diesen einigermaßen vollständigen Abmachungen zwischen ganzen Gemeinden gab es auch Vorrechte für Einzelpersonen, die
offenbar nicht unbedeutend waren. Die häufig auftretende Formel lau-
tete:

„Für X, der stets zum Wohle von [Name des Staats] sagt und tut, was ihm
möglich ist; er soll als *proxenos* und Wohltäter gelten und das Recht haben,
Land und Haus zu erwerben, dazu soll er Schutz vor Raub von Freiheit und
Eigentum *[asyliā]* in Krieg und Frieden genießen und in den Hafen einfahren
und ihn verlassen dürfen, ohne Zoll für Exporte und Importe zahlen zu müssen
[ateleia] . . . und Zugang zum Rat und zur Volksversammlung haben.“[77]

Das sind dieselben Privilegien, die auch die Athener gewährten, doch
scheint die in Athen seltene *politeia* (Bürgerrecht) andernorts häufiger
verliehen worden zu sein. Hierzu sei bemerkt, daß Nicht-Griechen sich
desselben Systems bedienen konnten. So erwiesen Pairisades von Bosporos und seine Söhne einem Mann vom Piräus am Schwarzen Meer (Amisos) die gleichen Ehrungen.[78]

Proxeniā war keineswegs eine neue Einrichtung. Das erste uns bekannte *proxeniā*-Dekret stammt aus Eretria (erstes Drittel des fünften Jahrhunderts) und ist fünfundzwanzig Jahre älter als das nächste (um die
Mitte des fünften Jahrhunderts).[79] Das Amt hatte sogar ein noch höheres
Alter, falls Alexander I. von Makedonien tatsächlich *proxenos* von Athen
war.[80] Wie in Athen, so empfingen auch andernorts ausgezeichnete Männer *proxeniā* (zusammen mit weiteren Ehrungen), so etwa Konon in
Erythrai und Mausollos.[81] Wir sahen bereits (Kap. V), daß *proxeniā* in
Athen ein echtes und beschwerliches Amt sein konnte; anderswo verhielt
es sich ebenso, das geht aus der Verleihung von *proxeniā* an Iphiades von
Abydos durch die Knidier zu einer Zeit (vor 360 v. Chr.?) hervor, in der
es nur jeweils einen *proxenos* eines Staats in einem anderen Staat gab, so
daß es sich hier um eine überzählige *proxeniā* aus praktischen Gründen
handeln muß. Später wurden Ehrungen durch *proxeniā* sehr häufig;[82] sie
konnte auch als erbliches Amt gewährt werden.[83] Man darf jedoch bezweifeln, daß sie jemals völlig bedeutungslos war, zumal sie durch andere, oft sorgfältig einzeln aufgeführte Privilegien ergänzt wurde.[84] Auf
solche merkwürdigen Fälle von Großzügigkeit stoßen wir immer einmal
wieder, so gehören etwa in Zeleia (in der Troas)[85] zur Zuerkennung des
Bürgerrechts ein Grundstück, ein Haus, zweihundert Amphoren und
Befreiung von Marktsteuern, womit der neue Bürger recht eigentlich als
Geschäftsmann installiert wird. Abschließend sei bemerkt, daß an die
Stelle der *proxeniā*, die man erwartet hätte (oder die bereits zuerkannt
worden war), gelegentlich Lob und ein Kranz treten.[86] Das Grundprinzip
jedoch, die Förderung des zwischenstaatlichen Dienstes, fehlt nirgends.

Von *asyliā* war bereits im Zusammenhang mit dem Gegenteil, dem
Recht der Ergreifung und Beschlagnahme *(sylān)*[87] die Rede. Sie war eine

verhältnismäßig alte Einrichtung (s. o. zu Oianthea und Chaleion)[88] und wurde in späterer Zeit Einzelpersonen und Gemeinden etwa durch den Ätolischen Bund[89] großzügig zuerkannt. In der Praxis konnte sie sich für Kaufleute sehr vorteilhaft auswirken, da sie ihnen Befreiung von Beschlagnahme im Lande zusicherte; Ehrungen, die Ilion drei Tenedern (um 300 v. Chr.) gewährte, bezeugen das: ,,Und wenn ihnen ein Fremder Unrecht zufügt, ist Beschlagnahme vom ilischen Territorium aus erlaubt."[90] Umgekehrt erklärt das wohl die Bedeutung einer Syngraphē bei Demosthenes (35, 13): ,,Löschen von Gütern, wo es gegenüber Athenern kein Recht der Beschlagnahme gibt".

Ateleiā war ein Privileg, das für den Staat, der sie gewährte, eine Einbuße bedeutete, sofern sie nicht wechselseitig zwischen zwei Staaten bestand. Sie bedeutete Freistellung von öffentlichen finanziellen Belastungen[91] und konnte entweder umfassend *(ateleiā hapantōn)*[92] oder eingeschränkt und detailliert sein.[93] All das gehörte zu den Bestrebungen, Ausländer einschließlich der Metöken für sich zu gewinnen.[94]

Ferner wurden gerichtlich bekundete Verträge und die auf ihnen beruhenden Prozesse *(dikai apo symbolōn)* im Zusammenhang mit Athen ausführlich erörtert. Sie waren weithin in Gebrauch, so etwa im kretischen *koinon*, im Ätolischen Bund und andernorts.[95]

Bestimmte Schwierigkeiten, die immer wieder auftraten, beeinträchtigten den Handel: Schulden und ihre Begleichung,[96] die Einmischung der hellenistischen Könige und ihrer Statthalter, chronische Verarmung wie im Falle von Arkesine auf Amorgos, wo für einen Kredit von drei Talenten, den ein Privatmann gewährte, alles verpfändet wurde,[97] schließlich Seeräuberei und Krieg. Als das athenische Reich nicht mehr bestand, waren für den Handel die guten Zeiten im Grunde vorüber.

Abkürzungen

Antike Texte

Aischin.	Aischines
Andok.	Andokides, *Orationes*
App., *civ.*	Appianus, *Bella civilia*
Aristot. *Ath. pol.*	Aristoteles, *Athenaion politeia*
pol.	*Politica*
rhet.	*Ars rhetorica*
Aristoph.	Aristophanes, *Acharn*(er), *Vögel, Wolken, Ekkles*(iazusen), *Frösche, Ritter, Lys*(istrata), *Frieden, Plutos, Thesm*(ophoriazusen)
Ath.	Athenaios, *Deipnosophistai*
Bekker, *Anecd. Gr.*	Bekker, *Anecdota Graeca*
Demosth.	Demosthenes
Did.	Didymos, *Kommentar zu Demosthenes*
Diod. Sic.	Diodorus Siculus
Dion. Hal.	Dionysios von Halikarnaß
Eur.	Euripides (mit Werktitel)
Hdt.	Herodot
Hyp.	Hypereides
Isokr.	Isokrates
Lykurg.	Lykurgos
Lys.	Lysias
Ox. Hell.	*Hellenika* von Oxyrrhinchos
Paus.	Pausanias
Plin. *nat.*	Plinius d. Ä., *Naturalis historia*
Plut.	Plutarch, *Vitae* unter dem jeweiligen Namen
mor.	*Moralia*
Vit. X Or.	*Vitae X Oratorum*
Polyb.	Polybios
Poll.	Pollux, *Onomastikon*
Ps.-Aristot., *oik.*	Pseudo-Aristoteles, *Oikonomika*
Soph.	Sophokles (mit Werktitel)
Theophr. *char.*	Theophrastos, *Characteres*
hist. plant.	*Historia plantarum*
Thuk.	Thukydides
Xen. *Kyr.*	Xenophon, *Kyrupaidia*
Hell.	*Hellenika*
oik.	*Oikonomikos*
mem.	*Memorabilia*
vect.	*De vectigalibus (Peri Porōn)*

Zeitschriften und Standardwerke

AA	Archäologischer Anzeiger (s. u. JdI)
AR	Archaeological Reports
AJA	American Journal of Archaeology
BCH	Bulletin de Corréspondence Hellénique
Beloch	Beloch, K. J., Die Bevölkerung der griechisch-römischen Welt (1886)
BMQ	British Museum Quarterly
Boeckh	Boeckh, A., Die Staatshaushaltung der Athener³ (1886)
BSA	Annual of the British School of Athens
CAF	Kock, T., Comicorum Atticorum Fragmenta I-III (1880–88)
CAH	Cambridge Ancient History
CIA	Corpus Inscriptionum Atticarum
CP	Classical Philology
CQ	Classical Quarterly
Ditt. Syll.³	Dittenberger, Sylloge Inscriptionum Graecarum, ed. 3 (1915–21)
Edmonds	Edmonds, J. M., The Fragments of Attic Comedy (1957–61)
EHR	Economic History Review
FdD	Fouilles de Delphes (1902–77)
FGH	Jacoby, F., Die Fragmente der griechischen Historiker (1923–58)
FHG	Müller, Fragmenta Historicorum Graecorum (1860–81)
GDI	Collitz-Bechtel-Hoffmann, Sammlung der griechischen Dia-lekt-Inschriften (1884–1915)
Gernet	Gernet, L., L'approvisionnement d'Athènes en blé au Vième et au IVième siècles (1909)
Jardé	Jardé, A., Les céréales dans l'antiquité grecque (1925)
JdI	Jahrbuch des Deutschen Archäologischen Instituts (Berlin)
IG	Inscriptiones Graecae
JHS	Journal of Hellenic Studies
NC	Numismatic Chronicle
OCT	Oxford Classical Texts
PA	Kirchner, J., Prosopographia Attica (1901–03)
PEQ	Palestine Exploration Fund Quarterly
RE	Pauly-Wissowa-Kroll, Realencyclopädie der classischen Alter-tumswissenschaft (1894–1978)
RFC	Rivista di Filologia Classica
RM	Rheinisches Museum
SEG	Supplementum Epigraphicum Graecum (1923–)
TAPA	Transactions of the American Philological Association
Tod, GHI I, II	Tod, M. N., Greek Historical Inscriptions I (1946), II (1948)

Anmerkungen

Einführung

[1] Hdt. 2, 167, 2

[2] ,Bleiche Schuster', Aristoph. *Ekkles.* 385–87

[3] Wahrscheinlich um die Mitte des vierten Jahrhunderts entstanden. Zum Verfasser s. Kap. IV, Anm. 66

[4] Vgl. M. I. Finley, *Studies in Land and Credit* 254, Anm.

[5] C. H. V. Sutherland, ,Overstrikes and Hoards', *NC* (1942) 1–18. Besonders interessant und wichtig ist der Asyut-Hort; vgl. Martin Price und Nancy Waggoner, *Archaic Greek Silver Coinage: The „Asyut" Hoard* (London, 1975)

[6] Sutherland a.O.

[7] Wird zur Zeit untersucht. In der älteren Zeit handelt es sich dabei um die sogenannten SOS-Amphoren. Neuerdings finden sie – z.B. im westlichen Mittelmeergebiet – viel mehr Beachtung als früher; *AR* (1976–77) 56, 57, 61–62, 65, 67, 71, 73–74. Eine Vielfalt von Amphorenformen hat Virginia Grace auf Grund der Funde auf der Athener Agora untersucht. Zu den SOS-Amphoren s. R. M. Cook, *Greek Painted Pottery* 76, 303, das auch ein ausgezeichnetes Bild bemalter Keramik vermittelt. Vgl. jetzt auch *BSA* (1978) 103–141, A. Johnston und R. E. Jones, ,The SOS Amphorae'. Hier auch Hinweise auf *graffiti*

[8] Ursprünglich ,Handwerker betreffend', dann abschätzig wie im heutigen Sprachgebrauch

[9] S. Anm. 2 oben. Zur Rivalität unter Töpfern und Zimmerleuten vgl.

Hesiod, *Werke und Tage* 25, und Aristot. *rhet.* 1381 b 17

[10] Zu gemalten und geritzten Inschriften s. R. M. Cook, a.O. 356; R. Hackl, *Münchener Archäologische Studien* (1919) 1–106; D. A. Amyx, *An amphora with a price inscription;* eine neuere Untersuchung einer Sondergruppe (aus Rhodos) von A. Johnston, *BSA* (1975) 145 ff. Sehr wichtig ist folgende neue Arbeit: A. Johnston, *Trademarks on Greek Vases* (Warminster, England, 1979)

[11] S. R. M. Cook, *JdI* (1959) 118–21. Über Gefäße und Handel s. auch R. M. Cook, a.O. Anm. 7 oben, 271–75, 277

[12] Für schwere Textilien (auch Segeltuch) ergeben diese Quellen nur wenig, wie Alison Burford zeigt: *Craftsmen in Greek and Roman Society* 70 und Anm. 153–54

[13] Aristoph. *Ritter* 1382 ff.

[14] Isokr. 7, 44–45

[15] Plat. *leg.* 846 d ff. Vgl. auch, was Platon in *leg.* 743 d über Handel und Reichtum sagt: Reichtum ist vom Übel; doch Platon ist nicht konsequent, denn er bringt Reichtum auch in Zusammenhang mit dem Wohlbefinden des Einzelnen, da er den Luxus des Trainings (für den Körper) und der Erziehung (für die Seele) ermöglicht. Das eigentliche Problem liegt eher beim Handel als beim Reichtum

[16] Xen. *oik.* 4, 2; 6, 5. Vgl. auch Xen. *ap.* 30 und seine Einstellung zur Verbindung des Sohnes des Anytos zur väterlichen Gerberei

[17] Ebd. 6, 5
[18] Aristot. *rhet.* 1367 a 30
[19] Thuk. II 38
[20] Plut. *Perikles* 12

[21] Plut. *Kimon* 4
[22] *IGI*² 978
[23] Menander, *Arrēphoros*,
fr. 68 (K)

Kapitel I

[1] V. R. d'A. Desborough, *The Last Mycenaeans and their Successors* (1964) (im folgenden ‚Desborough‘); A. M. Snodgrass, *The Dark Age of Greece* (1971) (im folgenden ‚Snodgrass‘); R. J. Hopper, *The Early Greeks* (1976) (im folgenden ‚Hopper‘)
[2] Desborough, passim; Hopper 63–64
[3] Desborough, Hauptregister unter ‚New settlers (non-Mycenaeans)‘; Snodgrass 142–64; 170–84, 314–17, 323–84; Hopper 64
[4] Thuk. I 12; Hopper 53 ff.
[5] Die wichtigste allgemeine Darstellung: J. N. Coldstream, *Greek Geometric Pottery* (1968) (im folgenden ‚Coldstream‘)
[6] Das Standardwerk über das Protogeometrische: V. R. d'A. Desborough, *Protogeometric Pottery* (1952); zu Athen und der Frage der Wanderung s. J. Cook, *CAH*³ II 2, 773 ff.
[7] Thuk. I 2, 6; J. Cook, a. O.; Hopper 68 ff.
[8] *Istanbuler Mitteilungen* (1958) 126–30; *AR* (1972–73) 39
[9] Thuk. I 2, 6; J. Cook, a. O.
[10] Snodgrass, Register unter ‚Iron‘; wertvolle Hinweise bei Snodgrass, ‚The First European Body Armour‘, in *Studies in honour of C. F. C. Hawkes* (1971) (im folgenden ‚Hawkes Studies‘). Ferner: Eisen zuerst aus Zypern, Snodgrass 326; K. R. Maxwell-Hyslop, ‚Assyrian sources of iron‘, *Iraq* (1974) 139 ff.; D. H. F. Gray ‚Metal-working in Homer‘, *JHS* (1954) 1–15
[11] S. vorhergehende Anmerkung

[12] V. R. d'A. Desborough, a. O. Anm. 6 oben, 296–305
[13] J. Cook, a. O. Anm. 6 oben; Hopper 68 ff.
[14] Coldstream, passim
[15] Coldstream 10 ff. Von besonderer Bedeutung in dieser und der voraufgehenden Zeitspanne ist der Fundort Lefkandi auf Euböa; vgl. *Lefkandi* I, ed. M. R. Popham, L. H. Sackett und P. G. Themelis (London, 1980)
[16] Dazu Snodgrass, *Hawkes Studies* 41–43
[17] Vgl. auch die argivische Rüstung, Snodgrass, *Hawkes Studies* 42 ff.; Lefkandi, Gußformen, M. R. Popham und L. H. Sackett, *Excavations at Lefkandi, Euboea, 1964–66* (1968) 28–29; Coldstream 363 f.
[18] Coldstream 348–49
[19] Vgl. V. Karageorghis, *Salamis in Cyprus* (1969) passim und 28–29
[20] Hesiod, *Werke und Tage* 219–21; 250–51 und weiterhin
[21] Hopper, Kap. 6
[22] S. u. S. 121 f.
[23] Dazu ausführliche Literatur: Hopper 83 ff., 235
[24] J. Boardman, *The Greeks Overseas* (1964) 57 ff. (im folgenden ‚Boardman‘); T. J. Dunbabin, *The Greeks and their Eastern Neighbours* (1957) 30–31; Hopper 98 ff.
[25] T. J. Dunbabin, *The Western Greeks* (1948) 211–99
[26] Theophr. *hist. plant.* 1, 7, 2; Dioskurides I *(Iris Illyrike);* M. I. Finley zu Beaumont, *JHS* (1936) 167, in *Second International Conference of Economic*

History, Aix-en-Provence 1962 (1965)
Bd. I, 15 (im folgenden ,Finley, Aix-
en-Provence 1962')
²⁷ R. M. Cook, *JdI* (1959) 114–23
²⁸ T. J. Dunbabin, a.O. Anm. 25
oben, 7f., Metalle Etruriens; zu Elba
und Kupfer s. Aristot. *Mirab. auscult.*
93, 837b. R. M. Cook vermutet Landwirtschaft, *Historia* (1962) 113–14
²⁹ D. Ridgway in C. F. C. Hawkes,
Greeks, Celts and Romans (1973)
17–18; Snodgrass, *Hawkes Studies* 43;
Coldstream 371
³⁰ Man muß sich fragen, ob die Trauer Milets um Sybaris (Hdt. 6, 21) etwas
mit einer solchen Route über die ,Zehe'
von Italien zu tun hat. Aufs Ganze gesehen ist es unwahrscheinlich
³¹ Coldstream 352–54 (Ithaka); 228,
367, 370 (Korkyra)
³² Snodgrass, *Hawkes Studies* 42–44
³³ Hesiod, *Werke und Tage* 630–38
³⁴ S. u. S. 50
³⁵ S. u. S. 53
³⁶ A. Blakeway, ,Prolegomena to the
Study of Greek Commerce with Italy,
Sicily and France in the eighth and sev-
enth centuries B.C.', *BSA* (1932–33)
170–208; Coldstream 373–74
³⁷ G. Vallet und F. Villard, ,Dates de
la fondation de Megara Hyblaea et de
Syracuse', *BCH* (1952) 289ff.
³⁸ Finley, *Aix-en-Provence 1962* 1ff.
³⁹ Coldstream 370ff.
⁴⁰ Coldstream 373
⁴¹ D. Harden, *The Phoenicians*
(1962) 44ff. Zu Phöniziern im Westen
s. *JRS* (1976) 212; *JdI* (1974) 85. Zu
wechselseitigen Beziehungen zwischen
Griechen, Phöniziern und Karthagern
in Sizilien, *AR* (1976–77) 74
⁴² 2. *Buch der Chronik* 8, 17–18
(Ezeon-Geber); 9, 21
⁴³ *Ilias* 18, 478ff.
⁴⁴ S. D. Harden, a.O. 57ff.
⁴⁵ R. D. Barnett, ,Phoenician and
Syrian Ivory Carvings', *PEQ* (1939)

4–19; *A Catalogue of the Nimrud Ivories in the British Museum* (1957);
M. E. L. Mallowan, *Nimrud and its
Remains* (1966); es gibt weitere aus
Arslan Tasch und qualitätsvolle Verzierung eines Throns aus dem zypri-
schen Salamis, V. Karageorghis,
a.O. Anm. 19 oben, 82
⁴⁶ J. W. und G. M. Crowfoot, *Sama-
ria-Sebaste 2, Early Ivories* (1938).
Ahabs Frau Isebel war die Tochter des
Ittobaal von Tyros
⁴⁷ F. Salviat, *BCH* (1962) 95ff. Samos, *JdI (AA)* (1964) 494
⁴⁸ T. J. Dunbabin, *The Eastern
Greeks* (1957) 39; Coldstream 361
⁴⁹ Gute Photos, E. Akurgal, *Die
Kunst Anatoliens* (1961) Abb. 17–28.
Die beste Darstellung des gesamten
Gegenstands: O. W. Muscarella, ,The
oriental origins of Siren Cauldron at-
tachments' ,*Hesperia*' 31 (1962) 317–29
(gute Hinweise); Greif fehlt in Urartu
(321); Verbindung zwischen Urartu
und Nordsyrien bis 742 v.Chr. (321,
Anm. 20); Ursprung der Sirenen-Atta-
schen in Nordsyrien (322). Meinungs-
verschiedenheit hinsichtlich der Herkunft: K. R. Maxwell-Hyslop und
R. D. Barnett pro-Urartu; O. W. Muscarella pro-Syrien
⁵⁰ Gordion: E. Akurgal, a.O. 70ff.;
Coldstream 378–80; Hopper 146–48
⁵¹ S. u. S. 38ff.
⁵² Coldstream 347–48
⁵³ S. V. Karageorghis, a.O. Anm. 19
oben, Taf. 5; Attische Exporte, Coldstream 349, 361, 422–23
⁵⁴ Coldstream 320–21, 385–86;
Boardman passim; G. Hanfmann,
Hetty Goldman Studies 165–84
⁵⁵ Rhodos: Coldstream 380ff., 418;
rhodische Fayence, Boardman 144;
Kreta, Coldstream 415–17. Rhodischer
Schmuck, R. Laffineur, *L'Orfèvrerie
rhodienne orientalisante* (Paris, 1978)
⁵⁶ E. Kunze, *Kretische Bronzereliefs*

(1931); Elfenbeinarbeiten, Coldstream
347–48, 357
[57] E. Kunze, a.O.; Schmuck, J.
Boardman, *BSA* (1967) 57 ff.; Coldstream 361; R. A. Higgins, *BMQ*
XXIII 101–7; *Greek and Roman Jewellery* (1961) 95 ff., Typen und All-
gemeines; E. L. Smithson, *Hesperia*
(1968) 77 ff.
[58] Coldstream, s. Anm. 55 oben
[59] Homer, *Odyssee* 15, 403 ff.
[60] *Odyssee* 4, 615–19
[61] *Odyssee* 18, 290–300. Bei der
Schilderung der Ohrringe schwebt
wohl ein Typus vor, wie er aus dem
Nahen Osten – allerdings im fünfzehn-
ten/vierzehnten Jahrhundert – bekannt
ist, vgl. K. R. Maxwell-Hyslop,
Western Asiatic Jewellery (1971) 116
[62] Zu frühetruskischem Schmuck,
R. A. Higgins, a.O. Anm. 57 oben,
133 ff.
[63] M. Guido, *Sardinia* (1963); B. H.
Warmington, *Carthage* (1964) 1 ff.;
W. F. Albright, *The Archaeology of
Palestine* (1949) 123; R. Carpenter,
AJA (1964) 178. S.auch Anm. 55
[64] Im Besitz der Hispanic Society of
America. W. F. Albright, a.O. 123;
Boardman 219
[65] Boardman 219. Die Frage des frühesten Vordringens der Phönizier in
den Westen hängt wiederum mit Spanien und dem Fundort Almunecar (das
alte Sexi?) zusammen, wo im ältesten
Friedhof Material aus dem siebten
Jahrhundert auftaucht, darunter auch
protokorinthische Keramik, die eine
Datierung der frühesten Besiedlung zu
ermöglichen scheint. Man vermutet
ägyptischen Einfluß, vielleicht im Zusammenhang mit Skarabäen aus Tanis
im Nildelta. Dunkel ist, ob diese Skarabäen auf 870–847 oder später anzusetzen sind (die Schwierigkeiten bei der
Datierung später Skarabäen sind bekannt); die vorherrschende Meinung

ist, daß sich die Datierung aus der
protokorinthischen Keramik ergibt.
J. Heurgon bezeichnet den Fundort als
„die früheste phönizische Nekropole
in Spanien" („erste Hälfte des siebenten Jahrhunderts"), „mit stark ägypti-
sierendem Charakter". Vgl. *Madrider
Mitteilungen* IV (1963) 9–38; Hinweise
am besten in *Fasti Archaeologici*
XVIII–XIX (1964) 8299–301 und
XXIII (1968) 5533
[66] Margaret Guido, *Sardinia* (1963),
Kap. VII, Bibliographie 229. Ischia (Pithekussai): Skarabäen, G. Buchner und
J. Boardman, *JdI* (1966) 1–62;
D. Ridgway, in C. F. Hawkes,
a.O. Anm. 29 oben, 15–16
[67] T. J. Dunbabin, a.O. Anm. 48
oben, 31
[68] Tell Sukas: Coldstream 312, 333
[69] Coldstream 312; zu den folgenden
Daten s. D. Ridgway, a.O. Anm. 66
oben, 8–9
[70] Coldstream 423; Boardman 61–79
[71] Älteste Keramik und Einflüsse,
Coldstream 312. S. auch J. Boardman,
Historia (1958) 250. Zur Frage der
Herkunft der Keramik s. M. Popham,
H. Hetcher, A. M. Pollard, ,Al Mina
and Euboea', *BSA* 75 (1980) 151–161
[72] Motya: Coldstream 388, 428. Hinweise auf englische und italienische
Grabungsberichte s. *AR* (1976–77) 74
[73] Der Lelantinische Krieg, Hopper
121–23
[74] T. J. Dunbabin, a.O. Anm. 25
oben, passim; Thuk. VI 3–5; beachte
Thuk. VI 2, 6, der über die Phönizier
sagt, daß sie „rings um Sizilien" siedel-
ten, sich dann aber in den Westen zu-
rückzogen. Phönizier im Westen, s.
JRS (1976) 212; *JdI* (1974) 85. Wechselseitige Beziehungen zwischen Griechen, Phöniziern und Karthagern in Sizilien, *AR* (1976–77) 74
[75] G. Vallet und F. Villard, *BCH*
(1952) 289 ff.

[76] S.o. Anm. 26

[77] Boardman 77–78 und Abb. 11

[78] S. o. S. 35 und Anm. 49 ff.

[79] J. Boardman, *BSA* (1967) 57 ff.

[80] D. Ohly, *Griechische Goldbleche* (1953) passim

[81] S.o. Anm. 57

[82] Coldstream 29 ff.

[83] S. o. S. 39 ff.

[84] Hopper 179; Coldstream 361, und Anm. 10 (ein Problem der Pheidonischen Chronologie?)

[85] Hopper Kap. 6, 109 ff.

[86] Der Crowe-Panzer, J. Boardman, *The Cretan Collection in Oxford* (1961) 142. Nachdem er lange „verloren" war, ist er jetzt im Nationalmuseum Athen ausgestellt

[87] Die ägäischen Gruppen sowie Argivisches und Protoattisches treten nur beschränkt auf. SOS-Amphoren finden jetzt genauere Beachtung, z.B. im Westen. Eine beachtliche Vielfalt weiterer Öl- und Weinbehälter (korinthische, chiotische, zyprische, lesbische und weitere ionische, massiliotische oder etruskische (?)) aus Gräbern in Kamarina: *AR* (1976–77) 71. Zu SOS ebd. 56, 57, 61–62, 65, 67, 71

[87a] Ein solcher Unternehmer (sicherlich kein bloßer örtlicher Kaufmann?) muß jener Großhändler gewesen sein, der im 5. Jh. v. Chr. in Korinth mit chiotischem und anderem Wein sowie mit Salzfisch aus Etrurien Handel trieb, wie aus der großen Menge zerbrochener Amphoren hervorgeht, die an der Stätte seines Betriebs gefunden wurden. Dieser ehemals blühende Handel, der aus Ost und West in Korinth zusammentraf, fand um 430 v. Chr. sein Ende. Der Grund war der Peloponnesische Krieg und die athenische Blockade der Handelswege Korinths. S. *AR* 1978–79, 9–10, und *JHS* 101 (1981) 78 ff., wo verschiedene Aspekte des Fundes behandelt werden

[88] Demaratos (Liv. I 34) war einer der Bakchiaden von Korinth. Als diese von Kypselos gestürzt wurden, floh er nach Tarquinii und nahm eine Gruppe von Anhängern mit, unter denen sich auch Vertreter der graphischen Künste befanden, so zum Beispiel der Maler Kleophantos, auch Eucheir und Eugrammos, deren Namen unecht klingen; doch ist an der Existenz des Kleophantos nicht zu zweifeln; er gehört zu jenen griechischen Auswanderern, auf die zumindest teilweise die großen Mengen griechischer Keramik in Etrurien zurückzuführen sind. Ein palmettenförmiger Stirnziegel aus der Mitte des fünften Jahrhunderts aus dem Refriscolaro-Friedhof in Kamarina weist den Namen Diopos auf; so hieß ein Tonarbeiter, der im Zusammenhang mit Demaratos erwähnt wird: Plin. *nat.* XXXV 152, *AR* (1976–77) 71

[89] H. G. G. Payne, *Necrocorinthia* (1931) 216–19; R. Joffroy, *Le trésor de Vix* (1954) 22 ff.

[90] Coldstream 353, über die Verbindung der Hera Akraia mit Megara; T. J. Dunbabin, *BSA* (1951) 61 ff.

[91] S. u. Kap. IX S. 195 ff.

[92] Hopper 126

[93] Hopper 94; *JdI (AA)* (1959) 8 ff.

[94] Boardman 76–77

[95] Hdt. 2, 152, 3–4

[96] Naukratis: Hdt. 2, 178 ff.; Fayencefabrik, Boardman 144–45

[97] Hdt. 4, 150 ff.

[98] Hdt. 4, 152, 1–4

[99] Hdt. 1, 163 ff.

[100] E. S. G. Robinson, *NC* (1956) 1–8; C. M. Kraay, *Archaic and Classical Greek Coins* 20 ff., 312 ff., Hopper 110 ff.

[101] C. M. Kraay, a.O. 41–43 (Aegina); 79–81 (Korinth)

[102] C. M. Kraay, *JHS* (1964) 76–91; R. M. Cook, *Hesperia* (1958) 257–62

[103] Hopper 179–80, 189 ff.

[104] S. o. S. 42 f.

[105] S. u. Kap. IX S. 201

[106] Aristot. *Ath. pol.* 5–12; Plut. *Solon,* passim

[107] Vgl. das attische Becken samt Ständer, signiert von Sophilos, *BMQ* XXXVI 107–10

[108] S. unten, Kap. IV S. 112

[109] Einen persönlicheren Aspekt gewinnt der Handel mit Töpferware und der gesamte Mittelmeerhandel dadurch, daß Sostratos von Ägina als Händler mit attischer Keramik auftritt. Er wird von Herodot (4, 152, 3) im Zusammenhang mit Kolaios von Samos erwähnt als ein Händler, der sich irgendwie – die näheren Umstände bleiben unbekannt – ein Vermögen erworben habe. Wir begegnen ihm als dem Stifter einer Stele für den äginetischen Apollo, die in Etrurien in Gravisca, dem Hafen von Tarquinii, gefunden wurde und ins späte sechste Jahrhundert gehört. Die Inschrift lautet übersetzt: ,,Sostratos war Ursache, daß ich hergestellt wurde" und könnte auch bedeuten, daß Sostratos selbst sie anfertigte. Die Schrift ist äginetisch. Man hat seinen Namen (als Händler) mit kaufmännischen Inschriften (SO = äginetische Schrift) auf frühen attischen rotfigurigen Vasen in Verbindung gebracht, die im späten sechsten und frühen fünften Jahrhundert nach Etrurien exportiert wurden. Auf diese Weise träte eine Persönlichkeit in Erscheinung, welche veranschaulicht, daß der Handel schon früh über die Staatsgrenzen hinausgriff (in diesem Fall ein Äginete, der mit attischer Keramik handelte). Genaue Überprüfung des folgenden jedoch läßt die schwachen Glieder in der Beweiskette erkennen: A. Johnston in *PdP* (1972) 416 ff.; F. D. Hardy, *PdP* (1976) 206–14 und Hinweise in diesen Artikeln. Inschrift abgebildet *AR* (1973–74) 50

[110] S. G. Devereux, *Hermes* 94 (1966) 129–34

[111] Daten des Stesichoros: geboren zwischen 632 und 629, gestorben zwischen 556 und 553 v. Chr. S. *CQ* N.S. XIX (1969) 207–21

[112] Hdt. 1, 163 ff.; Gründung von Massilia 1, 13–14. Die Phokäer im Westen, *BCH* (1975) 854–96

[113] Hdt. 1, 166; s. V. Merante, *Kokalos* (1970) 98–138. S. Anm. 74 oben

[114] Hdt. 4, 17

[115] Tokra, ,,das reichste Lager außerhalb von Naukratis"; J. Boardman und J. Hayes, *Excavations at Tocra 1963–1965* (1966, 1973). Vgl. die Vermutung J. Boardmans in *AR* (1971–72) 40 (im Zusammenhang mit Tokra), daß den Kaufleuten allmählich die Ware ausging und sie deshalb den (entfernteren?) Kunden nur noch eine geringere Auswahl bieten konnten. Daß vor Antritt einer Handelsreise vielleicht Töpferware oder sonstige Fracht systematisch an einem zentral gelegenen Punkt angesammelt wurde, scheint der sogenannte ,Händlerkomplex' in Korinth anzuzeigen, wo (*AR* (1973–74) 7) in einem Gebäude und einem Stapelplatz eine reiche Auswahl an Töpferware – auch etruskische – gefunden wurde. Vgl. das Heiligtum von Gravisca (*AR* (1973–74) 49–50), aus dem die Inschrift des Sostratos stammt (s. Anm. 109 oben). Auch hier findet sich eine vielfältige Auswahl an Töpferware, deren spätere Stücke aus dem Bestand dieses Kaufmanns stammen könnten

[116] Catania: G. Rizzo, *Bolletino d'Arte* (1960) 247 ff. Vgl. Tarent? S. E. Will in Finley, *Aix-en-Provence 1962* 45, Anm. 2, 460; dazu Gefäße vom Ende des achten bis zur Mitte des sechsten Jahrhunderts: PC und Cor. 390, der Rest ägäisch, ostgriechisch und attisch (aus dem zweiten Viertel des sechsten Jahrhunderts)

¹¹⁷ S. R. Joffroy, *Le trésor de Vix* (1954); die Route, 51 ff. Joffroy weist das Golddiadem Skythien zu, 48

¹¹⁸ Kap Sunion ist für Segelschiffe auch heute noch schwierig, vor allem wenn der Wind aus Nordosten kommt; es bietet auch eine Zuflucht. Im Altertum: vgl. *AM* LIX 35–39 = *SEG* X 10, 455–54 v. Chr., eine Gebühr für Schiffe, die in Sunion ankerten oder in den Hafen einliefen. Sie wurde für Poseidon gezahlt; athenische Schiffe zahlten 7 Obolen; andere 7 Obolen bis zu 1000 Talenten Ladung; darüber hinaus 5 Obolen *kata ta chilia*

¹¹⁹ Boardman 77–79

¹²⁰ Hier gibt es noch einige Probleme. Sollen wir annehmen, daß die ‚Trauer‘ Milets um Sybaris oder Athens um Milet (Hdt. 4, 21) etwas mit Handelsgeschäften zu tun haben?

Kapitel II

¹ Aristoph. *Ritter* 129, 254
² Ebd. 132
³ Ebd. 130 und Scholien
⁴ Scholien zu Aristoph. *Frieden* 631; *Wespen* 1007; *Wolken* 1065
⁵ Plut. *Perikles* 24
⁶ Hesych. s.v. *probatopōlēs;* Thuk. III 19
⁷ Oliven, exportiert seit dem achten Jahrhundert
⁸ Sie zahlten ihrem Eigentümer eine vereinbarte Summe und arbeiteten auf eigene Rechnung
⁹ Aristoph. Frg. 299 (Edmonds)
¹⁰ Aristoph. *Ritter* 852–54
¹¹ Theophr. *char.* 6, (23) 26 (Jebb)
¹² Vgl. *Hesperia* (1961) 238, Z. 214–15: inschriftlicher Hinweis (restauriert) auf *klinai Khiorges* und *Milesiorges*. Hierzu im allgemeinen *AJA* (1967) 206–07 über G. M. A. Richter, *The Furniture of the Greeks, Etruscans and Romans*, 2. Aufl.
¹³ Thuk. VI 91, 7; VII 27, 5
¹⁴ S. u. Kap. VI S. 141
¹⁵ S. o. Anm. 8
¹⁶ Finley, *Aix-en-Provence 1962*, 66–67, 118 ff.
¹⁷ Es finden sich jedoch – allerdings erst aus später Zeit (erstes Jahrhundert n. Chr.) – Spuren von Schmiedearbeit und Abfall vom Polieren des Marmors in der Südstoa II (*Hesperia* (1960) 360 ff.)
¹⁸ *IG* II² 1672, 9–10
¹⁹ Vgl. Rogers Anmerkung zu Aristoph. *Acharn.* 187 ff.
²⁰ Scholien zu Aristoph. 979; Harp. s.v.; Demosth. 1, 33; *Ritter;* Lys. Frg. 45 *apud* Dion. Hal. VI 983 (Reiske); Demosth. 35, 35; Xen. *Hell.* 5, 1, 21; Polyain. VI 2, 2
²¹ Thuk. II 38
²² Vgl. Xen. *vect.* 2, 5–6; Isokr. 4, 42
²³ Isokr. 27, 20
²⁴ Ebd. 52
²⁵ Ebd. 35 ff.
²⁶ Ebd. 52, 53, 57
²⁷ Ebd. 42
²⁸ Aristoph. *Acharn.* 901
²⁹ Thuk. II 97, 3
³⁰ Verzeichnisse ausländischer Spezialitäten s. u. Kap. III Anm. 1
³¹ Thuk. VII 28, 1
³² Manche Inschriften könnten aufschlußreich sein, wenn sie nicht so bruchstückhaft wären: vgl. *IG* I² 127 und 128 (*SEG* X 59), mit Hinweisen auf *naukleroi, epibatikon* und *pentekoste;* und *IG* I² 140 (*SEG* X 100) mit Hinweisen auf Steuern (?) für Waren, die Überseehandel vermuten lassen
³³ Thuk. III 86, 4

³⁴ Thuk. III 2, 2–3
³⁵ Aristoph. *Acharn.* 141–47. Übers.
L. Seeger
³⁶ S. Xen. *vect.* unten, Kap. IX, 223
³⁷ Beachte auch das Gegenteil: Händler, die aufs Land gehen, z.B. der Fischhändler im *Butalion* des Aristophanes, Ath. VIII 358 d = Edmonds II 195, Nr. 68
³⁸ Thuk. VI 22, 1
³⁹ S. o. S. 58 und Anm. 13
⁴⁰ Theophr. *char.* 4, 12–14
⁴¹ Aristot. *rhet.* 1367 a 30
⁴² Plat. *leg.* 847 d
⁴³ Ebd. 849 a ff.
⁴⁴ Ebd. 914 d ff.
⁴⁵ Ebd. 918 c ff.
⁴⁶ Ebd. 919 e ff.
⁴⁷ Ebd. 849 e
⁴⁸ Ebd. 920 a ff.
⁴⁹ Aristoph. *Frösche* 1386–87
⁵⁰ Ath. III 76 d
⁵¹ Ebd. XV 700 b
⁵² Ebd. XV 700 b
⁵³ Ein gutes Beispiel bei Ath. VI 224 c; Edmonds II 327, 30
⁵⁴ Aristoph. *Wespen* 1388
⁵⁵ Aristoph. *Frösche* 857
⁵⁶ Aristoph. *Wespen* 1390–91
⁵⁷ Aristoph. *Plutos* 426–27
⁵⁸ Aristoph. *Plutos* 435
⁵⁹ Wie in den *Fröschen* von Aristophanes. 550 ff.
⁶⁰ Rede 57, 31
⁶¹ Ebd. 34
⁶² Ebd. 30
⁶³ Ebd. 36
⁶⁴ Aristoph. *Thesm.* 445 ff. Übers. L. Seeger
⁶⁵ *Apostelgesch.* 19, 24–28
⁶⁶ Aristoph. *Thesm.* 400
⁶⁷ Plut. *Demosthenes* 60
⁶⁸ Theophr. *char.* 16 (6), 24
⁶⁹ Isokr. 7, 49
⁷⁰ Vgl. Demosth. 18, 169
⁷¹ Aristoph. *Ritter* 144 ff. Übers. L. Seeger

⁷² Aristoph. *Acharn.* 33 ff. Übers. L. Seeger
⁷³ Vgl. *IG* II² 1177 und 1362: Hinweis auf die ‚alten Gesetze‘, die sich auf das Holzsammeln bezogen
⁷⁴ Aristoph. *Acharn.* 272–75
⁷⁵ Aristoph. *Acharn.* 180 ff.
⁷⁶ Aristoph. *Acharn.* 333; Kohlenstaub, ebd. 248 ff.
⁷⁷ Ath. VIII 358 e
⁷⁸ Xen. *rep. Ath.* 2, 7–8
⁷⁹ Thuk. II 88
⁸⁰ Poll. IX 47; vgl. Edmonds I (Eupolis) 304
⁸¹ Aristoph. *Plutos* 1155 und Rogers‘ Anmerkung
⁸² *IG* II² 2403
⁸³ Aristoph. *Wespen* 680
⁸⁴ Aristoph. *Wolken* 766 ff.
⁸⁵ Aristoph. *Plutos* 175
⁸⁶ Edmonds I (Eupolis) 243
⁸⁷ Aristoph. *Ekkles.* 757
⁸⁸ Aristoph. *Lys.* 557 ff.
⁸⁹ Aristoph. *Wespen* 789; *Frösche* 1068
⁹⁰ Eupolis in Schol. ad loc. (Edmonds I 418)
⁹¹ Poll. IX 47 (ziemlich spät)
⁹² Aristoph. *Ekkles.* 303
⁹³ Aristoph. *Thesm.* 445 ff.
⁹⁴ Hyp. *Ath.* col. 5, 12 *(OCT)*
⁹⁵ Aristoph. *Vögel* 14; 1079. Übers. L. Seeger
⁹⁶ Aristoph. *Ritter* 1247
⁹⁷ Lys. *23, 6*
⁹⁸ Ebd. 3
⁹⁹ Xen. *oik.* 8, 22
¹⁰⁰ Aristoph. *Frösche* 1350
¹⁰¹ Lys. 1, 24
¹⁰² Hyp. *Ath.* col. 3, 6 und 9 *(OCT)*
¹⁰³ Ebd. col. 9, 4 ff.
¹⁰⁴ Ebd. col. 9, 3 f.
¹⁰⁵ *Hesperia* VII 127, 27
¹⁰⁶ Aristoph. *Thesm.* 348. Übers. L. Seeger
¹⁰⁷ Aristoph. *Wolken* 636. Übers. L. Seeger
¹⁰⁸ *IG* II–III² 1, 230

Kapitel III

[1] S. K. J. Beloch, *Bevölkerung der griechisch-römischen Welt.* (1886)
[2] Hermippos, Frg. der *Phormophoroi* (*CAF* 63); Aristoph. *Acharn.* 870ff.; *Frieden* 999ff.; Xen. *rep.Ath.* II 11–13
[3] Xen. *Hell.* 6,1,11; Demosth. *Olynth.* 1,22; Ps.-Aristot. *oik.* 2,27; Xen. *Hell.* 5,4,56 (Thebaner kaufen Getreide von Pagasai); Demosth. 1,22 (Marktgebühren Thessaliens)
[4] Demosth. 1,32
[5] Thuk. VIII 95,2; 96,2
[6] Andok. *De pace* 9
[7] Gernet 307
[8] Demosth. 18,241,301; Xen. *Hell.* 5,4,6
[9] Vgl. *IG* II² 1,401
[10] Demosth. 23,155
[11] Strabon XIV 3,22
[12] Xen. *Hell.* 2,1,18–19; Ps.-Aristot. *oik.* 2,2,7
[13] Xen. *Hell.* 3,2,17
[14] Andok. 2, 20–21 (spätes fünftes Jahrhundert); *IG* II² 1.407 (330–326 v. Chr.)
[15] Gernet 306
[16] Strabon XIV 6,5
[17] *IG* II² 1,407
[18] Diod. Sic. XI 90,3; XII 9,2 (Sybaris); Cicero, *In Verrem* III 47 (Leontini); Varro, *De re rustica* I 44 (Syrakus)
[19] Thuk. III 6,4
[20] Gernet 307; H. Droysen, *Athen und der Westen vor der sic. Expedition* (1882) 41
[21] Thuk. I 41
[22] *IG* II² 1,126; Demosth. 23,172; Diod. Sic. XVI 34,4
[23] *IG* I² 19–20
[24] Thuk. III 86
[25] H. T. Wade-Gery, *JHS* (1932) 217–18
[26] Gernet 317
[27] Diod. Sic. XII 31,36; XIV 93

[28] Plut. *Perikles* 20
[29] Vgl. Lys. 16,4 Beziehungen zum Pontos vor 404 v. Chr.
[30] Hdt. 7,147
[31] Zur Fruchtbarkeit Thrakiens vgl. Xen. *Hell.* 5,2.6; Isokr. 8,30
[32] Aristot. *Ath. pol.* 55,4
[33] M. Rostovzeff, *Iranians and Greeks in South Russia* (1922) 68
[34] Gernet 314
[35] Gernet 319
[36] Isokr. 8,28–30; vgl. Xen. *Hell.* 3,2,8
[37] Aischin. 3,82; vgl. Demosth. 10,8
[38] Thuk. III 2
[39] *IG* I² 57
[40] *IG* I² 32
[41] Zit. v. Harpokration s.v. ,Dekateutes'
[42] Aristot. *Ath. pol.* 24,2
[43] Xen. *Hell.* 1,1,22; Diod. Sic. XXIII 64,2
[44] Polyb. IV 44,3ff.
[45] Vgl. Polyb. IV 38,43, wegen der günstigen Lage
[46] Xen. *Hell.* 4,8,27 und 31; Demosth. 20,60
[47] Polyb. IV 5,47
[48] *IG* I² 57
[49] *IG* I² 58
[50] *IG* I² 133,9
[51] *IG* I² 46,7
[52] *IG* I² 58
[53] Thuk. I 64
[54] Philochoros in der Scholie zu Aristoph. *Wespen* 718
[55] Hdt. 5,104–15
[56] Hdt. 7,90; Diod. Sic. XI 2–3
[57] Thuk. I 94; Diod. Sic. XI 44
[58] Plut. *Kimon* 12–14, 18–19; Polyainos, *Strategemata* I
[59] Thuk. I 112; Diod. Sic. XII 4; Plut. *Kimon* 13
[60] *CAH* V 77
[61] H. T. Wade-Gery in Tod, *GHI* I² 57, über *IG* I² 19

[62] *IG* II² 1,407, von 330–326 v. Chr.
[63] Thuk. I 13,2; Strabon VIII 6,20
[64] Thuk. III 86,4
[65] Thuk. IV 53,3
[66] *IG* I² 71, von 422 v. Chr.
[67] Thuk. V 83,4
[68] Vgl. Demosth. 19,123
[69] Thuk. IV 118,5
[70] *IG* I² 93a,11ff., von 419/18 v. Chr. oder 413/12 v. Chr.
[71] Thuk. VII 27,5
[72] Thuk. VII 28,1
[73] Thuk. VIII 4,1
[74] Xen. *Hell.* 1,1,35
[75] Xen. *Hell.* ebd.
[76] Thuk. VIII 90,5
[77] Aischin. 3,171,223; Zosimos, *Vita Demosthenis; Anon. Vita Demosthenis*
[78] Aristoph. *Wespen* 715 f.
[79] Thuk. VIII 96; Andok. 3,7; Demosth. 19,220
[80] Thuk. VIII 60,1
[81] Thuk. VIII 96
[82] Lys. 7,6; *Ox. Hell.* (*OCT*, col. 13)
[83] Andok. 2,11
[84] Lys. 6,49
[85] Vgl. Lys. 7, passim, 395 v. Chr.; Xen. *oik.* 20–22
[86] Aristoph. *Ekkles.* 547 f.
[87] S. Anm. 33 oben
[88] Isokr. 17,57,394 v. Chr.
[89] Diod. Sic, XIV 94,2
[90] *IG* II² 1,28
[91] Ebd. Z. 17 f.
[92] Xen. *Hell.* 5,1,28
[93] Xen. *Hell.* 5,1,2
[94] Xen. *Hell.* 5,1,10–13
[95] Xen. *Hell.* 6,2,1
[96] Xen. *Hell.* 5,1,21 f.
[97] Polyainos, *Strategemata* VI 2,2
[98] Xen. *Hell.* 6,4,35
[99] Demosth. 53,6
[100] Demosth. 52,5
[101] Isokr. 4,115
[102] Diod. Sic. X 95; Polyainos VI 2,2; Xen. *Hell.* 6,4,35
[103] Demosth. 50,5

[104] Xen. *Hell.* 5,4,60–61; Diod. Sic. XV 34,3
[105] Aischin. 2,79
[106] Demosth. 7 passim
[107] Plut. *Perikles* 19
[108] Xen. *Hell.* 4,8,35 (387 v. Chr.); Demosth. 23,166 (360/59 v. Chr.)
[109] Demosth. 58,53 und 56
[110] Demosth. 12,2
[111] Brief Philipps II. an Athen, Demosth. 12,2
[112] Scholien zu Demosth. 12
[113] Demosth. 21, passim
[114] Aischin. 2,12 und 75
[115] Thuk. VII 28; VIII 95; Dikaiarchos Frg. 7 (Müller, *FHG*); Strabon IX 2,6
[116] Dikaiarchos Frg. 29 (Müller, *FHG*)
[117] Xen. *Hell.* 5,4,56
[118] Xen. *Hell.* 5,4,56; Strabon IX 5,51; Hermippos in Ath. I 27 f.
[119] Demosth. 18,241
[120] Ditt. *Syll.*³ 212
[121] Ps.-Aristot. *oik.* 2,9
[122] Ebd. 2, 17
[123] Demosth. 50,17,19,21; vgl. 50,5 und 7 und 5,25; Ps.-Aristot. *oik.* 2,11
[124] Demosth. 45,64
[125] *IG* II² 1,360
[126] Demosth. 1, passim; ebd. 20 (Maroneia)
[127] Demosth. 1,19; Xen. *Hell.* 5,4,60 und 61; Demosth. 4,34; Didymos col. 10,47
[128] Demosth. 56,9
[129] Demosth. 8,24 f.
[130] Aischin. 2,74
[131] Demosth. 20,33
[132] Demosth. 18,301 (326)
[133] Demosth. 18,241 (307)
[134] Demosth. 4,34
[135] Demosth. 18,72–73
[136] Ebd. 145–46
[137] Demosth. 17,5; 19,153 (389),315 (442); 1,22
[138] Demosth. 18,248 (310)

139 Deinarchos 1, 43
140 Lykurg. *In Leocratem* 26
141 Demosth. 32, 26; 56, 9
142 Demosth. 10, 49 (144). Man könnte sagen, daß die athenischen Maßnahmen so etwas wie eine fortwährende Krisenvorsorge anzeigten. Vgl. was Demosthenes über die Vorkehrungen für Getreideverteilung in Krisenzeiten sagt (34, 37) und die von Aristoteles im einzelnen geschilderte *(Ath. pol.* 51, 3–4 nicht unbedingt auf eine Krise bezügliche) offizielle Organisation, welche die Getreidekommissare und Aufseher des Getreidemarkts betrifft
143 Demosth. 34, 51; 56, 48–49
144 Demosth. 32, 34, 35, 56
145 Demosth. 34
146 Demosth. 46
147 Xen. *oik.* 20, 27
148 Demosth. 56, 7–8, 10; Ps.-Aristot. *oik.* 2, 34
149 Lys. 32, 14 und 21
150 Demosth. 56, 9
151 Demosth. 56 passim
152 *IG* II² 1, 206
153 *IG* II² 1, 176
154 Ps.-Aristot. *oik.* 2, 34
155 Demosth. 56, 7–8, 10
156 Lykurg. *In Leocratem* 18
157 *IG* II² 1, 407, 330–326 v. Chr.
158 Ditt. *Syll.*³ 305
159 Lys. 32, 25
160 Ebd.
161 Lykurg. *In Leocratem* 26
162 Demosth. 34, 37, 38–39; für einen wahrscheinlichen Fall, vgl. Demosth. 34, 8
163 S. Ferri, *Alcune Iscrizioni di Cirene* Nr. 3
164 Demosth. 42, 20
165 Demosth. 34, 38, 39
166 *IG* II² 1, 342, vor 332/1 v. Chr.
167 *IG* II² 1, 407
168 *IG* II² 1, 408, ca. 330 v. Chr.
169 *IG* II² 1, 409, ca. 330 v. Chr.

170 *IG* II² 1, 416
171 *IG* II² 1, 423, nach 336/5 v. Chr.
172 S. u. S. 87; Ditt. *Syll.*³ 152
173 Ditt. *Syll.*³ 280, 333/2 v. Chr.
174 Ditt. *Syll.*³ 280, 44–45, 333/2 v. Chr.
175 Demosth. 17, 19 (217)
176 *IG* II² 1, 408
177 *IG* II² 1, 284, 336/5 v. Chr., und ebd. 399, 320/19 v. Chr.
178 *IG* II² 1, 398
179 *IG* II² 1, 401
180 C. Michel, *Recueil d'inscriptions juridiques greques* (1900) 124, 24ff.
181 Ebd. 125
182 Isokr. 17, 57
183 Demosth. 20, 29
184 Ebd. 32
185 Ditt. *Syll.*³ 206, 347/6 v. Chr.
186 Demosth. 34, 36
187 G. Grote, *History of Greece* II, Teil 2, Kap. 98 S. 304 der Ausgabe von 1869
188 Demosth. 34
189 Demosth. 18, 86; 20, 31
190 Demosth. 20, 31
191 *IG* II² 2, 834b; Ditt. *Syll.*³ 587
192 Beloch 96
193 Boeckh I 128
194 Jardé 125
195 Ps.-Aristot. *oik.* 2, 2, 33 (1352a)
196 Jardé 123–44
197 Gernet 296–301
198 Demosth. 20, 33
199 Strabon VII 4, 6
200 Kocevalov, *RM* (1932) 320–23
201 Demosth. 20, 33
202 *Hermes* (1915) 24
203 Demosth. 20, 32
204 Hermippos Frg. 63 *(CAF),* vom Hellespont; Demosth. 35, 31 (vom Kimmerischen Bosporos); Aristoph. *Ritter* 1008 (Makrelen aus Byzanz); ebd. 66 zur allgemeinen Bedeutung von Fisch als Nahrungsmittel in Athen. Vgl. das Marktgesetz, das ein Wässern der Fische zur Gewichtserhöhung verbietet, Xenarchos in Ath. VI 225e

[205] Hermippos Frg. 63 (CAF); Plut. Nikias 1; Aristoph. Wespen 838; Antiphanes in Ath. I 27e
[206] Hermippos Frg. 63 (CAF)

[207] Ebd.
[208] Ebd.
[209] Ebd.; Antiphanes in Ath.
[210] Ebd.

Kapitel IV

[1] C. T. Seltman, Athens, Its History and Coinage (1924) 11–14. Die Amphora muß natürlich kein Ölbehälter sein
[2] Diod. Sic. XIII 81
[3] Ox. Hell. XII 4 (OCT); Lys. 7 passim
[4] Aristoph. Wespen 252
[5] Ebd. 297–9
[6] IG II² 903; E. Ziebarth, Seeraub und Seehandel, Anhang II 73
[7] Nach Ansicht des Historikers Beloch auf Grund von Xen. vect. 5, 3; vgl. die Scholien zu Pindar, Nem. X 64
[8] Demosth. 35, 35
[9] E. Ziebarth, Seeraub und Seehandel, 75, 124, 133
[10] IG II² 1100; E. Ziebarth a.O. Anhang II 73a
[11] Zur Frage des Agenten s.o. Kap. II
[12] Hesperia (1934) 297 Anm. 3, veröffentlicht von Virginia Grace
[13] M. Rostovzeff, CAH VIII 628
[14] Archestratos in Ath. I 29e
[15] Zum Wert vgl. Plut. mor. 470f.
[16] Hesperia (1934) 297 Anm. 3
[17] Aristoph. Acharn. 901
[18] E. H. Minns, Scythians and Greeks in South Russia (1913); M. Rostovzeff, Iranians and Greeks (1922), ausführlich
[19] Isokr. 7, 117; Aristoph. Acharn. 519
[20] Alexis in Ath. XII 540d
[21] J. Hasebroek, Staat u. Handel 97
[22] E. Ziebarth a.O. 74, 78, 80
[23] RM (1932) 39
[24] Demosth. 20, 32; 32, 18; 34, 34

[25] Abgelehnt von P. N. Ure, Gnomon V (1929) 220–26
[26] Er nimmt 12–13 000 Talente an
[27] Thuk. II 13, 3
[28] Tod, GHI (1946) I² 56
[29] Bei Tod a.O. 46, III 33
[30] S. Thuk. VII 28, 4
[31] Andok. Peri ton mysterion 133
[32] Vgl. Thuk. VII 28, 1
[33] Andok. Peri ton mysterion 133
[34] Ebd.
[35] Demosth. 34, 59, 7
[36] Andok. ebd.
[37] Plat. rep. 8; Lys. 12, 8, 19; Plut. Vit. X Or. 835b–c
[38] Lys. 12, 19
[39] Demosth. 36, 11
[40] K. J. Beloch, Griechische Geschichte III (2) 1, 318
[41] J. Hasebroek, Staat und Handel 77
[42] Lykurg. In Leocratem 58
[43] Demosth. 27, 9; vgl. ebd. 33
[44] Aischin. 1, 97
[45] Isokrates in Vit. X Or. und Dion. Hal. Isokr. 1
[46] Xen. mem. 2, 7, 6; Demosth. 48, 12
[47] Thuk. VII 27, 5. Beachte, daß gelernte landwirtschaftliche Arbeiter, etwa Rebenbeschneider, als ,Handwerker' bezeichnet werden konnten
[48] Xen. mem. 2, 3, 3; Lys. 24, 6
[49] Scholien zu Aristoph. Ritter 44
[50] Xen. ap. 29; Scholien zu Platons Apologie 18b.
[51] IG II² 2, 971a
[52] Aristoph. Wolken 876
[53] Scholien zu Aristoph. Wolken 876

⁵⁴ An dieser Stelle sei darauf hingewiesen, daß über Handel und Industrie in Griechenland viele Arbeiten – bisweilen in größerem Zusammenhang – von hohem wissenschaftlichem Niveau vorliegen. Wir führen als Beispiele an: K. Bücher, *Beiträge zur Wirtschaftsgeschichte* 1–97; E. Meyer, *Die wirtschaftliche Entwicklung des Altertums* (1895) und *Kleine Schriften* (1910) 79 ff.; K. J. Beloch, *Jahrbücher für Nationalökonomie und Statistik* LXXIII (1899) 626–31 und *Zeitschrift für Sozialwissenschaft* V (1902) 92 ff., 169 ff.; H. Francolle, *L'industrie* (1900), und ,Handel und Industrie' in *RE;* F. Oertel in seinem Anhang zu R. von Pöhlmann, *Soziale Frage;* J. Hasebroek, *Staat und Handel* und *Griechische Wirtschafts . . .-geschichte.*
Man kann diese Autoren in drei Gruppen einteilen: die erste verneint den kapitalistischen und internationalen Charakter von Handel und Industrie in Griechenland (Bücher); die zweite bejaht ihn (Meyer, Beloch, Pöhlmann); die dritte nimmt einen im großen und ganzen höchst einleuchtenden mittleren Standpunkt ein (Oertel und Hasebroek). Finley geht in *Aixen-Provence 1962* (1965) einen anderen Weg; seine Beobachtungen sind für das griechische Altertum nicht besonders

ergiebig, ausgezeichnet ist jedoch seine Einführung (,Classical Greece'), in der er auf das anachronistische Vorgehen einiger anderer Gelehrten hinweist. S. auch M. M. Austin und P. Vidal Naquet, *Economic and Social History of Ancient Greece*, 1. engl. Ausg. (1977) 3 ff., und die wertvollen Anmerkungen 28–30 zu dieser Kontroverse über das Wesen der griechischen Wirtschaft in der Antike
⁵⁵ Timaios in Ath. VI 264 d
⁵⁶ Plat. *leg.* 846 d–e
⁵⁷ Dio. Sic. I 74,7
⁵⁸ Xen. *Kyr.* VIII 2,5
⁵⁹ Demosth. 27
⁶⁰ *IG* II² 1122
⁶¹ Vgl. F. Oertels Anmerkung zum Vermögen des Vaters von Demosthenes, Anhang zu R. von Pöhlmann, *Soziale Frage*³, 532–33; und R. Schwahn, *RH* (1931) 253 ff.
⁶² R. von Pöhlmann a. O. 174 ff.
⁶³ Aristoph. *Ekkles.* 815–22
⁶⁴ Xen. *mem.* II 7,2
⁶⁵ Zur Kriegssteuer *(eisphora)* vgl. Demosth. 14, 24–27
⁶⁶ Aus Stilgründen Xenophon zugeschrieben. Man hat auch angenommen, daß es eine Schrift des Eubulos und seiner Partei sei
⁶⁷ Demosth. 20, 40 (Leukon); Ditt. *Syll.*³ 206 (Spartokos und Pairisades)

Kapitel V

¹ Xen. *vect.* III 14
² Vgl. *RE* IX 2, 1404–05
³ Lys. 6, 28–29
⁴ J. Hasebroek, *Staat und Handel* 115; vgl. Demosth. 34, 52
⁵ Aristoph. *Ritter* 347 und A. A. Neils Anmerkung *ad loc.*
⁶ Demosth. 7, 9; Hitzig, *Zeitschrift der Savigny Stiftung für Rechtsgeschichte, Roman. Abt.* XXVIII 218–31;

R. J. Hopper, *JHS* (1943) 35–51; *Oxford Class. Dictionary*² s. v.
⁷ *IG* I² 16
⁸ Aristot. *Ath. pol.* 59, 17
⁹ Ebd. 58
¹⁰ Ebd. 53
¹¹ Ebd. 58
¹² M. Clerc, *Les météques athéniens,* 260–74
¹³ Aristoph. *Frösche* 569

[14] Aristoph. *Frieden* 684
[15] Aristot. *pol.* III 1
[16] Demosth. 25,58
[17] Demosth. 59,37
[18] Hyp. *Gegen Aristagoras*, in der *Suda* s.v. ‚*prostates*‘ (*Oratores Attici* II 335 Frg. 26)
[19] Isokr. 7,53
[20] Hesychios s.v. ‚*aprostasiu dike*‘
[21] Vgl. Aristot. *Ath. pol.* 58; Demosth. 35,48
[22] Lykurg. *In Leocratem* 21
[23] Lys. 31,9 und 14
[24] *Suda* s.v. ‚*aprostasiu dike*‘; vgl. Bekker *Anec. Graec.* I 201,11, wo der *prostatēs* als Bürge *(engyētēs)* definiert ist
[25] Vgl. Demosth. 32–36; 52; 56; 59
[26] Lys. 5, eine öffentliche Klage wegen Gottlosigkeit; Isaios, Frg. B.
[27] Verschiedene Theorien bei M. Clerc a.O., s.o. Anm. 12,267–70
[28] Demosth. 25,59; 59,37; Hyp. *Gegen Athenogenes*
[29] Isokr. 8,53
[30] Aristot. *Ath. pol.* 58,2
[31] M. Clerc, mit Hitzig, *Zeitschrift der Savigny Stiftung für Rechtsgeschichte, Rom. Abt.* (1907) XXVIII 219; Meier-Schöman-Lipsius, *Das attische Recht und Rechtsverfahren* (1905–15) I 65, Anm. 49
[32] Lys. 23,4
[33] Isokr. 17,16
[34] Vgl. M. Clerc, a.O., s. Anm. 12,80
[35] Aischin. 1,158
[36] Demosth. 59,66
[37] Demosth. 35,51
[38] M. Clerc, a.O., s.o. Anm. 12, 188–92
[39] *IG* II² 1,336
[40] Aristot. *Ath. pol.* 59,15
[41] Ebd. 59,17
[42] Vgl. Frg. *IG* II² 1,144 (vor 353/2 v. Chr.) Hinweis auf *proxenoi*
[43] J. Hasebroek, *Staat und Handel*, 134ff., besonders 136

[44] Hitzig, *Altgriechische Staatsverträge*, 33–44
[45] J. Hasebroek, a.O.137
[46] M. Clerc, a.O., s.o. Anm. 12, 218–20
[47] *IG* I² 36,70,72,82,83,103; *IG* II² I 5, 13, 39,49,53,63,76,82, 86,95, 162, 180, 193,205, 265,285; und Ditt. *Syll.*³ 199
[48] *IG* I² 145, 154; *IG* II² 105, 13, 39, 49, 53, 63, 76, 83, 86, 95, 162, 180, 193, 205, 265, 285, 287, 288, 344
[49] *IG* II² I 130, 174, 186, 189, 285
[50] *IG* II² I 83, 288
[51] *IG* I² 106, 154, 245
[52] Ditt. *Syll.*³ 126
[53] Ditt. *Syll.*³ 168
[54] Ditt. *Syll.*³ 258
[55] Vgl. C. Michel, *Recueil d'inscriptions juridiques grecques* 321,332
[56] Ditt. *Syll.*³ 332
[57] Ditt. *Syll.*³ 179
[58] Ditt. *Syll.*³ 187
[59] Ditt. *Syll.*³ 110
[60] Ditt. *Syll.*³ 219
[61] Ditt. *Syll.*³ 217
[62] *IG* I² 93; *IG* II² I, 12, 18, 286
[63] *IG* II² I, 342, 363,398, 400, 401, 407, 408, 409, 416
[64] *IG* II² I 176
[65] *IG* II² I 206
[66] *IG* II² I 229
[67] *IG* II² I 252
[68] *IG* II² I 339
[69] *IG* II² I 343
[70] *IG* II² I 398
[71] *IG* II² I 399
[72] *IG* II² II 401
[73] *IG* II² I 416
[74] *IG* II² I 12 *(asylia)*, 81 *(asylia)*, 286 (vollständige Steuerbefreiung, *asylia*)
[75] Demosth. 20, 14–18
[76] Ditt. *Syll.*³ 119; *IG* II² I 61, 180
[77] Demosth. 52
[78] Demosth. 52,19
[79] Tod *GHI* I² 34, Z. 8–9 (ca. 450 v. Chr.)

[80] Vgl. die Wendung in Dekreten: ,Zugang zum Rat und Volk', und das weitere Vorrecht des ,Vorrangs' *(prodikia)*, ,,als erster nach den Opfern"

[81] Demosth. 52, 19, 24

[82] Vgl. Demosth. 52, 4

[83] Poll. *Onomastikon* (Bethe) III 59

[84] Bestätigt von R. Schwahn, *RM*

(1931) 273, s. aber J. Hasebroek, *Staat und Handel* 138

[85] *IG* II² I 401 und 407

[86] *IG* II² I 373

[87] Demosth. 52, 10

[88] Thuk. III 70

[89] *BCH* XV 412

Kapitel VI

[1] Allgemeine Literatur: s. Bibliographie unter ,Bankwesen', besonders J. Hasebroek, ,Zum griechischen Bankwesen', *Hermes* (1920) 114–15, Anm. 2, und R. Bogaert, *Banques et banquiers dans les cités grecques* (1968)

[2] J. Hasebroek a.O. 113

[3] B. V. Head, *Historia Numorum²* 4ff. Sicherlich liegen auf dem Tisch Münzen und nicht Trauben

[4] Demosth. 24, 212

[5] S. hierzu J. Hasebroek, a.O., Anm. 1 oben, 116

[6] Ps. Aristot. *oik.* II 1346b, 24

[7] S. R. S. Stroud, ,An Athenian Law on Silver Coinage', *Hesperia* (1947) 157–88

[8] Hier erhebt sich die Frage nach anderen Möglichkeiten des Transfers von Geldmitteln

[9] Demosth. 48, 12

[10] Ebd. und Demosth. 34, 6

[11] S.u. J. Hasebroek, a.O. Anm. 1 oben, 140–41

[12] Zu unserer verhältnismäßig geringen Kenntnis des antiken Bankwesens s. J. Hasebroek a.O. Anm. 1 oben, 113. Sie wird auch bei R. Bogaert, a.O. Anm. 1 oben, deutlich: von Zentren außerhalb Athens ist noch weniger bekannt. Es ist nicht klar, wie weit Tempel (die ihren Grundbesitz nutzten, um Einkünfte zu erzielen) andere Aktiva bankmäßig nutzten. Zur hellenistischen Zeit s. R. Bogaert, passim. Er

gibt (61–94) eine ausgezeichnete Darstellung dessen, was wir über attisches Bankwesen wissen

[13] S.u.

[14] S.u.

[15] S. J. Hasebroek, a.O. 140–41. Es ist ein interessanter Punkt, wie Pasions elf Talente im einzelnen verwendet wurden (s.u. S. 141:,,auf Land und Miethäuser"). Es wird behauptet, er habe ,,eine Summe von über fünfzig Talenten auf Zinsen ausgeliehen". Wurde mit dieser Summe ähnlich verfahren? Beachte, daß es bei Demosthenes (36, 5–6) so klingt, als wären die elf Talente ein Teil der fünfzig

[16] S.o. 9

[17] S. *BSA* (1953) 200–54

[18] Tod, *GHI* II (1948) 123, Z. 25–31. Hier handelt es sich um eine Geldanlage auf Peparethos, Demosth. 45, 5

[19] S. Anm. 12 oben

[20] Isokr. 17

[21] *Prosopographia Attica (PA)* s.v.

[22] Demosth. 36, 23

[23] Demosth. 36, 45, 46, 49, 50, 51, 52, 53

[24] *PA* 1411; Demosth. 36, zu seiner Verteidigung gehalten. Solche Helfer (vgl. Kittos in Isokr. 17) waren wichtig, vgl. J. Hasebroek a.O. (Anm. 1 oben) 154 Anm. 3

[25] *PA* 2876; Demosth. 36, 28

[26] *PA* 1947; Demosth. 45, 63

[27] Demosth. 36, 28, 29

[28] Demosth. 36, 45

[29] Demosth. 27, 11; dazu Blepaios, in Demosth. 40, 52

[30] Demosth. 36, 5 und 11; J. Hasebroek a.O. 147–49

[31] S. Anm. 15 oben

[32] Ebd.

[33] Demosth. 27, 11. So auch Stratokles bei Isaios 11, 42. Geld im Hause aufbewahrt: s. Anm. 69 u.

[34] Vgl. die Schildfabrik des Lysias und seines Bruders, Lys. 12, 8, 12, 19; Plut. *Vit. X Or.* über *Lysias*

[35] Zugegebenermaßen sind Rechnung oder Darstellung des Demosthenes nicht einwandfrei: die Schwertfabrik scheint mit 190 Minen, d.h. 290 minus 100 = 190 bewertet zu sein. Getrennt davon wird die Höhe der Einkünfte mit 30 Minen angegeben, doch wenn die Gesamteinkünfte 50 Minen betragen und andere Anlagen 17 Minen erbringen, müßten die Einkünfte aus der Schwertfabrik 33 Minen betragen. Wir kommen damit auf einen Prozentsatz von ca. 16 oder 17, 4 Prozent

[36] Wenn die Schwertfabrik mit 190 Minen zutreffend bewertet ist, kommen wir in Wirklichkeit auf eine Gesamtsumme von 656 Minen (14 Talente = 840 Minen). Wahrscheinlich haben sich hier im Manuskript bei den Zahlenangaben Fehler eingeschlichen – eine Warnung davor, sich bei Berechnungen allzusehr auf solche Angaben zu verlassen

[37] Demosth. 36, 45

[38] Demosth. 36, Beweisführung und Zusammenfassung

[39] Ebd.

[40] Demosth. 36, 18

[41] Demosth. 36, 11

[42] Demosth. 36, 13

[43] Vgl. Isokr. 17

[44] Demosth. 45, 5

[45] Demosth. 50, 56

[46] Demosth. 36, 45

[47] Demosth. 46, 3, 5, 15; 53, 18; 59, 2

[48] Demosth. 45, 28

[49] Demosth. 52, 13

[50] Demosth. 36, 7; 49, 42; 52, 14

[51] Z.B. Lys. 19, 46

[52] S.o.

[53] Demosth. 36, 5 und 11. Vgl. die Unklarheit in 5, die in Anm. 15 oben erwähnt ist

[54] Die Trierarchie, die Aufstellung von Chören für Festlichkeiten, die Kriegssteuer und deren Vorauszahlung (*eisphora* und *proeisphora*), die insgesamt als *leiturgiai* bezeichnet wurden

[55] Vgl. Demosth. 1, 61

[56] Demosth. 36, 36–43

[57] Demosth. 36, 40–42. Öffentliche Leistungen seines Vaters: s. R. Bogaert, a.O. 70

[58] Demosth. 36, 43–44

[59] Demosth. 45, 33; 49, 5, 8, 30; 52, 6; 52, 5, 19. J. Hasebroek, a.O. (Anm. 1 oben) 130–32. Ein privater Bericht über eine finanzielle Transaktion vgl. Aristoph. *Wolken* 18 ff. Ähnliche Hervorhebung von Zeugen bei Transaktionen: Demosth. 47, 64; 49, 25, 26, 28; 52, 4 und 7; J. Hasebroek a.O. 123. Dagegen Isokr. 17, 2

[60] S. J. Hasebroek a.O. 117 ff. Ein gutes Beispiel liefert Demosth. 52. Ungewiß ist, ob solche Transaktionen ausschließlich mittels schriftlicher Dokumente durchgeführt werden konnten, J. Hasebroek a.O. 123–24. Verbindung mit Deposit-Bankgeschäften s. J. Hasebroek a.O. 141

[61] Demosth. 36, 50–51. Beachte ebd. 11: eine Schildfabrik ist sicherer als eine Bank

[62] Vgl. S. 178

[63] Demosth. 36, 28 und passim

[64] Demosth. 49, 5 ff.

[65] Demosth. 49, 22–24

[66] Demosth. 53, 9–10

[67] S.o. S. 144 ff.

[68] Demosth. 49, 5–6 und 29

[69] War vielleicht nicht so bedeutend,

vgl. J. Hasebroek, a. O. (Anm. 1 oben) 147, der eine interessante Liste von Fällen aufstellt, in denen Geld im Hause aufbewahrt wurde, a.O.144. Falls das stimmt, liegt ein Widerspruch vor
[70] S. oben S. 143, Pasion und Südrußland, das Thema von Isokr. 17
[71] Demosth. 52,3
[72] Die Rede Isokr. 17 handelt von den finanziellen Schwierigkeiten eines jungen Mannes aus Pontos (Südrußland), des Sohnes von Sopaios, eines Beamten des Herrschers Satyros. Er kam nach Athen und bediente sich Pasions als seines Bankiers, der in der Folge versuchte, ihn um das in der Bank hinterlegte Geld zu betrügen
[73] Manche Fälle – etwa Demosth. 50, 56 – lassen das vermuten
[74] J. Hasebroek, a.O. 137 möchte das auf Grund von Isokr. 17, 35 verneinen. Dort fordert der Sohn des Sopaios den Stratokles, der nach Südrußland reisen will, auf, sein Geld in Athen zu lassen und die entsprechende Summe von Sopaios in Südrußland zu erheben, um so das Risiko eines Verlusts auf der Reise zu vermeiden. Es gibt jedoch Beispiele von Bargeldüberweisung – der Sohn

des Sopaios bei seinem ersten Besuch in Athen liefert ein Beispiel dafür. So schlug auch Pasion vor, mit ihm nach Pontos zu reisen und dort die fragliche Summe zurückzugeben. Möglicherweise gab es ein Mischverfahren, jedenfalls wenn es sich um wichtige Zentren handelte: die tatsächliche Überweisung von Summen als Grundform für Girogeschäfte über weite Entfernungen, wobei Transaktionen schriftlich fixiert wurden
[75] In der hellenistischen Zeit mehr als früher
[76] Demosth. 36, 30
[77] Xen. *vect.*
[78] 36, 45, 46, 49, 50, 51, 52, 53
[79] G. Baiter und H. Sauppe, *Oratores Attici* (1850)
[80] S. R. Bogaert, a.O.62–84. Epigenes und Konon (Deinarchos 1,43); Eukles (*IG* II² 2741); Herakleides (Demosth. 47,12); Kittos (Demosth. 34,6); Philios (Lys. 9,5) ist zweifelhaft; Satyros und Timodemos (Demosth. 36,39); Sosinomos und Timodemos (Lys.Frg. 38,1–4)
[81] 32, 33, 34, 35, 37, 50, 56

Kapitel VII

[1] Xen. *Kyr.* VIII 2,4
[2] Xen. *mem.* II 7,3
[3] Xen. *mem.* II 7,6
[4] Xen. *mem.* II 7,2ff.
[5] Xen. *mem.* II 7,7
[6] Pherekrates, Frg. 134 (Edmonds 256)
[7] Lys. 14
[8] Andok. 1,40
[9] Lys. 12,8; Demosth. 36,4. S.auch Kap. VI
[10] Demosth. 36,11
[11] Demosth. 27 passim; 9ff.
[12] Demosth. 48,12
[13] Aischin. 1,97

[14] Lykurg. *In Leocratem* 58
[15] Ebd. 22–23
[16] A.O.
[17] Andok. 1,40
[18] Lys. 23,2
[19] Vgl. Lys. 3,15 und 23,2
[20] *IG* II² 2677, 2746, 2750, 2752, 2759, 2760
[21] *IG* II² 2747, 2748, 2749, 2751
[22] *Hesperia* (1948) 170ff.
[23] Demosth. 54,7
[24] *Hesperia* (1937) 343; *Hesperia* (1951) 135ff., 187ff.
[25] *Hesperia* (1960) 360ff.
[26] Pherekrates, Frg. 24 (Edmonds 218)

²⁷ Theophr. *char.* 16 (6), 8 ff.
²⁸ Theophr. *char.* 6, 5; Liv. 39, 6, 9
²⁹ Andok. 1, 133
³⁰ Plat. *leg.* XI 918 d–919 b
³¹ Demosth. 19, 272
³² Aristoph. *Frösche* 114
³³ Demosth. 57, 45
³⁴ Ebd. 35
³⁵ Demosth. 45, 71
³⁶ Aus *IG* II/III² 3, II, 11681; 12948
³⁷ Demosth. 53, 14
³⁸ *IG* II/III² 3, II, 11689; 11804, 12372, 13179, 13180, 12073, 11954
³⁹ Ebd. 12423, 12433
⁴⁰ *IG* I² 408 ff., 436, 442, 751, 428, 672, 473, 501, 631, 645, 720
⁴¹ Ebd. 483, 516. *Hesperia* (1935) 152
⁴² *IG* II/III² 3, I, 4320 Übers. W. Buchwald; *PA* 4048
⁴³ *IG* II/III² 3, I, 4334 Übers. W. Buchwald. Vgl. der Kranzmacher des Aristoph. *Thesm.*
⁴⁴ *IG* I² 424 (*SEG* (1949) 311)
⁴⁵ Ebd. 650. Übers. W. Buchwald
⁴⁶ Hesiod, *Werke und Tage* 25; vgl. Aristot. *rhet.* 1381 b 17
⁴⁷ *IG* II/III² 3, II, 6320
⁴⁸ *IG* II/III² 3, I, 2934
⁴⁹ Aristoph. *Lys.* 407 ff.
⁵⁰ Aristoph. *Ekkles.* 385–87
⁵¹ Lukian, *Reise in die Unterwelt (Kataplus)* 15
⁵² Eur. *Bakch.* 1067
⁵³ Aristoph. *Wolken* 766 f.
⁵⁴ Vgl. *IG* I² 313–14 aus Eleusis 408/7 v. Chr.
⁵⁵ *Hesperia* (1938) 209, 250
⁵⁶ Vgl. *Hesperia* (1932) 142 ff.
⁵⁷ *Hesperia* (1955) 68
⁵⁸ *BCH* (1957) 349, Abb. 36. Vergleiche dazu auch: *Illustrated London News*, 23, I, 1954, 114: feines Leinen, mit Rautenmuster und Löwen bestickt, aus Koropi, Attika, spätes fünftes Jahrhundert v. Chr. Über solche Textilien informiert weiterhin das Werk von J. Beckwith ad loc.

⁵⁹ Das beweist auch die Liegebettenfabrik des Vaters von Demosthenes
⁵⁹ᵃ Vgl. Chrysula Kardara, ,Dyeing and Weaving Works at Isthmia', *AJA* 65 (1960) 261–266, betr. kombinierten Weberei- und Färbereibetrieb am Isthmus über dem Heiligtum von Isthmia. Datierung zwischen ca. 360–ca. 240 v. Chr. Gute Darstellung der Purpurfärberei, einschließlich der Verwendung von Honig, und verschiedener Purpursorten. Vgl. (kürzlich entdeckt, *AR* 1978–79, 26) ein Stadthaus in Kassope, Bezirk Preveza, und einen Laden mit Webgewichten, die Weben nachweisen, und Murexmuscheln (Purpurfärberei)
⁶⁰ *SEG* (1949) 41 (ca. 435 v. Chr.) = *IG* I² 74 = Bannier, *RM* (1928) 278–80
⁶¹ *Hesperia* (1939) 239
⁶² *IG* II/III² 2, 1382, 15–16 (ca. 400 v. Chr.) Hekatompedon-Verzeichnisse)
⁶³ Ebd. 1421, 27 (272/1 v. Chr., Hekatompedon-Verzeichnisse)
⁶⁴ Ebd. 1438, 33
⁶⁵ Ebd. 1443, 131
⁶⁶ Ebd. 1456, 41
⁶⁷ Thuk. VII 25, 5
⁶⁸ Z.B. Aristoph. *Ritter* 315–21, Leder für Schuhe; Demosth. 27 passim (über die Werkstatt seines Vaters): Elfenbein, Eisen, Gallen, Kupfer
⁶⁹ Plat. *leg.* 921 a und ff.
⁷⁰ Plut. *Perikles* 12, 6; *JdI (AA)*, (1943) 106 ff.
⁷¹ Xen. *Kyr.* VIII 2, 4
⁷² Vgl. *AJA* (1953) 199–210
⁷³ *IG* I² 373, 54
⁷⁴ Ebd. 59
⁷⁵ Ebd. 61
⁷⁶ *IG* I² 374, 260 ff.
⁷⁷ Ebd. 95 ff.
⁷⁸ *IG* I² 374, 248 ff.
⁷⁹ Ebd. 248 ff., 318
⁸⁰ *SEG* (1949) 286
⁸¹ *IG* I² 374, 27–34

[82] *SEG* (1924) 285 (ergänzt)
[83] *IG* II/III² 1672, 9 ff.
[84] *Hesperia* (1938) 263 und (1943) 12
[85] *IG* I² 371, 5 (s. auch *SEG* (1949) 267); 374, 286 ff.; 371, 12
[86] *IG* II/III² 1672, 9–10
[87] Ebd. 13, 14, 15; vgl. 66 ff., passim
[88] Ebd. 70–71, 78, 160–61
[89] *IG* I² 374, 282 ff.
[90] *IG* II² 356; vgl. *JHS* (1914) 282
[91] *IG* II/III² 1675, 17
[92] *IG* II/III² 1668, 58 und 1672, 188
[93] *IG* II/III² 1658, 5 (394/3 v. Chr.)
[94] *IG* II/III² 1659, 6 ff. (394/3 v. Chr.)
[95] *IG* II/III² 1662, 5 (392/1 v. Chr.)
[96] *SEG* (1949) 245
[97] *IG* I² 336, 339, 347–49; *IG* II/III² 1665
[98] *IG* II² 88, 2
[99] *IG* I² 336, 8 ff.
[100] *IG* I² 338, 24, 46
[101] *IG* I² 367, 7
[102] *IG* I² 371 (III), 2
[103] *IG* I² 374, 279–81
[104] *IG* II² II, 463, 89, 90
[105] *IG* II/III² 1668, 16, 58
[106] *IG* II/III² 1670, 12
[107] *IG* II/III² 1672, 12–14
[108] Ebd. 71
[109] Ebd. 102 f.
[110] Ebd. 104
[111] Ebd. 105
[112] Ebd. 125
[113] Ebd. 146
[114] Ebd. 157; vgl. 168
[115] Ebd. 158 f.
[116] *IG* II/III² 1673, 45 ff.
[117] *IG* II/III² 1672, 191
[118] Ebd. 304. Vgl. *IG* I² 313–14, 101. Beispiel eines Holzimports besonderer Art: Ditt. *Syll.*³ 129, nach 394 v. Chr., Geschenk eines Eteokarpathiers und seiner Söhne: Zypressenholz „für den Tempel der Athena Polias in Athen"
[119] J. G. Frazer, *Pausanias' Description of Greece* (1898), Bd. II: Hymet-

tos I 32, 1, Anmerkungen I 423–26; antike Straßen 424–25; Pentelikon I 32, 2; s. auch Anmerkungen I 418 ff., mit Erwähnung „einer sehr steilen und holperigen Straße"
[120] Sheila Adam, *The Technique of Greek Sculpture* (1966) 5, und Taf. 1 (Pentelikon und Paros); zu Meißelspuren s. J. G. Frazer a. O. 418 (Pentelikon)
[121] *BSA* (1968) Taf. 12–13; C. Blümel, *Greek Sculptors at Work* (1955) Abb. 2–4
[122] Vgl. A. T. Hodge, *The Woodwork of Greek Roofs* (1960), über Balken und Latten 45 ff. Über verschiedene Holzarten 124–25
[123] Über Wagen und Straßenbau s. Alison Burford, ‚Heavy Transport in Classical Antiquity', *EHR*² (1960) 1–18; R. J. Forbes, *Studies in Ancient Technology* II (1955) 79 ff., 126 ff.; VII (1963) 139–49, 162–77
[124] Über Heben s. J. J. Coulton, ‚Lifting in Early Greek Architecture', *JHS* (1974) 1 ff.
[125] Vgl. J. G. Frazer, a. O. 418: „Die Steinbrüche liegen in den Klüften oberhalb des Klosters Mendeli. Eine sehr steile und holperige antike Straße führt an der Ostseite der Hauptrinne zu den Steinbrüchen empor. Die Straße ist roh gepflastert; die Marmorblöcke wurden wahrscheinlich mittels Holzschleifen auf ihr herunterbefördert. Man kann seitlich der Straße viereckige in den Felsen eingeschnittene Löcher erkennen; in ihnen mögen Balken befestigt gewesen sein, welche die hölzerne Schleife trugen"
[126] Transport schwerer Lasten: s. A. Burford, a. O. 1–18. Behandelt eine Reihe wichtiger Punkte: Verwendung von Mehrfachgespannen (für den Transport schwerer Steinblöcke, *IG* II² 1673); das Rind als Hauptzugkraft (R. J. Forbes, a. O. (Anm. 123 oben) II

82, nennt es zu langsam); Transport großer Balken und Steine, auch Säulentrommeln; Inschriften über Steinbruchbetrieb und Transport; Größe und Kosten der Gespanne. Eine wichtige Informationsquelle ist Alison Burford, *The Greek Temple Builders at Epidaurus:* 252–53 über die Vorbereitung schwerer Transporte in Eleusis 327/6 v. Chr. (*IG* II² 1673, 11–43), über den Transport schwerer Säulentrommeln von den pentelischen Steinbrüchen nach Eleusis. Zu Transportfragen s. 184–88. Beachte besonders in den Parthenonabrechnungen (*IG* I² 352, 12) die Verwendung von Karren mit Rädern bei der Beförderung von Steinen (*IG* I², 349, 13)

[127] So etwa Eudemos aus Plataia, der geehrt wurde (*IG* II² 351), weil er tausend Joch Rinder beschafft hatte, A. Burford, a.O. 11

Kapitel VIII

[1] Xen. *Ath. pol.*
[2] Ebd. 2, 11–12
[3] Ebd. 2, 7
[4] Ebd. 2, 6
[5] Ebd. 2, 14–15
[6] Thuk. II 38
[7] Thuk. II 16; Isokr. 4, 42
[8] Vgl. D. M. Lewis, *CQ* (1961) 63
[9] Deinarchos 1, 71
[10] Tod, *GHI* II 123, 25–31
[11] Xen. *Ath. pol.* 2, 16
[12] Z.B. auf Thasos; vgl. *IG* I² 376 = *SEG* X 304, um 424 v. Chr. (Güter in Euböa, Chalkis, Histiaia, Eretria)
[13] Thuk. VIII 63, 4
[14] Platon *Euthyphr.* 4 c
[15] Xen. *oik.* 4, 4
[16] Ps.-Aristot. *oik.* I 1343 a 30
[17] Ox. *Hell.* 12, 4–5
[18] Thuk. VII 27, 5
[19] Ox. *Hell.* 12, 4–5
[20] Aristoph. *Frieden* 629
[21] S. B. B. Rogers' Anm. ad loc.; Thuk. II 21; Aristoph. *Acharn.* 183; Andok. 3, 8; zur Übereinkunft s. Platon *rep.* V 471
[22] Lys. 7, 7–8
[23] Demosth. 55, 11
[24] Ebd. 24
[25] Aristoph. *Plutos* 223
[26] Xen. *oik.* 19, 6
[27] Ebd. 20, 22 ff.
[28] Ebd. 20, 26
[29] Lys. 7, 4–10
[30] Harp. s. v. *eschatia*
[31] S. Demosth. 55
[32] Demosth. 55, 3
[33] Ebd. 11
[34] Vgl. Eupolis Frg. 14 (Edmonds 320)
[35] Demosth. 55, 22
[36] Demosth. 47, 53, 60
[37] Xen. *oik.* 16, 7
[38] Xen. *Hell.* 6, 2, 36
[39] *IG* I² 615
[40] *IG* I² 684
[41] Vgl. *Hesperia* (1948) 243 ff.
[42] *Hesperia* (1956) 122 ff.
[43] *Hesperia* (1953) 225 ff.; (1956) 178 ff.
[44] Tod, *GHI* I² 197–200 (Nr. 79–80)
[45] S. Anm. 18 oben
[46] Aristoph. *Ekkles.* 651–52
[47] Aristoph. *Wespen* 712
[48] R. C. Jebb, *The Characters of Theophrastus* 4, 3, 2. Aufl. (Sandys) (1909) 7
[49] Xen. *mem.* 2, 7, passim über Anstellung von Freien; 2, 8 Beschäftigung als Verwalter
[50] Platon *Euthyphr.* 4 c–d
[51] Xen. *oik.* 16, 8 ff.
[52] Demosth. 55, 13
[53] Demosth. 43, 15–16

[54] Vgl. ebd. 15–16
[55] Platon *leg.* 844 d ff.
[56] Demosth. 29, 3
[57] Demosth. 30, 28
[58] Demosth. 42, 5 ff.
[59] Ebd. 20
[60] Ebd. 20
[61] Ebd. 20
[62] Ebd. 21. Zu einem solchen Gegensatz, allerdings zwischen Landwirt und Kaufmann, vgl. Aristoph. *Plutos* 903 f.
[63] Ebd. 19
[64] Plut. *Perikles* 12, 6–7. S. R. H. Randall, ‚The Erechtheum Workmen‘ *AJA* (1953) 194–210, desgl. Alison Burford, ‚Heavy Transport in Classical Antiquity‘ *EHR²* (1960) 3–4, besonders über Inschriften im Zusammenhang mit Arbeitern und Baubetrieb: in Athen s. o. (Randall); Epidauros, *IG* IV² 102–20; Delphi, *FdD* III 5, 19 ff.; Delos, *IG* XI² 142 ff., *Inscr. de Délos*, 499–509
[65] *IG* II² 1672, 252 ff., die eleusinischen Abrechnungen von 332–329 v. Chr.

[66] Plut. *mor.* 849 d; Hypereides der Redner: Eleusinische Abrechnungen 332/1–329/8 v. Chr., *IG* II/III² 1672, 252 ff.
[67] Lys. 7, 4–8, bes. 6 und 7. Vgl. Lys. 16, 10; Aischin. 2, 147
[68] *IG* II/III² 2491
[69] Ebd. 2492
[70] Ebd. 2493
[71] Vgl. Ditt. *Syll.³* 963, 7
[72] Vgl. *IG* II/III² 1241, 22
[73] Vgl. *IG* II/III² 1241, 22. Beachte Theophr. *hist. plant.* 8, 7, 2: ‚‚Die beste Brache folgt auf Bohnen.‘‘
[74] Vgl. Hesych. und Xen. *oik.* 19, 11
[75] Vgl. *IG* II² 2499, 16
[76] Ebd. und Ditt. *Syll.³* 963, 31
[77] *IG* II/III² 2494
[78] Vgl. Ditt. *Syll.³* 986, 3 (Chios)
[79] *IG* II/III² 2498
[80] Ebd. 2499, von 306/5 v. Chr.
[81] Ebd. 2500 vom Ende des vierten Jahrhunderts v. Chr.; 2501
[82] Demosth. 47, 52
[83] Aristoph. *Vögel* 714
[84] Xen. *oik.* 11, 14

Kapitel IX

[1] J. D. Muhly, *Copper and Tin* (1969) passim
[2] Ebd.
[3] S. o. 54, 60
[4] Über Melos und seine Bodenschätze, *BSA* (1975) 191–97
[5] J. T. Bent gibt in seinem *Aegean Islands* einen interessanten Bericht über Bergbauaktivität auf griechischen Inseln nach eigenen Beobachtungen: 18 (Seriphos), 38–40 (Siphnos), 55 (Kimolos), 359 (Naxos), 383 ff. (Paros), 464 (Keos), (vgl. *AR* 1973, 29)
[6] Hdt. 6, 47. Vgl. *BCH* (1962) 108, Anm. 7
[7] Ainyra kommt in einem Fragment des Archilochos vor (Lasserre-Bonnard, Frg. 307) und in einer Inschrift

aus dem dritten Jahrhundert, *BCH* (1964) 278; Karten ebd. 277, 279
[8] A.O. 284; Meilenstein, 267–87
[9] Ebd. 282 Anm. 5. Neuerdings hat man im Gebiet von Potamia-Koinyra (s. *AR* 1978–79, 35 und 1980–81, 40) antike Bergwerksschächte erforscht und Proben gefunden, die bis zu 5 ppm Gold und sonst keine Metalle in Mengen gefunden, deren Abbau lohnend wäre; man hält die Anlagen infolgedessen für antike Goldminen. Hier sei auch bemerkt (Lit. s. o.), daß auf der Akropolis von Thasos kunstvolle Anlagen untersucht worden sind, die Maßnahmen zur Entwässerung der Stollen sowie Anzeichen von Gold und Kupfer erkennen lassen. Man nimmt

an, daß die Tiefe der Anlagen auf Goldsuche als Hauptziel schließen läßt. In den Bergwerken wurde Keramik aus dem vierten Jahrhundert gefunden

¹⁰ S. Bibliographie

¹¹ Vgl. J. M. F. May, *The Coinage of Damastion*

¹² Vgl. J. N. Svonoros, *L'hellénism primitif de la Macédoine* passim; und *A Guide to the Principal Coins of the Greeks* (1932) IB, 3, 5, 14–17; IIB, 6

¹³ Hier ein direkter Export, wie die Stempelkombinationen anzuzeigen scheinen: C. F. A. Schaeffer, ‚Une trouvaille demonnaies grecques archaiques à Ras Shamra', *Mélanges R. Dussaud*, I (1939) 461–87

¹⁴ Hdt. 4, 107, 3; auf Grund einer Warnung des Megabazos in den ersten Anfängen von Dareios erstickt

¹⁵ Hdt. 5, 23

¹⁶ S. u. S. 196 über die Athener im Norden

¹⁷ Goldminen werden von Herodot eigens erwähnt (9, 75), und zwar im Zusammenhang mit dem General Sophanes zur Zeit eines der fruchtlosen Versuche, eine Kolonie am Strymon zu gründen

¹⁸ Hdt. 6, 44; 7, 108, 109, 110, 112–21

¹⁹ Aristot. *Ath. pol.* 15, 2. Es ist nicht ausdrücklich die Rede von einer Siedlung im Gebiet des Pangaion oder von Bergwerken

²⁰ Hdt. 1, 64

²¹ Vgl. S. Casson, *Macedonia, Thrace and Illyria* 218, 222

²² Thuk. I 100–101

²³ Ebd.

²⁴ Thuk. I 101, 3. Der Tribut, den Thasos entrichtete, betrug anfangs (452/1–447/6 v. Chr.) drei Talente (eine abweichende Zahl für 448/7 (Liste VII)), was die Verminderung seiner Besitzungen anzeigt; von 446/5 v. Chr. an (soweit Tributlisten erhalten sind)

steigt er auf 30 Talente, woraus man auf eine Wiederherstellung der Zuständigkeit für das Festlandgebiet (?) schließen muß (*Athenische Tributlisten* III 259). Über Drabeskos s. *ATL* III 106ff.; über ‚das Bergwerk': 259 Anm. 76

²⁵ Thuk. IV 102

²⁶ Thuk. IV 108. Brasidas schlägt im Peloponnesischen Krieg vor, dort Kriegsschiffe zu bauen: Thuk. IV 109, 7

²⁷ Auf Grund der Schätzung von West, *TAPA* (1930) 217–39, scheint Athen infolge des Verlustes von Amphipolis, Skione, Torone und Akanthos (vgl. Thuk. IV 108) 50–75 Talente verloren zu haben; er nimmt auch an (219), daß Einkünfte entfielen, die in den Tributlisten nicht auftauchen, etwa von Eion am Strymon

²⁸ Thuk. IV 105, 1

²⁹ Hdt. 6, 46. Vgl. Theophr. *lap.* 17

³⁰ *IG* I² 184–85 und Suppl. 33–34

³¹ P. Perdrizet, *Klio* (1910) 1 ff.; (s. u. Anm. 35)

³² App. *civ.* IV 106

³³ Diod. Sic. XVI 8, 6

³⁴ G. F. Hill, *Historical Greek Coins* (1906) 78–83, Nr. 41

³⁵ Vgl. V. Martin, ‚La durée d'exploitation du gisements aurifères de Philippes en Macédoine', 21, in *Études dédiées à la mémoire d'André M. Andréades* (1940). Weitere Bibliographie: *BSA* (1953) 200, Anm. 1a; (1968) 292, Anm. 2. Krenides wird bei Casson als „die zentrale Bergwerksstadt des gesamten Pangaiongebiets" bezeichnet

³⁶ Strabon VII, Frg. 36

³⁷ Vgl. App. *civ.* IV 106. „Philippi ist eine Stadt, die früher Datos und noch früher Krenides hieß."

³⁸ *A Guide to the Principal Coins of the Greeks* (1932), IIIB, 16, 19, 20. Anscheinend wurden sehr viele aurei nach dem Tod Philipps II. geprägt. In die-

sem Fall braucht das dafür verwendete Gold nicht aus Thrakien gekommen zu sein. Vgl. George Le Rider, *Le monnayage d'argent et d'or de Philippe II* (Paris 1977)

[39] Vgl. hierzu S. Casson, a.O. Anm. 21 oben, 59–60

[40] Plin.*nat.* XXXIII 66

[41] Zu *chrysu psēgmata*, Goldstaub, vgl. S. Casson, a.O. Anm. 21 oben, 16, Anm. 3; 62 und 104

[42] S.u. zu S. Casson, a.O. 59. Dieser Teil von O. Philippson, *Die griechischen Landschaften*, ist offenbar noch nicht veröffentlicht

[43] S.o. die Hinweise bei Herodot, Strabon und anderen; auch Eur. *Rhes.* 921 und 970

[44] Strabon 331, 34

[45] S. Casson, a.O. Anm. 21 oben, 59; C. J. Sagui, *Journal of Econ. Geology* (1928) 671–80

[46] Nicht zu verwechseln mit den Anlagen zur Eisengewinnung am gleichen Platz aus dem neunzehnten Jahrhundert. Vgl. *BSA* (1968) 315 und Taf. 64 (a) und (b); O. Philippson, a.O. Anm. 42 oben, 76–79. S. auch N. H. Gale, ‚The ancient mines on Siphnos‘ (mit ausgezeichneter Bibliographie), *Miscellanea Graeca*, fasc. 2 (Gent, 1979), 36 ff.

[47] Hdt. 2, 58–59

[48] Es könnte aber auch sein, daß sie keine Seefahrer waren. Wie Seriphos stellten sie ein fünfzigruderiges Schiff, weniger als Kythnos, Hdt. 8, 48; Ägina dagegen stellte 30 (8, 46) Triremen (in Herodots Redeweise ‚Schiffe‘) falls es diesen Typ damals schon gab

[48a] Die Möglichkeit von Gold auf Siphnos: Anm. 46 oben, a.O. (II), 3 und 6; wo es hätte gefördert werden können, falls es auf der Insel vorkam: ebd. 15

[49] *BSA* (1968) 293 ff.

[50] Abbildungen s. *BSA* (1968), Taf.

56–63 und Taf. 48–50 im vorliegenden Werk. Ein neuer und seltener Typ des Waschtischs (bisher an drei Stellen in Laureion gefunden): s. *Proceedings of the Athens Academy* (1970) 3–21, Taf. I–XXII; Healy, 279, Anm. 93. Über neuere Ausgrabungen (im Agrilezatal) von Anlagen, einschließlich Schmelzöfen, s. *AR* (1978–79) 6–7, und (1979–80) 17–19; s. auch eine Anmerkung über Thorikos, S. 19. Eine sehr wichtige und gelehrte Überlegung zum Abbau von Blei und Silber in der Ägäis, die auch die Unterscheidung dieser Metalle nach ihren jeweiligen Fundorten in der Ägäis behandelt: N. H. Gale, Oxford Dept. of Geology, ‚Some aspects of land and silvermining in the Aegean‘, *Miscellanea Graeca*, fasc. 2 (Gent, 1979) 9 ff.

[51] *BSA* (1968) 315 ff.

[52] Laureion (Adjectivum, zu ergänzen *oros*) kommt im *pōlētai*-Verzeichnis von 367/6 v. Chr. vor

[53] Zu Zeiten Strabons war das Gebiet ‚wüst und arm‘

[54] Die Stelle bei Sophokles in *Aias* 1218 ff.: „Oh könnt ich dorthin, wo das bewaldete Kap, das von Wogen umrauschte, über das Meer sich erhebt, oh wär’ ich beim steilen Sunion, um das heilige Athen zu grüßen!“ bezieht sich wahrscheinlich nur auf die Nähe des Tempels, das Gebiet der heutigen ‚Grünen Küste‘

[55] *Perser* 237–38; vgl. Eur. *Cycl.* 293–94: ‚der Felsen Sunions mit Silber darunter‘

[56] P. N. Ure, *The Origin of Tyranny* (1922) 37 ff.; s. *BSA* (1961) 194, Anm. 49

[57] Hdt. 6, 89–90

[58] Hdt. 6, 144

[59] *Ath. pol.* 22, 7 folgt den *Atthis* und wird von Polyainos übernommen

[60] Plut. *Themistokles* 4

[61] Cornelius Nepos, *Themistokles* 2

[62] Vgl. Siphnos, Hdt. 3, 57, 2 und vielleicht Thasos, Hdt. 6, 46, 3

[63] Beachte, daß Thukydides I 14 nur die Vergrößerung der athenischen Flotte, nicht aber die Herkunft des Geldes erwähnt

[64] Demosth. 37, 4 und 25; Aischin. 1, 101; *CIA* II 780, 5; Harpokr. s. v. ,*Epi Thrasyleōi*‘

[65] Xen. *vect.* 4, 44

[66] S. *Miscellanea Graeca*, fasc. 1, *Thorikos and the Laurion in Archaic and Classical Times*, hrsg. H. Mussche, P. Spitaels, F. Goemaere-De Poerck, die Berichte eines in Gent im März 1973 abgehaltenen Seminars (Gent 1975), die (S. 208–11) ein Verzeichnis der Veröffentlichungen über Thorikos enthalten. Vgl. auch *BSA* (1968) 293–95, und die dort gebotenen Details und Erläuterungen. Über die gegenwärtige Ausgrabung der British School of Archaeology in Agrileza, Laureion, der Bergwerksanlagen, die offenbar auch Schmelzöfen umfassen, s. *AR* für 1978–79 (1979) 6–7

[67] Taucht in der Literatur auch bei Antiphanes auf (408 oder 405–334 oder 331 v. Chr.). Gehört zur Mittleren Komödie und infolgedessen ins vierte Jahrhundert. Das Stück hat den Titel *Thorikioi ē Dioryttōn*, muß aber nur insofern mit dem Bergbau zusammenhängen, als die Einwohner von Thorikos, da sie von Beruf Bergarbeiter sind, vielleicht auch beste Erfahrungen im Graben und Einbrechen haben könnten

[68] Vgl. H. Mussche, ,Thorikos in Archaic and Classical Times‘, *Miscellanea Graeca*, fasc. 1, 45–54 eine ausgezeichnete Zusammenfassung

[69] Vgl. H. Mussche und K. Konophagos, ,Ore-washing Establishment and Furnaces at Megala Pefka‘, *Thorikos* VI (1969)

[70] Vgl. *BSA* (1968) 304 ff.

[71] Vgl. E. Ardaillon, *Mines du Laurion* 141 ff.

[72] Diod. Sic. XI 41, 43, 70

[73] Plut. *Perikles* 12

[74] Plut. *Aristides* 25

[75] Xen. *vect.* 6, 15

[76] Andok. 1, 130; Plut. *Alkibiades* 8

[77] Lys. 19, 47–48

[78] Xen. *vect.* 4, 14

[79] Xen. *mem.* 2, 5, 2

[80] Plut. *Nikias* 4, 2

[81] Oder ,in Silber‘? Vgl. Lys. 19, 47: ,der größere Teil seines Vermögens in seinem Haus‘

[82] *Ritter* 362, von 424 v. Chr. (Übers. U. Seeger)

[83] *Vögel* 1105–06, von 414 v. Chr. (Übers. U. Seeger)

[84] Xen. *vect.* 4, 25

[85] Thuk. VI 91 und VII 19 und 27

[86] Thuk. VI 91, 7

[87] Aristoph. *Frösche* 720: ,,Das neue Gold‘‘

[88] Vgl. *Hesperia* (1969) 157–88

[89] Aristoph. *Ekkles.* 815 ff.

[90] Xen. *mem.* 3, 6, 12

[91] *Hesperia* (1941) 14 ff.

[92] *IG* II² 1582 und *Hesperia* (1936) 10

[93] 4, 28: ,,denn neuerdings werden sie (die Bergwerke) wieder in Betrieb genommen‘‘

[94] Demosth. 37, von 345/4 v. Chr.

[95] Wie der Mann (Andok. 1, 38), der zu Fuß von Athen nach Sunion ging, um – auf Grund des *apophora*-Systems – sein Geld von einem Bergwerkssklaven abzuholen

[96] Vgl. Demosth. 42, 20: ,,früher arbeitete ich selbst (im Bergbau)‘‘; Theophr. *lap.* 58; Xen. *vect.* 4, 22

[97] Xen. *mem.* 2, 5, 3; Aischin. 1, 37

[98] Plut. *Vergleich von Nikias mit Crassus* 1, 1

[99] E. Ardaillon, *Mines du Laurion* 92–93, weist darauf hin, daß es für die Zeit der Perserkriege und des Pelopon-

nesischen Kriegs bis 413 v. Chr. keine Berichte über Unruhen gibt; er nimmt für den später von Athenaios (VI 272e) und möglicherweise von Diodor (XXXIV 2.19) berichteten Aufstand die Zeit des Zweiten Sklavenkriegs in Sizilien an, und nicht wie Mommsen 413 v. Chr.

[100] Thuk. VII 27

[101] Xen. *vect.* 4, 3 und 26

[102] Xen. *vect.* 4, 12

[103] Vgl. Bekker, *Anecd. Graeca* I 205: ,*Hormoi* (Grenzen) waren wie Pfeiler in einem Bergwerk. Diese dienten als Begrenzungen auch der einzelnen Teilstücke, die er (der Bergwerksunternehmer) vom Staat pachtete.'

[104] *Hesperia* (1941) 14ff.

[105] *IG* II² 1582, 75–80

[106] *IG* II² 1582, 44

[107] Demosth. 21, 167

[108] *Hesperia* (1941) 14ff.

[109] A.O.Z. 41–42, 58–65

[110] A.O. 49, 51–52

[111] *Hesperia* (1936) 10, Z. 110

[112] Hyp. *Gegen Euxenippos* 35

[113] A.O.Z. 70–71

[114] Andok. 1, 38

[115] Hyp. *Gegen Euxenippos, OCT* col. 44–45

[116] An ihnen scheint kein Mangel gewesen zu sein. Für die Berechnung ihres Preises gibt es im vierten Jahrhundert einige Anhaltspunkte: die besseren kosteten 150–160 Drachmen, die weniger guten waren viel billiger (Xen. *mem.* 2, 5, 2). Sklaven als Eigentum der Konzessionäre: Demosth. 37, 4, 22, 26. Sie finden sich auf Hypothekensteinen, wie aus *CIA* II 1122, 1123 hervorgeht: ,Grenze einer Werkstatt *(ergasterion)* mit Sklaven, verkauft mit Option auf Rückkauf *(prasis epi lÿsei)* an Pheidon von Aixone.' Doch diese beziehen sich auf Erzwäschen und ähnliches, nicht auf Bergwerke, die nicht verpfändet werden durften

[117] Falls man Xen. *vect.* 4, 14 glauben darf

[118] Vgl. Aischin. 1, 97

[119] Demosth. 19, 293

[120] Plut. *Vit. X Or.:* Lykurg. *In Leocratem* 34

[121] Andok. 1, 133

[122] Demosth. 42, 32

[123] Demosth. 37, 22

[124] Demosth. 37, 37–38

[125] Vgl. *ABSA* 63 (1968) 304–6: Erörterungen hierzu und Vergleich mit den Bergbauvorschriften in Derbyshire

[126] 3, 34

[127] Vgl. *Hesperia* (1957) 14

[128] Vgl. den Artikel des Verfassers in *ABSA* (1953) 247–54

[129] Vgl. Demosth. 42, 18, wo der nicht näher bezeichnete Besitz ,in den Bergwerken' *ergasteria* (Werkstätten) einschließen muß, da Bergwerke in keinem Falle Eigentum sein konnten; s. auch 42, 31 in einem interessanten Zusammenhang: ,,Wenn man bei euch, meine Herren Geschworenen, scheitert, wohin soll man sich dann wenden – wo doch reiche Leute, die euch nie etwas Gutes getan haben, die Mengen von Getreide und Wein erzeugen und es dreimal so teuer wie früher verkaufen, an euren Gerichtshöfen unbillig bevorzugt werden"

[130] Vgl. Margaret Thompson, *The New Style Silver Coinage of Athens* (American Numismatic Society (1961), Text und Tafeln). Interessante Hinweise auf Bergwerke oder Münzwerkstätten auf der Rückseite dieser Münzen: American Numismatic Society, *Museum Notes* (1952), 25–48: M. Thompson, ,Workshops or Mines?' (möglicherweise eine Form der Goldkontrolle)

[131] Über den beamteten Prüfer *(dokimastēs)* vgl. die Inschrift von 375/4 v. Chr., *Hesperia* (1969) 157–88

Kapitel X

[1] Das sollte näher bestimmt werden: beachte die Bedeutung von Megara (Isokr. 8,117) und von Lampis, einem Ägineten, „der in Hellas die meisten Schiffe besaß" (Demosth. 23,211)

[2] Über Seide s. G. M. A. Richter, ‚Silk in Greece‘, AJA (1929) 27 ff.

[3] Zur See kam man schneller voran, Demosth. 19,163; wichtige Passagen waren für den Verkehr zur See der Hellespont und zu Lande die Thermopylen, Demosth. 19,180; Fahrten über das offene Meer (pelagios) z.B. von Kap Malea nach Melos: Thuk. VIII 39,3; zur Geschwindigkeit ein Beispiel von Athen nach Mytilene, „am dritten Tag nach der Abfahrt von Athen" (48 Stunden?), Thuk. III 3,5; Gefahren auf See: Andok. 1,137–38; später, im frühen zweiten Jahrhundert: Ditt. Syll.³ 591, 13 und 40

[4] Es gab aber auch große Schiffe. Ein Schiff für 10000 Talente Fracht verwendeten die Athener im Großen Hafen von Syrakus (Thuk. VII 25,6); Xen. oik. 8,11 erwähnt einen großen phönizischen Kauffahrer, der (bezeichnenderweise) Waffen und Soldaten zur Verteidigung mit sich führte. Die einzigartige Alexandreia Hierons II. konnte vielleicht 1600 Tonnen befördern, und das alexandrinische Getreideschiff Isis aus dem zweiten Jahrhundert n. Chr. maß ca. 54 × 13,50 m, war 13 m hoch und faßte 1200 Tonnen (s. Oxford Class. Dictionary² (1970) 984). Das durchschnittliche römische Handelsschiff faßte vielleicht 50 Tonnen. Vgl. CQ (1977) 331 ff.

[5] Zu diesem Aspekt der Unterwasserarchäologie s. J. du Plat Taylor (Hrsg.), Marine Archaeology (1965)

[6] Die Rede könnte eine literarische Übung sein; Demosth. 32,4 ff., 8,9

[7] Demosth. 33,5,13,20

[8] Demosth. 34,8; beachte, daß in Athen (zwischen 376 und 360 v. Chr.) Kaufleute aus Sidon von metoikion, choregia und eisphora befreit waren; 34,36,37,38–39

[9] Demosth. 35,6–7,9,10; sie sind nicht immer echt; 31,32,52; der schlechte Ruf der Phaseliten (35,1–2), die wechselnden Zinssätze bei der Durchfahrt vom Schwarzen Meer zur Ägäis vor und nach dem Aufgang des Arcturus (Anfang September) und im Bereich des Hellespont nach dem Aufgang des Sirius (Ende Juli) (35,10), Hinweis auf Löschung der Fracht in einem befreundeten Hafen, „wo die Athener kein Recht zu Repressalien haben" (35,13), Verwendung des Begriffs sylan (35,26), Überbordwerfen mit Zustimmung der Passagiere (35,11), Zahlungen an Feinde (ebd.); Vertragsbruch, Beschlagnahme des gesamten Vermögens der Nichtzahler, „zu Wasser oder zu Lande, wo immer sie sein mögen"

[10] Ebd. 20 und 23

[11] Demosth. 56,7

[12] Ebd. 8

[13] Demosth. 58,53–56; wegen der Bedeutung des südrussischen Handels

[14] Demosth. 34,15; wie ein überlasteter Schoner in der Karibik!

[15] Ebd. 10

[16] Demosth. 35,18, in Krügen (keramia) zu sechs Gallonen, im – theoretischen – Taxwert von einem Talent (eine nützliche Preisangabe), doch wurden in Wirklichkeit nur 450 verladen

[17] Ebd. 31–32, Verpflegung für Sklaven eines Landwirts

[18] Zwei neuerdings veröffentlichte Sammlungen werden angeführt, weniger umständlich in der Benutzung als die verschiedenen Teile der IG: GDI (1884–1915) und Ditt.Syll.³ (1915–24),

dazu noch Material aus *SEG*. Ein in seiner Art einzig dastehendes Dokument wurde auf der Insel Berezan vor der Küste von Olbia in Südrußland gefunden. Es handelt sich um einen auf Blei geschriebenen Privatbrief von Achillodoros an seinen Sohn Anaxagoras, in dem die Organisation der Handelsaktivitäten in diesem Gebiet am Ende des sechsten und am Anfang des fünften Jahrhunderts v. Chr. geschildert werden. Vgl. *AR* (1971–72) 49, aus *Vestnik drevnei istorii* (1971) 4, 74–100

[19] Vgl. H. Michell, *Economics of Ancient Greece*[2] 170–298

[20] Xen. *Hell.* 6, 1, 11; vgl. Demosth. 17, 28

[21] *IG* I[2] 71, 22–23: Beschränkung von Exporten, wie jene, mit denen sich Andokides befaßte (2, 11). Wilhelm (vgl. *SEG* X 86) vermutet, daß möglicherweise auch Getreide erwähnt war

[22] *GDI* 5285 b

[23] Aristoph. *Lys.* 729

[24] Ebd. 753. Vgl. Anm. 2 oben; es könnte sich um eine Art Seide handeln

[25] Xen. *kyn.* 2, 4

[26] Z.B. *Archaeology in Greece* 1961–62, 5, Amphoren aus Chios, Lesbos und Mende

[27] Ditt. *Syll.*[3] 495, 19–23

[28] *GDI* IV, Suppl. Nr. 52

[29] Ditt. *Syll.*[3] 975

[30] *BCH* (1936) 11–36

[31] Ps.-Aristot. *oik.* 1346 b 3–16

[32] *IG* II[2] 1635, 35–36; 1672, 89

[33] 377/6 und 375/4 v. Chr. kostet ein Rind 77 Drachmen; 329/8 v. Chr. (?) kostet es 400 Drachmen (während der Preis für eine Ziege oder ein Schaf 30 Drachmen beträgt)

[34] *Hesperia* XIV 119 ff., Nr. 11 = *SEG* X 87

[35] Ditt. *Syll.*[3] 218. Erlaubnis für Export und Import von geprägtem Gold und Silber, mit Verkauf und Kauf auf dem „Stein im *ekklesiasterion*". Alle Verkäufe und Käufe haben ausschließlich mittels der Bronze und des Silbers aus Olbia zu erfolgen. Der (Kyzikener) Stater soll auf nicht mehr und nicht weniger als 10 ½ (11 ½?) Drachmen in Silber aus Olbia tarifiert werden. Der Wechselkurs anderer ausländischer Zahlungsmittel soll durch Handeln bestimmt werden. Vgl. Ditt. *Syll.*[3] 525 (drittes Jahrhundert v. Chr.) von Gortyna auf Kreta

[36] *GDI* IV, Suppl. Nr. 49 A, 370, scheint sich auf Summen zu beziehen, die sich aus Steuern auf Bauholz, Salz(?) und Schiffe (?) zusammensetzen

[37] *GDI* 5632; Tod, *GHI*[2] 23, A 9–12, B 20–22

[38] Aristot. *rhet.* 1411 a 14

[39] Vgl. Ditt. *Syll.*[3] 497 (nach 229 v. Chr.) mit Ehrungen für einen Athener wegen öffentlicher Dienstleistungen (darunter auch Instandsetzungsarbeiten an Häfen und Neubestellung von Land, das brachgelegen hatte, Z. 8–9)

[40] *Dacia* III–IV 391 ff.

[41] Ditt. *Syll.*[3] 495, Anm. 49 oben

[42] Ebd. 58 ff. (Getreideversorgung); 100 ff. (Befestigungen); 148 (Schiffstransporte für den Staat)

[43] *SEG* I 361

[44] Ditt. *Syll.*[3] 212. Gewährung des Rechts zum Getreideexport bis zu 100000 Medimnen (ergänzt), mit Zahlung von nur ¹⁄₆₀ und ¹⁄₉₀ (?) der Steuer

[45] *RFC* (1934) 169–93

[46] Ditt. *Syll.*[3] 354. Import und Verkauf von Getreide – auf die Bitte des *agoranomos* – unter dem Marktpreis

[47] Ditt. *Syll.*[3] 493. Beachte, daß die Hilfeleistung eines Rhodiers durchaus verständlich ist, da ein Zentrum des Getreidehandels dahintersteht, aber warum Delos?

[48] Ditt. *Syll.*[3] 360

[49] Ditt. *Syll.*[3] 502; vgl. M. Rostovzeff, *The Social and Economic History*

of the Hellenistic World[1] (1941) 385, 591

[50] *SEG* III 710, 131

[51] Ditt. *Syll.*[3] 976

[52] Tod, *GHI* I[2] 34 sowie Anmerkungen und Hinweise. In derselben Urkunde (8–18) findet sich ein Gesetz von Oianthea (?), das die Verfahrensweise regelt. Zu beachten ist, daß diese Inschrift den feinen Unterschied zwischen Seeraub und Beschlagnahme *(sylan)* deutlich macht und *proxenia* und *symbolai* erwähnt, zwei von den Maßnahmen, die Einzelpersonen schützen und gesetzlich geregelte zwischenstaatliche Verbindungen herstellen sollten

[53] Vgl. Tod, a.O. 7, über die Aiakes-Inschrift von ca. 540 v. Chr., und die Verweise auf Herodot. Die Inschrift verwendet das Wort *syle* für Straßenraub und Seeraub. Vgl. Liv. 5, 28

[54] Eine Erwähnung von Kämpfen gegen diese (Tyrrhener) in der Adria (?) findet sich in *GDI* 3835 aus der zweiten Hälfte des dritten Jahrhunderts

[55] *GDI* 3749; Ditt. *Syll.*[3] 581

[56] Demosth. 7, ein Konflikt zwischen Athen und Philipp II. von Makedonien

[57] Demosth. 52, 5

[58] Demosth. 23, 166–67; vgl. 139

[59] Demosth. 53, 8; Aischin. 2, 12

[60] *IG* II–III 1, 283, 284

[61] *GDI* 5364; möglicherweise Freilassung der Gefangenen gegen Lösegeld, ebd. 5366

[62] *IG* I[2] 53, dazu *SEG* X 46

[63] Ditt. *Syll.*[3] 582; vgl. Liv. 36, 22, 6 und Diod. Sic. XXVIII 1

[64] Xen. *an.* 7, 5, 14

[65] Ditt. *Syll.*[3] 456, 30ff.; vgl. Xen. *an.* 6, 4, 2

[66] Vor allem für Getreideschiffe durch Kriegsschiffe, die Hieron zum Schutz gegen Beschlagnahme (in Wirklichkeit Seeraub) durch Byzanz, Chalkedon und Kyzikos stellte, Demosth. 1, 6 und 17

[67] Demosth. 8, 25

[68] Z.B. Ditt. *Syll.*[3] 742, ein Dekret der Epheser, das Schuldner betrifft (ca. 85 v. Chr.), und sich ganz allgemein mit Schulden und vertraglichen Verpflichtungen befaßt, die sich aus dem Angriff Mithridates' VI. ergaben. Besonders erwähnt Seeverträge, die aufgegeben oder ausgesetzt werden sollten *(symbolaia ta nautika)*

[69] Ditt. *Syll.*[3] 229, von vor 342/1 v. Chr. Vgl. Ditt. *Syll.*[3] 633

[70] Etwas ähnliches um 450 v. Chr. zwischen Knossos und Tylissos

[71] Ditt. *Syll.*[3] 172

[72] Ebd. 273

[73] Ebd. 286. Olbia war eine Kolonie von Milet

[74] Ditt. *Syll.*[3] 344

[75] *GDI* 4645

[76] *SEG* II 258

[77] *GDI* 5310 (Eretria)

[78] Ditt. *Syll.*[3] 217, in der Zeit von 342–309 v. Chr.

[79] *Hesperia* V 273ff. (Wallace); das nächste *IG* I[2] 27, 28 und 36; ein weiteres frühes Beispiel Ditt. *Syll.*[3] 110

[80] Hdt. 8, 136

[81] *GDI* 5686 und 5687

[82] Vgl. das Verzeichnis der *proxenoi* in Histiaia, Ditt. *Syll.*[3] 492

[83] *GDI* 5464, begleitet vom Bürgerrecht für den ersten Empfänger

[84] Wie zum Beispiel Ditt. *Syll.*[3] 282 (von 333 v. Chr.) wo Priene den Megabyzos aus Ephesos mit den üblichen Privilegien ehrt, verbunden mit *proxenia* und dem Recht auf Landerwerb im Werte bis zu fünf Talenten, wobei das Grundstück nicht weniger als 10 Stadien von der ephesischen Grenze entfernt und nicht im Pedieis-Bereich liegen darf. Zu beachten ist, daß eine solche Erwerbung geschäftlich sehr wertvoll war

⁸⁵ *GDI* 5533

⁸⁶ Wie im Falle des Philokles, Königs von Sidon, für die Dienste, die er den Deliern bei der Eintreibung von Schulden erwies (Ditt. *Syll.*³ 391 von ca. 280 v. Chr. = *SEG* I 363); *proxenia* sowie *politeia* und ein goldener Kranz finden sich in Ditt. *Syll.*³ 426

⁸⁷ Hierzu s. Ditt. *Syll.*³ 256 (Tenedos)

⁸⁸ S. auch *MusHelv.* (1960) 21–33; ein frühes Beispiel von *asylia* und *ateleia*, ca. 450 v. Chr., Ditt. *Syll.*³ 55

⁸⁹ Chios (*SEG* II 258); Teos (auf Ersuchen) (Ditt. *Syll.*³ 563); und Magnesia am Maiandros (Ditt. *Syll.*³ 554) (ebenfalls auf Ersuchen). In diesem letzteren Fall (von anderen Staaten anerkannt) bestand ein religiöser Zusammenhang, eine Epiphanie der Artemis (s. Ditt. *Syll.*³ 557), was an die Gewährung von *asylia* für religiöse Zentren erinnert (Ditt. *Syll.*³ 550 und 590, 15), was wiederum an unser Asylrecht erinnert. Zweifellos erleichterte es das Leben, sofern die Bestimmungen durchgesetzt werden konnten

⁹⁰ Dekret von Ilion, Ditt. *Syll.*³ 355

⁹¹ Wie die Athener den Kaufleuten aus Sidon (zwischen 376 und 360 v. Chr.) Befreiung von *metoikion, choregia* und *eisphora* gewährten

⁹² Ein ähnlicher Fall: für Siphnier in Kalaureia (religiös?) gemäß „einem Brauch von altersher" (Ditt. *Syll.*³ 359); Beispiel der Gewährung durch eine Gemeinde an eine andere, Epidauros an Astypalaia (seine Kolonie) (zweite Hälfte des vierten Jahrhunderts) (Ditt. *Syll.*³ 357)

⁹³ Wie Ditt. *Syll.*³ 355, Ilion an drei Teneder: Steuerbefreiung bei Erwerb von Grund, Häusern und sonstigem, sowie für alle, die von ihnen kaufen oder an sie verkaufen

⁹⁴ Vgl. Ditt. *Syll.*³ 941 (drittes Jahrhundert v. Chr.), in diesem Falle an Phokäer in Magnesia (am Hermos?) aber nur zu Privatzwecken, nicht für Handel. Auf diese Weise gab es weniger Verlust bei der Import-Export-Steuer; zu deren Eintreibung (in Kyparissia) s. *GDI* Suppl. Nr. 44 = Ditt. *Syll.*³ 952, aus dem vierten Jahrhundert v. Chr.

⁹⁵ Wie zwischen Mausollos und Phaselis (*GDI* 4259). Vgl. Ditt. *Syll.*³ 955: vermutliche Details der Bestimmungen

⁹⁶ Vgl. in Amorgos, in der ersten Hälfte des vierten Jahrhunderts, *GDI* 5361

⁹⁷ Ditt. *Syll.*³ 116; vgl. Olbia, das seine heiligen Gefäße einem Geldverleiher verpfändet (Ditt. *Syll.*³ 495)

Zur Ergänzung: weitere einschlägige Inschriften: Dittenberger, *Orientis Graeci Inscriptiones Selectae (OGIS)* I (1903): über die *sitodeia* und Getreidespenden besonders in der Krise von 321/20 v. Chr.; *OGIS* 4: Import nach Ionien „von den Satrapen"; *OGIS* 9: Ehrungen für Archestratos, Garnisonskommandeur des Demetrios, durch die Epheser, ca. 302/1 v. Chr., weil er „die Getreideschiffe rettete"; *OGIS* 56: das Dekret von Kanopos des Ptolemaios III., 239/8 v. Chr., wegen des Ausbleibens der Nilüberschwemmung und der anschließenden Getreideknappheit: Getreidelieferungen von auswärts (Syrien, Phönizien, Zypern und anderen Gegenden, wahrscheinlich einschließlich Siziliens).

Über Handelsorganisation s. *OGIS* 140 und 247; die Bezeichnung *ekdocheis* verwendet für Vermittler zwischen *emporoi* und *naukleroi*.

Bibliographie

Allgemeines: Handel und Industrie

1 Beloch, K. J., *Griechische Geschichte* (1922) III 1, 313–45, gute Anmerkungen
2 Bücher, K., *Beiträge zur Wirtschaftsgeschichte* (1922)
3 Cavaignac, E., *L'économie grecque* (1951)
4 Cloché, P., *Les classes, les métiers, le trafic* (1931)
5 Finley, M. I., *Studies in Land and Credit in Ancient Athens, 500–200 B.C. The Horos Inscriptions* (1951). Sehr nützliche Bibliographie
6 –, et al., *Second International Conference of Economic History, Aix-en-Provence 1962* (1965), vol. I, ‚Trade and Politics in the Ancient World‘
7 –, *The Ancient Economy* (1973)
8 Francotte, H., *L'industrie dans la Grèce ancienne* (1900)
9 Glotz, Gustave, *Le travail dans la Grèce ancienne. Histoire économique de la Grèce* (1920)
10 Glover, T. R., *From Pericles to Philip* (1918), besonders SS. 302–36
11 Gomme, A. W., *Essays in Greek History and Literature* (1937), ‚Traders and Manufacturers in Greece‘
12 Hasebroek, J., ‚Betriebsformen des griechischen Handels‘, *Hermes* (1923) 392–425
13 –, *Staat und Handel im alten Griechenland* (1928)
14 –, *Griechische Wirtschafts- und Gesellschaftsgeschichte* (1931)
15 –, *Trade and Politics in Ancient Greece.* Trans. by Fraser, L. M. and MacGregor, D. C. (1933) s. Nr. 13
16 Heichelheim, F. M., *An Ancient Economic History II* (1964). Bibliographie über alle Aspekte der griechischen Wirtschaftsgeschichte
17 Jones, A. H. M., *Ancient Economic History* (1948)
18 Knorringa, H., *Emporos. Data on Trade and Trader in Greek Literature from Homer to Aristotle* (1926)
19 Michell, H., *Economics of Ancient Greece²* (1957). Gute Bibliographie 394–98, 425–27. Nützliche Anhänge
20 Oertel, F., ‚Zur Frage der attischen Großindustrie‘, *RM* (1930) 230–52
21 Pöhlmann, R. von, *Geschichte der sozialen Frage und des Sozialismus in der antiken Welt³* (1925)
22 Schaal, H., *Vom Tauschhandel zum Welthandel* (1931)
23 Toutain, J., *L'économie antique* (1927)

Einzelaspekte

24 Ehrenberg, V., *From Solon to Socrates²* (1973). Die beste Darstellung des geschichtlichen Hintergrundes
25 Gernet, L., *L'approvisionnement d'Athènes en blé au VIème et au IVième siècles* (1909)
26 Grace, V. R., *Amphoras and the Ancient Wine Trade* (1961)

27 Jardé, A., *Les céréales dans l'antiquité grecque* (1925)
28 Panagos, C. T., *Le Pirée* (1968)
29 Roebuck, C., ‚The grain trade between Greece and Egypt', *Class. Philol.* (1950) 236–47
30 Sutherland, C. H. V., ‚Corn and Coin: a Note on Greek commercial monopolies', *AJP* (1943) 129–47
31 Ziebarth, E., *Beiträge zur Geschichte des Seeraubs und Seehandels im alten Griechenland* (1929)

Förderung und Schutz: Staat und Handel

S. o., besonders die Nr. 2–3, 6, 12–14, 31
32 Brecht, C. H., *Zur Haftung der Schiffer im antiken Recht (Münchener Beiträge zur Papyrusforschung 45 (1962))*
33 Cohen, E. E., *Ancient Athenian Maritime Courts* (1973). Über *dikai emporikai*
34 Jones, J. W., *The Law and Legal Theory of the Greeks* (1956). Standardwerke über Griechisches (insbesondere Athenisches) Recht: vgl. Finley o. Nr. 5

Handelsobjekte

S. u., bei *Handel und Gewerbe,* passim und Nr. 16

Tauschmittel: Geld

35 Babélon, E., *Traité des monnaies grecques et romaines* (1901–33) I 772ff., 807ff., 831ff., 874ff., 897ff., 950ff. Münzen und Münzkunde
36 Cook, R. M., ‚Speculations on the Origins of Coinage', *Hesperia* (1958) 257–62
37 Gunn, B., ‚Export of Silver to Egypt in the Fourth Century. The Naucratis Stele', *Journal of Egyptian Archaeology* (1943) 55–59
38 Kraay, C. M., ‚The Early Coinage of Athens: A Reply', *NC* (1962) 417–23. Erwiderung auf W. P. Wallace, 46 unten
39 –, *Greek Coins* (1966)
40 –, *Archaic and Classical Greek Coins* (1976)
41 Price, M. J., hrsg., *Coin Hoards* I (1975), II (1976)
42 Seltman, C. T., *Athens, Its History and Coinage* (1924)
43 –, *Greek Coins²* (1933)
44 Stroud, R. S., ‚An Athenian Law on Silver Coinage,' *Hesperia* (1974) 157–88
45 Sutherland, C. H. V., ‚Overstrikes and Hoards', *NC* (1942) 1–18
46 Wallace, W. P., ‚The early Coinages of Athens and Euboia', *NC* (1962) 23–42
47 Williams, R. T., ‚The „Owls" and Hippias', *NC* (1966) 9–13

Finanz- und Bankwesen

S. o. Nr. 5, 13, 14, 19
48 Bogaert, R., *Banques et Banquiers dans les cités grecques* (1968)
49 Calhoun, G. M., *The Business Life of Ancient Athens* (1926)

Technologie (allgemein)

50 Finley, M. I., ‚Technical Innovation and Economic Progress in the Ancient World', *Econ. History Review* (1965) 29–45

51 Forbes, R. J., *Studies in Ancient Technology* I–IX (1955/56–64). Alle Aspekte industrieller Tätigkeiten; Bibliographie
52 Singer, C., Holmyard, E. J., Hall, A. R., hrsg., *A History of Technology. From Early times to the Fall of the Ancient Empires* (1954)

Einzelaspekte industrieller und verwandter Aktivitäten

S. o. 3, 9, 14, 23; Athenian metal-working, *Hesperia* (1977) 340 ff.; für Korinth, ibd., 380 ff.

(I) Vermischtes
53 Crowfoot, G. M., ‚Of the warp-weighted Loom', *BSA* (1936–37) 36–47
54 Drachmann, A. G., *Ancient Oil Mills and Presses* (1932)
55 Finley, M. I., ‚Metals in the Ancient World', *Journal of the Royal Society of Arts* (1970) 598 ff.
56 Muhly, J. D., *Copper and Tin* (1969)
57 Moritz, L. A., *Grain Mills and Flour in Classical Antiquity* (1958)
58 Young, R. S., ‚An Industrial District of Ancient Athens', *Hesperia* (1951) 135–288
Über Elektron, Silber und Gold s. u. (VI) Bergbau

(II) Töpferei und Töpfer
59 Amyx, D. A., *An Amphora with a Price Inscription* (1941)
60 Beazley, J. D., *Potter and Painter in Ancient Athens* (1946)
61 Cook, R. M., ‚Die Bedeutung der bemalten Keramik für den griechischen Handel', *Jdl* (1959) 114–23
62 –, *Greek Painted Pottery* (1960). Gute Bibliographie zu allen Aspekten
63 Richter, G. M. A., *The Craft of Attic Pottery* (1923)

(III) Steinmetzarbeit, Bildhauertechnik, Baumaterialien
64 Adam, Sheila, *The Technique of Greek Sculpture in the Archaic and Classical Periods* (1966)
65 Pritchett, M., ‚The Attic Stelai II', *Hesperia* (1956) 281 ff. Zu Dachziegeln und Mauerziegeln

(IV) Arbeiter, frei und als Sklaven
66 Burford, Alison, *Craftsmen in Greek and Roman Society* (1972)
67 Finley, M. I., hrsg., *Slavery in Classical Antiquity, Views and Controversies* (1960); Suppl. 1968
68 Flacelière, R., *La vie quotidienne en Grèce au siècle de Périclès* (1959)
69 Glotz, G., *Ancient Greece at Work* (1926)
70 Guiraud, P., *La main d' oeuvre industrielle dans l' ancienne Grèce* (1900)
71 Lauffer, S., *Die Bergwerkssklaven von Laureion*, I und II (1955–56)
72 Schwahn, R., ‚Die Xenophontischen Poroi und die Athenische Industrie im vierten Jahrhundert', *RM* (1931) 253 ff.
73 Westermann, W. L., *The Slave Systems of Greek and Roman Antiquity* (1955)

(V) Landwirtschaft
74 Finley, M. I., hrsg., *Problèmes de la terre en Grèce ancienne* (1973)

75 Strauss, L., *Xenophon's Socratic Discourse. An Interpretation of the Oeconomi-
cus* (1970)

(VI) Bergbau
(1) Attika
76 Ardaillon, E., *Mines du Laurion dans l'antiquité* (1897)
77 Buchanan, J. J., *Theorika. A Study of Monetary Distributions to the Athenian
Citizenry during the Fifth and Fourth Centuries B.C.* (1962)
78 Hopper, R. J., ‚The Laurion Mines‘, *BSA* (1953) 200–54; ‚The Laurion Mines:
A reconsideration‘, *BSA* (1968) 293–326
79 Labarbe, J., *La loi navale de Thémistocle* (1957)
80 Lauffer, S., ‚Prosopographische Bemerkungen zu den attischen Grubenpachtli-
sten‘, *Historia* (1957) 287–305
80a Healy, J. F., *Mining and Metallurgy in the Greek and Roman World* (1978)
80b On mining and farming, *Hesperia* (1977), 162 ff.
(2) Die nördliche Ägäis
81 Casson, S., *Macedonia, Thrace and Illyria* (1926)
82 Davies, Oliver, ‚Ancient Mines in Southern Macedonia‘, *Journ. Anthrop. Inst.*
(1933)
83 Martin, V., ‚La durée d' exploitation des gisements aurifères de Philippes en
Macédoine‘, *Études Andréades* (1940)
84 May, J. M. F., Arbeiten über Münzen im Norden:
    (a) *The Coinage of Damastion and the lesser Coinages of the Illyro-Paeonian
    Region* (1939)
    (b) *Ainos. Its History and Coinage 474–341 B.C.* (1950)
    (c) *The Coinage of Abdera, 540–345 B.C.* (1966)
    (d) ‚The Coinage of Maroneia c. 520–449 B.C.‘ *NC* (1965) 27–56
85 Philippson, O., *Die griechischen Landschaften* (1950–59), über Thasos, a. a. O.
IV (1959) 210–13
86 Pouilloux J., *Études thasiennes* III (1954), *Recherches sur l'histoire et les cultes
de Thasos*, I
87 Raymond, D., *Macedonian Regal Coinage. Numis. Notes and Monographs* 126
(1953)
88 Robinson, D. M. und Clement, P. A., *Excavations at Olynthus IX, The Chal-
cidic Mint* (1938)
89 Sagui, C. J., *Journal of Economic Geology* (1928) 671–80. Informationen über
Makedonien-Thrakien in römischer und späterer Zeit
90 –, *The Ancient Mining Works of Cassandra, Greece*. Ein merkwürdiges, in
Cassons Bibliographie nicht enthaltenes Werk, dessen Erscheinungsjahr und
-ort nicht bekannt sind
91 Strack, M. L. und Gaebler, H., *Die antiken Münzen Nord-Griechenlands*
(1899 und ff.)
92 Svoronos, J. N., *L'héllénisme primitif de la Macédoine* (1919)
93 West, A. B., *Fifth and Fourth Century Gold Coins from the Thracian Coast.
Numis. Notes and Monographs* 40 (1929)
(3) Siphnos
94 Bent, J. T., *Aegean Islands* (1884, Nachdruck, 1966) 32–33, 38–40

95 Hopper, R. J., *BSA* (1968) 293–326 passim, und T. 64

96 Philippson, O., *Die griechischen Landschaften* (1950–59), ‚Die westliche Reihe der Kykladen: Siphnos‘, 76–79

(VII) Straßen, Beförderung schwerer Lasten (Steine, Langholz)

97 Burford, Alison, ‚Heavy Transport in Classical Antiquity‘, *Economic History Review²* (1960) 1–18

98 –, *The Greek Temple Builders at Epidaurus* (1969)

99 Forbes, R. J., *Studies in Ancient Technology* I–IX (1955/56–64)

100 Hodge, A. T., *The Woodwork of Greek Roofs* (1960). Ausmaße des Bauholzes

Anmerkung:

(A) Die folgenden Erörterungen über Bevölkerung (einschließlich Sklaven) sind insbesondere wichtig wegen ihres Zusammenhanges mit A. W. Gomme, *Population of Athens* (1933).

(I) Gomme, A. W., ‚The Slave Population of Athens‘. *JHS* (1946) 127–20, Antworten auf Einwände gegen Gommes Ablehnung der von Ctesicles angegebenen Zahl (400000) der Sklaven im Athen des 4. Jhs. v. Chr.

(II) –, ‚The Population of Athens again‘, *JHS* (1959) 61–68, unter Bezugnahme auf A. H. M. Jones, im Anhang zu *Athenian Democracy*

(III) Salmon, P., ‚La population de la Grèce antique‘, *Bulletin de l'association Guillaume Budé* (1959) 448–76

(B) Ergänzendes Material zu dieser Bibliographie findet sich in den Anmerkungen zu den verschiedenen Abschnitten von M. M. Austin und P. Vidal Naquet, Economies et societées en Grèce ancienne, Paris 1972. Teil I, 28–35, 47–48, 72–77, 91–93, 109–111, 128–130, 152–155. Der Text (3–152) enthält viele scharfe Beobachtungen.

Chester G. Starr, The Economic and Social Growth of Early Greece, 800–500 BC, New York, 1977

Abbildungsnachweis

1 Geometrischer Dreifußkessel aus Bronze, Olympia, 9. Jh. v. Chr. Archäologisches Museum, Olympia. Foto: Bildarchiv des Deutschen Archäologischen Instituts, Athen.

2 Frühe griechische Münzen: a und b – früheste ostgriechische Elektronmünzen; c – früheste Elektronmünze von Phokäa; d – früher Stater aus Ägina; e – früher Stater aus Korinth. British Museum, London. Foto: Museum.

3 Kessel mit konischem Fuß, Praeneste, Italien. Villa Giulia, Rom. Foto: Alinari, Florenz.

4 Bronzerüstung aus Argos, späteres 8. Jh. v. Chr. Archäologisches Museum, Argos. Foto: École Française d'Archéologie, Athen.

5 Arkesilas-Schale, Vulci, um 565 v. Chr. Cabinet des Médailles, Paris. Foto: Hirmer Fotoarchiv, München.

6 Zwei Männer tragen ein Vorratsgefäß. Vasenbild von einer attischen schwarzfigurigen Amphore, um 500 v. Chr. Katalog ‚Münzen und Medaillen' XXII, 1961, Basel. Foto: Münzen und Medaillen AG, Basel.

7 Die Dioskuren und ihre Eltern. Attische schwarzfigurige Amphore des Exekias, um 530–525 v. Chr. Museo Etrusco Gregoriano, Rom. Foto: Robert Berger, Köln.

8 Zwei Männer feilschen beim Fischhändler um einen Thunfisch. Rotfiguriger Glockenkrater aus dem 4. Jh. Museo Mandralisca, Cefalù/Sizilien. Foto: Museum für Abgüsse Klassischer Bildwerke, München.

9 Olivenernte. Attisches Vasenbild des Antimenes-Malers auf einer attischen schwarzfigurigen Halsamphore. Spätes 6. Jh. British Museum, London. Foto: Museum.

10 Penelope beim Teppichweben. Vasenbild auf einem attischen rotfigurigen Skyphos. Museo Civico, Chiusi/Italien. Foto: Robert Berger, Köln.

11 Zimmermann, der Holz mit einer Axt bearbeitet. Vasenbild des Zimmermann-Malers auf einer attischen rotfigurigen Schale. British Museum, London. Foto: Museum.

12 Ein Mann mit Zangen und ein Jüngling mit einem Hammer. Vasenbild auf einem attischen schwarzfigurigen Krug. British Museum, London. Foto: Museum.

13 Eine Töpferwerkstatt. Vasenbild auf einer attischen schwarzfigurigen Hydria, Ende des 6. Jhs. Staatliche Antikensammlungen, München. Foto: C. H. Krüger-Moessner, Studio Koppermann, Gauting b. München.

Register

Ein weiterer Titel zum Thema

John Boardman

Kolonien und Handel der Griechen

Vom späten 9. bis zum
6. Jahrhundert v. Chr.

Aus dem Englischen übertragen von Karl-Eberhardt
und Grete Felten

1981. 367 Seiten mit 313 Abbildungen und 6 Karten im Text.
Leinen

Boardman untersucht in seinem Werk das Wechselspiel der Beziehung
zwischen Griechen und Nichtgriechen, das durch Handel und Kolonisierung begründet wurde. Im Osten und Süden, wo die Griechen auf
die alten Hochkulturen des Zweistromlandes und des Nildeltas stießen,
waren sie die Lernenden: Sie übernahmen das Alphabet und die ersten
Grundkenntnisse in Architektur und Bildhauerkunst; sie lernten aber
auch unbekannte Waren und Güter kennen, die für den griechischen
Lebensstandard prägend wurden. Im Westen und Norden hingegen, wo
sie auf kulturell und technologisch weniger entwickelte Völker stießen,
brachten sie ihnen als Lehrende ihre eigene Kultur mit. Der Autor, ein
Griechenland-Experte von internationalem Ansehen, schildert die archaische Zeit, in der die archäologischen Überreste oft die ergiebigsten
Quellen sind, aus der Sicht des Archäologen. Er läßt deutlich werden,
wieviel die Griechen in Kunst und Kultur von den Nichtgriechen lernten, wieviel sie ihnen aber auch ihrerseits vermittelten. Ein Werk, das
den Leser durch seine Fülle an Informationen frappiert, aber über den
Detailkenntnissen nie vergißt, die großen Entwicklungslinien deutlich
werden zu lassen.

Verlag C. H. Beck München

Kultur und Geschichte Griechenlands

John Gray Landels

Die Technik in der antiken Welt

Aus dem Englischen übertragen von Kurt Mauel. Durchgesehener
Nachdruck der 1. Auflage. 1980. 276 Seiten mit 20 Abbildungen auf
Tafeln und 65 Textabbildungen. Leinen (Beck'sche Sonderausgaben)

M. I. Finley

Die Griechen

Eine Einführung in ihre Geschichte und Zivilisation
Aus dem Englischen von Karl-Eberhardt und Grete Felten. 1976.
152 Seiten. Paperback (Beck'sche Elementarbücher)

M. I. Finley

Die Sklaverei in der Antike

Geschichte und Probleme
Aus dem Englischen übertragen von Christoph Schwingenstein,
Andreas Wittenburg und Kai Brodersen. 1981. 242 Seiten. Leinen

M. I. Finley

Die frühe griechische Welt

Aus dem Englischen von Ingeburg von Steuben. 1982. 177 Seiten mit
32 Abbildungen auf Tafeln, 4 Textabbildungen und 6 Karten. Leinen

M. I. Finley

Das antike Sizilien

Von der Vorgeschichte bis zur arabischen Eroberung
Aus dem Englischen von Karl-Eberhardt und Grete Felten.
1979. 286 Seiten mit 25 Abbildungen auf Tafeln, 9 Karten und
2 Stammtafeln im Text. Leinen (Beck'sche Sonderausgaben)

Hermann Bengtson

Griechische Geschichte

Von den Anfängen bis in die Römische Kaiserzeit
Vollständiger Text ohne Anmerkungen und Literaturverzeichnis.
6., unveränderte Auflage. 1982. IX, 588 Seiten mit 4 Karten im Text
und 8 Karten auf Tafeln. Leinen (Beck'sche Sonderausgaben)

Arnaldo Momigliano

Hochkulturen im Hellenismus

Die Begegnung der Griechen mit Kelten, Juden, Römern und Persern
Aus dem Englischen von Otfried Deubner. 1979. 207 Seiten.
Paperback (Beck'sche Schwarze Reihe, Band 190)

Verlag C. H. Beck München